Beatriz
$3.50
P9-BIW-564

ÁNCORA Y DELFÍN. 235

GONZALO TORRENTE BALLESTER - DON JUAN

GONZALO TORRENTE BALLESTER

DON JUAN

EDICIONES DESTINO
Tallers, 62 - BARCELONA

Primera edición: abril 1963

Depósito Legal B. 10.557-1963
Número de registro 4699-62
© Ediciones Destino

A la memoria de José Ortega y Gasset, de Gregorio Marañón y de Ramón Pérez de Ayala, donjuanistas.

A Hille Bruns-Baumgart, primera lectora de esta historia.

A José Bergamín, que no está de acuerdo.

Bénie soit la Providence, qui a donné à chacun son joujou, la poupée à l'enfant, l'enfant à la femme, la femme à l'homme, l'homme au diable!

Víctor Hugo, "Journal", 1832

PROLOGO

No puedo recordar cuál ha sido el origen de este «Don Juan»: algo, seguramente, muy oscuro y remoto, una de esas ideas que permanecen segundos en la conciencia y que se ocultan luego para germinar en el silencio o para morir en él. Lo que sí puedo asegurar es que «Don Juan» nació de un empacho de *realismo*.

No soy un doctrinario del arte. Lo admito todo, menos el gato por liebre. Por mi temperamento y por mi educación, me siento inclinado al más estrecho realismo y, con idéntica afición, a todo lo contrario. El predominio de una de esas vertientes en el acto de escribir depende exclusivamente de causas ajenas a mi voluntad. Y aunque lo bonito sería valerse de ambas y hacer síntesis de sus contradicciones, es el caso que tal genialidad no me fue dada, y unas veces me siento realista, y otras no. Pero, también por causas ajenas a mi voluntad, me he visto obligado, durante cinco años, a escribir una novela realista de mil trescientas páginas: esa trilogía que, con el título de «Los gozos y las sombras», han leído alrededor de dos millares de españoles. Confieso que, en ese tiempo, muchas veces me vi tentado a escapar a la fantasía por cualquier rendija inesperada, y que, siempre que esto acontecía, en los umbrales me esperaba Don Juan. Otras tantas lo aparté, comprometido como estaba ante mí mismo a terminar una obra sin traicionar el espíritu inicial. Pero Don Juan permanecía detrás, mucho más fantasmal de lo que es hoy, y me daba señales de su presencia y de su esperanza de que algún día le concediera atención.

Me entregué a él una vez terminada «La Pascua triste».

Es decir, a comienzos de este año de 1962. Lo primero que advertí fue que, visto de cerca, mi «Don Juan» ya no era el mismo que durante varios años me había instado. Sin mi permiso, había cambiado, y hube de tomarlo, más que cómo era, cómo estaba. Esta clase de bromas las gasta la imaginación, que trabaja por su cuenta y que nos da lo que produce, ni más ni menos, nos guste o no. «Don Juan» es un personaje imaginario, sin el menor contacto con la realidad. Pero, aun siendo imaginario, se me representaba más como figura pensante que activa. Esto no dejó de chocarme. Por lo general, las figuras de esta clase suelen ser productos del pensamiento, no de la imaginación; suelen ser símbolos de ideas, no intuiciones figuradas. Y lo que piensan o dicen, trasunto de lo que piensa el autor y no quiera decir por su cuenta. Ahora bien: mi primera gran sorpresa aconteció al comprobar que ni Don Juan ni ninguno de los restantes personajes de la historia pensaba como yo. Y esto no dejó de alegrarme, porque, aún abandonado el método realista, me permitía permanecer en la actitud objetiva a que mil trescientas páginas de novela realista me habían acostumbrado. Desde el principio me propuse escribir esta historia sin que ninguno de sus personajes —ni siquiera ese *narrador* anónimo, al que, sin embargo, he prestado algunas de mis circunstancias personales— se constituyera en mi portavoz. Y creo haberlo conseguido.

Aquí debería terminar este prólogo. Pero, puesto a escribir, pienso que no estaría de más explicar esta ocurrencia de concebir un nuevo «Don Juan». Sobre todo cuando Don Juan no es un tema de moda, cuando no existe una gran firma que avale la ocurrencia. Con los temas literarios, sucede ahora que necesitan el aval de una gran firma para circular. El novelista, el dramaturgo, son seres metidos en la realidad, capaces de abarcarla en su conjunto o en alguna de sus parcelas. Tímidamente remiten al público su novela o su drama. Ellos creen —creemos— que lo que inventan y publican añade algo a lo ya poseído por los hombres. Pero su invención y su añadido pasan sin pena ni gloria cuando ninguna gran firma se ha dignado fijarse en ellos. Lo corriente, entonces, es que el escritor renuncie a su personal visión de la realidad, o de la verdad, y se convierta en secuaz de otro u otros ya acreditados. Es decir, que se acoja a la protección, próxima o remota, de una gran firma, en cuyo ejemplo o en cuyos principios pueda escudarse. El conjunto de estos seguidores constituye una *escuela*. Y, escuelas literarias, las ha habido siempre. Lo que pasa es que, antes, dejaban un margen a la independencia, y, hoy, no lo dejan. La *sociología del escritor* ha cambiado mucho. Incluso la del escritor *engagé*. Yo lo soy, evidentemente, pero no con un grupo o una escuela. Lo soy al modo del guerrillero y no del soldado regular. Lo cual es, sin duda, un modo de *engagément* bastante mal visto. Este intento de ejercer la literatura por mi cuenta explica, sin embargo, que un tema pasado de moda me haya interesado, y que haya gastado en él siete u ocho meses —con intermitencias, ésta es la verdad— de mi vida sin que ninguna gran firma avale con su luz y autoridad mi empresa.

Hace bastantes años empecé a escribir una serie de narraciones con el título general de «historias de humor para eruditos». No es que las destinase exclusivamente a esos admirable varones cuya principal actividad consiste en acumular saberes gratuitos y lujosos (que tal cosa son, en el fondo, los eruditos); pero el título me gustó. La primera de dichas historias, única publicada, se vendió poco y, desde luego, no sé de ningún erudito que la haya leído. Para la segunda no encontré editor. Dejé, pues, de escribirlas, y allá quedan «El hostal de los Dioses amables», «La Princesa Durmiente va a la escuela», y otras que pudiéramos llamar narraciones cultas. Que no eran, como pudiera creerse a simple vista, meras fantasías librescas, sino que intentaba con ellas alcanzar por vía parabólica, sino la realidad, al menos la verdad. O una verdad. Era la suya, como la de este «Don Juan», materia poética fuera de moda, y no me sorprendió en absoluto su falta de difusión. Había «Don Juan» de formar parte de la serie, aquel «Don Juan», no éste, porque el de entonces hubiera sido distinto. La diferencia principal, ahora lo advierto, consiste en que, hace dos o tres lustros, «Don Juan» apuntaba a una verdad, y, ahora, probablemente, no. O quizá sea que entonces estaba yo más seguro de ciertas verdades de lo que lo estoy ahora. Pero da lo mismo. La verdad a que entonces apuntaba era, desde luego, una verdad existencial. Ahora, mi propósito es meramente literario. Sumar, a las muchas existentes, mi particular versión de Don Juan.

Que es, en cierto modo, tradicional, y, en cierto modo, no. El lector advertirá que en esta historia se recogen muchos elementos comunes a casi todas las versiones conocidas (e incluyo entre ellas algunas que, si se refieren a un «Don Juan», no le llaman así, como el estudiante salmantino de Espronceda y el protagonista del estupendo cuento de Merimée). Si algún erudito se entretiene alguna vez en analizar mi historia, a sus cuidados encomiendo poner en claro, de acuerdo con su oficio, los muchos préstamos tomados a mis muchos predecesores. Pero creo haber puesto también algo de mi cosecha, algo en virtud de lo cual este Don Juan sea «mi» Don Juan. Es cierto que, en su mayor parte, mis aportaciones personales no son imágenes, sino conceptos. Bueno. Por eso, sólo por eso, prefiero llamar «historia» y no «novela» a esta obra mía. La novela, tal y como yo la concibo, es otra cosa.

Sin embargo, esta «historia» tiene estructura novelesca, y a escribirla apliqué mi oficio de novelista. Como tal novela tampoco responde a la moda. Ni siquiera a la moda de las «novelas intelectuales» famosas hace veinticinco años. Me he tomado tremendas libertades, y no es la menos grave esa inclusión en el cuerpo narrativo de dos «bloques» que rompen la unidad planteada: el que llamo «Narración de Leporello», y el que no llamo de ninguna manera, pero que pudiera llamar «Poema del pecado de Adán y Eva». Uno y otro, a poco pesqui que tenga el lector, guardan relación necesaria con la sustancia de la novela. Lo que sucede es que han crecido mucho, quizá desproporcionadamente. Alguna vez he intentado reducirlos, sustituirlos e incluso suprimirlos, pero no lo hice por una razón profesional: están bien escritos, quizás mejor que el resto de la historia. Y, si uno es escritor, ¿por qué no permitir que subsista lo mejor que ha salido de su pluma, aunque ese «mejor» se refiera solamente a la perfección formal? Quizá algún día de este «Don Juan» se recuerden sólo sus embuchados.

He leído muchas veces que Don Juan fue un individualista, y siempre me resistí a creerlo. Un texto de Tirso de Molina, el que encabeza mi capítulo tercero, me abona. Son dos frases ridículas, las que Don Juan y Don Gonzalo dicen: ridículas en la situación dramática en que fueron pronunciadas; ridícula sobre todo la que la estatua de Don Gonzalo profiere. Y, sin embargo, una y otra dan la pista del no individualismo de Don Juan. Pero, por otra parte, es evidente su soledad social, es decir, su falta absoluta de solidaridad con los hombres. Y no digamos su soledad metafísica, su soledad de profesional del pecado. Pero entiendo que «insolidaridad» y «soledad» no suponen necesariamente «individualismo», aunque puedan coincidir con él en el mismo sujeto. No fue éste Don Juan; no lo fue, al menos, en el origen: ese «fils de papá» inventado por Tirso hace lo que hace porque se sabe protegido por el poder de su padre. El personaje de Tirso, como figura poética, es bastante imperfecto, mezcla de mamarracho y de aspirante a superhombre. Yo, que me he inspirado en él, he pretendido quitarle lo que de mamarracho tiene e insistir en sus restantes cualidades. Y una de ellas es el saberse miembro de una casta, como se expresa en su afirmación de ser un Tenorio; es decir, de poseer, al lado de cualidades y obligaciones individuales, las comunes a todos los de su nombre. Tenerse, pues, por hombre ligado y obligado por la fidelidad a un grupo humano (aunque sea tan limitado como el clan familiar) no es, como intenté demostrar en otra parte, (1) una manera muy clara de individualismo, sino, quizá, de todo lo contrario. El que mi Don Juan, al final, mande a paseo a sus ascendientes, es, creo, una broma lógica, de la cual si que resulta un Don Juan individualista, amén de solitario. Condenado al individualismo, a ser él, sólo él, *per saecula saeculorum.* Como se es, según dicen, en el infierno. En lo cual me aparto de la conocida concepción sartriana de que el infierno son los demás. Para mi Don Juan, el infierno es él mismo. Pero líbreme Dios de hacer de esto una concepción general, una «tesis». No pasa, como todo lo demás, de ocurrencia humorística.

Pido perdón a los teóricos de la literatura por la presente herejía, que no pasa, como antes dije, de escapatoria o descanso. Ando ahora con algo que titulo «Las ínsulas extrañas», novela en cuyo texto volveré a ser, o

(1) Véase mi libro de ensayos "Teatro español contemporáneo": Ed. Guadarrama, Madrid 1957.

al menos lo intentaré, realista, objetivo y crítico, si estas tres cosas pueden casarse con fortuna. Ante las herejías, los nuevos modos aconsejan una conducta que antaño hubiera resultado escandalosa: no darse por enterado. Nada más fácil con un nuevo libro. A mí, personalmente, no me cogerá de sorpresa.

CAPITULO PRIMERO

1. Acaso exista, en Roma, algún lugar tan atractivo para cierta clase de personas como en París los alrededores de San Sulpicio; pero yo no he estado nunca en Roma.

Sube uno por la calle de Rennes, desde Saint Germain. Allá abajo, en la esquina, frente a la iglesia, queda la terraza de «Aux deux magots», y, en la terraza, tipos de esos del bulevar, herederos de los que hace más de cien años pintaban Gavarni, Daumier y Benjamín. Los tipos del bulevar son como cierta clase de peces o como los aeroplanos, de reducida autonomía, que puedan pasar, pasear y *flanear* dentro de un espacio ampliamente acotado, más allá del cual no se arriesgan, o lo hacen con timidez, quizá con miedo. Es curiosa la cobardía inconsciente de estos tipos —profesionalmente osados— cuando caminan por las calles de los burgueses. Ellos, cuya razón de ser es la extravagancia, se encuentran limitados por ella, constreñidos, prisioneros. Dentro de su barrio pueden hacerlo todo; fuera de él, les está vedado lo que un hombre o una mujer vulgarmente vestidos tienen a su alcance. Cuando, por estas mismas calles, Baudelaire exhibía su cabellera verde, gozaba de mucha más libertad. La cabellera verde de Baudelaire era un insulto dirigido, en general, a los burgueses que hallaba en su camino, y a su padrastro, hombre respetable, en particular; pero, desde aquellos tiempos, los burgueses han cambiado mucho, sobre todo en sus relaciones con la extravagancia. Ya no la sienten como un insulto: la dejan pasar, y quedan pensando entre sí que, después de todo, ciertas clases de atuendo usadas en el barrio de más abajo no dejan de tener sus ventajas en la estación veraniega.

Las proximidades de San Sulpicio son como una especie de pasillo para los extravagantes de Saint-Germain a causa del Teatro *du Vieux-Colombier*. Transitan por sus proximidades mezclados a los curas que van y vienen, que entran y salen en las librerías religiosas y en las tiendas de casullas. No es corriente que nadie se acuerde de Manón. En realidad, a Manón sólo la recordamos los extranjeros aficionados a la literatura antigua, y alguna que otra solterona, asimismo extranjera, que en su juventud asistía a la ópera. Manón no es una figura moderna ni modernizable. Su modo de entender el amor no ha tenido fortuna filosófica, y el Caballero des Grieux nos parece hoy demasiado llorón, demasiado blando, y le odiamos un poco porque reveló a las mujeres lo que hay de blando y llorón en el amor de todos los varones. Unos centenares de metros más abajo de San Sulpicio, docenas de parejas se besan y acarician de un modo crudo, brutal, pero filosóficamente irreprochable. Interrogados sobre la naturaleza de sus sentimientos, responderían con citas de «L'Être et le Néant».

Lo que importa, sin embargo, de estos alrededores de San Sulpicio, no es el recuerdo de Manón, ni su especial y anticuada manera de amar y ser amada. Personalmente me han atraído siempre las librerías religiosas, los objetos litúrgicos. Todo lo que sobre Dios y sobre Cristo escriben los curas y los frailes alemanes, franceses, belgas, ingleses e italianos, se encuentra aquí, se ordena en anaqueles, se despliega en escaparates, se ofrece como banquete suculento e inalcanzable. El curioso de Dios, el angustiado, y también el inquieto, aquí convergen, aquí se encuentran, aquí se miran y reconocen sin palabras. Son, generalmente, personas de aspecto inocuo. Hay que saber mirarles a los ojos para averiguar lo que pasa por sus almas. Cuando sus manos se alargan, en apariencia tranquilas, hacia este o hacia aquel libro; cuando lo hojean con afectada mezcla de curiosidad intelectual y displicencia; cuando por fin lo compran y se lo llevan, sólo quien les conoce y comparte su inquietud adivina el secreto temblor, la impaciencia secreta con que se acogerán al café más próximo, al sosiego y al silencio de un rincón, para leerlo.

El hombre honrado es siempre torpe ante una virgen, y es igual que haya tenido trato con otras mujeres o no, que tenga experiencia amorosa o que carezca de ella. ¡Si habrán abierto libros estos angustiados, estos inquietos que en los alrededores de San Sulpicio adquieren textos de Teología! Sus manos pueden rasgar hojas intactas con independencia de su voluntad y de su mente. Da lo mismo que atienda o no a los dedos ágiles; da lo mismo que se distraiga viendo pasar a una muchacha especialmente atractiva, porque las manos cumplen solas su cometido. Sin embargo, el libro de Teología es como la moza virgen y amada. De nada valen la experiencia y la destreza. Los dedos se cuelan torpemente entre las hojas, rasgan por las dobleces el papel, sin esperar a que la camarera traiga el cuchillo solicitado: porque, como la moza amada, el libro puede reconstruir o deshacer para siempre la vida de este hombre. Dirá: «¡Por fin!» O no dirá nada: arrojará el libro lejos de sí, y, con él, la esperanza.

Claro que muchas otras clases de hombres se ven en las librerías de San Sulpicio. Aquel italiano vestido como un criado inglés de buena casa no pertenecía, desde luego, a la categoría de los inquietos, sino más bien a la de los seguros. Tendría como treinta años, y su espabilada, sapientísima manera de mirar y de sonreír, solamente se concibe en los ojos de un golfo sevillano, napolitano o griego. A mí me chocó desde el primer momento, y me interesó, porque en su apariencia confluían y no acababan de mezclarse dos tradiciones contradictorias: no se mezclaba, y, sin embargo, se influían, se limaban, convivían. Por muy prodigiosamente listo que fuese aquel sujeto, si se le dejase a su albedrío, vestiría de modo impropio y llamativo, y, a la menor ocasión, acaso en medio de la calle, cantaría «Torna a Sorrento» acompañado de una mandolina. Hongo, chaqué y pantalones sin vueltas constituían algo así como el sistema de normas apretadas que excluyen pañuelos de colorines y canciones sentimentales; pero la nerviosa agilidad del Fulano, metida en el monótono uniforme, le imprimía tal vivacidad y salero, que se esperaba, al verle, el remate bailando de cualquier movimiento. Algunas de las veces en que coincidimos frente al mismo anaquel, pensé si sería gitano.

No es increíble que un verdadero *butler* anglosajón, concebido, v. gr., por Huxley, sea aficionado a la Teología; pero el cliente de las librerías de San Sulpicio no era un verdadero *butler*. Lo cierto es que llegué a creer que aquel sujeto no era verdadero, ni siquiera un verdadero italiano, sino un tipo disfrazado, una deliberada falsificación. Su aire, al repasar los textos teológicos, manifestaba excesiva curiosidad intelectual y un poco superior, como si la materia estudiada en aquellos libros quedase por debajo de su caletre. Escogía con rapidez y tino, amontonaba volúmenes, preguntaba por otros, y alguna vez cambió palabras de buen juicio con un joven dominico inglés sobre moderna bibliografía trinitaria. Al dominico le sorprendió tan solo que un laico mostrase tan gran conocimiento sobre cuestiones casi esotéricas: la contradicción entre el ser y la apariencia del italiano le había pasado inadvertida.

Un sacerdote español, amigo mío, me llevó cierta vez a la trastienda de una librería protestante donde un teólogo alemán hablaba del Señor. Se habían congregado allí unas cincuenta personas de la más varia catadura. El conferenciante, sentado en un rincón, abrió un texto de Calvino, leyó unos párrafos, y se puso a comentarlos. Hablaba un francés pulido, claro, y sus palabras describían al Señor como Ser caprichoso y terrible.

—Lo que yo no me explico es cómo, pensando así, se puede andar tan tranquilo por el mundo y decir cosas tan bellas de un Señor en cuya Voluntad no puede tener el hombre la menor confianza.

Me pareció al principio que había hablado el cura, mi compañero; pero advertí en seguida que permanecía a mi derecha, evidentemente desasosegado por lo que iba oyendo, y las palabras venían de la izquierda, y su tono había sido tranquilo, casi burlón. El mayordono italiano ocupaba el asiento vecino al mío, se había vuelta hacia mí, y me miraba sonriente.

—Usted es católico, ¿verdad? —me preguntó.

—Sí, desde luego.

—Es chocante. Casi todos los presentes somos católicos, salvo un par de ateos y un solo calvinista: la esposa del conferenciante, que es aquella señora fea que le escucha entusiasmada.

—¿Les conoce usted a todos?

—¡Oh sí! Vengo aquí todos los viernes. ¿Usted viene por primera vez? No pierda estas conferencias mientras pueda. Observará que la teología protestante, la teología seria, quiero decir, no ha logrado salir de la ratonera en que la metieron hace cuatrocientos años Lutero y Calvino. Aunque quizá la imagen de la ratonera no sea muy exacta: más bien le corresponde la de una cerca de altísimas murallas. Los ratones metidos dentro no tienen más remedio que profundizar y hundirse en la tierra, o saltar hacia lo alto, hacia el cielo. ¿Se da cuenta de que saltar al cielo es lo que pretende éste?

No esperó mi respuesta. Volvió la cabeza hacia el conferenciante y escuchó. De cuando en cuando tomaba notas en un libreta vulgar de tapas negras. Así, hasta el final, como si no me hubiera dirigido nunca la palabra. Aplaudimos. Mi amigo, el cura, bastante preocupado, tiró de mí hacia la salida.

—Perdóname. No debí traerte a escuchar estas cosas.

—Na pase apuro vuesamercé, señor presbítero, que la fe de su amigo no es de las que vacilan por calvinista más o menos.

El italiano estaba a nuestro lado, saludaba con el hongo en la mano, y hablaba correctamente el español. El cura nos miró alternativamente como diciendo, a él: «¿Quién es usted? y a mí: «¿Quién es este sujeto?

—¿Les sorprende que hable tan bien el castellano? No tiene nada de extraño. He cursado en Salamanca la Sacra Teología. Hace ya mucho tiempo, pero la lengua de la calle no he podido olvidarla.

—¿En Salamanca? ¿Dice usted que en Salamanca? —El cura lo miraba ya con simpatía—. Cúbrase, por favor: está lloviendo.

—Ya lo creo, gracias. —Se puso el hongo después de una breve reverencia—. He estudiado con...

Nombré a seis o siete Maestros.

—Naturalmente, no comparto todos sus puntos de vista, pero, sin duda, les adeudo la base de mi cultura teológica. Es lo que yo digo a un conocido mío aficionado a estas cuestiones: por muy anticuada que esté la doctrina escolástica, siempre conviene permanecer amarrado a ella aunque sólo sea por un cable sutil, como el barco permanece sujeto al áncora sumergida. No importa que el cable, de puro tenso, vibre y amenace romperse: una pequeña marcha atrás permite alejar el peligro.

Mi amigo el cura era escolástico: esbozó una protesta, pero el italiano la cortó cortésmente.

—Le ruego que me perdone, pero, si le respondo, nos meteremos en una discusión de varias horas y yo tengo que acudir a una cita con mi amo. Otro día, si le parece. Porque volveremos a vernos, ¡ya lo creo que nos veremos!

Saludó y se perdió entre la gente.

El cura permaneció unos instante mirando el hueco que el italiano había dejado, al pasar, entre la multitud.

—¿De qué le conoces? —me preguntó luego.

—Le he visto algunas veces. Compra lo mejor de Teología, lo más caro y lo más raro.

—¿Sabes que esos maestros que ha citado, lo fueron de Salamanca... hace trescientos años? —Y, ante mi estupor, agregó—: Si no recuerdo mal, todos ellos explicaron diversas materias teológicas en los primeros años del siglo XVII.

—Es un farsante.

—¿Por qué lo sabes?

—No por razones teológicas, desde luego. Vengo observándole desde hace algunos días. Me da la impresión de ser todo él mentira. Al principio creía que iría disfrazado; ahora tengo dudas acerca de su realidad. Si hubiera de definirlo de algún modo, diría que es un fantasma.

El cura rió.

—Esa no es una definición, sino una escapatoria.

—Es que tú no crees en fantasmas, y yo sí.

2. Unos días después, me encontré de nuevo con el Fulano.

Bajaba por «boul' Mich» a la hora en que más bullen y alborotan los estudiantes, y debía de ser bien conocido de ellos, porque de todos los grupos le saludaban y a todos los saludos respondía. Esto no era, sin embargo, lo chocante, sino su modo de caminar. Dijérase que saltaba, y que lo hacía al ritmo de una canción discordante cuyo extraño compás llevase con una especie de bastón que meneaba su mano izquierda, mientras que la derecha jugaba con una flor lentamente movida —sin que entonces ni ahora pudiese explicarme cómo, porque nada hay más difícil que imprimir a las manos movimientos contrarios y de velocidad tan diferente. Me dio la sensación de algo que, si no llegaba a lo diabólico, pasaba en cambio del mero virtuosismo; y que bajar por una calle de París de aquella manera, si no obedecía a un propósito burlón, sólo podía acontecer por deliberada voluntad de propaganda. La verdad es que no supe a qué atenerme, y que el italiano no me dio tiempo a recobrarme de la sorpresa, porque de pronto quedó parado frente a mí, se quitó el hongo, y me saludó con grandes muestras de cortesía.

—¿Cómo está usted, señor...? —dijo mi nombre—. Me alegra verle. He telefoneado a su hotel un par de veces, pero con mala fortuna.

Y como la sorpresa me saliese a la cara, añadió en seguida:

—Es cierto que no hemos sido presentados, pero eso, entre meridionales, carece de importancia. Mi amo manifestó deseos de conocerle, y por eso...

Un movimiento de su mano florida añadió el resto.

—¿Quién es su amo?

—Permítame, que, de momento, calle su nombre. Puedo, en cambio, mostrárselo, a condición de que no intente hablarle. Está cerca de aquí. Si el señor quiere seguirme...

¿Por qué lo hice? ¡Qué sabe uno por qué hace tantas cosas! Quizá fuese porque el italiano me empujaba suavemente, sin dejar de sonreírme; o porque su sonrisa amable me lo rogaba. Acaso curiosidad; puede que aburrimiento.

Me llevó a un café cercano. Antes de entrar, me dijo:

—Sígame, y no mire a parte alguna hasta que nos hayamos sentado. Mi amo está con una dama, y...

Pidió perdón por pasar delante. Le seguí. Era un café como otros muchos, pequeño e íntimo. Quizá yo mismo hubiera estado en él alguna vez. Fuimos hasta un rincón, se sentó a espaldas al público y me indicó el asiento pegado a la pared.

—Desde ahí podrá verle. A la derecha, en la mesa de la ventana. ¿Ve usted al caballero? Ese es mi amo.

No podía decirse que su amo fuera un ser extraordinario ni tampoco vulgar, sino un correcto varón de unos cuarenta años, bien conservado, vestido de traje gris, grises también los aladares y el bigote. Mis pobres ojos miopes, a aquella distancia y con luz mediana, no podían ver más. Observé que usaba gafas oscuras, como las mías.

—A la muchacha, ¿la vé usted bien?

—Está de espaldas.

—Es bonita, pero eso es decir poco de una mujer en París. Creo, sin embargo, que le gustaría verla de cerca.

Remedó con las manos ciertos encantes a los que siempre fue particularmente sensible, y guiñó un ojo.

—A mi amo también le gustan así. ¡Oh, no crea! Tienen ustedes dos muchos puntos de coincidencia. Llegarán a entenderse.

En este momento, la muchacha se levantaba, y pude verla mejor: de buena estatura y cuerpo delgado, vestía pantalones y jersey negros. Se echó sobre los hombros un abrigo gris y se puso los guantes. El caballero se había levantado también: sus movimientos y su figura me resultaron conocidos, aunque no pudiera identificarlos como de alguien próximo o amigo. Era muy elegante, con esa elegancia casi inasequible en que el traje, más que encubrir, expresa.

La muchacha salió con la cabeza alta y el mirar perdido. El caballero la siguió cortésmente, sin que la cortesía significase especial amor.

—Y ahora, ¿le conoce? —me preguntó el italiano.

—No.

—Lo siento. Créame que lo siento. Le traje aquí para que, al verle, recordase en seguida su nombre. Si, de pronto, usted dijese: «¡Es Fulano de Tal!», yo le diría: «Sí», y luego vendrían las explicaciones. Pero si usted no ha sido capaz de adivinarlo, yo no puedo hacer más. Créame que lo siento. Si ahora le dijese quién es mi amo, usted se reiría de mí, me tomaría por loco, o, lo que es peor, pensaría que me estoy burlando. Me siento desolado por el fracaso, pero otra vez será. ¡No sabe usted lo que sufro con esta clase de situaciones! Me veo en ellas a cada paso, pero, ¡son tan lógicas!

Puesto de pie, cogió el hongo y el bastón.

—Ya se enterará de algún modo, estoy seguro, de algún modo normal, quiero decir: suavemente, sin sorpresa, sin esa sensación de lo absurdo que sobreviene necesariamente a todo el que lo descubre por sí mismo. Pero tiene que ser pronto, porque usted marchará de París un día de estos... ¿cuándo se marcha?

—No lo sé.

—Espere unos días más. Usted ha venido a ver teatro: dentro de pocos días será la «première» de una pieza importante, de las que no pueden representarse en su país. Espere. Le enviaré las entradas.

No dijo más, sino que saludó y se fue corriendo. Yo me acerqué a la ventana y le vi pasar, recobrado el andar saltarín, el ritmo de baile burlón; sólo que había cambiado de manos el bastón y la flor.

Alguien alentaba detrás de mí. Sentí asimismo un corazón que golpeaba, pero esto quizás fuera una ilusión. La que parecía camarera del café se había acercado también, y miraba por encima de mi hombro, pero no al italiano, que ya desaparecía tras la esquina, sino hacia el lugar donde la muchacha de los pantalones negros y su galán se habían detenido.

Tendría como treinta años, la camarera, y me gustó. Miraba a la otra muchacha con mirada de despecho, con mirada de amor en frenesí, y aún dijo algo, que no entendí bien porque el francés sólo se me da con extranjeros que lo hablen más o menos con las mismas imperfecciones que yo.

Pero lo que dijo, por el tono y el modo de mirar, me la hicieron interesante. Volví a mi mesa y me puse a hojear un libro, en realidad a observar a la chica del café, que se había refugiado en un rincón, entristecida y rabiosa. Pasó algún tiempo: no hallaba pretexto para interrogarla, a pesar de encontrarnos solos. En España hubiera sido fácil: ella me contaría, a la primera insinuación, toda una historia de amor. La llamé, por fin, para pagar. Me respondió sin moverse:

—Gracias, señor. Leporello ha pagado ya.

3. **Me dio una risa tan vehemente** que tuve miedo de soltarla en su cara, y esperé a la calle para reírme; pero en la calle no reí. La sensación de hallarme ante un embrollo marcadamente cómico desapareció en seguida, al comprender que no me hallaba ante él, sido metido en él, quizá como su objeto, al menos como objeto de una burla. El nombre de Leporello había asociado inevitablemente el de Don Juan Tenorio, y la idea de que Leporello era un farsante la extendí, sin proponérmelo, a su amo, no sé si también —al menos de momento— a la

chica que le acompañaba y a la camarera del café. Me estaban tomando el pelo, o al menos se lo habían propuesto, aunque yo no me explicase por qué lo hacían ni para qué. Supongo que, mientras estas ideas me pasaban por las mientes, hacía el ridículo en mitad de la acera, vacilante, asombrado y bastante irritado. Si alguno de ellos me veía, debía divertirse de lo lindo.

Hasta que pude dominarme, y salí corriendo hacia el figón donde el cura español solía cenar. No sé por qué pensé en él, ni por qué tuve miedo de no encontrarle. Tomé un taxi. El cura no se había marchado: bebía tranquilamente su café.

—¿Sabes quién dice ser el sujeto aquel del hongo? — le pregunté.

El cura ya lo había olvidado.

—Sí hombre: el que estudió Teología en Salamanca... a principios del siglo XVII.

—¿Tu fantasma?

Sonreí.

—Exactamente. No es un fantasma, sino un farsante, como me pareció al principio. Dice que es Leporello.

Mi amigo el cura lo hubiera identificado más fácilmente por Ciutti. Ni siquiera Catalinón le resultaba familiar, menos aún Sgagnarelle.

—Bueno. Eso es una bobada.

—No creo que dos sujetos que, a estas alturas, se hacen pasar por don Juan y su criado, sean ninguna bobada.

—Quería decir una impostura.

—La impostura, querido páter, es un modo de actuar en la realidad como otro cualquiera. Tiene sustancia propia y, a veces, es interesante, y hasta importante. Por lo pronto, cuando un hombre se convierte en impostor, la impostura elegida es reveladora. Hay en la impostura mucho de la verdad íntima de su alma.

—Cuando un hombre dice ser don Juan Tenorio, lo que su impostura revela me atrae muy poco.

—El verdadero don Juan, ¿te atraería?

El cura se encogió de hombros.

—¡Qué sabe uno cómo fue! Los individuos de esa especie que he conocido nunca me han sido simpáticos. Son pecadores sin grandeza, simples fornicadores, gente liviana. Don Juan no es más que una exageración de los poetas.

—Aunque inventado por un teólogo.

Se había acercado la camarera. Encargué una cena modesta y sin vino: con ese «quart' Périer» de mis comidas en París.

—Por lo pronto —continué—, don Juan no es una especie, según pareces creer, sino un hombre de intransferible singularidad, o, si prefieres que sea más concreto, una persona eminentemente individual, con la que todo parecido es pura coincidencia.

—No me interesa.

—Para un teólogo, es un tema de primera.

El cura me miró casi enojado.

—Los literatos metidos a teólogos tendéis a desquiciar las cosas, y tú, concretamente, a pensar que cualquier bagatela es un gran teológico. Dame un pitillo.

Me lo pedía porque, en mi petaca, había siempre monterreyes extralargos, comprados en España de contrabando y traídos a París para compensación de los insoportables *caporales*.

Lo encendió.

—Un hombre que dice ser don Juan, no puede interesar a un dramaturgo o a un novelista, cuanto más a un teólogo. Tiene que ser un memo.

—¿Crees que lo es Leporello? Apostaría a que sabe más teología que tú.

—Supón que es un cura italiano, un vulgar *defroqué*.

—Aun así... ¿Imaginas lo que tiene que haber pasado en el alma de un hombre en tales condiciones hasta llegar al punto de hacerse llamar Leporello?

—Carezco de imaginación.

—Yo, no. Y si es, cosa que no creo, un cura rebotado, más todavía.

Mi amigo el cura español puso la mano sobre mi brazo y me sonrió compasivamente.

—Siempre te tuve por muchacho inteligente, pero creo haberme equivocado. No dices más que tonterías. ¿No ves que todo es absurdo?

—De acuerdo.

—La única explicación razonable que se me ocurre es que ese sujeto, o los dos, quieren tomarte el pelo.

—¿Por qué han de quererlo?

—No lo sé. Pero cualquiera que no fueses tú, lo habría pensado en seguida, y habría roto las narices al italiano.

Se interrumpió un momento.

—...aunque, claro, si es un cura... Pero puedes darle un buen golpe con el paraguas, o un puñetazo sin quitarte el guante, o un silletazo. Para que exista excomunión tienen que concurrir determinadas circunstancias: *manu violenta, suadente diabolo.* Una estaca; una mano enguantada, y, sobre todo, la convicción de que el diablo está lejos...

Hizo otra pausa, y añadió:

—Ahora que ya lo sabes, déjame en paz.

4. Eso hubiera querido yo, quedar en paz. Di, aquella noche, mil vueltas en la cama, ya divertido, ya irritado, siempre preocupado. Si acontecía que me ganaba el sueño, despertaba en seguida, confuso como quien viene de una realidad distinta de la nuestra, y el silencio y la oscuridad me daban miedo. Volvía a recordar a Leporello, le veía por el *boul 'Mich* con su bastón y su rosa, como un malabarista callejero; se mezclaban, además, en la pesadilla, imágenes de algún actor español recitando la escena del sofá, compases de Mozart, *malditos* enmascaradas y gritones, el gesto incomprensivo y enojado de mi amigo el cura, y la escenografía de Dalí para el *Tenorio* como fondo. En algún instante lúcido y tranquilo, atribuí las pesadillas a la excelente calidad y a la cantidad del café bebido aquella noche. Probablemente era cierto. De otra manera, no hubiera recordado la burla del italiano más tiempo del indispensable para olvidarla.

Me levanté tarde, con la cabeza dolorida y confusa. El agua de la ducha no me espabiló.

—Le espera un señor abajo —me dijo la camarera al traerme el desayuno.

—¿Español?

—Creo que sí.

Podía ser cualquiera de los dos o tres amigos hallados en París a los que había dado mi dirección. Podía ser el cura, que, a veces, vestía de paisano.

—Que suba.

Volví a la cama, y antes del café, bebí el «quart'

Périer» que, cada mañana, reconciliaba con los sabores tolerables mi estómago revuelto.

Llamaron a la puerta, respondí en español, y entró en seguida Leporello, con un maletín negro en la mano. Reía, aunque amablemente. Al ver mi sorpresa, se rió un poco más. Sin pedirme permiso, se sentó en la esquina de la cama.

—Ya me dijo Marianne que le había hecho mucha gracia el escuchar mi nombre.

—¿Marianne?

—La camarera de ayer tarde, que es también dueña del café. Recuerde. ¡Y, por favor, no vuelva usted a mirar a una mujer francesa con esa descarada insistencia, y, si lo hace, láncese al ataque! Aunque, en este caso, hubiera sido inútil: Marianne está enamorada de mi amo, y aun no le llegó la hora de desamarlo.

Hizo con la mano un gesto juguetón.

—A todas les sucede lo mismo. ¡Verdaderamente monótono! Trescientos y pico años asistiendo al reiterado, al deprimente espectáculo de la debilidad femenina. Si mi amo fuese otro hombre, lo hubiera abandonado.

—¿Qué quiere usted de mí?

—Que conozca a mi amo.

—No me interesa.

Leporello se levantó, fue a la ventana y permaneció unos momento en silencio, de espaldas a mí. Sin volverse, hizo algún comentario —entre dientes—, sobre cualquier vecina del patio. Luego, añadió, sin transición:

—No es usted sincero. Esa respuesta obedece a la conversación que tuvo ayer con el presbítero, a la mala noche pasada, y al temor de que entre mi amo y yo le tomemos el pelo. Los españoles, en cuanto creen que se les burla, se ponen antipáticos, y son capaces de armar una guerra por cuestiones así: sólo mi amo se ha librado de esa deficiencia, pero lo cierto es que de mi amo no se ha burlado nadie. Bueno... es decir, se burló una persona, pero tan alta, que no es para guardarle rencor.

Giró rápidamente sobre sí mismo.

—¿Quiere usted venir conmigo? Le expondré los motivos que mi amo y yo hemos tenido para hacerle el honor...

Se interrumpió, sonriendo

—Perdón. Quise decir tan sólo para invitarle a una entrevista.

—No.

—¿Tiene usted miedo?

Salté de la cama.

—Cuando usted quiera.

Leporello reía.

—Es el último truco para conseguir algo de un español. Ustedes no comprenderán jamás que entre la corbardía y el valor hay bastantes zonas intermedias muy honorables y aconsejables, la cautela, la prudencia, el desdén. ¡Qué tipos raros y simpáticos son ustedes! Mi amo hubiera obrado igual. En realidad, ha obrado así toda su vida. El miedo a que le tengan por cobarde es más fuerte que el más templado raciocinio.

Se acercó y me palmoteó la espalda.

—Vamos, vístase.

—¿Quiere usted, sin embargo, decirme cómo sabe que ayer discutí con el presbítero, y que esta noche...?

Me detuvo con un gesto.

—Forma parte de mi secreto profesional.

—Puedo responderle que no le acompañaré mientras no me lo explique.

—Le prometo hacerlo alguna vez, pero no ahora. ¡Querido amigo! Si para enterarle de quién es mi amo fueron indispensables tantos rodeos, ¿cómo podré decirle de repente quién soy yo?

—Un impostor que se hace pasar por Leporello.

—Y, ¿por qué no por el diablo? Aceptada la impostura...

Me acerqué al lavabo, con intención de afeitarme.

—Deje eso. Va a tardar mucho. Con su permiso...

Me sentó en una silla y enchufó rápidamente una máquina eléctrica de afeitar, sacada del maletín.

—Así acabaremos antes.

Zumbaba el motorcito cerca de mi oreja.

—Lo que sí le aseguro es que no soy cura rebotado, como pensaba ayer el preste. No he alcanzado ese honor.

5. Me empujó dentro de un cochecito rojo, anticuado, de buena marca.

—Es el que yo uso. El de mi amo es de más lujo,

aunque tan anticuado como éste. Un Rolls ¿sabe?, del año veinticinco. ¡Gran coche! Solemne y respetable como una carroza, con el interior *capitoné* en seda azul pastel. Las mujeres se sienten más cómodas en él, y, desde luego, mucho más halagadas que en uno de esos coches americanos, ostentosos y sin clase.

Corríamos por la Orilla izquierda. Leporello era un conductor habilísimo que exhibía su destreza con burlas continuadas, no al código de circulación, sino a la prudencia. El automóvil, en sus manos, era, como el bastón y la flor, un instrumento de juego; más todavía, de riesgo; como si se divirtiese con dianas imposibles, con audacias inútiles. Sin embargo, en su manera de conducir el coche no había nada de misterioso, nada de absurdo, como en el manejo del bastón y la flor, sino, quizá, el deseo de amedrentarme. Yo, sin embargo, no tenía miedo: me salía del alma, inexplicable y súbita, una confianza en su pericia que no tenía nada de racional y que, al hacerse consciente, me dio más miedo que los riesgos corridos, como si el verdadero riesgo fuese Leporello, y no sus hazañas callejeras. Cada vez que una de ellas hallaba cabal remate, me miraba como buscando mi aprobación, y se la daba con sonrisa que quería ser serena, que —estoy seguro—, lo era. No sé por qué ni importa ahora.

Nos metimos en la Isla de San Luis y detuvo el automóvil después de haberla rodeado: frente a una casa edificada por alguien del siglo XVII para que alguien del mismo siglo —Intendente, o quizá Magistrado— la habitase. Dijo que habíamos llegado. Pasamos un zaguán, luego un patio interior, y por una escalera oscura y suntuosa, verdadero derroche de roble trabajado, ascendimos al piso. Leporello abrió la puerta y me invitó a pasar.

—Mi amo no está ahora. No venimos a verle, sino a explicarle a usted la razón por la cual...

—...me hacen ustedes el honor...

—Exactamente.

Cerró. El vestíbulo estaba oscuro. Leporello abrió las maderas de una ventana, y tuve la sensación repentina de hallarme en el escenario de un teatro, o en algo que, sin ser teatro, fuese escenario, y que, sin embargo, no era fingido o falso, sino de la más depurada autenticidad. Quizá los descendientes del señor Intendente, o del señor

Magistrado, hubiesen conservado intacto el vestíbulo de su casa, aunque parezca imposible; pero no sólo los muebles, sino ante todo su disposición, sabían a cosa antigua, auténtica, intocada. Un decorador moderno tiene otro sentido de la composición en el espacio. Y toda la casa, por lo que puede ver, era lo mismo.

Me llevó Leporello a una sala que hacía, al mismo tiempo, de biblioteca.

—Siéntese.

Señalaba un sillón que, por viejo, pudiera ser frágil. Comprendió mi temor de hacerlo añicos con sólo apoyarse en él.

—Siéntese —repitió—. Es un honrado y fuerte sillón con mucha historia. Su cuero ha estado en contacto con ilustres posaderas de las que las suyas no podrán avergonzarse.

Seguía invitándome con el gesto y las palabras.

—Siéntese. No se romperá.

Mientras me sentaba, se movió detrás de mí, hacia los anaqueles.

—No me extraña que ande usted un poco estúpido; es, más bien, razonable. Como si caminase por una carretera y se topase, de pronto, con don Quijote.

Yo estaba, efectivamente, atontado, y me sentía estúpido en mi manera de sentarme, y de cerrar los ojos, y de cogerme las sienes con las manos, y de pretender que los ruidos hechos por Leporello detrás de mí me diesen señal verdadera de sus movimientos; me sentía estúpido por el modo que mi cerebro tenía de funcionar, o de no funcionar, así como por la incoherencia e inoportunidad de sus imágenes, sin relación alguna con mi situación, con mi estado, con Leporello ni con don Juan; una canción aprendida bastantes años atrás de una moza chilena que la cantaba con donaire, me sonaba en los oídos:

Agachaté el sombrerito,
y por debajo mirame;
agachaté el sombrerito
y por debajo mírame...

y en la segunda copla habla del Río Magdalena.

—¿Recuerda usted que cierta vez escribió un artículo sobre don Juan?

¡Al diablo la canción!

—Escribí varios artículos sobre ese caballero.

Leporello traía en la mano un recorte de periódico pegado a una hoja grande de papel, con letras azules como siglas.

—Los otros no fueron tan afortunados; pero, en éste, hay una frase que nos agradó.

La frase estaba subrayada con lápiz rojo.

—Don Juan le agradeció mucho este cumplido, que es, además, una intuición certera; porque, en efecto, don Juan ha perfumado sus manos en cuerpos vivos de mujeres y las ha sacado traspasadas de olor como si las sacase de un cestillo de rosas.

Se sentó en el borde de la mesa. Yo releía el artículo. Traía mi firma al pie.

—Al leerlo, pensamos escribirle, y quizá visitarle, pero mi amo creyó entonces que a usted le parecería poco respetuoso recibir unas líneas firmadas por Juan Tenorio y Ossorio de Moscoso...

Dio un golpe en la mesa con la mano cerrada, un golpe innecesario, como un ripio.

—Ossorio de Moscoso, ¿sabía usted que éste es el segundo apellido de don Juan? Busque, cuando esté en España, su partida de bautismo, busque la de su madre doña Mencía. En los archivos de Sevilla, naturalmente.

—En Sevilla nunca hubo Ossorios de Moscoso.

—Busque, y se apuntará un tanto de erudito; encontrará también la partida matrimonial de dicha dama con don Pedro Tenorio.

—Sabe usted de sobra que los Tenorios de Sevilla son anteriores a los registros parroquiales.

—Entonces, no lo busque.

Recogió el papel que yo le tendía.

—Debo confesarle que le habíamos olvidado; pero, hace días, al oir su nombre en la Embajada de España...

—¿Me vio usted allí?

—Mi amo, sí. El va a veces por la Embajada, pero nunca se presenta con su verdadero nombre; sería escandaloso. Lo cambia cada diez o doce años, aprovechando cualquier remoción del personal.

—Ahora, ¿cómo se llama?

—No lo recuerdo bien. A lo mejor, Juan Pérez.

Hice ademán de levantarme. Leporello me detuvo.

—¿Qué prisa tiene?

—Los motivos ya están claros, ¿no?

—Sólo aparentemente.

—Eso ya no depende de mí.

—Comprendo que don Juan en persona le convencería mejor que yo; pero, lo dije ya, ha salido de casa.

—Es natural en él, supongo.

—Acierta usted. El trabajo lo hace fuera. Se habrá llevado a Sonja a Fontainebleau, o a algún sitio cerca. Sonja —añadió— es la chica de ayer. Una sueca muy bonita, como usted habrá visto. ¿Se fijo en sus...?

Señaló el pecho, abombó sus manos sobre el pecho.

—Una muchacha increíble e inútilmente pura, y disparatadamente enamorada de mi amo. Luego, dicen que las nórdicas son frías. ¡No hay mujeres frías, amigo mío! No hay más que hombres imbéciles, que tienen en sus manos una guitarra y no saben tocarla.

—Su amo debe ser un formidable guitarrista.

—¿Quién lo duda? Pero, entiéndalo bien, sólo de una manera instrumental. ¡Oh, no piense que juego con las palabras! Quiero decir que esa melodía que saca de todas las mujeres no ha sido nunca un fin, sino un medio. Y conste que las mujeres, en manos de mi amo, han dado de sí melodías inesperadas. Tiene don Juan muchas virtudes, pero ésa de que el instrumento más tosco suene en sus manos divinamente, es la que más admiro.

Se interrumpió.

—Bueno. Hay otra que admiro mucho más, pero hoy no viene al caso.

Me levanté.

—Hasta ahora no me ha dicho usted más que vulgaridades. Le aseguro que esperaba, al menos, divertirme.

—Lo lamento.

Saltó de la mesa y fue hacia la puerta.

—Puede que nos volvamos a ver, puede que no nos veamos jamás. En cualquier caso, ¿quiere beber ahora una copa conmigo? No aquí; a la vuelta, en un *bistró* vecino. Mi amo le invitaría con más ceremonia y en lugar más elegante, pero yo he sido siempre cliente de figones. Tengo gustos ordinarios.

Se detuvo en el vestíbulo.

—¿Por qué está serio? ¿Por qué sigue enojado? Ni mi amo ni yo hemos esperado jamás que nos creyese, pero teníamos la obligación moral de darle a usted las gracias sin ocultar nuestros nombres. Pero ese empeño en creerse burlado... ¿Ha perdido, de pronto, el sentido del humor?

6. Sí. Lo había perdido. Cuando me metí en el metro, me insultaba a mí mismo por haberme dejado conducir, por la vanidad sentida cuando Leporello me mostró mi artículo, y, sobre todo, por aquella creciente, irracional creencia, de que *podían ser* Leporello y don Juan Tenorio, al modo como creo también que puede haber fantasmas, que los muertos regresan con recados del otro mundo, y otras muchas cosas de las que no he logrado nunca limpiar del todo los almacenes más oscuros de mi alma.

Estaba citado con mi amigo el cura en el restaurante, y allí lo encontré, irritado contra un libro del P. Congar que tenía entre manos. Según él, toda la teología francesa moderna, así como la belga, la alemana y la inglesa, le olían a heréticas, y acabó diciéndome que estaba harto, que se marcharía en seguida, y que pensaba escribir un libro terrible, denuncia implacable del *modernismo* en sus formas actuales.

—Aquí tienes un libro de cierto P. Teillhard no sé de cuántos. ¿Piensas seriamente que el dogma puede ser conciliado con el evolucionismo?

Me encogí de hombros.

—Nunca me preocupó gran cosa la cuestión, aunque esté convencido de que, antes o después del antropoide, el barro ha tenido que ver con mi cuerpo. Si alguna vez me muerdo el labio, no me sabe a sangre, sino a tierra.

Nos despedimos. Marché a mi hotel y eché una siesta que me pareció larga y de la que me arrancó el timbre del teléfono.

Hablaba Leporello.

—Tengo que verle.

—¿Para qué?

—¡Oh, no pregunte! Después de lo pasado, es necesaria una explicación.

Yo no lo creía así, pero Leporello me convenció con intachable y enrevesada dialéctica. Quedamos citados en el café de Marianne.

Cuando llegué, el café estaba vacío. Marianne vino del interior, al oir mis pasos.

—Leporello acaba de telefonear. Dice que haga el favor de esperarle.

Llegó en seguida. Se sentó a mi lado, y empezó a decirme que, desde luego, ni él era Leporello ni su amo don Juan, sino un par de guasones que se divertían así, y que lo hecho conmigo no llevaba mala intención, porque habían esperado que les siguiese el aire hasta el final de la aventura. Tanto él como su amo me pedían perdón, y estaban dispuestos a desagraviarme. Parecía sinceramente avergonzado, y con ganas de templar mi enojo con humildades.

Se acercó Marianne.

—Al teléfono.

—¿Quién?

—Una mujer.

Leporello me miró con angustia súbita, con algo como terror —un cómico terror expresado con una mueca.

—¡Todo se ha ido al diablo! —exclamó.

Corrió al teléfono.

—¿Quién es? ¿Quién es usted? ¿Es usted Sonja?

Colgó. Marianne, al nombre de Sonja, había vuelto la cabeza y miraba con inquietud. Detuvo a Leporello.

—¿Sucede algo?

Leporello la apartó suavemente.

—Le han pegado un tiro —me dijo—. Venga conmigo.

—¿Un tiro? ¿A Sonja? —preguntó Marianne.

—No. A don Juan.

Marianne dio un grito.

—¡Yo voy también!

Se quitó el mandil, se puso un abrigo. Laporello me ayudaba a poner el mío.

—No, Marianne. No venga usted.

Discutieron. Marianne quería ver a don Juan, quería estar a su lado, quería...

Leporello le dio una llave.

—Vaya usted a casa y espere allí.

—Pero, ¿y el médico?

—Le avisaré también. Recíbale si llega antes que nosotros. Y, entre tanto, pepare lo que se le ocurra. Ya sabe dónde están las cosas.

Salió, casi arrastrándome. En el coche, me explicó:

—Marianne ha sido nuestra sirvienta. El café se lo puso mi amo para librarse de ella.

—¿A dónde me lleva?

—Al *pied-á-terre* de don Juan. Eso que ustedes llaman un picadero o un pisito. Pero, ¡qué picadero el de mi amo! Cargado de historia. Es el piso en que vivió cierto poeta, amigo suyo.

Hizo una pausa, mientras arrancaba el coche, y añadió:

—Creo que se llamaba Baudelaire.

No pude responderle, porque el coche corría ya endemoniadamente; cruzaba calles desconocidas para mí, lugares cuyo desconocimiento me desazonaba. Una vez, se volvió hacia mí, me miró con sorna, y dijo:

—No crea que pienso raptarle. ¿Para qué?

Se detuvo en una calle antigua, frente a unas casas de estilo y facha deciochescos. Justo delante de nosotros había un «Rolls» negro, de gran empaque, vacío. Leporello abrió la portezuela y husmeó en el interior. Alumbró luego con una linterna eléctrica, se agachó, recogió algo y me lo alargó. En husmear, en alumbrar, en agacharse, había tardado un tiempo infinito, el tiempo de un profesional miope que necesita verlo, hurgarlo todo, dar vueltas a las cosas para enterarse de que, en un rincón del coche, entre el asiento y el respaldo, hay algo blando.

—El pañuelo de Sonja. Después se quejan si la policía descubre los asesinatos. ¡Qué buen perfume usa!

Le recordé que su amo, estaba, quizá, desangrándose.

—No pase cuidado, no morirá.

Se llevó el pañuelo a las narices y aspiró. Dilató también la operación, y si no me mirase con una chispa de zumba en sus ojuelos verdes, creería que había hallado en el perfume la felicidad y que quería demorarse en ella lo que le quedaba de vida, para morirse luego.

—Huela, huela usted. Todo el secreto de Francia para un español, todo lo que ustedes envidían a Francia porque no lo tendrán jamás, se expresa en este perfume, aunque usted quizás prefiera sorprenderlo en la poesía. Da lo mismo. La poesía y la perfumería francesas son dos triunfos de la alquimia.

Sonrió, como disculpándose de haberse deslizado.

—Quiero decir de la Química.

—Su amo ya habrá muerto.

—No. No morirá por un tiro más. ¡Y, sin embargo, cómo lo hubiera agradecido!

Sin esperar mi respuesta, entró en el portal de la casa, y yo le seguí irritado, y, al mismo tiempo, sonámbulo, como si aquella puerta fuese la entrada de un sueño en el que todos los elementos fuesen reales, aunque no lógicos; porque lo que verdaderamente se alteraba en mí, lo que perdía pie y se colocaba en «off side», era mi afición a entender y a explicarlo todo por rigurosos sistemas casuales. La inspección del coche, el comentario al hallazgo del pañuelo, y, sobre todo, el tiempo consumido en aspirar su perfume y en ponderarlo, me parecían algo así como una diversión lírica, o la interpolación de una demora discursiva en un proceso dramático urgente.

—¿Por qué está preocupado? Mi amo no se muere. ¡Si lo sabré yo!

Y, en seguida:

—En usted, querido amigo, interfieren ahora mismo dos órdenes de la realidad, pero no intente entender más que aquélla a la que todavía pertenece.

Buscó las llaves con parsimonia, introdujo una en la cerradura, tardó en abrir.

—La otra, acéptela si quiere.

7. El *picadero* de Don Juan constaba de un vestíbulo pequeño al que se abrían tres puertas, y dos salones en ángulo, alumbrados —al entrar nosotros— por lámparas pequeñas y anticuadas, amueblados al gusto romántico más puro: también allí parecía que nadie hubiese corregido la disposición de los muebles, como queriendo conservar el sentido del espacio de nuestras tatarabuelos. Había flores por todas partes, flores recientes y caras; un piano de media cola, y cuadros, muchos cuadros, cuadros muy buenos, entre los que descubrí un Délacroix de regular tamaño, dibujos de Daumier, y un par de bocetos de Manet. Había también libros, pero no me paré a mirarlos, porque, en el segundo salón, entre un sofá y el piano, Don Juan se hallaba derribado sobre la alfombra, inerte, y con la pechera de la camisa ensangretada. Corrí a su lado, me arrodillé y le tomé el pulso.

—Está vivo.

—¿Lo vé?

—Pero, ¡hay que llamar a un médico! ¡Dése prisa!

—Sí. Hay que llamar a un médico, pero sin prisas. El doctor Paschali suele atender a mi amo en estos casos: un italiano de malísima reputación, pero que se aviene a no dar parte a la policía.

Se arrodilló con parsimonia, y desabrochó la camisa de don Juan.

—Tiene que haber interesado el corazón.

—No diga disparates. Habría muerto.

No me respondió. Volvió el cuerpo de su amo sin ningún miramiento, y le examinó la espalda.

—Con orificio de salida. Mejor así.

Don Juan quedó espatarrado sobre la alfombra, con los brazos abiertos y la cara pegada al suelo.

—Las pistolas son un invento cómodo —continuó Leporello—. Antes, una mujer burlada, o se veía en la desagradable necesidad de apuñalar al Burlador, que es un acto muy poco femenino, dígase lo que se quiera, o de envenenarlo, que es feo y tortuoso, o de acudir al padre, al hermano o al marido para que se consumase la venganza. Con eso, se complicaban mucho las cosas, resultaban muy teatrales. Ahora, todo es más sencillo, ya lo ve usted: un agujerito en el pecho, otro en la espalda, y una mancha de sangre. Lo que aquí sucedió, no podría ponerse en verso.

—¿Qué sabe usted lo que le habrán dicho a su amo?

—Eso. ¿Qué sabré yo? Sonja es sobria de palabra, no es ninguna charlatana. Pero es, en cambio, muy descuidada: vea.

Metió la mano bajo el sofá y sacó una pistola.

—Un seis treinta y cinco, de fabricación belga. Probablemente conserva las huellas dactilares. Si ahora llamo a la policía, antes de una hora Sonja habrá sido detenida.

—¿Por qué no lo hace?

—Porque Sonja tiene razón. ¡Sí, no me mire de esa manera! Tiene razón. Todas tienen razón para matar a mi amo. Llevo trescientos años conociendo mujeres que hacen razonablemente cosas como ésta, o parecidas.

—¿Me deja usted que hable un poco?

—¡Naturalmente! Lo estoy deseando. Pero no permanezca de rodillas. Podemos sentarnos y tomar algo.

El doctor Paschali no llegará a su casa hasta las siete, y son... las seis y treinta y cinco. Vive en Neuilly. Si salimos los dos al mismo tiempo, llegaré antes. A mi amo le da igual esperar ahí tirado que en su cama, pero mientras permanezca ahí, evitaremos que Marianne se desmaye, que haga una escena patética abrazada al cuerpo de su amado, o que intente suicidarse si lo crea muerto. Ahora, en cambio, duda y espera, se siente desgraciada y vive la inefable felicidad que le causa su desgracia. ¿No ha observado usted la habilidad con que las mujeres convierten en fuente de felicidad su desventura?

—No es de eso de lo que quiero hablarle.

—Ya sé. Usted quiere decirme que no se explica cómo Sonja pudo ser burlada, pero a mí me gustaría más que discutiésemos sobre el instinto de felicidad de las mujeres, expresado por una chica bien educada y por una mala bestia, Sonja y Marianne, por ejemplo. Sonja es hija de un magnate del acero, un ruso emigrado que se enriqueció en Suecia; Marianne es una pobre chica de servir.

—Sonja mata; Marianne, no.

—¡Pura apariencia!

—He ahí la prueba.

Leporello se acercó a un armario donde había vasos y bebidas, sirvió algo y me lo ofreció.

—Ahí tiene, coñac español. Yo prefiero el vino dulce.

Pasé por encima del cuerpo de su amo como si fuera el cadáver de un perro, y repitió la invitación a sentarme.

—El día en que llegó Marianne, enviada por una agencia de colocaciones, nada más ver sus ojos, nada más oir su áspera, su apasionada voz, pensé que un nuevo melodrama se nos había metido en casa. Y cuando tuve ocasión de estudiarla por dentro, me estremecí de regocijo, porque lo que había allí prometía una verdadera traca.

—¿Qué es lo que había? ¿Cohetes?

—No sea bobo. ¿Pretende usted tomarme el pelo... a mí? —Cambio inmediatamente de tono—. Le diré lo que había. ¿Ha visto usted alguna vez una gallina por dentro? ¿No le ha sorprendido nunca la serie de huevecillos, grandes y chicos, que allí esperan su desarrollo? Quién como yo conoce la anatomía de las almas, puede ver en ellas los gérmenes agazapados de los actos futuros, nutriéndose de vida, desarrollándose lentamente, como los huevecillos de las gallinas. Y, un día, ¡zas!

—Un día, Marianne cacarea, pero no pone un crimen.

—Exactamente. Y Sonja, en cuya alma no he visto jamás el germen de un homicidio, no cacarea y lo pone.

—¿No es algo contradictorio?

—Es que, amigo mío, anda don Juan por medio. ¡Don Juan, de quien se ha dicho que era estéril! No sé si antes, o ayer, hablábamos de las armonías que don Juan es capaz de arrancar al cuerpo de una mujer; olvidé añadir que también sabe sembrar gérmenes en su alma, y nutrirlos; gérmenes de actos en contradicción con el carácter de la mujer. Hizo de Marianne un ser capaz de sacrificio, y de Sonja una homicida. El buen novelista que las hubiera inventado, atribuiría el crimen a Marianne, el sacrificio a Sonja; y, de hacerlo al revés, los críticos se lo reprocharían. Porque, naturalmente, el novelista sería incapaz de imaginar la escena que ha transcurrido aquí, desde anoche hasta esta tarde, u otra similar acontecida hace meses en nuestra casa; menos aún los largos, los estudiados procesos que en esas escenas culminaron.

Se levantó solemne; pero, antes de seguir hablando, sorbió con delectación y chasquido de lengua un buen trago de vino dulce, de modo que el gesto dio al traste con la solemnidad.

—Voy a revelarle un secreto: el éxito de don Juan se debe a su poder de transformar a las mujeres.

Me encogí de hombros.

—Todo ser humano, al relacionarse con otro, lo transforma, y, entre enamorados, la transformación es mucho mán honda.

—Con una diferencia, amigo mío: las transformaciones de un hombre provocadas por la mujer que ama, o viceversa, están implícitas en el carácter del transformado, son posibilidades que la presencia del amante suscita y realiza. Pero ni el sacrificio fue nunca una posibilidad de Marianne, ni el crimen lo fue de Sonja. Don Juan creó los gérmenes, los sembró...

—Sí; y los nutrió.

—Y les dio realidad. Por eso es original y grande .

—¿No será más bien que injerta a sus amadas personalidades falsas, allegadizas?

—Y, usted, ¿no se da cuenta de que está hablando de mi amo como si verdaderamente fuese don Juan?

Sonreí.

—Me limitaba a aceptar una hipótesis.

—No. Hablaba usted de don Juan completamente en serio.

Miró el reloj.

—Ha llegado la hora de llevárselo. ¿Quiere, mientras tanto, aguardarme aquí? No le digo como cortesía que puede fisgar lo que quiera, porque más bien lo deseo. Volveré pronto.

Sin esperar mi conformidad, cargó a la espalda el cuerpo de su amo, y marchó. Desde la ventana vi cómo lo metía en el coche grande sin cuidarse de que le vieran o no. Y, no sé por qué, tuve la impresión de que sólo yo les veía.

8. Tardé en determinarme a curiosear. Sentado, con el pitillo en la mano y el coñac a mi alcance, pensaba que, desde unos días atrás, cierto número de actos míos obedecía a los deseos, acaso a los designios del que a sí mismo se llamaba Leporello. Llegué a sentirme como juguete en sus manos, o como personaje literario en las del mal novelista, que piensa y siente lo que el novelista quiere. Pero la curiosidad, o el deseo de esclarecer lo que no entendía, o simplemente la obediencia, me apartaron de estos pensamientos y me llevaron al ejercicio metódico del fisgoneo. Leporello estuve ausente más de dos horas; el tiempo justo.

El picadero de Don Juan, más que *picadero* al uso —no había en él divanes voluptuosos ni estampas galantes—, semejaba la habitación que uno ha deseado siempre, perdida en cualquier rincón de la ciudad, ignorada de todo el mundo, en la que se puede ser feliz con el recuerdo, con la esperanza o simplemente con el silencio. No era una habitación abstracta, construida con arreglo a un patrón de moda o a un patrón *démodé*, sino una habitación cuyos elementos se habían conjugado de tal manera que, perteneciendo a un hombre concreto con tal historia y tales costumbres, podía servir a muchos otros sin que ninguno de ellos se sintiera incómodo y en casa ajena: lo mismo que esas palabras de poeta que expresan un sentimiento de manera tan personal y al mismo tiempo tan profunda, que sirven a cualquiera de expresión adecuada y única. Allí podía escribirse una obra de arte, vivir los episodios de un gran amor o sentir en soledad cómo la vida de uno está formada de la sustancia del tiempo. Encendí todas las luces, la recorrí, y durante unos minutos no pude investigar porque me sentí en mi casa, en la que siempre había apetecido, y porque, en consecuencia, muchas ansias olvidadas, muchos deseos dormidos, acaso muchos hombres enterrados por mí, se despertaban y querían ser allí, o empezaban a ser, y me invadían el corazón, me lo apretaban con su urgencia de tragar la vida entera. No sé cómo logré sosegarme, ni lo que duró este arrebato. Lo que sí sé es que aquel vendaval de vida barrió de un soplo, de mi voluntad, los propósitos deliberados, y relegó mi inteligencia a un almacén oscuro, a la bohardilla de los trastos inútiles. Mi alma sentimental estaba, en cambio, alerta y pronta a dejarse llevar de las incitaciones, a dejarse penetrar por ellas. Más que buscar, entraba en mí y me llenaba lo que allí había, lo que allí se significaba. Las experiencias místicas tiene que ser algo muy parecido, tan arrebatador, indescriptible y luminoso. Directamente, sin deducciones, sin que la inteligencia comprobase datos y sacase consecuencias, me sentí en presencia, casi en contacto, con las mujeres que por allí habían pasado, que allí habían vivido largas horas apasionadas y que habían dejado los salones impregnados de sí mismas. Como es sabido, estos contactos esenciales pertenecen por su naturaleza al orden de lo inefable. Me atrevería a definirlas si fuesen definibles, a describirlas si pudiese. En el modo de estar las cosas, en algo de las cosas mismas, como un aura o emanación, se me iban revelando aquellas féminas, pero eran revelaciones singulares e incomparables. Allí, en el *picadero* de Don Juan, varias mujeres habían sido arrebatadas como yo, más hondamente que yo —ellas amaban—; y habían *sido* allí ellas mismas, en su singularidad, en el tuétano de su ser personal, como se es en el Paraíso. Y esta última convicción, que me vino de fuera, que recibí como evidente, me zarandeó como una blasfemia al comprender que sin Dios, y contra Dios acaso, lo que allí había acontecido a aquellas mujeres era de naturaleza religiosa.

...Abrí, arrebatado, la puerta de la alcoba, que hasta entonces no había investigado. Había en ella una cama, unas lámparas sobre las mesitas, unos ceniceros junto a las lámparas. Lo examiné todo con frenesí.

—¿Qué? ¿Comprende ahora?

Leporello estaba detrás, con el sombrero puesto, más divertido, más burlón que nunca.

—No. No comprendo.

—Ya le dije antes que en usted se interfieren dos órdenes de la realidad, pero sólo uno de ellos es accesible a su inteligencia. Tiene usted delante el instrumento de trabajo de un conquistador profesional. Es evidente que jamás ha sido usado. Usted se resiste a creerlo.

Me dejé caer en un sofá.

—Perdóneme. Estoy un poco mareado. Estoy...

—Está usted perfectamente, pero no se puede impunemente entrar en contacto intuitivo y directo con unas cuantas personalidades humanas, que es lo que acaba de sucederle. Pasa muy pocas veces o no pasa nunca, y los hombres no disponen de recursos para soportarlo. El mareo no es más que una salida.

Señaló con un gesto la puerta entreabierta de la alcoba.

—Y, ahora, ¿sabe usted ya que qué Sonja quiso matar a mi amo?

—No irá usted a decirme...

—No voy a decírselo porque usted lo sabe ya. Don Juan no puede acostarse con sus enamoradas. ¡No me miré de esa manera, no recuerda lo que ha leído acerca de su impotencia sexual! La explicación es más fácil: nació en Sevilla en 1599, hace algo más de trescientos setenta años.

La tensión mística me había abandonado, era ya poco más que un recuerdo desvanecido. En su lugar, se repetía la sensación de ser burlado, la convicción de hallarme envuelto en una farsa cuya contradictoria naturaleza me la hacía ininteligible, pero que dejaba de serlo si admitía como verdadero el absurdo de que aquel hombre fuese Leporello y don Juan el otro.

—Como usted comprenderá —seguía diciendo Leporello—, don Juan no se ha portado siempre así. Antaño, ni una sola mujer pudo acusarle de fraude. Le llamaron, es cierto, Burlador, pero no por lo que hizo, sino por presentimiento de lo que había de hacer, porque nunca como ahora fue don Juan un verdadero burlador; nunca tampoco su especial y perfectísimo modo de amar ha llegado a los extremos de perfección a que ahora llega. El poder actual de don Juan para hacer feliz a una mujer es incomparable, sólo que, en cierto momento, esta felicidad exige la expresión carnal que afortunadamente don Juan no puede darles...

Se interrumpió, hizo un gesto ambiguo con las manos.

—...a causa de su edad, digamos. Porque, si pudiera, ellas no lo resistirían.

Repitió la interrupción y el gesto.

—La naturaleza humana, amigo mío, pone límites a la intensidad del placer, y el que mi amo daría a las mujeres sería irresistible, sería la muerte. Sin embargo, como ellas no lo saben, apetecen la plenitud; pero, en el momento del mayor anhelo, mi amo, como un torero, da la salida al toro con un hábil capotazo, aunque a veces salga enganchado por la faja y haya que despacharlo a la enfermería.

Rio suavemente.

—Allí acabo de dejarle. En manos de Marianne y curado por el doctor Paschali. ¡Si hubiera usted oído a Marianne! Habló de asesinar a la culpable e inmediatamente trató de suicidarse... Muchos llamarían a esto la lógica femenina, pero usted y yo sabemos ya que es lo razonable.

Y, de pronto:

—Mi amo, es un insensato. Se mete en un lío de estos sin cuidarse de los detalles prácticos. Tengo que buscar dinero urgentemente, y sólo puedo hallarlo en un garito, donde me veo precisado a hacer trampas. ¿Quiere venir conmigo?

9. Le acompañé hasta la puerta del garito, y ya marchaba, cuando Leporello me llamó.

—Usted no tiene nada que hacer a estas horas. Si queda solo, se meterá en un maremágnum de pensamientos que no le dejarán dormir. Le recomendaría que aceptase las cosas como son, sin pretender, además, explicárselas, que es lo que hacen los hombres discretos; pero usted no lo es. Sin embargo, deseo remediarle la situación, y he pensado...

Hizo una pausa.

—¿Tiene usted amigas en París?

—No.

—¡Tremendo error! Si las mujeres no sirven al hombre de descanso y de olvido, ¿de qué diablos le sirven? Usted necesita hoy de una mujer.

Y como yo sonriese, añadió: «Entiéndame. Hay muchos modos de necesitar una mujer, hay incluso modos honestos, aunque sean los menos recomendables. Pero el de usted, esta noche, es un modo especial. Lo que le remediaría es dejar de pensar en usted para penetrar en otra persona, para ayudarla, quizá para socorrerla. Una mujer desgraciada, atractivamente desgraciada... ¿Qué le parece Sonja?»

—No la conozco.

—Mejor. Un desconocido, en determinadas situaciones, despierta la confianza mejor que un amigo. Llévele usted el pañuelo y la pistola. Aquí va la dirección.

Me encontré abandonado en una calle desconocida de París, una calle tétrica, con un paquete en la mano cuyo contenido bastaría para hacerme sospechoso a la policía, y un papelito con una dirección escrita. Si el río estuviese cerca, quizá lo hubiera arrojado todo a su corriente y habría huido luego. Eché a andar. Quería salir cuanto antes de aquellas callejas que me daban miedo, quería librarme de la pistola. Pasó un taxi y me metí en él. Di la dirección de Sonja. La casa estaba lejos, en una calle silenciosa y ancha, de casas elegantes: me pareció pertenecer al distrito XVI. Junto a las aceras, aquí y allá, esperaban, parados, coches de lujo. Frente a la puerta de Sonja había un biplaza rojo, deportivo, de capota negra.

—Sí, es aquí, me dijo el portero. Sexto izquierda.

Me envió en el ascensor. El piso de Sonja era el último. Tardé en decidirme. Me golpeaba el corazón y me venían ganas de marchar, de dejar la aventura apenas comenzada. Tuve que recordar a don Quijote, tuve que recordar la pistola guardada ya en mi bolsillo. Llamé al timbre.

—¿Es usted de la policía? —me preguntó Sonja con voz lejanamente temblorosa.

Nos habíamos mirado, antes, en silencio.

—No. No soy de la policía.

—¿Entonces?

—Vengo a traerle esto.

Le tendí el paquete. Ella, al cogerlo, reconoció la pistola.

—¿Dónde estaba?

—Debajo del sofá. El pañuelo, dentro del coche.

—¿También el pañuelo?

—Sí.

Se pasó la mano por la frente.

—Gracias.

Hice ademán de despedirme. Ella me detuvo.

—Espere. ¿Y él?

—No está muerto.

—Entre, se lo ruego.

Abrió del todo la puerta. Quizá yo vacilase. Repitió:

—Por favor, entre. ¿No comprende que...?

Entré; cerró la puerta, y quedó apoyada en ella.

—Quiero saber...

Empezó a sollozar. Y yo, durante mucho tiempo, mientras duró el llanto, no supe qué hacer; permanecí inmóvil, sin decir palabra, sin tenderle la mano. La miraba, la examinaba; miraba y examinaba también, de refilón, el lugar en que nos encontrábamos; un vestíbulo chiquito, alfombrado, suavemente alumbrado; había un sofá estrecho, una acuarela, muy hermosa, de Duffy, y un espejo antiguo de marco oscuro. Algo que se movía detrás de mí trazaba en la pared una sombra larga y tenue.

Sonja vestía falda gris y jersey verde, y llevaba al cuello un collarcito también verde, de menudas cuentas. Era bastante alta, un poco más que yo...

Me resulta difícil recordar lo que entonces pensé de ella, porque después he vuelto a verla y las primeras imágenes se mezclan a las recientes, y éstas alteran las antiguas. Pero no me parece que entonces me haya encantado, al menos a primera vista, y no por falta de atractivos, que mi inspección los había descubierto y ponderado debidamente, sino porque la miraba como la amante frustrada de don Juan, y lo que de ella pudiera interesarme era lo que don Juan hubiese dejado en ella, lo que dentro de ella hubiese creado y transformado. Sus sollozos hubieran conmovido a cualquiera, y mucho más a mí, que soy de naturaleza bastante sentimental; pero, en aquel momento, no creía hallarme ante un ser humano, sino en compañía de un personaje literario. Era la amante burlada de un hombre que se hacía pasar por don Juan y que, hasta cierto punto, se portaba como tal: precisamente el matiz determinado por el «hasta cierto punto» era lo que me atraía, lo que hubiera desencadenado un torbellino de preguntas que Sonja no habría, seguramente, contestado. La naturaleza de la burla del Burlador no sólo me parecía nueva, sino original, y hacia ella se orientaba mi curiosidad. Sin darme cuenta, desde la conversación con Leporello, el impostor me interesaba, quizá empezaba a obsesionarme. Con indepedencia de mi voluntad, de mis palabras y de mis actos, algo dentro de mi cabeza daba vueltas, y algo en mi corazón me alegraba de haberme metido en aquel lío.

—¿Quiere usted tomar una copa conmigo? Deseo preguntarle algo.

Fue Sonja, no yo, quien lo dijo; y me empujó suavemente por el brazo hacia una habitación de buen tamaño que inmediatamente se me hizo familiar y conocida, aunque jamás hubiera estado en ella. Tenía un no sé que en común con el picadero de don Juan, pero, ¿cómo lo diré?, un poco atenuado; como si la persona que allí vivía hubiera dejado huellas más intensas de sí misma en la otra casa.

Por lo demás, la habitación, en su apariencia, era algo así como el estudio y cuarto de estar (quizá también dormitorio) de una estudiante rica y de buen gusto.

Me pareció oportuno alabar algún cuadro, y unas rosas.

—Cada mañana las recibía de España. El las hacía traer.

Nos sentamos. Sonja ya no lloraba. Se había secado las lágrimas, y, mientras yo decía lugares comunes sobre la belleza de las rosas españolas, se remedió, con la brocha de una polverita, la rojez de los párpados.

—Déme un cigarrillo.

Le ofrecí de mis monterreyes.

—El también fuma tabaco como éste.

Esperé sus preguntas. No fueron más que las normales; que si *él* estaba muy grave, que si le habían atendido a tiempo. No pronunciaba su nombre.

Después me preguntó quién era yo y por qué le había traído la pistola y el pañuelo. La conté muy por encima mis relaciones con Leporello y la circunstancia por que me veía metido en el suceso. Eludí toda información sobre mi persona y el nombre de Don Juan.

—Entonces, ¿no le conoce a él?

—No.

—¿Le interesa saber por qué he querido matarle?

—No tengo ningún derecho a pedírselo, ni sé de ninguna razón que me autorice a meterme en vidas ajenas. Estoy aquí porque un amigo me lo ha rogado, y también porque, viniendo, le hacía un servicio a una mujer desconocida. Pero si el servicio total requiere que la escuche, lo haré.

—¿Sabe usted que, hace unos minutos, cuando usted llegó, yo pensaba seriamente en matarme?

—Lo encuentro excesivo.

—Me sentía culpable, me siento culpable todavía, pero empiezo a admitir que pueda estar equivocada. Sin embargo, no me fío de mi juicio.

—Del mío, ¿sí?

—Usted no está apasionado.

—Pero me siento dispuesto a darle la razón.

—Es lo que necesito para seguir viviendo: una medida objetiva de mi culpa. Cuando disparé, creí obrar con justicia. Más tarde, aquí sola, yo misma destruí mis razones y me sentí al mismo tiempo criminal y desventurada. No era capaz de medir mi culpa, ni lo soy todavía, y en mis sentimientos actuales hallo bastantes contradicciones.

Sin quererlo, sonreí.

—La encuentro a usted mucho más razonadora de lo que pudiera esperarse de una mujer en su situación.

Parecieron alegrarle estas palabras.

—La pasión ha sido un paréntesis, no muy largo, y empiezo a recobrarme. Quizás no sea apropiado llamarle pasión, pero todavía no sé de un nombre que le cuadre propiamente. Fascinación acaso, o algo parecido. He sido siempre, y espero volver a ser, una mujer fría. De modo que no fue el horror de mí misma, ni tampoco el sentimiento de abandono, lo que me hizo pensar en el suicidio.

—Sin embargo, no hace media hora, usted lloró.

—¡Oh, volveré a llorar! Hay muchas cosas que no olvidaré fácilmente, hay algunos estados que revivirán con el recuerdo. Quizá sólo puedan desaparecer cuando me convenza de que no han sucedido.

—¿Sospecha usted que hayan sido irreales?

—Sí.

—¿Con la irrealidad de lo fantástico?

—¡Oh, no! Más bien de lo perfecto.

—¿A pesar del incidente que provocó el disparo?

—¿Es que lo conoce?

No supe negarlo. Vi como se ensombrecían los ojos de Sonja, cómo aparecía en ellos algo semejante a la vergüenza.

—El criado me dio una versión. La tendré por verdadera mientras usted no la desmienta.

—Me gustaría hacerlo, pero no sé mentir.

—¿No se pregunta por qué el criado, que estaba conmigo cuando usted disparó, haya podido saberlo?

—Son tantas las cosas que me gustaría poner en claro, que esa no tiene importancia. Lo que ahora me pregunto, lo que me preguntaba con insistencia antes de llegar usted, lo que me inclinaba a sentirme culpable, es la duda de si me he equivocado o no.

—¿En qué?

—En haberme sentido objeto de una seducción amorosa, o, más bien, de un cortejo; en haber creído que dos meses de vida en común, dos meses extraordinarios, imprevisibles e incomprensibles, conducían al amor, lo eran ya.

—¿Por qué lo duda?

—Porque, durante ese tiempo, la palabra amor no fue pronunciada. Quiero decir en el sentido corriente, amor de hombre y mujer.

—¿Qué otra cosa podía ser?

—No lo sé.

Entonces se me recordó la confusa intuición habida en casa de don Juan, de hallarme metido en algo que era a la vez religioso y blasfemo, y el recuerdo volvió a estremecerme...

—¿Qué le sucede?

—Nada. Pero si todavía considera oportuno que escuche lo que antes pretendía contarme, le confieso que tengo el mayor deseo de conocerlo.

Sonja no me respondió. Se levantó, revolvió entre los papeles de una mesa, y me alargó un cuaderno escrito a máquina. Leí la cubierta. Se titulaba: «Don Juan. Une analyse du mythe».

—Mi tesis doctoral. Fue aprobada en la Sorbona hace dos meses.

Empecé a hojearla. Ella volvió a su asiento y estuvo unos instantes silenciosa. Luego, se levantó, sirvió algo de beber y, sin haberlo pedido, cogió uno de mis cigarrillos. Yo seguía, en silencio, sus movimientos. Durante nuestra conversación, había olvidado su condición femenina. Ahora, al observarla, advertí los encantos a que Leporello se había referido, y algunos otros, inéditos, y me sentí dispuesto a dejarme encantar por ellos.

—No sé quién es usted ni me importa —dijo—. Si fuese mi amigo, o, al menos, un conocido, no le contaría nada. Las razones son fáciles de comprender para usted, que será, quizá católico, y que, cuando se confiesa, prefiere hacerlo con un cura desconocido. También me alegra que sea usted latino. Los latinos estiman todavía, según creo, eso que llaman la pureza de una mujer, y, si no la estiman, no desdeñan al menos a la que carece de experiencia sexual. Un hombre de mi país no me preguntaría jamás si soy virgen o no, pero se reiría de mí si le dijese que lo soy. Y se reiría más al saber que lo soy por voluntad deliberada, no como resultado de un prejuicio o de un complejo. Sobre esto estoy tranquila: mi conducta sexual no obedece a nada oscuro, o, al menos, a ninguna de esas tenebrosidades que el psicoanálisis aclara. Fui creyente, de niña, y cuando dejé de creer, la diferencia más importante entre mis compañeras y yo, consistía en que ellas deseaban llegar a los diecisiete años para tener un amigo, y yo no sentía prisa. Debo decir que mi temperamento frío no me apremiaba; recibí la información sexual con indiferencia, y si después se me ocurrió buscar un sentido no biológico de la virginidad, confieso que no se lo hallé. Pude, más tarde, haberme casado como cualquiera, y nunca pensé que haya de quedar soltera, pero jamás el matrimonio ha contado entre mis propósitos inmediatos, como tampoco ningún tipo de relación amorosa o simplemente sexual. Ya le he dicho que temperalmentalmente me era innecesario, y profesionalmente me resultó más cómodo. El amor, el ejercicio sexual, roban mucho tiempo a las mujeres dedicadas a la ciencia.

Probablemente me reí, o quizá simplemente sonriera. Ella se interrumpió.

—¿Lo encuentra raro?

—Sí.

—¿También monstruoso?

—Simplemente raro.

—¿Quizá patológico? —insistió ella.

—Raro es la palabra, o, si lo prefiere, desacostumbrado. No el resultado, entiéndame, sino los motivos. Para mí, que soy católico, la castidad tiene sentido como sacrificio ofrecido a Dios, y, acaso por eso mismo, la entiendo también cuando es homenaje a la persona amada. Fuera de estos dos casos, me parece una estupidez.

—¿Y quién le dice que la mía no sea también homenaje... no homenaje, sino ofrenda? A la ciencia, desde luego.

Me encogí de hombros.

—No concibo las entidades abstractas. Toda ofrenda es amor a persona viva... Es posible que no me entienda.

—¡Oh, sí, ya lo creo! Ahora, sí; hace dos meses, quizá no le hubiera entendido.

—Y todo eso que acaba de explicarme con tanta precisión, sin un solo temblor de voz...

—¿Por qué había de temblarme?

—A una mujer de mi país, la voz le hubiera temblado.

—Yo no soy de su país.

Bajó los ojos, quedó callada un poco tiempo,y, mientras callaba, se obró un cambio en su rostro, trasmudado por una sonrisa que parecía venir de algún recuerdo.

—Sé cómo son y cómo aman las mujeres latinas. Sé cómo piensan y cómo sienten, pero lo sé a través de libros, porque hube de leerlos a causa de mi tesis, para familiarizarme con la mentalidad que había creado el mito. Le confieso que, al principio, no sólo no compartía la absurda moralidad sexual de ustedes, sino que la despreciaba. Más tarde dejé de despreciarla, aunque siga sin compartirla, pero sospecho ya que, a pesar de sus aberraciones, están ustedes más cerca que nosotros del misterio encerrado en la vida sexual. Y, ya ve, tengo que reirme de mí misma, porque soy materialista, y razonablemente no puedo creer en el misterio, sino todo lo más en zonas de la realidad todavía inexploradas. Pero, evidentemente, hoy he experimentado *ese misterio* en mi persona.

Pregunté con la mayor objetividad:

—¿El misterio sexual?

—Un misterio del que lo sexual no es más que parte, o quizá sólo expresión. Y esto es lo que tiene que ver con él.

—Hay algo que no me ha dicho todavía. ¿De dónde le vino el interés por «Don Juan» como objeto de su investigación?

—Kierkegaard, Mozart. Más tarde, Molière y algún poeta. Curiosidad intelectual.

—No creo que ninguna mujer pueda sentir, ante Don Juan, una curiosidad meramente intelectual.

—Si en la mía hubo algo que no lo fuese, permaneció en el inconsciente y permanece todavía. Le aseguro que jamás he tenido ninguna intuición especial sobre el ser de Don Juan o sobre su significado. Mi tesis no añade nada: recopila, sistematiza, allega materiales antes nunca juntados; los organiza, y establece conexiones. Es un trabajo científico moderno.

Señaló el cuaderno con gesto burlón.

—Él me dijo que es una tesis equivocada.

Por primera vez en toda la noche, sus palabras se acentuaron de amor, como si cualquier muchacha hubiera dicho,, entornando los ojos: «Él confesó que me quería»; y, del mismo modo que las muchachas vulgares, quedó en silencio, como si sus párpados cerrados quisieran retener un recuerdo huidizo.

—Me lo dijo la misma tarde en que mi tesis fue aprobada en la Sorbona. Había muy poca gente, pero él estaba allí, con ese aire aburrido del que se ha equivocado de diversión. Me miraba, y yo no podía dejar de preguntarme quién era, si un amigo, si un conocido al que hubiera hablado alguna vez y no lograse recordar. No había en la sala quien me felicitase, ni me esperaba un enamorado que quisiera festejar conmigo aquella noche mi pequeño triunfo. Me encontré sola en el claustro, y entonces se me acercó, y, como la cosa más natural del mundo, habló conmigo durante no sé cuánto tiempo sin que me pareciese extraño, y tampoco me sorprendió que me invitase a cenar para seguir charlando. Hasta entonces me había parecido un extranjero bien informado sobre «Don Juan», quizá un profesor de Literatura que supiese más que yo de aquello que yo creía conocer tan bien. Pero, desde que nos sentamos en un rincón del restaurante, me sentí con él tan a gusto como con el amigo más antiguo y querido. Fue entonces cuando me dijo que mi tesis estaba equivocada, y que el verdadero Don Juan Tenorio no se parecía en nada a aquel sujeto cuyo retrato moral yo había trazado, y a mí me hizo gracia y casi me halagó, y aquel agrado fue el primer síntoma de una fascinación que creció, desde entonces, cada día; que culminó esta tarde y que esta tarde se ha desvanecido. Era un sentimiento nuevo, que pude analizar mientras le escuchaba y que me pareció tan natural como todo lo que sucedía, como todo lo que pudiera suceder. Fue seguramente esta sensación de naturalidad lo que me hizo permanecer inerte y receptiva; lo que, finalmente, me hizo abandonar todo análisis y entregarme a una espontaneidad llena de sorpresas, y por eso más encantadora.

Y, de repente:

—¿Estuvo usted alguna vez enamorado?

No me dejó responder. Se había levantado bruscamente del sofá, y continuó hablando con entusiasmo creciente, que las manos expresaban; a veces, con un temblor de ternura en el trasfondo de las palabras.

—No lo escuchaba sólo por lo que me decía, sino principalmente por la manera de decirlo. El tono, el modo de mirarme, sus movimientos y sus gestos, quizás algo inefable que salía de él y le envolvía como un aura, me herían dulcemente, me herían casi traidoramente, porque yo creía entonces haberme desentendido de todo lo que no fuesen sus ideas sobre *Don Juan*, de todo lo que no sujetaba la atención de mi mente; y, sin embargo, lo que en su voz había de caricia, me acariciaba. Creía responderle, creía sonreirle para que me siguiese hablando, pero, en realidad, mis palabras y mis sonrisas las guiaba desde dentro de mí algo nuevo y profundo que apetecía aquella felicidad creciente, desconocida, turbadora.

Repitió entonces:

—¿Estuvo alguna vez enamorado?

—Sí.

—¿Y es así como empieza?

—Es uno de los modos de empezar.

—¿Es un modo corriente, o más bien extraordinario?

—Es el modo como se enamora todo el mundo.

Por ejemplo, yo mismo; desde hacía unos minutos, desde que Sonja se había levantado, desde que sus palabras —cada vez menos abstractas— parecían pertenecerle enteramente, como la risa o el llanto, y no ser la traducción estricta de sus excogitaciones, desde aquel momento yo me sentía conmovido y turbado, y empezaba a enamorarme.

—No olvide lo que antes le dije: aquella manera de estar me parecía natural: todo lo que aquel día sucedió, y los restantes, y hoy mismo hasta cierto momento, lo fue. Considerada ahora fríamente aquella naturalidad, resulta, no sólo excesiva, sino sospechosa e ininteligible. Un ser humano no puede vivir con la naturalidad de un arcángel, y, sin embargo, es así como he vivido durante este tiempo. Ahora mismo, no sólo no lo comprendo, no sólo no me lo explico, sino que, además, lo siento y lo recuerdo como si no me perteneciera, lo siento como ajeno a mí, pero desearía ardientemente que fuese mío. Le juro que puedo recordar minuto a minuto, palabra por palabra, y que, al recordarlo, me conmueve, pero no como mío, sino como puede conmoverme el espectáculo de un personaje teatral con el cual me haya identificado durante dos o tres horas, y cuyo destino desease asumir. Y, sin embargo, nada era ajeno a mí, nada venía de fuera, salvo el encantamiento: sus efectos los sentía en mi cuerpo, en mis nervios, eran míos como nada lo ha sido jamás.

—¿Debo entender que había dentro de usted una mujer nueva que ahora se ha desvanecido?

—No. Era yo misma. Todo era mío y lo es aún, pero de ese modo cómo es de uno lo robado.

Me reí. No porque la comparación fuese especialmente cómica, sino porque necesitaba reirme o hacer algo impropio que me permitiese disimular los efectos secundario que la presencia de Sonja me causaba. Se estaba repitiendo en mí lo que ella, con palabras tan pedantes como precisas, me había descrito. Pero mi risa no la irritó ni pareció enterarse de ella.

—Fui yo misma quien, aquella noche, le rogué, sin el menor embarazo, que nos viésemos al día siguiente. Estaba tan absolutamente poseída de su presencia que, cuando me dejó, no sentí la soledad inmediata. No estaba, entonces, realmente sola; no lo estaba por primera vez. Aquí mismo, mientras me acostaba, me sorprendí hablándole y me reí de mi locura, pero no dejé de hablarle hasta quedar dormida, como deben de hablar con Dios los que rezan. El día siguiente lo pasamos enteramente juntos, y el otro, y el otro. Al cuarto, me dijo que no podríamos vernos, porque algo le solicitaba fuera de París, y me pareció natural; pero mi desasosiego, mi desazón, llegaron hasta la angustia. Sentí las horas, me metí dentro de ellas, las recorrí enteras y, por primera vez, supe lo que es la soledad. Cuando, de noche, me telefoneó, le respondí sollozando.

Interrumpí:

—¿No le sorprendió su nombre?

—¿Su nombre? ¿Por qué me lo pregunta?

—Sólo por precisar un detalle.

—No sé cómo se llama, y, hasta ahora mismo, nunca me he dado cuenta de que no lo sabía.

Se sentó en el borde de la mesa, absorta.

—Jamás le he preguntado su nombre, ni sentí necesidad de preguntárselo, ni su nombre hubiera añadido nada.

—Cuando Jacob combatió con el ángel, le preguntó su nombre, y creo recordar que también algún profeta se lo preguntó a Jehová.

—Ni Jacob estaba dentro del ángel ni el profeta dentro de Dios, como yo estaba dentro de él y él dentro de mí.

—¿Dentro de quién?

—De él, de él...

Se llevó las manos a las mejillas, sorprendida, confusa.

—¡Oh, ahora necesito saber su nombre, porque se rompió el encanto! Dígamelo.

—No lo sé.

—Entonces, ¿por qué...?

Me volvió la espalda, fue hacia la ventana y apoyó la frente en el cristal. Vi como el reflector de la Torre iluminaba a ratos su rostro oscurecido.

—Me gustaría hacerle comprender —dijo, sin mirarme— que no me ha sido necesario saber su nombre.

—¿Por qué a mí?

—Porque así yo misma lo comprendería.

—Cuando se ama, el nombre estorba. La amada es «ella». Y cuando la amada se posee, cuando es de veras del que ama, entonces se le inventa un nombre secreto, ese nombre que es la clave del amor.

Se volvió hacia mí rápidamente.

—¿Lo sabe por experiencia?

—No. Lo he leído.

Hubiera crecido a sus ojos de dar por mía la experiencia; reconocer la ajena, la decepcionó.

Se acercó con calma, ondulante el cuerpo, distante el alma, y se sentó.

—Jamás hemos hablado de amor. Al principio, pensaba que su modo de cortejarme era extraño, pero pronto lo olvidé. La misma idea de cortejo la hallaba impertinente, por vulgar. Era como si perteneciese a un mundo de relaciones humanas que yo, arrebatada por él a un mundo de relaciones superiores, hubiese abandonado. Jamás me habló de amor. Ya el segundo día de salir juntos, al decirle yo que no creía en Dios, se sonrió. Le pregunté si creía, y me respondió que era católico. «¿Le parece mal que yo no crea?». «¡Oh, no, es natural!». «Pues yo también encuentro natural que usted tenga fe». Nos reímos juntos, y no pasó de ahí. Pero otro día, sin venir a cuento, empezó a preguntarme sobre mi ateísmo y sobre lo que yo creía del mundo, de la vida humana y de mi propia vida. Más que temerlo, deseé que quisiera convertirme, porque ya anhelaba poseer lo mismo que él poseía; pero no lo hizo. Por el contrario, comenzó a explicarme lo que eran la Nada y la Materia, y a preguntarme si creía que la Materia saliese de la Nada para volver a ella, o si, por el contrario, pensaba que fuese eterna. Yo estaba confusa, porque las palabras con que él contaba estas cosas no eran las mías, y no le entendía bien. Acabé por preguntarle por qué hacía aquello, y él me respondió: «Tengo que perfeccionar su nihilismo y enseñarle a apurar sus consecuencias». «Pero, ¿por qué?». «Simplemente para descubrirle las riquezas que yacen en su alma, ignoradas». En los días siguientes no hablábamos de otra cosa, pero, fíjese bien, lo hacíamos en los mismos lugares en que se aman los amantes: en los jardines, en los rincones de los cefés, en los lugares solitarios, y siempre, cogidos, y, a veces, abrazados. Empezó a llevarme en su automóvil fuera de París y a enseñarme lugares que yo desconocía. Finalmente, a su piso. Tenía un modo especial, casi poético, de que todo cuanto nos rodeaba estuviese vivo, se animase, participase de nuestra conversación y casi de nuestra vida. Un cigarrillo, un vaso de vino, parecían en sus manos cosas nuevas, desconocidas, seductoras. Todo lo refería a mí, me hacía sentirme centro de todo, vivificadora de todo, pero, al mismo tiempo, sometida a lo que él iba descubriéndome, la Nada, ligada a ella por la misma vida misteriosa con que las cosas se ligaban a mí. Estaba creando dentro de mi alma una religión de la Nada. Me decía, por ejemplo: «El ateísmo no puede detenerse en sí mismo. Por el camino del ateísmo se llega también a la Eternidad. Es tan incomprensible decir de Dios que es eterno como decirlo de la Nada, porque lo incomprensible no son Dios y la Nada, sino la Eternidad y la Infinitud de Dios o de la Nada. De la Nada se puede decir como de Dios que es simple, perfecta, infinita, inmutable, única». Pero no piense usted que esas cosas me las comunicaba como pudiese hacerlo mi profesor de Metafísica, sino que me hacía apetecer ansiosamente la Eternidad de la Nada y mi propia eternidad y mi propia nada. Y cada vez que un sentimiento de esa naturaleza me estremecía, yo me sentía redobladamente feliz.

—Si no recuerdo mal, eso que... él le enseñaba es una forma de misticismo hindú.

Sonja se enfureció.

—¿Por qué tiene que ponerle un nombre? En todo caso, el que usted acaba de darle ni me sirve ni me importa. Yo le llamaba amor.

Le pedí perdón y me arrepentí íntimamente de mi nueva impertinencia.

—Poco a poco se fueron descubriendo lo que él llamaba

las riquezas de mi alma. Me hacía vivir, con sus palabras, con su presencia, en medio de un universo del que me sentía critura y al que, no sé por qué, deseaba unirme. Cuando se lo dije, me respondió que todavía no era posible, que había muchas etapas que recorrer...

Golpeó de pronto la mesa con furia inesparada.

—¡Todo fue un enorme engaño! ¡Lo que yo deseaba no era unirme al cosmos ni nada parecido, sino acostarme con él, como cualquier chica con su amante!

Sollozó, y de entre los sollozos le salió una voz menuda y quebrantada.

—¡Como cualquier mujer que ama! ¡Yo no soy distinta de las demás!

Se sobrepuso. Le ofrecí un cigarrillo, que encendió. Le acerqué su vaso.

—Lo deseaba, pero no sencillamente. Pensaba que, unida a él, alcanzaría, más allá de él, esa felicidad sobrehumana de que me hablaba y cuya sed había despertado en mí. Por eso me presté a escucharle y a obedecerle. Empezó a dejarme sola, muchas tardes, en su casa, y yo era feliz allí, feliz de la realidad que me rodeaba y de la esperanza esperada.

—¿Se dio usted cuenta de que, en esa casa, antes que usted, y quizá de la misma manera que usted, habían estado otras mujeres?

—¡No! —respondió, incrédula, con los ojos llorosos muy abiertos.

—Esta tarde pasé allí dos horas solo. No creo en sensaciones misteriosas, pero es evidente que por medio de algo que no puedo describir, ni menos definir, se me hicieron presentes, casi audibles, casi tactiles, varias mujeres distintas, usted una de ellas. Al entrar, antes, aquí, tuve la sensación de reconocerla en este cuarto, pero, debo ser sincero, un poco distinta, un poco menos importante.

—Nunca he vivido en mi casa como en casa de él. Fue para mí como un templo. Lo que allí hacía, cuando estaba sola, tiene que ser semejante a lo que hace un creyente que ora, y yo misma creo haber orado. He estado de rodillas, frente a la cama, mirándola, sin sentirme a mí misma, se lo juro, sin que una sola imagen sexual me ocupase. Ciertamente, toda yo era deseo, pero no lo tenía por tal, sino por entusiasmo, arrebato, ¡qué sé yo!. Otras veces, me sentaba en un rincón del sofá recogida en mí misma, con la mente vacía, y creía sentir la Nada dentro de mí, creía estar metida en ella, no enteramente, sin embargo, porque no estaba él.

Dio unos pasos, silenciosa, hasta el fondo de la habitación, y se detuvo en el rincón más oscuro.

—Ayer me llevó a su casa. Habló muchas horas, no sé cuantas, porque yo me dormí, quizá porque él quería que me durmiese. Esta mañana al despertar, estaba sola. Me pareció, como siempre, natural. Le esperé. Creo haber comido algo, o quizá no haya comido, porque andaba como enajenada. Él llegó al mediodía, me dijo «¡Hola!», y se puso a tocar el piano. Me senté a escucharle. No dijo una sola palabra, sino que tocaba, tocaba y yo me sentía envuelta por la música. Era una música táctil, penetrante. ¡Oh! Era una música vulgar y archiconocida, pero que yo sentía así. Sentía sus ondas largas y vibrantes tocar mi cuerpo y envolverlo, entrar en él y encender algo dentro de mí, algo que empezó a arder, a quemarse, a tirar de mi ser quieto hacia un fuego oscuro. Mi alma estaba traspasada de túneles sombríos: yo entraba en ellos y los recorría empujada por la música, caminaba por ellos segura y ciega, ciegos los ojos y alumbrada la sangre, encendida la sangre; y era como si ascendiese hacia una cima cuya inmensa oscuridad me estremecía de espanto y me atraía; hacia un alto lugar situado dentro de mí en el que se confundían la dicha, la Eternidad y la Nada. Así ascendí, anhelante, dolorida, hasta que mis nervios dejaron de sentir y empezaron a vibrar como cuerdas de guitarra sollozante, hasta que yo misma, tocando ya la Nada con mis manos, era enteramente música y sollozo y estaba a punto de romperme en un acorde aniquilador. No pude más. Dejé de arder, dejé de oir la sangre, y lo que esperaba sin saberlo me recorrió como una ola de placer interminable. Fue la primera experiencia sexual completa de mi vida, a la que asistía asombrada y anonadada, a la que me entregué como a un abismo. Cuando se desvaneció, la música seguía sonando, me envolvía, me abrazaba con sus largos brazos opresores, pero yo era distinta. Había un torbellino a mi alrededor y otro dentro de mí, y yo me movía como ellos, yo corría detrás de algo con mente oscura y corazón ardiente. Me encontré delante de él, desnuda; puse mi mano sobre su brazo y le dije: «Ven». Entonces, él dejó de tocar, me miró, sonrió y dijo: «¿Para qué? Vístete». Esta palabra me reveló que estaba desnuda sin saber quién me había desnudado: hizo cesar el vértigo y me devolvió a mí misma; pero todavía el deseo me dominaba, y repetí: «Ven». No me hizo caso. Volvió a tocar y se rio. Sentí vergüenza, una vergüenza infinita, y me sentí despreciada, pero el deseo peleaba todavía en la oscuridad de mis venas. Insistí. Quizás haya gritado y suplicado: «¡Ven!» El me miró. Por primera vez, en dos meses largos, se había quitado las gafas, y pude ver sus ojos llenos de burla, sus ojos fríos que, sin embargo, no se burlaban de mí, no me miraban a mí, sino a algo que estuviese detrás, infinitamente detrás. Comprendí en seguida, y no sé por qué destello de su mirada o por qué gesto de su cara, que yo no era nada para él, ni siquiera objeto de burla. Corrí a esconderme detrás del piano. Entonces, sin mirarme, sin dejar de tocar, dijo: «Ahí junto a tu mano, está la pistola». Efectivamente, mi mano tocó una pistola. Disparé sobre él. Vi como caía. No sé si grité o si quise escapar. Tuve que vestirme, y, mientras lo hacía, recobré algo de calma. Pude acercarme a él y comprobar que vivía. Me pareció que no le había herido yo, me pareció no tener nada en común conmigo misma ni con lo que acababa de suceder y, sin embargo, sentía ya el remordimiento de haberle herido. Entonces, telefoneé al criado a varios lugares, hasta hallarlo. Esto fue todo.

10. Sonja Nazaroff —este era el nombre entero que constaba en la cubierta del manuscrito— podía tener hasta veinticinco años. Era alta y delgada, blanca de tez, y rubia, de un rubio entre dorado y ceniciento; liso el cabello y sedoso, añudado en un moño sobre la nuca. Me agradaba su cara por la dulzura; no tanto por sus ojos, que aunque de claro color azul, eran más redondos que ovalados, y de cortas pestañas. No se pintaba. Se movía con ligereza, con armonía, y también con descuido: cada vez que se sentaba, me mostraba las piernas hasta más arriba de las ligas, para mi tormento. Llevaba las uñas recortadas, como pianista o mecanógrafa; y en cuanto a aquellas propiedades en que coincidía con mi

afición la de don Juan, por lo que estaba a la vista —estaba y no saltaba—, más parecían pertenecer al orden de lo romántico que al de lo clásico, disparadas a diestro y a siniestro, agresivas, y, sin embargo, tiernas como dos tórtolas dormidas (en la contradicción de estos conceptos reside, cabalmente, todo su romanticismo). Sin embargo, cualquiera que fuese la opinión de un experto sobre el conjunto —y que don Juan la hubiese seleccionado garantizaba de antemano su calidad—, lo más importante de Sonja era su modo de moverse y de estar quieta, a la vez natural y mesurado, así como su voz, timbrada de soprano y rica en resonancias y cálidas modulaciones. Yo estaba como bobo.

Esperaba, con los ojos muy abiertos, con las manos tendidas hacia mí, una respuesta; y como yo la demorase adrede:

—¿No tiene nada que decirme? —preguntó.

—No, por ahora; pero sí algo más que preguntarle.

Era una escapatoria. Verdaderamente no se me ocurría nada, me faltaban las ideas, y las palabras oportunas no acudían a la llamada angustiada de mi voluntad.

—He dicho todo —continuó ella.

—Quizá no. Al principio, recuérdelo, me anticipó que había experimentado el misterio directamente; pero, después, apenas si lo ha mentado, y desde luego, no ha descrito su experiencia, a no ser que considere misterioso lo que no pasa de ser su primer ejercicio sexual, un tanto extraño, es cierto, sobre todo por los caminos que la llevaron a él, pero nada más que extraño. Y aunque entiendo perfectamente los motivos de su disparo, no me explico por qué, después, se sintió culpable y pensó en el suicidio. Finalmente, ¿qué quiso usted significar, a qué se refería, cuando dijo que él no la miraba a usted, que no había querido burlarse de usted, que usted no constaba en sus propósitos sino como instrumento?

—Estoy confusa —respondió ella con un encantador mohín de disculpa.

—Puedo ayudarle a ponerse en claro consigo misma.

—Bueno.

Había cambiado. Durante la última parte de su relato, a pesar del matiz endemoniadamente intelectual de sus palabras, a pesar de sus conceptos precisos y distintos, se había conmovido, y su voz había temblado, se había calentado en la pasión del recuerdo. Me sentía más próximo a ella y más propicio a socorrerla, aunque no se me alcanzase en absoluto la naturaleza de mi socorro.

—Empezaremos por la última cuestión. Cuando le vio sin sus gafas oscuras, ¿fue como si hubiese descubierto que no era usted el objeto de su amor?

—Puede ser eso.

—¿Y el misterio? ¿Cuándo, cómo cree haberlo experimentado?

—Desde que empezó a tocar. Fue como si se empujase por un camino en el que algo me atraía por su propia oscuridad.

—Algo, ¿qué?

—Algo.

Dio un grito leve, de pronto.

—¡Ya sé! Como si me empujase a la muerte. La descarga sexual me hizo apetecer la muerte como dicha, me hizo desear unirme a él para morir en sus brazos.

—Morir, ¿por qué?

—No sé. La felicidad entrevista consistía en el anonadamiento. Ya se lo dije. Eso, ser nada, fue lo que gusté mientras duró la conmoción de mi cuerpo.

—Y ahora, ¿qué piensa de todo eso?

—No puedo pensar todavía.

—Sin embargo, es indudable que su vida se ha enriquecido con una experiencia mística que usted no había imaginado ni deseado jamás, y con una experiencia sexual, tardía porque usted la había aplazado o rechazado. No creo que puede desentenderse ya de ninguna de estas cosas. Más aún, ya no podrá vivir como antes vivía, aunque lo pretenda, aunque se esfuerce por conseguirlo. Son dos datos nuevos en su existencia. No los olvidará, quizá no pueda ya pensar en otra cosa...

—Sí. Será así.

—Usted ha renacido distinta.

Sonja se sonrió.

—Eso es una metáfora.

—Llámelo como quiera. Mi opinión es que pasará mucho tiempo antes de que pueda juzgarse moralmente, antes de que pueda tomar una decisión juiciosa y libre. Ahora, ama o detesta a ese hombre.

—¿Insinúa que sigo enamorada de él?

—Aseguro que está profundamente apasionada. ¿Qué importa la dirección de la pasión?

—Me da vergüenza pensar que algún día pueda buscarle, pueda pedirle que me ame. ¡Oh, no! Eso no lo haré nunca.

—Y, si lo hiciera, sería inútil.

Levantó la cabeza, como ofendida.

—¿Piensa que no puedo gustarle ya? Me han dicho muchas veces que soy bonita.

—No lo decía por eso.

Busqué en mi cartera una tarjeta, escribí en ella mi dirección y la dejé sobre la mesa.

—Debo marcharme. Si necesita alguna vez de mí...

Sonja se levantó rápidamente.

—No, gracias. No volveré a necesitarle. Se ha portado correctamente, ha sido bueno, pero...

Sus manos, sus ojos, explicaron antes que sus palabras.

—No deseo verle más.

Acepté, con una sonrisa, quizá con un «¡Naturalmente!» dicho de labios a fuera, porque buscaba una argucia que obligase a Sonja a recurrir a mí. Quería hallarla antes de despedirme. Excedí, en la puerta, las cortesías formularias; le pedí fuego para un pitillo en el rellano de la escalera, recordé que mis guantes quedado dentro... Sonja me acompañó hasta el ascensor. Fue entonces cuando me sentí socorrido del ángel.

—Espere.

—¿Se le ha olvidado algo más? —me preguntó con ironía.

—Sí. Decirle que ese hombre dice llamarse don Juan Tenorio.

Cerré la puerta del ascensor, pulsé el botón. Me pareció que descendía con lentitud infernal: temía que ella llegase antes por la escalera, que me esperase abajo para abofetearme por habérselo ocultado.

No había llegado al portal, pero sentí sus pasos rápidos saltando de dos en dos los escalones. Marché corriendo, me escabullí por la primera calle antes de que ella pudiese alcanzarme, sentí su voz que llamaba...

Al llegar al hotel, el conserje me dijo:

—Ha telefoneado una señorita. Tres veces en los últimos cinco minutos.

—Dígale que no he llegado. Dígaselo cuantas veces llame.

Le expliqué que se trataba de una pesada, y que yo deseaba dormir.

—En cambio, si llamase un señor italiano...

Leporello no llamó. Acudió al hotel a la mañana siguiente, y esperó en el vestíbulo el tiempo que tardé en bajar.

—¿Qué le ha hecho usted a Sonja? Me ha despertado a una hora inhumana, y me ha exigido que le lleve a su casa.

—¿Ahora?

—Plazo límite, la sobremesa.

Eran poco más de las once y media.

—Podemos, entonces, hablar y comer juntos.

—Sí. Podemos hacerlo. Yo le convido. ¡Permítame, por favor, que lo haga! Sé de un restaurante italiano donde cocinan los mejores *spaghetti* del mundo.

—¿Cómo está su amo?

—¿Don Juan? ¿Se refiere usted a don Juan?

—¿Es que tiene usted más amos?

Leporello sonrió pícaramente.

—No. De momento, no. Don Juan está mucho mejor. Le han hecho una transfusión de sangre esta mañana. De Marianne, claro... ¡Estaba feliz, la pobre! Me dijo algo así como esto: «Ya que nuestras sangres no pueden mezclarse en el placer, que se mezclen, al menos, en el dolor.»

—Horrible, ¿no?

—Conmovedor. No me dirá usted que no es bonito. ¿Sabe que le he cobrado simpatía? Una mujer capaz de amar de esa manera a un hombre, merece ser feliz.

—Difícilmente con don Juan.

—¿Y conmigo? ¿No ha pensado usted en mí?

—Es a él a quien ama.

—No hay nada más fácil que operar una transferencia sentimental. Usted mismo, anoche, dejó intrigada a la pobre Sonja con un efecto teatral, que, lo reconozco, fue muy hábil. ¿Para qué? ¿No será también para operar la transferencia?

Habíamos llegado al *Champ de Mars*, próximo a mi hotel. Leporello me señaló un banco vacío.

—Si quiere discutir, sentémonos. No estoy de humor esta mañana para pasear. Me siento conmovido. Contemplar la primavera en los árboles del río, que es lo que le gustaría a usted, me dañaría los nervios. Yo no soy hombre de primavera, y creo que es una endiablada invención de los protestantes. En nuestras tierras mediterráneas no hay primaveras, no hay estados intermedios, turbadores, como éste que usted y yo padecemos.

—Yo, no.

—Como quiera. Yo, sí. Pero, ¿por qué dejó tendido ese cable a la pobre Sonja? ¡A ver! ¿Por qué no se contentó con lo que buenamente le ha contado anoche? Para conocer las técnicas de mi amo, le bastaba.

—Las técnicas de su amo...

—¿Qué tiene que decir de ellas?

—Demasiado barrocas. Lo que consiguió en dos meses con la complicidad del Cosmos, lo hubiera alcanzado otro en dos semanas sin necesidad de místicas ni metafísicas. Simplemente, porque Sonja estaba a punto.

—Mi amo, hoy, es barroco por vocación; pero, en otro tiempo, fue irreprochablemente clásico. Ahora bien, las circunstancias cambian, y hoy se recrea en su virtuosismo. Es un artista que juega con sus facultades omnipotentes. ¿Ha visto usted alguna vez a un violinista que toque la «Sonata a Kreuzer» con una solo cuerda y obligue al pianista a acompañarle con una sola tecla? Ese es mi amo.

—Cualquiera descubriría en el procedimiento síntomas de decadencia. Una obra de arte en la que predominan los valores técnicos es siempre decadente: revela impotencia imaginativa y esterilidad.

Laporello rio con estrépito. Rio tanto, que unas damas vecinas, que cuidaban de sus niños rubios, le miraron con enojo y se levantaron.

—¡No sea bobo, hombre! Merecía usted...

Las damas se alejaron, y Leporello me envió una mirada despectivamente.

—No, no. Aunque lo merezca, no me conviene. No nos sacudiríamos de encima a Sonja en los días de la vida. Voy a confesarle un secreto: le elegí por varias razones:

porque me fue simpático su interés por la Teología —eso siempre revela un hombre de calidad—, y porque mi amo le está muy reconocido por las bellas palabras que escribió sobre él. Pero, fundamentalmente, si he insistido en su amistad, si le he revelado gran parte de un inmenso secreto, fue sólo para que usted tomase a Sonja por su cuenta cuando mi amo le diese la salida. Siempre creí que usted lo haría con éxito.

Le sonreí, molesto. Le di las gracias, secamente, y me levanté.

—¡No se ponga así, hombre! —exclamó, y me agarró de la chaqueta hasta sentarme a su lado de nuevo—. ¡No me haga usted una escena de español ofendido! Al fin y al cabo, yo voy a hacer con Marianne lo mismo que espero de usted que haga con Sonja. ¿Hay algo ofensivo? ¿No pensaba trabajarla por su cuenta? ¿Qué más da, si su pensamiento y el mío coinciden? Sonja es una chica excelente. Reconozco que no merece el abandono ni la desventura, aunque, en general, ninguna de las mujeres abandonadas de mi amo lo merezcan; fueron la flor y nata del mujerío. Antaño, el amor de don Juan las marcaba trágicamente; hoy, con el cambio de costumbres, y también porque mi amo no tiene tanta prisa y puede planear mejor sus conquistas, al mismo tiempo que las posee, ¡a su manera!, las prepara para que sean felices en brazos de otro. ¡Y en eso consiste, amigo mío, su enorme capacidad de creación! ¿Piensa usted que Sonja podía ser feliz antes de conocerle? Sonja era una intelectual más seca que un sarmiento, y, a los veinticinco años, no se había puesto cachonda ni por curiosidad. Ahora es como una flor recién nacida, abierta al rocío de la mañana. ¿Imagina usted cómo será su primer beso? Si renuncia a ella por un prejuicio nacional, pensaré que me he equivocado y que es usted un estúpido.

Hacía unos minutos que se me recordaba el Luis Mejía, de Zorrilla, y su «imposible la habéis dejado...» Quizás lo recordé en voz alta y repetí los versos. Leporello extendió la mano, tajante en un gesto dialéctico.

—No es lo mismo —dijo, y lo subrayó con un mohín de desesperación—. Ustedes, los españoles, son intratables. Pero, amigo mío, cuando se es así, o se llevan las cosas a sus últimas consecuencias, a las consecuencias trágicas, como hizo mi amo, o se renuncia.

—¿Qué tiene que ver su amo con esto?

—Está usted entrando en la zona de las preguntas sin sentido, de las preguntas imbéciles. Si se siente usted don Luis Mejía, es don Juan quien está enfrente; pero, si no sale usted de sí mismo, y de su situación, ¿quién la ha provocado sino mi amo?

Me dio unos golpecitos en la espalda; yo bajé la cabeza, avergonzado.

—Vamos. Tranquilícese. Con esa pregunta mal formulada apuntaba usted a otra cosa. ¿Cuál es?

—La única que pueden plantearse: ¿quién es su amo?

—Don Juan Tenorio.

—Eso es una estupidez.

—Si no es Don Juan, ¿quién puede ser?

—Cualquier donjuán.

—Desconfíe de las imitaciones.

—Los individuos de una especie no imitan, participan.

—Don Juan no es una especie, sino una persona concreta de intransferible individualidad. Los que por ahí se llaman donjuanes, son vulgares sucedáneos, simples fornicadores cuantitativos. Amigo mío, usted ha experimentado que, para ser quien es y serlo eminentemente, mi amo no necesita llegar a ciertos extremos.

—Porque no puede.

—Porque no le hace falta.

—Resulta ridículo que Don Juan acuda a procedimientos indirectos, aunque de gran originalidad y complicación, para provocar en sus enamoradas eso que Sonja llama... su primera experiencia sexual completa.

—¿No se le ocurre pensar que lo haga para evitarles una catástrofe fisiológica? Mi amo es muy mirado con sus víctimas.

—Insisto en tenerlo por impotente.

—Es una conclusión torpe y tópica, indigna de usted. Si alguna vez ha creído que para Don Juan le seducción de las mujeres nunca fue un fin en sí, sino un medio, ¿cómo puede ahora...?

—De Don Juan, sí; de su amo, no.

—Mi amo es Don Juan.

—Y usted, ¿quién es?

—¿Yo?

Se echó a reir, pero, esta vez, su risa sonó a risa de traidor de melodrama.

—Una vez le insinué que podía ser el diablo.

Se levantó y me miró todo lo serio, todo lo solemne que podía ponerse Leporello. Se quitó el sombrero y me hizo una reverencia.

—Ahora le aseguro que lo soy.

Me levanté a mi vez y le devolví el saludo con la misma ceremonia.

—Tanto gusto. ¿Por qué no hace una diablura? Le será fácil, por ejemplo, transportarme de un soplo a la punta de esa torre.

—¿No comprende que, si pudiera, lo haría?

—Entonces, no es usted un diablo, porque el diablo, como usted sabe muy bien, porque es aficionado a la Teología, tiene poder sobre los cuerpos.

—Escúcheme: ciertas prerrogativas me están vedadas. He tenido que renunciar a ellas para poder amar. Pero, si usted tuviera sentido de lo extraordinario, le habría asombrado ya mi diabólico conocimiento de sus pensamientos y de los de todo el mundo. ¿No se ha preguntado, por ejemplo, cómo me sé tan al dedillo lo acontecido ayer entre Sonja y mi amo, o lo pasado entre Sonja y usted?

—Cuando algo puede explicarse racionalmente, no es lícito acudir a lo sobrenatural.

Leporello se dejó caer en el banco, desalentado.

—Es usted un testarudo. Sin embargo, ¿puedo pedirle que, al menos como hipótesis de trabajo, me considere usted diablo?

—¿Qué saldré ganando?

—Le contaré una historia. Le contaré... —Vaciló—. Le contaré cómo y por qué conocí a Don Juan. Es una historia ignorada de todo el mundo.

—¿Cree que puede importarme?

—Si aspira a enterarse de cómo fue la vida de Don Juan, este cuento mío es una especie de prólogo.

Volvió a golpearme la espalda, cariñosamente.

—Ande, anímese. Los *spaghetti* y la historia compondrán un almuerzo incomparable. ¡En su vida comerá pasta italiana mejor condimentada! Y podrá enterarse, además, de cómo la vida de Don Juan tiene sus raíces en el cielo y en el infierno.

—Más o menos, como todas las vidas.

—Pero de otra manera.

Sin esperar mi asentimiento, corrió a la calzada y detuvo el primer taxi; me hizo señas, luego, de que me acercase, y casi me metió en el interior —con energía, pero con delicadeza—. Dio el nombre de una calle y el número de una casa, y me llevó a una tasquita donde unos cuantos trabajadores napolitanos almorzaban sus macarrones. Entramos en un reservado. Al mozo que nos atendió encargó comida y vino. «Hará usted una excepción en mi honor» —me dijo—. «Esa agua Pérrier que usted bebe es un veneno horrible.» Los *spaghetti* olían deliciosamente. Empezó a contarme lo que él llamaba «Historia del Garbanzo Negro», que aseguraba ser la suya propia, pero que me refirió en tercera persona, como historia ajena. Al hacerlo, su voz, tan espontánea, dejó de serlo: hablaba con ese tonillo amanerado de los actores españoles cuando interpretan teatro clásico; ese tono que, por alguna razón desconocida, se supone que usaban nuestros tatarabuelos.

CAPITULO II

Narración de Leporello

1. Por qué el Garbanzo Negro se llamó siempre así, y no Chícharo Verde, que le gustaba más, es una historia varias veces milenaria, que se remonta a los orígenes del garbanzo y guarda bastante relación con el problema de quién fue primero, el individuo, el género o la especie; historia, por otra parte, muy mezclada de leyendas, deficientemente interpretada, y con tantas lagunas en su documentación, que en buena parte debe ser hipotéticamente reconstruida y apoyada en conjeturas más que en datos: historia para ejercicio de poetas, pintiparada a su imaginación. Conviene advertir, no obstante, que el personaje llamado Garbango Negro, en sus períodos de actividad, no se vale de su nombre, sino de un *alias* cuidadosamente seleccionado, o bien del nombre que lleve el propietario del cuerpo usado en cada coyuntura. Digamos, además, que este Garbanzo ha sido durante mucho tiempo —en el caso de que le convenga propiamente cualquier noción temporal—, una suerte de especialista en remates, algo así como un torero que sólo interviniese en la suerte de matar, dejando al cuidado de los peones y los sobresalientes el resto de la lidia. Solía entonces echar mano de un cuerpo idóneo, pariente, prójimo o amigo del rematando, de modo que el parestesco, la amistad o el vecindaje le permitieran entrar, salir, andar alrededor, ayudar en las vigilias o administrar los remedios de urgencia; no perdía de vista al paciente, antes bien lo atendía con esmero, y cuando el alma moribunda, bien trabajada de antemano por los peones, se rendía, Garbanzo Negro situaba una estocada en todo lo alto, o bien la despachaba de un rápido descabello, con los papeles listos para la entrada en el infierno. Desde que su reputa-

ción de eficaz y expeditivo se había propagado, Garbanzo Negro actuaba sólo en corridas de gran cartel, con toros de trapío, quiere decirse con personajes de campanillas, de los estimados en el infierno, cuya adquisición importaba por la calidad, por la notoriedad, o porque la Parte Contraria hubiese puesto especial empeño en arrebatarlos.

No obstante sus éxitos, y el respeto de buen trabajador de que gozaba, tenía Garbanzo Negro una preocupación obsesiva. Jamás le había tocado en suerte un cuerpo humano valioso, un cuerpo por el que pudiera darse algo, o que proporcionase alguna satisfacción al inquilino en el tiempo escaso en que habitarlo solía. Incluso en las más resonantes de sus intervenciones, aquellas de las que un diablo puede vanagloriarse sin desdoro, el cuerpo que le sirviera de instrumento había sido miserable, enfermizo, o simplemente basto. Cuando se le envió urgentemente a Roma para encargarse del Cardenal-diácono Ricci, en trance de palmarla, esperaba que le hubiesen reservado el cuerpo de la bella Catarina, que por allí merodeaba; pero se encontró con la pesada, la torpe, la incomodísima humanidad de un criado viejo, aquejado de reuma articular deformante, cuyos dolores podían considerarse como infernales. Un tiempo antes había acudido, en Florencia, al socorro de Simonetta, prostituta de altos vuelos intelectuales, en cuya amorosa proximidad los hombres más notables de su tiempo habían sostenido conversaciones sublimes; pues bien: para el tejemaneje definitivo, Garbanzo Negro se había incorporado a un necio que la enferma tenía en gran estima y que con sus gracias la había divertido en los períodos melancólicos: tuerto de nacimiento, tenía, además, una enorme joroba, y su mentalidad rondaba la oligofrenia. Por último, no más que veinte años atrás, le habían encomendado el cuidado final del Padre Maestro Téllez, agustiniano, gran teólogo, en ocasión en que el fraile estaba en las últimas. Se metió en el cuerpo de un Fray Hieronimus Welcek, de origen alemán, y el padre Welcek padecía de úlcera gástrica y se alimentaba como un crío lactante.

Sucedió que, en aquella ocasión, las previsiones cronológicas del infierno no se cumplieron, y el Padre Maestro, después de un peligroso trance preagónico en que se llegó a creerle muerto, se fue recuperando, y por las artes de un médico judío incrédulo, volvió a la salud como si nada, pese a sus setenta años y a la debilidad asombrosa de su cuerpo. Bastaron dos meses de convalecencia para restituirle a la explicación de la Teología Trinitaria en cierta cátedra de Salamanca. Un buen día, el padre Téllez, apoyado en un bastón, subió con gran trabajo las escaleras de la cátedra y reanudó sus relecciones como si tal cosa; creyó Garbanzo Negro que nada había que hacer allí, y se reintegró al infierno; pero allá abajo estimaron que el porvenir del teólogo agustino merecía cuidarse, y el Garbanzo, reexpedido a Salamanca, se vio obligado a soportar las úlceras de estómago, la leche y las papillas, por tiempo indefinido: tanto como el Maestro Téllez tardase en espicharla. Habían pasado, como se dijo, veinte años; el Garbanzo no hallaba diversión alguna en la vida conventual, porque se le había ordenado especialmente que no estropease con trapisondas impías o con aventuras putañeras la buena fama del fraile en cuya carne mortal incómodamente se había instalado. Pasó algún tiempo más retorciéndose de tedio y de dolor, y, por fin, por no hallar nada mejor a mano, se entregó al estudio de la teología como discípulo del Padre Téllez. Fue una curiosa experiencia en la historia del Garbanzo; aquellos tratados escritos en un latín imposible y desprovistos de toda gracia literaria, contenían ideas sobre la Divinidad que ningún diablo había jamás alcanzado por sus medios; y aquel vejete tembloroso, que parecía caerse a pedazos al menor movimiento, sabía más de Dios que nadie, aunque con la limitación personal de que, secretamente, era ateo. Hubiérale dolido menos la úlcera, y el Garbanzo se pasaría el tiempo sin desear la muerte de su maestro; pero aquel condenado estómago parecía una brasa, y si de día le obligaba a avinagrarse el rostro, de noche no le dejaba dormir en paz, despierta siempre y candente la llaguita sin que hubiera manera de dormirla o apagarla. El Garbanzo maldecía la longavidad de su maestro, al que, sin embargo, tanto debía como intelectual. Pero la gratitud jamás había contado entre sus hábitos morales.

Como padre Welcek, Garbanzo Negro figuraba entre los tipos raros de Salamanca. En su papel de profesoradjunto, era universalmente detestado por la gente estudiantil, al tiempo que menospreciado, pues sus ideas seguían servilmente las del Padre Téllez, y ni una sola vez un vislumbro de originalidad había resplandecido en sus lecciones, limitado siempre por el cerebro nada brillante ni original de fray Welcek. Tenía, además, la obligación de confesar a los sopistas de un colegio; y no hubo jamás penitencias tan feroces como las que imponía, ni manga más estrecha que la suya en materias de puterío; se dijo en cambio, después que apareció muerto su cuerpo, que jamás interrogaba sobre puntos de doctrina, y que a este respecto había practicado siempre una indiferencia rayana en la herejía; pero esto forma parte de su leyenda.

2. El Santo Oficio tuvo intervención en el negocio de su muerte, aunque más bien indirecta y casi puramente instrumental. Una noche, Garbanzo Negro, después de darse a todos los ángeles a causa del dolor, había logrado calmarlo con un mendrugo de pan seco: aprovechaba la bonanza para estudiar un punto oscuro en las relaciones internas de las Tres Divinas Personas. Dormía Salamanca, y por la ventana abierta llegaba el rumor del río, y la música del viento jugueteaba en los olmos. Molestaban las luces a los ojos enfermos de Welcek, y, en tales ocasiones, Garbanzo Negro usaba de sus prerrogativas para estudiar a oscuras. Sonaron entonces unas pasos en el claustro. Creyó Garbanzo Negro que algún padre se había sentido indispuesto, y buscaba el lugar del desahogo, pero los pasos se detuvieron frente a su puerta y alguien llamó.

—Adelante.

Entró una sombra en la celda.

—¿Qué sucede? ¿Se ha puesto enfermo el padre maestro? —preguntó el Garbanzo.

Salto de su sillón, y derribó el rimero de textos en que había andado hurgando.

—Le busca a usted, padre Welcek —dijo una voz desconocida—. ¿Quiere hacerme la merced de encender la luz?

Y mientras el Garbanzo buscaba a tientas el velón, la voz recién llegada añadió:

—Extraño olor a azufre.

—Lo da mi lámpara. La acabo de apagar.

Solo con tocar la mecha, la celda se alumbró; había hecho la operación de espaldas, para no inquietar al visitante.

—¿Qué sucede? —dijo el Garbanzo, volviéndose; y entonces advirtió que el recién llegado vestía como familiar del Santo Oficio.

Sintió, sin saber la causa, el cosquilleo de un temor.

—¿Qué sucede? —repitió.

—Le requieren a usted, padre, y perdone la hora intempestiva, pero es negocio cuya solución rápida importa. ¿Quieres usted acompañarme?

El tudesco puso cara de vinagre.

—Me duele el estómago a rabiar. ¿No podrían dejarlo para mañana? Los señores inquisidores deben comprender que éstas no son horas de molestar a un cristiano.

—Mis señores le suplican, padre Welcek, que perdone esta impertinencia, pero le ruegan que me acompañe. El superior está advertido y ha dado su consentimiento.

—Entonces, no hay más remedio. ¿Está fría la noche?

—Más bien tibia.

—¿Puedo ir sin la capa?

—Quizá haga frío en la prisión.

—¿La prisión? —El cuerpo de Welcek se estremeció sin permiso del Garbanzo, y éste pensó que si aquello era el comienzo de un proceso, mataría el cuerpo del fraile de una perforación; después, el infierno resolvería. Porque él no estaba dispuesto a disputar con inquisidores; menos aún a soportar, encima de la úlcera, torturas.

—Vamos a donde usted quiera —dijo, envolviéndose en la capa.

Después de una breve disputa en la puerta sobre quién salía el último, se echaron al claustro y a la calle.

Caminaba el familiar en silencio precavido, y el diablo iba pensando que, después de todo, bien pudieran evitarle aquel tropiezo, puesto que su curso de teología no estaba completo y difícilmente volvería a tener ocasión de tan cumplido aprendizaje. ¿Qué más quería el infierno que contar entre los suyos a un gran teólogo?

Un suave luar envolvía la ciudad, y las dos sombras, la del familiar y la del fraile, deslizándose rápidas, tenían algo de sobrenaturales, y alguien que las vio venir de lejos se acogió al refugio de un pórtico y al remedio de la cruz, por si, como parecían, eran seres del otro mundo. La santiguada le sentó como un tiro al Garbanzo. De buena gana hubiera dado al temeroso un achuchón; pero el familiar, que iba delante, parecía apurado, y había que seguirle por respeto al Oficio.

Entraron, por una puerta pequeña y disimulada, en el palacio de la Santa Inquisición, y apenas recorridos un claustro y dos crujías, fueron recibidos por un fraile dominico.

—Buenas noches, padre Welcek, y perdónenos Su Paternidad por la molestia, pero tenemos necesidad de sus servicios.

El familiar había desaparecido.

Como las palabras del dominico parecían amistosas, el Garbanzo se sosegó.

—¿Qué les sucede?

—Venga conmigo y lo verá. Le esperan los señores inquisidores.

Le metió por un pasillo lateral, y después de bajar escaleras sombrías, llegaron a una mazmorra, que, por la humedad, debía de hallarse por debajo del río. Allí, mal alumbrado, estaba el Santo Tribunal, sentados sus miembros detrás de una mesa, todos enlutados, misteriosos y terribles. Al tropezarse con la realidad inquisitorial, que el Garbanzo sólo conocía de oídas, se le pusieron los pelos de punta.

—Adelántese, padre Welcek —le dijeron en latín. Adelántese y sientése, y échenos una mano, que estamos necesitados de ella.

Uno de los inquisidores se levantó, y señaló un rincón de la mazmorra.

—Vea usted ese flamenco recién llegado a Salamanca. Sospechamos que ha venido a introducir papeles luteranos, y que él mismo es un hereje; pero habla un lenguaje endemoniado, y no hay manera de entenderle. Hemos pensado que, como Vuestra Paternidad es tudesco...

—No veo a nadie —respondió Welcek por fastidiar; pues bien veía, no sólo el cuerpo del flamenco tumbado en un rincón y quebrantado, sino también el compañero que en el cuerpo se escondía. No pudo, de momento, identificarlo, pero le dio el tufillo de que algo diabólico andaba por allá dentro.

—¿Quiere Su Merced valerse de este candil? —le dijo el inquisidor, ofreciéndole uno.

Lo tomó, y alumbró al caído, al tiempo que lo empujaba con el pie.

—¿Quién eres y qué te trae? —preguntó en flamenco.

—Soy Polilla. He venido para hablarte.

—¿Y no encontraste manera más cómoda que ésta?

—Nunca creí que estos frailes se las gastaran tan ternes. Un cuerpo de mercader me pareció excelente para el caso, pero éstos me lo han puesto hecho unos zorros. A ver si consigues que me dejen en paz. Mañana tengo que restituir el cuerpo y está muy dolorido.

Welcek se volvió hacia los inquisidores expectantes.

—Es un mercader Flamenco y se llama Ruysbroeck. ¿Qué quieren Vuestras Mercedes que le pregunte?

—Interróguela por el Catecismo Tridentino.

—¿Puedo sentarme?

—Si Vuestra Paternidad lo considera imprescindible...

—Recuerden que estoy enfermo.

Le trajeron un escabel, y se sentó.

—Mira, Polilla: vamos a hacer que hacemos durante unos minutos y espero que luego te dejen en libertad. Mientras tanto, como te han de oir a ti más que a mí, puedes irme adelantando algo de la embajada. Háblame de carrerilla, como si estuvieras dando tu lección de doctrina. Tiene que aparecer como que estoy examinándote de catecismo.

El cuerpo del flamenco se revolvió un poco, gimiente.

—¿Qué pretenden saber los frailes?

—Si eres hereje.

—Desde su punto de vista, lo soy, probablemente. Profeso el calvinismo.

—¿Es posible? —preguntó el Garbanzo con sorpresa.

—Durante varios años asistí a un hugonote francés, y me ha convencido.

—Pero, ¡eso es una estupidez! Nosotros hemos sido siempre católicos.

—Eso era antes. Desde Lutero se han descubierto puntos de vista extraordinarios. Cierto que el luteranismo no puede convencernos a nosotros: es demasiado sentimental. Pero, ¡amigo mío!, la lógica de Calvino es implacable. Uno de nosotros no podría razonar mejor. ¡Y qué cosas dice del Enemigo!

El Garbanzo le miró con desprecio.

—Tú no has oído al Padre Maestro Téllez. ¡Eso si que es lógica, y profundidad, y sabiduría! He podido comprobar que nadie en el mundo sabe más cosas de Dios que él.

—El catolicismo está atrasado —respondió con un suspiro Polilla—. ¡Ay, cómo me duelen las costillas! Diles a esos frailes si me permiten incorporarme. Así tendido no puedo seguir hablando.

Welcek transmitió el ruego, y el cuerpo del flamenco fue alzado amablemente y apoyado en la pared. Ruysbroeck lanzó un profundo suspiro y miró a los inquisidores con ojos transidos de angustia.

—El catolicismo está atrasado —repitió—, y yo pienso recomendar en el infierno una atención mayor a las nuevas herejías. Desde nuestro punto de vista, son mucho más convincentes.

—Si en el infierno hubiera inquisición, te denunciaría a ella. ¡Pues sí que tiene gracia, un diablo hereje!

—Como un diablo católico. Pero, ¿no crees que ya está bien de charla? Da cuenta a esos frailes del resultado del examen. No puedo tenerme en pie, y este cuerpo me duele horriblemente. Tengo necesidad de abandonarlo y descansar un poco. Además, el asunto que me trae tiene prisa.

Welcek se volvió a los inquisidores.

—Reverendos padres, hallo en este hombre la conveniente corrección de doctrina. Le tengo, además, por verdadero siervo de Dios. Es terciario franciscano.

—¿Le interrogó Vuestra Reverencia sobre puntos concretos de la Santísima Trinidad? En esos países están muy extendido los errores de Calvino.

—El buen hombre no ha oído jamás el nombre de ese engendro del infierno.

Los inquisidores consultaron entre sí.

—Le estamos agradecidos, padre Welcek. Puede usted retirarse.

—Y, cuando tenga un rato libre —añadió el que parecía presidirlos—, me gustaría que charlásemos un rato sobre temas trascendentales. Tengo entendido que el Padre Maestro Téllez ha encontrado en usted un verdadero sucesor.

—El Padre Maestro me honra con su confianza.

—Sin embargo, él se aparta en algunos puntos del Doctor Angélico.

—Pero se acerca a San Agustín.

—¡De eso quiero que hablemos! ¿Cuándo tendré el gusto de verle por esta casa? Ya sabe que se le aprecia, y no podremos olvidar el servicio que acaba de hacernos.

—Cuando lo mande Vuestra Paternidad. No tiene más que avisarme.

—Vaya, pues, con Dios. ¡Y cuídese el estómago!

—Que El le proteja. Gracias.

El Garbanzo se encaminó a la puerta, con paso rápido, pero se detuvo a una voz de Polilla.

—¿Es que vas a dejarme aquí?

Se volvió hacia el doliente.

—Los frailes se encargarán de curarte. Quizá mañana te dejen en libertad. Ya sabes donde vivo.

—¿Qué le sucede al mercader? —preguntó, solícito uno de los inquisidores.

—Me pide, por caridad, que lo lleva conmigo. Dice que le duelen las costillas y que tiene hambre.

—Respóndale que no es posible. Hay que escribir muchos papeles antes de darle la libertad, y él tiene que firmarlos; pero se le dará comida y una cama, y hasta un poco de aguardiente si lo desea, después de friccionado con un cocimiento de vinagre y sal. excelente para estos casos.

—Ya lo has oído — dijo Welcek a Polilla.

—Pues yo no aguanto más.

—¿Qué vas a hacer?

—Morirme.

El cuerpo del mercader dio un gran gemido, y se desplomó en el suelo. Acudieron los frailes, y uno de ellos dictaminó:

—Está muerto.

Todos se santiguaron respetuosamente.

—Pues no fue para tanto. Al bígamo de ayer le estiramos hasta la séptima clavija, y ahí anda, tan campante.

—Eso va en naturalezas.

Uno de los inquisidores se había arrodillado y rezaba la recomendación de las almas difuntas.

3. Iba Welcek por el zaguán, cuando le alcanzó el espíritu de Polilla, o, mejor, Polilla mismo, que ya no era más que espíritu.

Se manifestó como soplo siniestro, como viento de hielo que golpea la nuca y hace temblar las pantorrillas.

—Espérate a que salgamos —dijo Welcek en tudesco.

Y el familiar que le acompañaba aseguró después que el padre Welcek hablaba solo, como los trastornados.

Salió a la calle el agustino, y hasta haberse alejado del caserón inquisitorial no dijo mus. Caminaba de prisa hacia un rincón oscuro donde pudiera hablar sin embarazo al diablo urgente, y fue a decidirse por el sombrío torreón de los jesuítas, a aquella hora de espaldas a la luna.

—Ahora puedes decirme qué sucede, y qué te trae.

—Vengo a comunicarte un cambio de destino.

—¡Si no podía ser de otra manera! ¿No saben allá abajo que el padre Téllez morirá de un día a otro?

—En el infierno han perdido, de repente, todo interés por ese fraile, que es pan comido, y han pensado en ti para un honroso trabajo.

—¿Quién se muere?

—No es negocio de muerte, por esta vez, sino de acompañar a un jovencito de familia distinguida.

—No me interesan los mancebos. Saben a pis.

—Este de que se trata parece llamado a un porvenir interesante.

—En lo de dar carrera a los muchachos no tengo práctica.

—La adquirirás.

—Además, hay mucha gente desocupada. ¿Por qué no buscan a otro? Tú, por ejemplo...

—Yo no sirvo.

—No comprendo por qué.

—Soy hugonote, y no creo necesaria nuestra intervención para garantizar a nadie un puesto en el infierno. Los hombres nacen predestinados, ¿comprendes? O, si prefieres otra palabra, nacen escogidos. El Otro dice: «Este, ése y aquél para Mí.» Y nos deja las sobras.

El Garbanzo Negro se estremeció dentro del cuerpo del fraile.

—Es una novedad peligrosa. ¿No comprendes que si fuera cierta nos dejaría cesantes?

—Bueno, ¿y qué?

—Polilla querido, la Creación es un Cosmos, es a saber, un Orden donde cada ser toca su pito, componiendo entre todos la universal armonía. A nosotros nos ha cabido, en el reparto, el papel de tentadores y de atormentadores. Eso lo saben hasta los niños de la escuela.

Si hubiera dispuesto de un cuerpo, Polilla le hubiera mirado con desprecio.

—Estas anticuado. La Creación no es un Cosmos, sino un Capricho. El Otro la ha inventado porque le dio la gana, y está llena de seres gratuitos cuyos pitos disuenan entre los demás pitos componiendo la universal baraúnda. El propio Dios es una disonancia

—¡Eres un bárbaro!

Permanecieron en silencio.

—¡Bueno! —dijo el Garbanzo después de unos instantes—, ¿quién es el pájaro del que tengo que encargarme?

—Ahora le echaremos un vistazo.

—¿Y he de seguir ejerciendo de padre Welcek?

—No creo que te convenga. Tienes que acompañar a ese sujeto hasta la muerte, enterarte de sus pensamientos y llevar cuenta de sus actos; tienes, sobre todo, que presenciar cómo opera en su alma la Gracia y cómo no puede operar de otra manera; cómo, en fin, ese hombre se salva porque no puede dejar de salvarse, y cuando el Otro le abra las puertas del Cielo, gritar un «¡No hay derecho!» con todas las voces del infierno. En resumen, tienes que demostrar que ese hombre no es libre, que está predestinado a la salvación.

—Ya me dirás a qué viene todo eso.

—Se trata de una disputa entre vosotros y nosotros, y a ese hombre le ha tocado servir de prueba.

En aquellos momentos, la úlcera del agustino dolía como una puñalada que atravesase las entrañas, hacia la espalda. La propuesta de Polilla ofrecía una liberación.

—En medio de todo, es un consuelo el poco trabajo

que me dará este caso. ¿Traes instrucciones acerca de lo que he de hacer con este cuerpo de fraile?

—Ninguna.

—En ese caso...

Garbanzo Negro pegó un grito de alegría, y el cuerpo de Welcek cayó sobre las losas, exánime.

—¡A hacer puñetas! —gritó luego, a guisa de despedida.

—Pero, ¿vas a dejarlo ahí tirado?

—Y, ¿por qué no?

—No me parece un final propio, ni mucho menos el que estaba previsto.

—Si te doliera el estómago como me dolía a mí...

Polilla contemplaba el cuerpo derribado con algo semejante a la misericordia, aunque de distinta naturaleza: algo así como el sentimiento del que ve cómo una obra de arte, pudiendo ser perfecta, remata en olla por voluntad o estupidez del artista.

—Se vé que eres católico, pero de los que no tiene remedio —dijo luego al Garbanzo—, y que te da lo mismo una muerte que otra, aunque sea una traición prometafísica. Pero nosotros, los protestantes, hemos profundizado mucho en eso de la muerte, y andan por ahí varias ideas que germinarán a su debido tiempo y descubrirán a los hombres perspectivas de admirable fertilidad. Por lo pronto, el más grande de nuestros poetas ha inventado ya una máxima que revolucionará la moral. «Se fiel a ti mismo», dijo. ¿Has oído alguna vez algo más nuevo y alentador? Eso quiere decir: has sido predesmatinado: sé fiel a la predestinación. O, dicho de otra manera: cuando nace un hombre, en el acto de nacer están contenidos todos los actos de su vida, incluida la muerte. Cierto que cada cuál debe ir eligiendo, y hasta puede hacerse la ilusión de que lo hace con libertad, e incluso admito que en ciertos momentos pueda llegar a ser relativamente libre; pero si ha profundizado en sí mismo, elegirá lo que necesariamente le corresponde, como el buen dramaturgo mueve a sus personajes según un principio de necesidad. Y al que elige mal, le sucede lo que al mal poeta: que el resultado, en ese caso la vida, es radicalmente falso. Imagínate un sujeto cuyos instintos le llevasen al asesinato, o a la lujuria, o al robo, y que se empeñase en vivir como un santo de Dios. Su entelequia, como decís vosotros, consistiría en ser un perfecto bandido, o un perfecto fornicador, y, siéndolo, realizaría la fidelidad a sí mismo a que antes me refería: pero si se tropieza en el camino con alguien que le diga: «Ahí está, hijo mío, la ley de Dios. Obedécela», y él se esfuerza por hacerlo, como sér está condenado a la imperfección, que es el más grande de los pecados.

—¿Dicen eso los protestantes? —le preguntó el Garbanzo un poco asombrado.

—Todavía no lo dicen, pero ya lo dirán. Y dirán asimismo que cada hombre lleva consigo su propia muerte, y que morirse de muerte distinta es falsificación, la más grande, por ser definitiva. Por eso me apena ver ese cuerpo caído, cuando tú sabes bien que debía morir de una perforación de estómago, en medio de grandes dolores, y debidamente sacramentado. Todavía estás a tiempo.

—Sí —respondió el Garbanzo sordamente—. Estoy a tiempo todavía.

—Faltan unas horas para la mañana. Es entonces cuando debes buscar a Leporello, incorporarte a él, después de expulsar su alma, y entrar al servicio de Don Juan Tenorio. Con que el padre Welcek se muera hacia las ocho, basta. Tienes ocasión de lucirte haciéndole morir piadosamente; dirán que murió hecho un santo, y hasta puede que lo canonicen algún día.

—Voy a lucirme de otra manera.

—¿Cómo?

—Me has dado una idea, y quiero aprovecharla. Se refiere, naturalmente, a la muerte de Welcek.

Miró con rabia el cuerpo del agustino.

—He pasado ahí dentro veinte años. ¡No sabes lo que he sufrido! Un cuerpo miserable, del que no tuve sino dolores. No me quedó ni el consuelo de utilizar con fruto su cerebro, porque no fue demasiado inteligente. ¡Si supieras, Polilla, cómo hubiera deseado que ese estúpido fraile fuese un hombre genial! Hubiera podido adelantar en el conocimiento, o, por lo menos, me hubiera permitido lucirme en la Universidad como maestro. Pero ni conseguí superar en ciencia al padre Téllez, antes bien, lo que sé lo he oído de sus labios o lo leí en sus libros, ni en la Facultad he podido pasar de simple repetidor, una especie de cotorra despreciada de todos. ¡Dolores en el cuerpo, mi querido Polilla, y enormes humillaciones a mi dignidad personal! Y eso sí que son problemas, y no los galimatías calvinistas con que me vienes ahora. El responsable fue ese fraile. Y quiero vengarme de él, quiero vengarme haciéndole morir de una muerte distinta a ésta que le había adjudicado, una muerte que me deje tranquila la conciencia. Si quieres divertirte, sígueme.

Y se coló dentro del cuerpo de Welcek.

—Siempre será monstruoso lo que hagas —respondió Polilla.

Ya el fraile se había levantado, y a través de sus ojos, Garbanzo miraba con furia extraña.

—¿De veras no te interesa?

—No.

—Entonces, hasta la vista.

Pegó un brinco y salió disparado por los aires. Una huella de luz, como de meteoro, quedó tras él y se desvaneció en seguida. Los aficionados a la contemplación nocturna señalaron aquella noche lluvia de estrellas en el cielo salmantino.

4. Ejercitarse en sus prerrogativas de arcángel satisfizo, de momento, al Garbanzo, y así se entretuvo en garbearse un rato por las alturas. Pero no fue larga la demora, porque el aire le llevó hacia el barrio aledaño donde tenía su burdel la Celestina, y nada más olfatearlo, se lanzó en picado sobre la casa.

Era tarde, y los fletes se habían retirado, salvo un par de estudiantes agraciados con el amor de otras tantas mancebas que se entretenían con ellos en los últimos deleites. Las demás, congregadas por la voz y la orden de Celestina, rezaban el rosario en la planta baja, abiertas las ventanas como era la costumbre, para que, si alguna ronda o chibato pasaban por la calle, pudieran atestiguar que en aquella casa se honraba a Dios debidamente. Rezaban con voz adormilada, arrastraban Avemarías entre bostezo y bostezo, y alguna se quedaba dormida antes de empezar las letanías, con gran irritación de Celestina, que exigía los mayores respetos para las cosas de Iglesia.

Estaban en el cuarto Paternoster, cuando sonó un

estruendo en la cocina. El ama, molesta, envió a una chica a inquirir lo que pasaba.

—Algo ha caído sobre el fogón —dijo la moza, de vuelta. Está la olla derribada, los leños esparcidos, y la cocina huele a todos los demonios.

—Alguna burla de estudiantes.

Las que estaban ocupadas asomaron las narices por las puertas; Celestina las despachó con malos modos, les dijo que en acabado el rezo, cada mochuelo marcharía a su olivo, y cada estudiante a su posada, sin abono del tiempo que perdieran en aquellas curiosidades.

—Y vosotros, a rezar. Cuarto misterio...

Entonces, sucedió que los contornos de las cosas empezaron a doblarse. Las palabras del rezo parecían también de goma y salían lentas y dobladas; los asientos de las sillas se ablandaban y hundían, y el entarimado, como si también fuese de elástica materia, comenzó a parecer que se sumía, pero muy poco a poco: así también el tiempo vacilaba en sus contornos y pasaba más lento. Y después el aire dejó de ser sonoro, y la habitación entera se vaciaba de él, para llenarse de una especie de aire sordo dentro del cual las palabras tenían que arrastrarse, y aún así, sólo salía de ellas un susurro.

Hizo, pues, Garbanzo su aparición solemne. Venía embadurnado de hollín hasta los ojos y traía chamuscadas las faldas del hábito. Consistió la solemnidad en filtrarse por la mesa que congregaba a las orantes, surgiendo de abajo arriba; pero como un Bautista: primero, la cabeza, con la que miró alrededor mientras las chicas interrumpían la oración espantadas, con patatuses, gritos y derribo de sillas; luego, el torso y los brazos que hacían aspavientos; por último, lo que quedaba del cuerpo. Quedó sentado sobre la mesa en actitud poco compuesta. Todas se habían desmayado, menos el ama.

—Buenas noches.

Aquella manera de aparecer, aunque nueva para Celestina, si le causaba sorpresa, no le causaba miedo. Se puso en jarras, encarada con el fraile.

—Bueno. ¿Qué se le pierde a Vuestra Paternidad a estas horas en esta casa? ¿Y a qué viene esa manera de llegar, como una aparición, y no llamando a la puerta, como persona civilizada y cristiana?

—No soy cristiano ni civilizado. Soy brujo y he venido a esta casa a gozarme en tu mercancía. En cuanto a la manera de llegar, me ha apetecido así, y me parece explicación suficiente.

—¿Y esos hábitos?

—Al mismo tiempo que brujo, soy el padre Welcek, agustino, profesor de la Universidad. Algunas veces habrás oído hablar de mí.

Celestina le echó un vistazo de reconocimiento.

—Mire, padre; si es brujo, allá usted, que en eso no tengo por qué meterme; pero si es fraile, y le apetecen las muchachas, tengo para estos casos apercibida una casa discreta, a donde acuden personas de muchos miramientos sin que haya lugar a escándalo. Salga Vuestra Paternidad inmediatamente, yo le daré la dirección, y con un poco de paciencia, antes de media hora podrá escoger la muchacha que le guste y holgarse con ella todo el tiempo que quiera, previo pago, como es uso. Pero vestido de fraile, y en casa que conoce todo el mundo, no quiero verle un minuto más.

Las chicas iban volviendo en sí, y, con temor, se retiraban de la mesa, pero no de la sala, por curiosidad de lo que el fraile decía y pretendía.

—Justamente —respondió Welcek—, es el escándalo lo que me trae.

—Entonces, váyase con viento fresco. Aquí no le servimos.

Welcek rio con una gran carcajada, cuyas últimas resonancias, por lo que tenían de sobrehumanas, de impías, pusieron a Celestina sobre la pista de que aquel fraile tenía qué ver con el diablo.

—No seas imbécil, Celestina.

—Imbécil o espabilada, antes de seguir adelante, quiero unas palabras secretas. Venga conmigo.

—No me da la gana.

—Entonces, muchachas —dijo ella, dirigiéndose a las pupilas—, pasar a la habitación de al lado y seguir con el rosario, hasta que yo os avise.

Ellas obedecieron rápidamente.

—Quiero decirle que si Vuestra Paternidad se relaciona con el diablo, según acabo de barruntar por indudables indicios, también yo tengo amistad con él, y me ha dado palabra de no molestarme nunca, a cambio de mi alma, que bien ganada y merecida la tiene el pobre por lo mucho que me lleva servido. Comprenda, pues, Vuestra Paternidad, que somos cofrades, y que entre gente del gremio está feo hacerse daño. Si insiste en escandalizar, mañana me veré envuelta en papeles de justicia, y acaso en líos con la Inquisición; y el diablo puede librarme de cualquier apuro, menos de garras de inquisidores. Ya soy vieja, y la perspectiva del potro no me conforta. Arreglemos las cosas como amigos.

—No tengo amigos.

Saltó el fraile de la mesa y quedó frente a Celestina. Ella miraba desafiando, pero él la agarró por los brazos y le hizo sentarse.

—Mira, vieja: me importa un bledo tu conveniencia. Yo vengo aquí a lo mío, y tus escrúpulos no van a detenerme. Llevo cuarenta años de vida virtuosa, y esta noche, que me voy a morir, quiero catar el vino y las mujeres, y matar a un cristiano con recochineo.

—Si Vuestra Paternidad es brujo, me asombra ese deseo de pecar bajamente, como cualquier estudiante. Solemos condenarnos por pecados de mayor entidad, y no por la fornicación y la embriaguez, que están al alcance de cualquiera, ni por asesinato con agravantes, como un matón. Permítame Vuestra Paternidad que le desprecie.

—Tú no me entiendes, vieja. Te dije que llevo cuarenta años de vida virtuosa, y ahora quiero saber si he renunciado a algo que valga la pena.

—Si es así, hágalo en buenhora, pero con recato y sin comprometerme.

—Es que guardo rencor al hábito que llevo, y deshonrarlo es parte principal de mi programa.

... ...

En los archivos de la Santa Inquisición, proceso por la muerte de Welcek, constan escritas, y firmadas de su mano, las siguientes palabras de Celestina:

«Entonces empezó a dar señales de poder diabólico y a hacer prodigios. Me obligó a traer a las chicas, sacándolas de sus rezos; y a las que se holgaban con dos estudiantes rezagados, y a los mismos estudiantes los hizo comparecer ante él, en paños menores y mostrando sus vergüenzas. Hizo venir, con sus artes de magia, varias cántaras de vino, y bebió de ellas, y dio de beber a todos los presentes hasta emborracharse y emborracharlos, si no es a mí, que con industria arrojaba el vino por encima del hombro. Cuando estuvo embriagado, después de hacer unas cuantas indecencias, pareció sosegarse, e interrogó a los estudiantes sobre sus conocimientos, y en la conversación manifestó varias veces que el vino era cosa buena, pero que todavía no podía saber si mejor que los pechos de mujer, porque desconocía el segundo término de la comparación; esto, citando a las Sagradas Escrituras en latín, según pudo colegir por lo que de esa lengua se me alcanza de lo mucho que llevo oído a los estudiantes hablarme y burlarme en ella. Discutieron después si el *Cantar de los Cantares* lo había escrito o no Salomón, y él decía que no, y aun añadió que las Escrituras eran pararruchas, y preguntó a uno de los estudiantes si creía verdaderamente que la burra de Balaam hubiese hablado. Y como el estudiante le dijera que sí, se enfureció de nuevo, le llamó necio, y volvió a lo del vino y los pechos de mujer, y obligó a las muchachas a desnudarse y mostrar los suyos; pero cuando las pobres criaturas estuvieron despechugadas, y él las hubo palpado todo el tiempo que quiso, no como hombre que sabe hacerlo, sino como inexperto, se volvió hacia mí y dijo que eso de la carne era una estupidez, y que el vino valía más. Por si fuera remedio para él y podía amansar su furia, cada vez más temible, le sugerí que escogiese la más linda de las muchachas y se metiese en la cama con ella, a ver si le parecía la carne cosa de despreciar, y él habló entonces largamento sobre la carne, y citó a varios Santos Padres con gran escándalo de todos, y, por último, examinó a las muchachas y eligió a una; pero cuando le indiqué que marchasen a la alcoba, dijo que no, que había de ser allí mismo y delante de todos. Pero sucedió que por mucho que lo intentó y por mucho que las mozas le ayudaron, la naturaleza no respondió a las necesidades del momento, y el propósito no pudo cumplirse. Entonces comenzó a gritar, y a maldecir, y a increparse de esta manera: «Padre Welcek, ¿qué cuerpo inútil es el tuyo, que no sirve para lo que cualquier perro de la calle? ¿En qué has gastado tus fuerzas, pedazo de alcornoque,

que ahora me haces morir sin haber catado hembra?» y otras cosas por el estilo de lo más indecorosas. Quiso uno de los estudiantes convencerle de que iba viejo para aquellos menesteres, y que lo mejor que podía hacer era volverse al convento, visto que el horno no estaba para bollos, quiso decir el cuerpo para hazañas, y con este conque se metieron de nuevo en disputa acalorada sobre el cuerpo humano, y repitieron conceptos anteriores y algunos nuevos; y el dicho fraile, como si las pobres muchachas que allí estaban fuesen de escarnecer, cada vez que necesitaba de una prueba para sus argumentos, cogía a una, la arrastraba hacia sí, y golpeándola, o hurgando en ella como médico, respondía al contrincante Hasta que me cansé de aquella mofa y le dije que las muchachas se vendían para el placer, pero que fuera de eso eran tan respetables como cualquiera; y entonces se desentendió del estudiante y me increpaba a mí e insultaba a las mozas con insultos feroces, y llenos de desprecio, que parecía un pagano. Y a todo esto bebía y paladeaba el vino, y chascaba la lengua; y a veces arrojaba las sobras sobre una de las muchachas, y repetía que el vino valía más que unos pechos de mujer, y que Salomón había sido un tal y un cuál. Finalmente, dijo que ya no le faltaba más que asesinar a alguien para tener completa la lista de pecados, trajo del aire una baraja, nos la ofreció para que sacáramos cartas, y anunció que mataría al que la sacase más alta. Pero antes de hacerlo, comenzó a explicar la muerte que le daría, tirando del meollo del espinazo hasta arrancar todos los nervios del cuerpo, que es la muerte más horrible. Todos comenzamos a gritar con espanto, y a pedirle que muriese de una vez y nos dejase; y a los gritos pareció volverse atrás, y después de considerar no se qué cosas sobre el destino humano, y sobre la libertad, nos dio a elegir entre sacar la carta o blasfemar, y al mismo tiempo seguía describiendo la muerte que esperaba al designado por el naipe, con lo cual, explicado tan vivamente, todos temblábamos de pavor. Yo entonces, viendo que las cosas amenazaban con el peor de los fines, decidí valerme de una artimaña, y le dije que preferíamos blasfemar, pensando que todos lo harían con reservas mentales y sin ánimo de ofender al Señor, sólo por librarnos de aquel demonio. Y él aceptó, y se puso a dirigirnos como maestro de coro, para que blasfemásemos cantando, como así fue; pero en esto del canto y de la blasfemia se repitió el prodigio, porque todos lo hacíamos en latín, como los clérigos, aunque, según declaró luego uno de los estudiantes, los conceptos eran de lo más deshonestos; cantábamos en latín siguiendo una voz que desde dentro nos dictaba lo que habíamos de cantar, y el cómo; con lo cual comprendí que el Señor había aceptado mis reservas mentales y escuchado mis oraciones, y había hecho que no blasfemásemos nosotros, sino el mal espíritu que se valía de nuestro cuerpo y labios para hacerlo. Y así estuvimos un gran espacio, cada vez con mayor baraúnda de gritos, hasta que el cantar se convirtió en una especie de baile, y todos corríamos alrededor de la mesa, que también bailaba al compás, con los demás objetos del aposento: el padre Welcek al frente y sus víctimas detrás, y así hasta que vino el día, que el padre Welcek, después de dar las últimas voces y maldecir en romance claro del cielo y de todo lo celeste, cayó redondo como fue hallado, espumeándole la boca de sangre y vino. Entonces me presenté a la Santa Inquisición.»

5. Sí. Fue con el nuevo día. Un poco antes de lo previsto, pero el cuerpo de Welcek dolía en todos sus pedazos, el estómago se rasgaba, y las entrañas parecían aposentos de vidrios rotos que las pinchasen y rompiesen. La orgía había alcanzado el clímax y todos chillaban como energúmenos. Cabezas espantadas de vecinos asomaban a las ventanas, y algún madrugador se atrevió a meter las narices en el prostíbulo, y las sacó infectadas del hedor. Garbanzo abandonó a Welcek definitivamente. Encaramado en un candil, contempló, muerto de risa, los estertores de la orgía. Después salió a la calle: estaba tan limpio y fresco el aire, que le hubiera gustado respirarlo.

—Y ahora, a buscar a Leporello, que a lo mejor es un viejales cargado de achaques y dolores, como éste que Dios confunda, o un mozo torpe, feo y mentecato, a cuyas deficiencias tendré que acomodarme Dios sabe por cuanto tiempo. Y no vale protestar. Y no vale rebelarse. El hombre tiene sobre nosotros la ventaja de ser libre. ¡Si yo pudiera hacer mi real gana!

Brujuleó entre tejados, orientándose, hasta dar con su nuevo destino. La primera inspección le reanimó. Dormía Leporello con un sueño profundo de joven saludable, y su espíritu flotaba sobre su cuerpo, entretenido en el repaso onírico de una lección moral. Garbanzo entró en el cuerpo y lo recorrió enteramente. Funcionaba a la perfección, y el repaso que hizo de los nervios y músculos, de las vísceras y glándulas endocrinas, del cerebro y esqueleto, no pudo ser más satisfactorio. En vista de lo cual cortó el hilo del espíritu flotante, que allí quedó con su problema moral, y tomó posesión de Leporello. Al sentirse incorporado, una sensación desconocida le invadió hasta turbarle, porque recordaba la antigua y casi olvidada felicidad. (¡Habían pasado tantos siglos!) El cuerpo vivo y quieto le enviaba, en oleadas, rumor de sangre moviéndose con calma y seguridad, majestuosamente. Por un momento, se recogió en sí mismo, espectador de la vida que empezaba a ser suya: el aire hinchaba los pulmones y oxidaba la sangre; las células se reproducían a millones; las arterias y venas, flexibles, casi elegantes, enviaban y recogían la sangre rítmicamente: sin un tropiezo, sin una alteración. Y todo lo que pasaba en el cuerpo sucedía de esta manera perfecta. Hizo funcionar el cerebro, proponiéndole un silogismo que Welcek no había podido digerir, y Leporello sacó las consecuencias rápidamente. Deslizó entonces el recuerdo de algunas imágenes lúbricas, procedentes de la anterior orgía, y el proceso consecuente se verificó en toda su plenitud, dejando al Garbanzo hecho un pasmado del asombro.

—¡Lo que es un hombre! Y nosotros sin pensar en otra cosa que en buscar su perdición. No hay que dudar que somos unos resentidos. ¿No sería mejor que nos pusiéramos a imitarlos en lo posible? Pero la medida de lo posible es muy escasa. El quid del hombre reside en su cuerpo, funciona de otra manera, y esto que llaman vida debe de dar al hombre una manera distinta de ver las cosas, que nosotros nunca podremos entender. No obstante debe de haber razones para que Satanás haya ocultado siempre a sus demonios la realidad de un cuerpo sano. Que yo sepa, ésta es la primera vez que permite a uno de nosotros valerse de un hombre joven, inteligente y saludable para el trabajo. Y no creo que lo repita, porque si todos los diablos llegasen a experimentar la vida, a sentirla como la estoy sintiendo, en el Infierno habría una rebelión. Pero sabe Satanás de sobra que cuando cuenta mi experiencia, nadie habrá de hacerme caso. Sin embargo, creo que no perderá el tiempo. Por lo pronto, ahora mismo alcanzo a entender muchas cosas de teología que antes me parecían incomprensibles. Y si esto dura algún tiempo, acabaré por entender al hombre, y quizá comprenda algún día las razones que el Enemigo tiene para interesarse tanto por éstos que se me antojaban bichejos inteligentes. Hasta ahora, lo más perfecto de cuanto había conocido era el padre Téllez, pero el pobre camina apoyándose en muletas. ¡Y poder dar unos saltos debe de ser tan importante como excogitar delgadas teorías, porque es más agradable!

Le brotó de la sangre el deseo de comprobarlo, y de la cama saltó al suelo iniciando una serie de zapatetas, saltos mortales y contorsiones. El cuerpo rebotaba, elástico, y había en los músculos como un regusto satisfecho de su flexibilidad y potencia.

—¡Leporello!

La voz llegó del interior, y casi al mismo tiempo se abrió una puerta y entró Don Juan Tenorio.

—¡Leporello! ¿Te has vuelto loco?

El Garbanzo, definitiva y totalmente incorporado a Leporello, refrenó sus ímpetus y quedó en un rincón, entre avergonzado y satisfecho.

—Hacía mi gimnasia matutina, señor.

6. Don Juan era un mancebo casi de su edad, y muy hermoso, pero más alto y de más recia complexión, y todo él gracioso en el movimiento, con una suerte de reposada agilidad cuyos efectos estéticos sorprendieron a Garbanzo de momento. Deploró su prisión, que no le permitía investigar en los internales de su amo, pero dejó para más tarde la curiosidad, porque le dio en las narices que el ejemplar humano que tenía delante valía la pena.

Vestía Don Juan unos calzones negros y una camisa despechugada, y, en vez de zapatos, calzaba zapatillas, y traía en la mano dos espadas.

—Así, te cansas, y luego no aguantas arriba de un par de asaltos. ¡Vamos, vístete pronto!

Arrojó una de las espadas sobre la cama de Leporello, y salió. El criado se vistió rápidamente.

—Ya estoy, señor.

—Entra.

Leporello entró. La estancia de Don Juan era así como una celda grande, con dos ventanas muy alumbradas por el sol. Había en ella, además de la cama, anaqueles de libros, y una mesa, y un armario ropero. Los libros eran de pensamiento y poesía. Las ropas del armario, finas, aunque negras. Sobre la cama colgaba un Cristo antiguo, y por alguna parte había un rosario. Leporello pensó que Don Juan debía de ser un buen cristiano.

—Hoy vamos retrasados. Habremos de abreviar el ejercicio, si no queremos perder las primeras lecciones. ¡En guardia!

¡Brava cosa es un hombre con una espada en la mano! A través del saber de Leporello, el Garbanzo respondía y se gozaba en la destreza. Pero tenía que defenderse, porque el brío y la habilidad de Don Juan eran mayores.

—¡Tocado! —gritaba Don Juan, y seguía acosándole.

Hasta que llamaron a la puerta. Entró un padre jesuíta. Don Juan saltó hacia atrás, y le hizo con la espada un gentil saludo, que Leporello imitó involuntariamente, porque era también gracioso.

—Buenos días nos dé Dios, Don Juan Tenorio.

—No parecen malos, padre Mejía. ¿Qué le trae por aquí?

Una mirada advirtió a Leporello que estortaba, y salió; pero a la comisión del Garbanzo le importaba saberlo todo. Dejó el cuerpo del criado sobre la cama y se coló en la habitación.

Se habían sentado —Don Juan sobre la cama—, y el jesuíta iniciaba una circunloquio, que pronto desembocó en noticia: un Padre de la Compañía, recién llegado de Sevilla, traía malos informes sobre la salud de Don Pedro Tenorio, el padre de Don Juan, que llevaba varios días en la cama enfermo de un mal aire. Como era viejo, podría suceder que muriese, y para ese trance, venía el jesuíta con sus ofrecimientos.

—Porqué sabemos que piensa usted entrar en el sacerdocio.

—No me he determinado todavía —respondió Don Juan.

—Es un propósito loable, pero que no debe hacerse sin meditarlo largamente. El sacerdocio secular entraña gravísimos peligros, no por la permanencia en el mundo, que gracias a Dios, las últimas reformas han mejorado mucho la condición de cura, sino porque un caballero, como es usted, no puede, lógicamente, resignarse a preste de misa y olla, sino que pensará hacer carrera, y alcanzar a lo menos un obispado. Y esto, querido amigo, es lo grave y arriesgado. La ambición pone en peligro nuestra vida espiritual, y son muchos los que olvidan a Dios por correr tras una mitra. Y no es sólo nuestra vida moral. Porque, de un caballero inteligente como usted, con tan buena reputación de estudiante agudo, podemos esperar grandes hazañas intelectuales si vive con el sosiego que requieren los libros y las investigaciones. Y, en este caso, ¿qué mejor que nuestra Compañía? Somos, usted lo sabe bien, una milicia de sabios, y en la actualidad, la última palabra teológica es la del padre Molina. Venga usted con nosotros y encontrará lo que apetezca, tanto en el orden de la cultura como en el de la educación. Los jesuítas somos casi todos caballeros, o, por lo menos, hijosdalgo, y no se da entre nosotros el fraile grosero que impide a los espíritus delicados entrar en religión. Por otra parte, ofrecemos ocasiones heróicas a los hombres valerosos. Merced a ellos, quiero decir a unos pocos jesuítas, la herejía no domina enteramente en Inglaterra, y la sangre del padre Campion fructifica cada día.

Hizo ademán de levantarse, y el Garbanzo regresó rápidamente al interior de Leporello, apercibiéndose para la salida del jesuíta. Quien fue cortésmente acompañado hasta la puerta por Don Juan, mientras le aseguraba que, de inclinarse por el sacerdocio, tendría el ofrecimiento muy en cuenta.

Salió el jesuíta y Don Juan ordenó:

—Vamos a desayunar rápidamente. Tengo malas noticias de mi padre y es necesario ponerse en camino hoy mismo.

Se vistieron de calle en un santiamén, y salieron.

Hacía un día claro y dulce, anticipo de primavera, y las capas comenzaban a estorbar. Pasaron de prisa por la plaza de la Universidad, buscando un figón, y del colegio de los Irlandeses llamaron a Don Juan.

—¡Señor Tenorio! ¡Señor Tenorio!

Era una padre dominico. Se detuvo Don Juan mientras llegaba el fraile, y Leporello permaneció unos pasos detrás, pero no tanto que se perdiese la conversación.

—Salía para buscarle, mi querido Don Juan. ¿Sabe usted que llegó anoche de Sevilla uno de nuestros Padres, y que trae malas noticias?

—Ya sé que mi padre se encuentra enfermo.

—¡De mucha gravedad! Cuando mi compañero de religión abandonó Sevilla, no le daban dos días de vida.

Una ráfaga sombría pasó por los ojos de Don Juan.

—Pensaba marchar inmediatamente.

—Hágalo Vuesa Merced cuanto antes, aunque me temo que ya sea tarde.

—En ese caso...

—¿No marcha usted?

—Por el contrario, lo haré sin desayunar.

—Mi querido Don Juan, si mi señor don Pedro ha muerto, unos minutos de retraso no le harán recobrar la vida. Quería decirle algo.

Don Juan asintió con la cabeza, y el dominico habló durante unos minutos. Sabía el propósito de Don Juan referente al sacerdocio, y le invitaba a ingresar en la Orden Dominica. Porque ninguna otra tan apropiada a un joven con tan brillante porvenir intelectual. Y porque la última palabra de la teología eran las doctrinas del padre Báñez, justamente en aquellos puntos opuestos al padre Molina, jesuíta; y porque...

Se despidieron asegurando Don Juan que tendría la oferta muy en cuenta si se determinaba su vocación.

—Vámonos a casa, Leporello. Hay que preparar el viaje.

—¿Sin desayuno, señor?

—Ya comeremos algo por el camino.

Pero en casa les esperaba una visita: un fraile mercedario, recién llegado de Sevilla, que había asistido al entierro de don Pedro Tenorio.

—Toda Sevilla estaba en las exequias, llorando por

aquel santo que Dios se llevó a su seno. Clamaban los pobres por quedar en orfandad, y los ricos por perder un ejemplo de virtudes. A juzgar por sus obras, debe estar en el cielo.

Don Juan, entristecido, se había sentado, y el fraile hizo un largo panegírico del difunto, a quien había tratado largamente por su amistad con los padres mercedarios.

—Tenía por nosotros un elevado amor, y muchas veces me confesó la esperanza de ver a su único hijo vestir nuestro hábito blanco. Y verdaderamente, sería para nosotros un gran placer contarle por uno de los nuestros. Me han informado, mi señor Don Juan, de su afición a la sagrada teología, y si es así. ¿qué mejores maestros que los nuestros? Alguna vez habrá escuchado lecciones del sabio padre Zumel. Su posición equidistante entre las exageraciones del dominico Báñez y las del jesuíta Molina, representa la verdadera doctrina acerca del espinoso tema de la gracia. Verdaderamente, la última palabra teológica es la del padre Zumel.

—Lo tendré en cuenta, Padre, lo tendré en cuenta.

Leporello deploraba su especialización en teología trinitaria y su fidelidad al padre maestro Téllez. De aquello de la gracia no sabía gran cosa, y se consideró retrasado en el tiempo y algo pasado de moda.

CAPITULO III

1. ¿Qué la parece? —me preguntó Leporello, con los hocicos engrasados, relucientes los ojos de satisfacción y vino.

—Solamente regular. Me ha llamado la atención su lenguaje clasicoide.

—¡Oh! No irá a decirme que es artificioso. Recuerde que lo aprendí en Salamanca en el siglo XVII, y que buen trabajo me cuesta no hablarle a usted como se hablaba entonces. Que me queden algunas reminiscencias resulta natural, sobre todo cuando el recuerdo me lleva a aquellos tiempos. Además —añadió— no le pedía un juicio literario.

—A pesar de eso, y de momento, ya que no puedo considerar su relato más que como cuento fantástico, debo decirle que la presencia del diablo...

—...de un diablo —me corrigió en seguida.

—Sea. La presencia de un diablo en la historia de Don Juan le quita originalidad, la hace parecerse demasiado a la historia de Fausto. Ya un viejo amigo mío, profesor agudo, decía de los escritores modernos que, cuando reinventan a Don Juan, o sacan un nuevo Fausto o un nuevo Hamlet. Usted ha preferido un nuevo Fausto.

Leporello movió la cabeza. Bebió en seguida un trago de vino y se limpió la boca con el dorso de la mano. Explicó:

—En el siglo XVII no abundaban las servilletas.

—No ha respondido a mi objeción.

—¿Para qué, si es usted tan poco perspicaz? ¿Puede comparar mi intervención en la historia de Don Juan con la de mi cofrade Mefistófeles, que, dicho sea de paso, no ha existido jamás, en la de Fausto? Yo no he actuado nunca de tentador, sino de testigo; y a partir de cierto momento —¡qué momento, amigo mío!—, me he limitado a ser amigo y criado servicial. Concédame, al menos, cierta originalidad como diablo. Y si no es capaz de descubrirla, le diré que soy un diablo encantado de parecer un hombre, y que si me fuese dado, lo sería de verdad aún con riesgo de muerte.

—Su amo también es hombre, y, según usted...

—Ese es otro cantar.

Sonreí.

—En este aspecto de su persona, reconozco que no debe nada a Fausto, pero sí al Judío Errante. Su amo debe de haber leído mucho, pero, como inventor, no es de gran originalidad.

—¡Usted qué sabe!

—Es lo que se colige.

Leporello sacó una pipa, la rellenó parsimoniosamente, y hasta que la encendió no se dignó contestarme; pero de cuando en cuando sus ojillos burlones me miraban.

—¿Le gustaría conocer la historia entera?

Miré el reloj.

—Me temo que dentro de unos minutos la señorita Nazaroff empiece a impacientarse.

—¡Oh, no se preocupe! No voy a contársela ahora, ni siquiera voy a contársela. Pero puede usted verla, puede desarrollarse ante los ojos de su alma; puede escuchar, si lo quiere, en el recuerdo, las palabras verdaderas de Don Juan. Puede, pero tiene que ganarlo a pulso.

—¿A qué precio?

—Líbrenos usted de Sonja.

Echó al aire una larga bocanada de humo. Se había desabrochado el chaleco, se había aflojado la cintura. Parecía satisfecho de la comida y de sí mismo.

—No crea que va a ser fácil. ¡Oh, nada de eso! A pesar de mi inmensa confianza en usted y en sus buenas cualidades, no tengo la seguridad de que lo consiga. ¿No se da cuenta? Necesita desalojar a mi amo del corazón de Sonja y sustituirle. No es imposible que lo consiga, ya que Don Juan permanecerá inactivo, pero tendrá que trabajar de lo lindo, tendrá que poner en juego su imaginación, su inteligencia, su capacidad de seducción... ¡contra Don Juan! ¿Se da usted cuenta? ¡Contra Don Juan! Tiene usted que competir con Don Juan en el corazón, en la fantasía e incluso en la fisiología de la señorita Nazaroff.

Afecté modestia y humildad.

—Reconozco que la desproporción es mayor que en el caso de Marianne.

—¡Que no le quepa duda! Marianne es una criatura, en el fondo, primitiva. Para mí, pan comido. Pero no todas las transferencias sentimentales en que nos vemos metidos mi amo y yo son tan fáciles de resolver. Hubo una chica judía...

Dejó la pipa sobre la mesa y se limpió una lágrima.

—Perdone si me pongo triste, pero mujer como aquella hace siglos que no la conozco. Justamente desde el «affaire» de Ximena de Aragón, que quizá llegue usted a conocer. ¿Fue la más bonita de los últimos cien años? Sin duda. Pero decir que era bonita es lo menos importante que se puede decir de ella. Mi amo la conoció durante la Resistencia.

Le interrumpí:

—¡Por favor, no me relate ahora un episodio de la Resistencia! El señor Sartre los ha agotado todos.

—No hubo mujer de inteligencia más profunda, de corazón más grande, de mayor heroísmo. Los alemanes la tuvieron prisionera y no se atrevieron a fusilarla. Sus manos tenían poder, ¿me entiende?, poder de taumaturgo. Su palabra comunicaba virtud, engrandecía el alma de los que la escuchaban, les hacía capaces del sacrificio. ¡Pobre chica! Pertenecía al Partido Comunista. Y ya ve usted, todo eso lo deshizo mi amo en poco más de una semana. Pero a mujer tan grande no se la podía entregar al amor de un resistente cualquiera, ni tampoco dejarla abandonada a la venganza del Partido. Mi amo, que es un caballero, reconoció en este caso que sólo había un Esposo digno de ella. Puede usted visitarla, si lo desea, en un priorato benedictino. Tiene reputación de santa.

Un temblor frío me sacudió la espalda.

—Algo hay en este asunto que no me gusta, Leporello. En ese olor a blasfemia que a veces se percibe.

—¿Qué quiere usted? ¿Que huela a incienso y a cirios bendecidos? No olvide que Don Juan es una blasfemia viva. Lo ha sido siempre. Y a usted, precisamente a usted, no debe sorprenderle. En cuanto a mí...

—Tiene razón. Sin embargo...

Leporello, sin el menor disimulo, bostezó.

—Perdón. Es mi hora de la siesta. ¿Acepta usted el trato? La historia entera de don Juan a cambio de Sonja Nazaroff. Doble premio al ganador: un lindo cuento y una muchacha preciosa.

—¿Y si pierdo?

—Ni historia ni muchacha. Coge usted su billete para Madrid, medita sobre lo sucedido, y al pasar el puente internacional se olvida para siempre de Sonja y de Don Juan; porque una derrota como ésta nunca es gustosa de contarse.

Me disgustaba aceptar, y casi tanto rechazar la oferta. De momento no sólo porque Sonja me atrajese, sino por no quedar mal. Y en cualquiera de los casos podía no quedar bien.

—¿Le parece que demore la respuesta hasta pasada la entrevista de esta tarde?

—Puede decirme que no, y mañana que sí, y volverse después atrás, y rectificar más tarde. Las vacilaciones del corazón humano me son familiares, y suelo considerarlas con toda benevolencia. Haga lo que le parezca, sin necesidad de darme una respuesta. Ya me cuidaré de averiguar cómo marchan las cosas.

—Pero, esa historia...

—Es tan larga, que no puede contarse de una sentada. Considéreme desde ahora como un pagador a plazos. El anticipo ya está hecho.

2. Leporello advirtió a Sonja de que mi llegada se retrasaría en una media hora. Me dejó el taxi unas manzanas más abajo de su casa, y subí la calle remoloneando, porque mis propósitos no estaban claros, ni tampoco mis deseos.

Pretendía, sin conseguirlo, averiguar el juego de Leporello, adivinar qué se escondía tras apariencias tan disparatadas. Pero, como esto se plantearía en la conversación con Sonja, mi impotencia para sacar algo en limpio se disimuló ante mí mismo con un aplazamiento.

La cuestión inmediata, la que me hizo detener en una esquina, en un escaparate, junto a la verja de un jardinillo y en un par de sitios más, era Sonja misma. Me gustaba: negármelo hubiera sido estúpido. Esto admitido, no podía esclarecer la naturaleza del gusto, ni tampoco adónde podía llevarme: si a una aventura pasajera o a un amor hondo. En aquellos momentos, la aventura me tentaba, el amor me daba miedo. Pero también me atemorizaba la aventura, porque detrás podía esperarme el amor.

Llegué al portal de Sonja, pasé de largo, y antes de decidirme, encendí un cigarrillo. A la mitad, me había determinado a telefonearle y disculparme por no acudir a la cita. Cuando arrojé la colilla, mi ánimo había cambiado, me sentía más seguro, e intentaba convencerme de que obtener una victoria sobre el recuerdo de Don Juan era como obtenerla sobre el propio Burlador.

Un minuto después, cuando ascendía al piso, mi presunción bajó de tono,y llegué a avergonzarme, ya que no era al Burlador, sino a un disparatado sucedáneo, a un loco acaso, a quien desbancaría. Pero la vergüenza obedecía, sobre todo, a la insistencia con que mi ánimo tomaba por auténtico al sucedáneo por Don Juan; a la reiteración con que mi mente le nombraba por ese nombre. Como si, en el fondo, y contra toda razón, estuviese convencido de que era el verdadero Burlador, y de que el llamado Leporello era de verdad un diablo.

Sonja acudió en seguida. Quizás me esperase en el vestíbulo, porque abrió apenas tocado el timbre. Estaba despeinada, ojerosa; vestía una bata larga, puesta sobre el pijama, y tenía en la mano un cigarrillo a medio quemar.

—Es usted malo —me dijo.

No me tendió la mano. Cerró la puerta y me empujó hacia el cuarto de estar. Por el pasillo, atropellada, me disparó seis o siete preguntas. No respondí a ninguna.

La habitación, tan pulcramente ordenada, de la noche anterior, parecía una leonera. La cama, en un rincón, con las ropas revueltas; sobre la mesa, una bandeja con varias tazas y platos, y en ellos restos del desayuno y del almuerzo. Colillas en todos los ceniceros, libros tirados, unos zapatos sobre la alfombra, unas medias en el respaldo de una silla, la falda gris y el jersey sobre el sofá. Algo más había, blanco, menudo y delicado, que Sonja se apresuró a recoger.

—Ahora le daré café.

Mientras lo preparaba sin mirarme, siguió preguntando —en realidad, repitiendo las preguntas hechas a mi llegada, con el mismo atropello. Esperé a que callase, y entonces le respondí. Le dije, en sustancia, que, salvo el nombre, sabía de Don Juan menos que ella.

—*Mais, c'est stupide, cet affaire-là!*

Me encogí de hombros.

—De acuerdo.

No me respondió. Sirvió el café en silencio, bebió su taza sin sentarse. Yo pensaba que la situación, más que dramática, era cómica, y que Sonja acabaría por darse cuenta y mandarme a paseo, o bien decirme: «En vista de eso, vámonos a bailar a cualquier parte, si le parece.» Estos pensamientos, sin embargo, sólo sirvieron para probarme una vez más mi absoluto desconocimiento de las mujeres y la escasa coincidencia de mi pensamiento con la realidad.

—¿Y eso es todo lo que se le ocurre?

Lo dijo con tal tono despectivo, con tal desdén en la mirada, que me sentí enrojecer.

—Antes necesito saber qué pretende usted de mí, para qué me ha llamado, en qué puedo servirla.

—En nada. Perdóneme. He cometido un error. Si usted no sabe quién es Don Juan ni por qué se hace llamar así, tendré que preguntárselo a él mismo.

—¿Cree que podrá hacerlo? Me inclino a pensar que no volverá usted a verle.

—¿Tengo, pues, que resignarme a la burla?

—Yo no la llamaría así.

—Yo la llamo por su nombre.

—Está usted enojada y alterada. Cuando se haya calmado, verá las cosas de otra manera. ¿Por qué no se viste y da un paseo? Es un recurso vulgar que a veces sirve.

—¿Con usted?

—Si no tiene a mano nada mejor, puedo valerle como distracción. Lo importante es que sosiegue el corazón y la cabeza.

—Tengo miedo a sosegarme. Tengo miedo a lo que me pasará cuando el enojo se haya calmado.

—¿Tiene usted miedo a reconocerse enamorada de Don Juan?

—Exactamente.

—Entonces, será mejor que lo acepte cuanto antes.

Se sentó frente a mí, en el rincón del suelo que formaban el sofá y una butaca; apoyó los brazos sobre las rodillas y escondió la cabeza.

—Estoy ya frenéticamente enamorada y desesperada —dijo.

Me enterneció la melancolía de sus palabras, me sacudió el corazón su ingenua sencillez. Pero no me moví por no saber lo que debía hacer o lo que debía decirle. Esperé unos instantes a que se moviese, a que me mirase, pero no lo hizo. Entonces me levanté y me senté en el sofá cerca de ella.

—Mire, señorita, no soy el hombre de quien puede usted echar mano en este momento. Ignoro que palabras debo decir, ni lo que debo hacer para sacarla del apuro. Yo soy un intelectual; mi experiencia de las mujeres es poca. Usted necesita consuelo; no sé cómo consolarla. Y necesita consejo: no sé qué aconsejarle. Me fue más fácil escucharla ayer, y entender lo que le había pasado, que socorrerla hoy. Lo de ayer era bastante más sencillo para mí: Don Juan la ha hecho víctima de una experiencia literaria, y la literatura es mi terreno; pero el llanto de una mujer enamorada es demasiado real para que yo lo entienda. Perdóneme.

Levanté la mano para acariciarle la cabeza, pero no me atreví. Quedó la mano en el aire, y, detrás de la mano, un hombre que se odiaba a sí mismo, que se determinaba a coger el tren aquella misma noche y no volver a París.

—Perdóneme —repetí; y me puse en pie.

Ella, entonces, me miró.

—¿Qué va a hacer?

—Marcharme.

—Espere, se lo ruego. ¿No ve usted que, a pesar de todo, es la única persona con la que cuento?

Mi sonrisa tuvo que ser estúpida, y, sin embargo, ella me miró dulcemente, y me tendió la mano para que la ayudase. Sus párpados habían enrojecido —lo único que no me gustaba de su cara, lo único a que no me acostumbraba—. Pensé, entonces, que unas pestañas postizas lo arreglarían. Y si le hubiese dicho en aquel momento: «Dígame, Sonja, ¿por qué no se pone unas pestañas postizas?», ¿qué hubiera sucedido? Quizá dicho, no tan bruscamente, sino con habilidad. «Se está usted estropeando los ojos de llorar, etc.» Unas pestañas rubias y largas.

—Voy a vestirme.

Recogió sus ropas dispersas y salió de la habitación. Yo me acerqué a la ventana con intención reflexiva. Estaba descontento, pero no por mi torpeza, sino porque las cosas no parecían tomar la dirección que me hubiese apetecido. Para comienzo de una aventura galante, faltaba frivolidad a la situación; para comienzo de una pasión, le faltaba tragedia. Aun sin la esperanza de un gran amor, un poco de tragedia la hubiese hecho más atractiva, y, sobre todo, más fácil para mí. Las grandes palabras trágicas, rebeldes a mi deseo la noche anterior, acudían ahora a mis labios; ahora, cuando estaban de más, cuando no había a quién decirlas.

Volví a sentirme en ridículo, y hallé que lo era por apartarme de mi modo habitual de comportamiento. A mí, eso de enternecerme no me iba. Yo soy un intelectual, de la especie de los sofistas. Ante una situación real, me esfuerzo por entenderla y por reducirla a fórmulas lógicas, lo más claras posible; pero, si no la entiendo, construyo del mismo modo fórmulas lógicas y claras, sin preocuparme de que sean o no legítimas y verdaderas. Jamás, hasta el tropiezo con Sonja, había prescindido de mi procedimiento, y si bien es cierto que no he sido nunca muy afortunado con las mujeres, las tres o cuatro que de veras conquisté lo fueron a punta de dialéctica impecable. Cada uno se vale de lo que tiene a mano, y yo, palabra, nunca he tenido más que labia, aunque de una especie un tanto arisca.

Sentía a Sonja moverse en la habitación de al lado. Abrió un momento la puerta y me dijo que esperase, que se iba a duchar. No pude menos que imaginarla desnuda bajo el agua fría, templando sus nervios alterados, y la imaginación me trastornó durante unos segundos. Me sobrepuse pronto. Quería acordar un plan de conducta y comprometerme ante mi mismo. El plan suponía, ante todo, el dominio de mis sentimientos y de mis deseos, el aplazamiento de un estallido. Un beso es más efectivo, por inesperado, detrás de una larga perorata lo más intelectual posible, que como coronamiento de una declaración apasionada.

Cuando Sonja regresó, me vi precisado a poner en práctica mis decisiones, porque el traje que se había puesto la hacía más atractiva que nunca.

—¿Vamos? —me dijo.

—¿A dónde?

—Si es usted tan amable que quiera acompañarme, me gustaría visitar el piso de soltero de Don Juan.

—¿Conmigo? —pregunté extrañado.

—Usted me ayudará a mantenerme tranquila. Después de lo pasado ayer, temo que al estar allí me emocione más de lo conveniente.

Salimos. El cochecito biplaza pintado de rojo y negro era suyo. Ella condujo. Durante el trayecto le pregunté cómo íbamos a entrar; me respondió que tenía llave.

—Recuerde que he ido allí muchas veces sola y con entera libertad.

La llave le temblaba en los dedos al meterla en la cerradura. Tuve que abrir yo. La dejé pasar y me quedé en la puerta, pero ella me invitó con la mirada a seguirla. El piso estaba a oscuras y en silencio. Sonja adelantaba sus pasos respetuosamente, como en una iglesia. Se apartó de mí para abrir una ventana. Un sol pálido cayó sobre la tapa del piano abierto. Nada había sido tocado, nada había cambiado. La mancha de sangre de la alfombra era sólo una seca mancha oscura. Sonja, sin embargo, no la miró. Desparramó la mirada por la habitación, medio sorprendida, medio disgustada.

—¡Dios mío! —dijo.

Corrió a la habitación vecina; la sentí abrir otra ventana, y andar de un extremo a otro. Repitió un par de veces: «¡Dios mío!»

Entretanto, yo miraba también. El día anterior había estado más de dos horas entre aquellas paredes y aquellos objetos; su encanto, o su magia, me habían penetrado, me habían poseído. Algo así como el alma de varias mujeres se me habían revelado en misteriosa operación, y, en el recuerdo, aquellas habitaciones me parecían el templo donde un dios había habitado. Ahora tenía ante mis ojos una habitación vulgar, de muy buen gusto y pureza. Nada había sido tocado, pero algo se había evadido, algo que quizá no había estado nunca allí. Sentí rabia en el corazón, me dio por golpear las teclas del piano, y sonaron endemoniadamente, como destempladas. Sonja dio un grito.. Apareció, agitada.

—¿Le sucede lo que a mí? —me preguntó con voz temblorosa.

—Sí. Creo que sí.

—Pero, ¿cómo es posible?

Se acercó —anhelantes, tendidas, las manos enguantadas.

—¿Cómo es posible? —repitió. Todo está igual, y, sin embargo...

Se llevó las manos al rostro, se tapó los ojos.

—¡Oh!

La hice sentar y me cuidé de sosegarla. Me ayudó un cigarrillo.

—Me inclino a creer que tanto usted como yo hemos sido víctimas de un embrujo, y que el embrujo ha desaparecido.

—¿Y no es ahora cuando estamos embrujados?

—He dicho embrujo por mi tendencia natural a exagerar las cosas, pero, como usted comprenderá, no creo en brujerías. Lo sucedido tiene explicación sin necesidad de acudir a lo extraordinario. Usted la conoce. Usted conoce, probablemente, más explicaciones que yo.

—Sí, sí...

—Aceptemos la que nos parezca más oportuna. La mía, desde luego, se refiere a Leporello. Con su Don Juan no he tenido el honor de cruzar una sola palabra ni una sola mirada.

—¡Don Juan! —dijo ella, con un principio de sollozo.

—No vuelva a emocionarse. Considere la necesidad de un corazón frío, no sólo de una mente fría.

Me levanté.

—¿Quiere que examinemos su altar de cerca?

—¿Mi altar?

Señalé la puerta cerrada de la alcoba. Ella se echó atrás en el diván.

—¡Oh, no, por favor!

—Sea valiente.

La empujé hacia la puertecilla, pero me adelanté para abrirla. Encedí la luz y entré.

—Una cama que no ha sido jamás usada, pero eso ya lo había visto ayer. Ahora bien...

Movido por una intuición momentánea, di un tirón a la alcoba, y quedó al descubierto un colchón colorado, de franjas amarillentas.

—... una cama que jamás se ha pensado en usar. Una cama de truco. La parte emocionante de una cama, lo que le da intimidad y calor humano, son sus sábanas. Vea usted: ésta no las tiene.

También la almohada carecía de funda. Era, eso sí, una almohada española, y no el «oreiller» francés que tan malas noches me daba.

—En resumen, una habitación fría, vulgar, donde jamás ha palpitado de amor un corazón humano.

—Olvida el mío.

—¿Está usted segura de haber estado aquí alguna vez?

Sonja sonrió y bajó los ojos.

—Sí, muchas veces.

—¿Aquí? ¿Es esto lo que usted ha mirado, lo que ha adorado como un tabernáculo?

No me respondió. Salió de la alcoba, y, ya fuera, me dijo:

—Vámonos.

Me acerqué al piano y toqué una escala.

—¿Es posible que de este armatoste haya salido la música de ayer?

—¡Por favor! —imploró.

—Perdone mi insistencia. Usted y yo sentimos lo mismo, pero pudiera suceder que la presencia de cada uno estorbase al otro las experiencias especiales. El piano es el dato objetivo: está destemplado, suena mal.

—Vámonos.

No dijo nada mientras bajábamos las escaleras, ni, ya en el coche, durante algunos minutos. Cuando ya nos habíamos alejado bastante, preguntó sin mirarme:

—¿Sabe usted dónde vive Don Juan?

—Aproximadamente.

Se lo dije.

—Quiero ir allá. Le ruego que me acompañe.

—No deseo ver a Don Juan, y menos en compañía de usted.

—No es eso lo que le pido. Sólo enseñarme la casa.

Hay, en aquella parte de la Isla de San Luis que mira a la orilla derecha, un cierto número, bastante crecido, de *hoteles* construidos en el siglo XVII para habitación de magistrados, consejeros, intendentes y otros burgueses opulentos de los que acompañaban al Rey en sus «Lits de justice». Creí reconocer, en uno de ellos, aquel al que me había llevado Leporello. Conduje a Sonja hasta el patio, pero no pude indicarle la escalera, por la sencilla razón de que no había escalera alguna. Me disculpé. Entramos en el hotel de al lado, y en el otro, y en el otro. Así en cuatro o cinco. Y al convencerme de que lo había olvidado, dimos en preguntar. Pero nadie conocía a Don Juan como habitante de aquella calle, ni menos a Leporello.

—Es una persona inconfundible: de unos cuarenta años, vestido...

Por si yo me expresaba mal —desde luego me expresaba en el peor francés posible— fue Sonja la que hizo las interrogaciones. Recorrimos la calle entera, preguntamos a todo bicho viviente.

—¡Un caballero de unos cuarenta años, de pelo gris y gafas oscuras! ¡Un criado...!

Al último a quien preguntamos, Sonja le describió a Don Juan con palabras tan encendidas, que el preguntado se le rió en la cara. Le dijo que aquel hombre por el que preguntaba no parecía de verdad, sino galán de cine; Sonja quedó corrida de vergüenza. Pero su disgusto lo pagué yo, porque me llenó de recriminaciones por mi falta de memoria (o quizá por lo que ya empezaba a tomar por burla). Se decidió, por fin, a telefonear, y entró en un café. Yo la esperé en el coche. Si afectaba tranquilidad, y aun divertimiento, no estaba divertido ni tranquilo, porque indudablemente Leporello me había llevado cierta tarde a uno de aquellos hoteles, tan historiados y bonitos. Me sentía molesto y, una vez más, burlado.

Sonja tardó en salir del café. La vi acercarse al coche, cabizbaja.

—He llamado cien veces a este teléfono, pero, según

acaban de informarme, es un teléfono que no existe en París.

Se sentó, apoyó los brazos en el volante, la cabeza en los brazos, y empezó a llorar.

Era hermosa la curva de su cabeza.

3. El café de Marianne, cerrado, con un rotulito que anunciaba la ausencia indefinida de su ama, nos dejó con el último palmo de narices, abandonados en el Barrio Latino, cansados, desesperados y, yo, con mucha hambre. Sonja hubiera preferido dedicarse inmediatamente a la expresión verbal de su situación dramática, con acompañamiento, acaso, de llanto y gimoteos; pero yo no me sentía tan desconsolado como ella, sino más bien convencido de que la fuga de Don Juan —quizá solamente su desaparición— tenía mucho de precaución prudente, un si es no es cobarde... Yo hablaba de fuga, a sabiendas de que exageraba, pero, en el fondo, aceptaba la explicación, tan razonable, de Sonja, según la cual se hallaría en un sanatorio, y todo lo demás no era sino un sistema de casualidades y de errores provocados en parte por mí. Tengo la impresión de que ella no creía en sus palabras, sino en las mías, del mismo modo que yo no creía en las mías, sino en las de ella. Su estado sentimental prefería, como hipótesis, la fuga; si hablaba del sanatorio era sólo por llevarme la contraria, y, de paso, tranquilizarse, al menos en apariencia.

Hablé de meternos en un restaurante. Sonja aceptó, y hasta se dignó llevarme a uno que yo desconocía y en el que se comía bastante bien. Estaba a aquella hora lleno de estudiantes. Desde el principio, me sentí incómodo. Aquellas gentes fúnebres parecían personajes de tragedia en vacaciones eróticas, a juzgar por el modo que tenían de amarse mientras cenaban. Daban la impresión de estar diciendo: «En cuanto acabemos de comer, nos suicidaremos, si bien entre una cosa y otra haremos el amor durante un rato. No mucho: lo suficiente para que lo libido no estorbe nuestras últimas meditaciones sobre la *nada*». Posiblemente el ánimo de Sonja coincidiera con el de los parroquianos de aquel restaurante; su traje, desde luego, no; y por lo que a mí respecta, ni ánimo ni traje: por eso digo que me encontraba a disgusto, como si todos aquellos filósofos fuesen a adivinar que un burgués se había colado osadamente en sus filas; como si al saberlo fuesen todos a insultarme. Estoy a punto de jurar que algunos de ellos lo hicieron, y que la palabra defitiniva: «Salaud», salió de muchos labios, si bien discretamente. Sonja estaba demasiado metida en sí misma para oírla; yo prefería no enterarme.

—¿De modo que usted piensa que Don Juan se ha fugado?

—Sí.

—Pero, ¿por qué?

—Es su costumbre.

—En este caso, no era necesario. Ni un padre, ni un hermano, ni un marido intentarían vengarme.

—Parece olvidar que usted misma le disparó un tiro.

—Sí. Es cierto...

Pero reaccionó en seguida.

—Desde luego, le pegué un tiro. Pero, ¿por qué? ¿Estaba acaso en mi intención? Yo no tenía pistola. Yo me hubiese limitado a esconder tras el piano mi cuerpo desnudo, a vestirme y huir después, si él no me hubiera dicho: «Ahí está la pistola». ¿Quién la había puesto allí? Él. ¿Para qué? Para que yo le disparase. Eso es evidente. ¿Qué pretendía con eso?

—Dar un final trágico a la aventura. Don Juan es aficionado a los finales trágicos.

—¡Oh! Y usted, un frívolo incorregible. ¿Piensa que es válida esa explicación estética? ¿Por qué no se esfuerza en pensar conmigo y hallar un sentido a todo esto?

—Tendré que repetirle lo que ya dije otras veces: Don Juan, es decir, el hombre que se hace llamar así y que tiene un criado realmente divertido que se hace pasar por el diablo, es un sujeto al que la impotencia sexual, sobrevenida anticipadamente, volvió loco, o neurótico, o como quiera usted llamarle. Como sus artes de seductor no las ha perdido, sigue enamorando a las mujeres; como tiene imaginación, las enamora por procedimientos nada comunes, lo reconozco, pero, al final, nada.

—¿Y el tiro?

—Es natural que un hombre en esas condiciones desee morir.

—¿Y el nombre de Don Juan?

Sonreí.

—Los psicólogos llaman a eso compensación, o algo parecido.

—Yo lo veo de otra manera.

No explicó, de momento, cómo lo veía, y yo seguí comiendo. Ella me miraba con mirada que no quise investigar. De pronto, me preguntó:

—¿Cree usted en el Destino? Tiene usted que creer, porque es usted meridional.

—Sin embargo, no creo.

—Yo tampoco creía, y ahora, sin embargo, ante ciertas evidencias... —Hizo una ligera pausa, y continuó en seguida, con palabra apurada—: ¿Cómo, si no, puede relacionar usted una serie de hechos? Véalos usted: contra toda costumbre de las mujeres de mi país y de mi educación, permanezco virgen; contra mi propósito inicial de dedicarme a la filosofía, escribo una tesis sobre Don Juan; contra toda previsión, la lectura de mi tesis me hace conocer a un hombre...

—En cambio —le interrumpí—, el ateísmo que usted profesa, y que me parece un dato que debe considerarse, no tiene nada de extraordinario. Todos estos muchachos y muchachas que me rodean son ateos.

—¿Piensa usted que alguna de estas muchachas pudiera enamorar a Don Juan?

—Las hay bonitas.

—Son muchachas que se acuestan cada noche con su amigo. Carecen de prejuicios sexuales.

—También usted.

—Yo, sin embargo... ¿Quién le asegura que mi conducta no está regulada por un prejuicio que desconozco?

—Usted lo dijo.

—Puedo estar equivocada. Me he hecho psicoanalizar un par de veces, pero no tan a fondo que todo lo vea claro. En cualquier caso, ¿qué más da? Yo me encuentro ahora con que determinados hechos de mi vida, antes sin relación, la tienen. Unos, parecen condiciones para que el más importante de ellos pudiera haber acontecido; otros son, sin duda, sus consecuencias. Hay una trabazón que usted llamaría estética, seguramente, pero que yo llamo...

Volvió a detenerse, y miró con mirada vacilante, como avergonzada.

—... yo la llamo religiosa. Y usted, que es católico, debería estar de acuerdo conmigo.

—Yo creo en la libertad, no en el Destino.

—Yo he sido libre de permanecer o no virgen, de escribir una tesis sobre otro tema y de despachar a Don Juan con una sola palabra cuando se me acercó a felicitarme.

—Bien, ¿y qué? Admitido como hipótesis el Destino, con mayúscula, ¿quién es Don Juan?

—¡Oh, Don Juan, sin duda! El verdadero Don Juan.

—Nacido en Sevilla en 1598, según la cronología de Leporello. Don Juan Tenorio de Moscoso, un hombre que parece haber escapado de la muerte. ¿Quiere usted que me levante y grite a todas estas gentes que anda entre nosotros un hombre inmortal? ¿Puede usted imaginar cómo se reirían? ¿Recuerda usted los *slogans* filosóficos de moda: *ser para morir*, por ejemplo?. «El hombre es un ser para la muerte», nos diría inmediatamente ese muchachito de barba rubia que parece estar agonizando; «si ése no muere, no es hombre». Tendríamos que reconocer que el razonamiento es irrevocable. Me vería obligado a estrechar la mano del barbudo y a felicitarle por su vigorosa dialéctica. Después, me volvería a usted, y le diría: Señorita, está usted equivocada: un hombre no puede ser inmortal.

—¿Por qué no?

Hice un gesto desesperado.

—Si me lo pregunta en serio, no puedo responderle.

—Le invito entonces a que pregunte al joven de la barba rubia qué piensa de Dios. Le dirá que no existe. Entonces, yo me volveré a usted, y, con la mayor solemnidad, le convenceré de que Dios es una noción contradictoria.

—Tengo mis razones para creer.

—Como las tengo yo para creer en Don Juan. Ni las de usted ni las mías resistirían el análisis; pero, a pesar de eso, las aceptamos. Y si el muchachito de la barba rubia las destruyese, seguiríamos creyendo sin ellas. Para usted, Dios es evidente; para mí, lo es Don Juan. Reconozco que la fe de usted es más meritoria que la mía, porque usted nunca ha visto a Dios, y yo he estado desnuda en presencia de Don Juan.

Casi le grité:

—¡En presencia de un loco! ¡En presencia de un farsante!

—¿Por qué se pone así? —me respondió ella tranquilamente—. ¿No ve que está llamando la atención?

Empujó hacia mí la copa de vino.

—Beba un poco y cálmese. Parece como si estuviera celoso.

Me sentí humillado. Sonja sonreía, y me miraba con sus claros ojos azules, como deben mirar las madres a los hijos exasperados e irrazonables: con una mezcla de superioridad y ternura que me humilló más todavía. Bebí un poco de vino y dominé mis nervios.

—Está equivocada. ¿Por que voy a sentir celos? Siento, en cambio, rabia de que una persona racional se empeñe en creer esta bobada.

—¿Se da cuenta de que fue usted, precisamente usted, quien me dijo que era Don Juan, y que me lo dijo en circunstancias tales como para creer que, con la revelación, buscaba usted un afecto determinado?

—Exactamente. Buscaba que usted comprendiese que se había metido en un lío del que le convenía salir cuanto antes. Cualquier mujer habría adivinado inmediatamente que se las había con un burlón o con un loco.

Inesperadamente, Sonja cogió mi mano.

—¡No sabe cómo le agradezco la revelación! —dijo con voz casi en éxtasis—. ¿Qué hubiera sido de mí si me creyese la víctima de un seductor vulgar? ¿Cómo podría explicarme lo sucedido, cómo podría resistir el saberme desdeñada? Sería como un caos tenebroso en el que probablemente habría perdido la vida. Pero usted lo esclareció todo; usted me ayuda a esclarecerlo cada vez más. Conforme usted habla y discute conmigo, parece como si mi alma discurriese con independencia de nuestras palabras y entrase en un mundo donde todo es claro, radiante e inteligible. Le aseguro que todo me parece necesario, que todo tenía que ser así.

—¿También la desaparición de Don Juan?

—Eso, principalmente. Para que suceda lo que va a suceder. es necesario que Don Juan esté ausente.

Me atreví a preguntarle, con timidez burlona, qué iba a suceder. Ella soltó mi mano, cruzó los brazos sobre el pecho, cerró los ojos y, como recogida en sí misma, como si se escuchase, respondió con un susurro:

—No sé. Pero al revelarme el nombre de Don Juan fue como si hubieran sembrado un niño en mis entrañas. Ahora lo siento palpitar dentro de mí; crecerá, me llenará enteramente, será uno conmigo, y así permaneceremos unidos hasta la Eternidad.

—Hasta la Nada, querrá usted decir.

O no me oyó, o mi ironía no mereció respuesta. Su recogimiento, su silencio, me permitieron examinarla y hacer comparaciones. Parecía una Anunciación pintada por un primitivo holandés; inmediatamente me vi a mí mismo con alas, levitando sobre el piso de aquel restaurante ruidoso. Y otra vez tuve la sensación de que en la entraña de aquel asunto, había algo blasfematorio.

4. No había nada que hacer. Dejé a Sonja en el portal de su casa, despedida para siempre. Me sentía triste, ésa es la verdad, al verla dirigirse al ascensor, más que lenta, quieta, con las manos sobre el vientre como si cuidase un niño: triste por la victoria de un fantasma sobre mí. Me dolía que aquella chica, que tanto me gustaba, tomase en serio una farsa, se metiera en ella, se hiciese farsante ella misma. Algo en mi interior, sin quererlo yo, le llamó imbécil, pero me revolví inmediatamente contra el insulto, me lo adjudiqué a mí mismo, y, mientras descendía por la calle, pensé que habría una explicación racional por la que Sonja quedase justificada, aunque no se me alcanzase.

Llegué al hotel cansado e íntimamente corrido, pero determinado a marcharme aquella misma noche. El portero del hotel se encargó de conseguirme, con el billete, una «couchette», que para más no daba mi dinero. Preparé las maletas, salí a cenar, y aunque faltaba más de una hora para partir el tren, me marché a la estación. Era más temprano de lo que suponía, y hube de pasear, solitario, hasta que el tren, formado, entró en la vía. Acomodé en seguida el equipaje, bajé al andén, y seguí paseando, con la esperanza irracional de que Sonja viniera a detenerme, aunque fuese para decirme que me había tomado el pelo. No es que lo pensase francamente, sino que era una idea subterránea que, cada vez que afloraba a la conciencia, me hacía enrojecer y sentirme muy poca cosa ante mí mismo. Cinco minutos antes de la salida del tren, subí al vagón y entré en mi departamento, que ya estaba lleno de maletas, con dos o tres viajeros tumbados en sus literas, y dos más que procuraban acomodarse. Me arrimé a la ventanilla, aunque de espaldas; y fue entonces cuando vi a Leporello, al cabo del pasillo, abriéndose paso a codazos. Intenté esconderme, pero ya me había descubierto. Venía fuera de sí, y muy agitado por la carrera.

—¡Usted es imbécil! —me dijo—. ¿Cuál es su equipaje?

No se lo dije, pero lo adivinó. Mis maletas descendieron al andén, recogidas por un mozo al que Leporello ordenaba en un francés popular e ininteligible. Fue todo tan rápido, tan diabólicamente rápido, que no pude impedirlo. Sonaban los avisos, y el tren comenzó a moverse. Leporello me empujó hacia la salida.

—¡Vamos, dése prisa!

Descendí con el tren en marcha, o, mejor, me hicieron descender, y yo no lo impedí, porque, en el fondo, era lo deseado, lo esperado, y no tan irracional como había supuesto. No me rompí una pierna por milagro.

—Lleve esas maletas a un Bugatti rojo que hallará a la salida. ¡Y ested...! —añadió Leporello, mirándome con furia—. ¡Merecía que le dejase marchar!

Yo no había dicho palabra. Me tomó del brazo y me empujó entre los grupos que agitaban pañuelos o decían adiós a viajeros que ya no se veían. Se había calmado un poco, y su figura se recomponía. Hasta llegar al Bugatti, permaneció en silencio, con algo de crío enfurruñado en el rostro.

—Suba.

Él mismo metió en el coche las maletas y pagó al mozo. Me llevó, a la velocidad acostumbrada y con las habituales filigranas de conductor osado, al «pied-à-terre» de Don Juan.

—Le traigo aquí —explicó mientras subíamos—, porque le supongo sin un franco, y porque su habitación en el hotel ya la habrán alquilado y no es cosa de andar ahora de la Ceca a la Meca en busca de acomodo.

Me senté en el sofá del primer salón. Leporello, antes de subir las maletas, me sirvió un whisky, traído de la cocina, con trocitos de hielo y todo, como si estuviera previsto, y me dejó solo. Al cerrarse la puerta, me estremecí, porque la *casa no era ya,* como quella tarde, un «picadero» vulgar y sin misterio. Quizá fuese el efecto de la noche y del silencio, o de que todo había sucedido de manera tan inesperada que yo no tenía tiempo de acomodarme a la realidad. En cualquier caso, el whisky no era misterioso, y me apliqué a beberlo. Cuando regresó Leporello, cargado con mis cosas, me había servido ya el segundo, y un calor grato ascendía de mi estómago, y me sentía ligero y alegre.

—No beba más —me dijo Leporello.

—¿Por qué?

—Porque no está acostumbrado, y puede hacerle daño.

—¿Y qué?

—Que lo necesito espabilado, hombre, y con sus cinco sentidos. No acostumbro a discutir con borrachos.

Había abierto la puerta del dormitorio, y, en él, la del armario. Me aproximé.

—Yo, en cambio, necesito beber un poco, porque vamos a pegarnos, y, sin alcohol, acaso no me sienta capaz de hacerlo.

Leporello estaba inclinado sobre una maleta. Me miró de reojo, y rio.

—A veces dudo de que sea usted un hombre inteligente.

—¿Es que no cree que vaya a pegarle? ¿No se le ocurre que, aunque sólo sea por quedar bien ante mí mismo, necesito romperle las narices o, al menos, intentarlo?

—¿Sólo por eso?

—Exactamente. Por razones morales.

—Entonces, pégueme ya y no vuelva a preocuparse de su propia estimación.

Se había plantado ante mí, sin quitarse el hongo, y me ofrecía una mejilla con la misma tranquilidad que si me ofreciese un pitillo. Le di una enorme bofetada que no le hizo pestañear, ni borró de su rostro la sonrisa burlona.

—¿Está más tranquilo? ¿O quiere repetirla?

—Quedaría contento y satisfecho si pudiera abofetear a su amo de la misma manera.

—¡Mi amo! ¿Sabe usted que, de esta vez, ha tenido mala suerte? Se le ha enconado la herida.

—¿Dónde está?

—En la clínica del doctor Paschali. No la busque en la guía de teléfonos, porque es clandestina.

Me senté en el borde de la cama:

—Ya que me ha hecho quedar, espero que, cuando su amo se encuentre mejor, no tendrá inconveniente en vérselas conmigo en un lugar solitario.

—¿Es una condición?

—Es una exigencia.

—Bien. Como usted quiera. Pero, si me lo permite, le diré que se porta usted sin pizca de originalidad. Por una razón o por otra, cada vez que mi amo seduce a una mujer, siempre hay un caballero que pretende matarle.

—¿Ha hablado usted de seducir? ¿A lo que hace su amo llama usted seducir? No sea vanidoso. No sé si considerarlo como proveedor de experiencias místicas a domicilio o como agente provocador de orgasmos solitarios por inducción. Quizá sea ambas cosas. En cualquier caso, un personaje ridículo.

—Y burlador, ¿no? —Cortó con un gesto el mío, incipiente—. ¡No se me enoje otra vez, por Dios! Le doy palabra de que mi amo jamás pensó en burlarse de usted, ni yo tampoco. Más aún, no ha pretendido tampoco burlarse de esta chica, aunque ella lo haya creído.

—Ella...

—Ella se cree burlada, y todo ese cuento que le ha contado a usted esta tarde no es más que eso, un cuento, en el que prefiere creer antes que aceptar la burla.

—¿Le ha hablado?

—Sólo en cierto modo.

—No hay más que un modo de hablar a la gente.

—Bueno. Le diré entonces que escuché sus pensamientos. Sólo por eso fui a buscarle a usted, y sólo por eso está usted aquí.

—No pretenderá que vuelva a ver a Sonja.

—No hablemos de eso ahora, ¿quiere?

—Tengo derecho a saber para qué me ha traido a este lugar.

—Para ayudarme a evitar que Sonja se vuelva loca.

Había colocado mi ropa en el armario. Ahora sostenía un par de sábanas y una manta. Me hizo señal de que dejase la cama libre. Desde el rincón en que me situé, le veía moverse alrededor del lecho, colocando las sábanas, tieso y solemne, con el hongo bien encajado; y hacía, la verdad, divertida figura.

—De eso hay que hablar mucho —le respondí.

—Pero no ahora. ¿Sabe que pasa de las once? Hablaremos mañana. No olvide que París es una ciudad donde la gente se retira temprano. Hágalo usted también, y duerma, porque a las ocho vendrá la «femme de ménage» y tendrá usted que abrirle. Si algo necesita, en la cocina hallará de todo, pero le ruego que no beba whisky. También el cuarto de baño está bien repuesto. Hágase a la idea de que está en su casa.

—Gracias.

—En cuanto a la falta de dinero...

—¿No pretenderá usted...?

Me atajó.

—¡No pretendo nada, hombre de Dios, salvo acabar con su suspicacia! Mañana tendrá dinero, pero ganado por usted. Hasta entonces, con lo que lleva en el bolsillo, le basta.

Saludó y se fue, rápidamente, diabólicamente rápido. Corrí tras él y pasé la tranquilla de la puerta, y después recorrí la casa, miré dentro de los armarios y debajo de la cama, palpé las paredes en busca de una puerta secreta que no apareció, encendí todas las luces —y aun así tenía miedo.

5. Fue entonces cuando, por primera vez en las últimas dos horas, me sentí sosegado y relativamente dueño de mis actos, aunque quizá no tanto de mis pensamientos. Dejarme caer en un diván, estirarme cuanto pude, fueron determinaciones libres, y lo fue también, sin duda, el examen inmediato que, sin moverme, hice del salón en que me hallaba, y en seguida, del contiguo. Es ocioso

repetir que nada había variado, que era el mismo salón romántico de las otras veces, y que las luces encendidas que lo alumbraban no eran lo más adecuado para la creación de penumbras misteriosas; de modo que lo acontecido entonces no perteneció sino a mí mismo, no sucedió sino en mi intimidad. Es difícil describir lo que fue, y cómo fue: lo que más se le parece, aunque con parecido físico, es el parpadeo de los tubos de neón cuando van a encenderse: así, algo parpadeó en mi interior, parpadeó dos o tres veces, pero se apagó. Todo el mundo ha tenido alguna vez esa clase de experiencias y probablemente en ellas se apoyó Platón para afirmar que nuestras almas emigran. Pero lo que en mí parpadeaba y se extinguía era la conciencia, no de haber estado allí otra vez, sino de haber vivido allí en otro tiempo, quizá remoto; era la conciencia fugaz de un reconocimiento. Lo bastante duradera, sin embargo, para advertir que algunas cosas habían cambiado de lugar, y que las lámparas no eran las mismas, y que la iluminación era excesiva. Percibí asimismo el eco de palabras que Leporello no había pronunciado, retazos demorados de una conversación en la que yo tomaba parte como *dueño de la casa*. Mis invitados habían sido tres, una mujer entre ellos.

Insisto en que la naturaleza de aquella experiencia pertenecía al orden de lo reminiscente, y su material era el recuerdo, y no, como la habida días atrás, al orden de los contactos místicos. No sólo estaban olvidadas ya las mujeres que allí habían amado, sino que habían dejado de estar presentes de la manera esencial que lo habían estado. Más aún: las reminiscencias fugaces se referían a una situación muy anterior en el tiempo al paso de las mujeres por la casa de Don Juan: esto lo supe de modo inmediato e intuitivo, sin ningún dato en que apoyarme.

Me levanté y examiné otra vez la habitación. La examiné enteramente iluminada, y, después, apagué algunas luces y volví a examinarla. A toda luz, en penumbra y aun a oscuras —es decir, al tacto y al olfato— la habitación y lo que en ella había me ofrecían un aspecto hasta entonces desconocido: ni el misterio de la primera visita, ni la enorme vulgaridad de aquella tarde, sino la impresión —más bien la convicción— de que estaba habitada, de que alguien hacía allí su vida cotidiana: alguien de costumbres distintas a las mías y aun a las de mi tiempo, de mentalidad también distinta; alguien, en fin, cuyos hábitos y cuya alma iban bien al romanticismo tardío de los muebles, y para quien las líneas y los colores de los cuadros y dibujos representaban todavía una audacia o una novedad. Esa persona —con la que, durante unos instantes, me había identificado, pero de la que ahora me sentía distinto— recibía la visita de amigos que no bebían whisky, sino champán; que no se derribaban en los sillones, sino que se sentaban con cierta ceremonia; que no hablaban nuestro idioma intelectualizado, sino un francés relampagueante de inteligencia y entusiasmo lírico —una de ellas, la mujer, con acento criollo.

Si el alma puede partirse, la mía se había partido, y la mitad receptiva se empapaba como una esponja seca, se sumía en la experiencia, en tanto que la otra permanecía alerta, examinaba, clasificaba y juzgaba sin contagiarse del temblor, y —¿por qué no?— del suave terror que la otra experimentaba. Esta duplicidad no era nueva; por lo general siempre que algo me ha entusiasmado, he logrado que una parte de mi ser se mantenga aparte del entusiasmo. Gracias a este hábito, que acaso sea también un privilegio, siempre he podido recobrar la calma o regresar a la frialdad cuando me pareció oportuno. Abandoné, pues, el examen del salón, y me entregué a las abluciones nocturnas. El cuarto de baño era reciente. Al mirarme al espejo, ninguna imagen romántica se sobrepuso a la mía, tan vulgar y moderna.

Me dormí pronto. Empecé a soñar y el sueño tuvo que ver con el maneje del día. Soñé que en un rincón de mi cerebro metían desde fuera un huevo como de ave, en cuyo interior algo arañaba como hacen los polluelos al salir del cascarón; arañaban con insistencia, con un ruido que se me antojaba estrépito (y que seguramente lo sería en el silencio de mi cabeza), y yo esperaba la aparición de una tierna patita, que, sin embargo, se retrasaba hasta impacientarme. Me di cuenta, de pronto, de que mientras esperaba, el huevo se había convertido en una especie de cilindro hueco como los que usan los ilusionistas para sus escamoteos. Colgaba del techo y estaba vacío. Leporello, de frac y con la vara de las virtudes en la mano me obligaba a comprobar que dentro del cilindro no había nadie; lo tapaba después con dos pedazos de papel que sujetaba a los extremos con aros. Sonaba entonces un redoble remoto, y Don Juan rompía uno de los papeles, saltaba sobre la pista, decía: «¡Hop!» y salía pitando por el foro. Yo me asomaba entonces al interior del cilindro y me hallaba como asomado a una ventana desde la que podía contemplar *un panorama de recuerdos que no me pertenecían.* «¿Ve usted dijo, entonces, Leporello —como cumplo mi promesa? ¡Usted pretendía, en cambio escurrir el bulto!» Me lo había dicho a mí, pero las palabras formaban parte del número, constituían su final. Leporello saludó, y el público aplaudió con entusiasmo. Mientras Leporello hacía las últimas reverencias, vinieron los servidores de la pista y cambiaron la decoración. Entonces, desperté, y dije:

—Juana dejó la copa en el borde de la mesa, y Lissette, que es una atolondrada, la romperá.

Esto dije, y esto me oí decir. Alargué la mano para encender la luz, pero mi mano no buscaba el conmutador, sino los fósforos: tantearon los dedos el mármol frío hasta encontrarlos, encendí uno, y, con él, la vela del candelabro que había en la mesa de noche. Así alumbrado, fui al salón, a retirar la copa que Juana había dejado en el borde de la mesa, pero en la mesa no había ninguna copa: comprendí entonces que, hasta aquel instante y desde mi despertar, *no había vivido en mí.* O quizá sea más exacto decir que alguien que había vivido en mi desde mi despertar, y que recordaba el descuido de Juana y el atolondramiento de Lissette, me había abandonado. Sin embargo, un no sé qué me había dejado dentro, relacionado con las reminiscencias entrevistas y los recuerdos que Leporello me había ofrecido, porque abrí la puerta de una vitrina y en su interior hallé la copa cuya rotura había temido, un poco apartada de las restantes copas, y con un fondo de champán. La reconocí inmediatamente.

No tenía sueño. Me senté en la banqueta del piano y apoyé los brazos en el teclado: las teclas, golpeadas, produjeron un sonido extrañamente armónico (¡aquella misma tarde, el piano estaba desafinado!) que llenó aquel ámbito, que me rodeó y me apretó y casi me hizo girar sobre mí mismo; que, desde luego, imprimió a mi alma un movimiento musical cada vez más rápido, casi vertiginoso: duró el tiempo que las inesperadas armonías tardaron en desvanecerse; pero, entonces, yo había cambiado ya.

Yo había perdido el gobernalle de mi voluntad, y el centro invulnerable de mi alma había sido alcanzado. Dulcemente se desvanecía todo intento de excogitación, se extinguía en mí toda potencia reflexiva, y, en su lugar, reminiscencias en tropel me invadían el alma y la llenaban. Primero, confusamente; con cierto orden, en seguida. Al mismo tiempo se me debilitaba la conciencia de mí mismo, quedaba unida a mí por un recuerdo sutil, y si bien no llegué entonces a creer que fuera otra persona, es indudable que me sentía como ocupado por otro de nombre desconocido, de cuya vida unas horas se me recordaban con claridad e insistencia. Simplemente, la totalidad de mis recuerdos era sustituido por los recuerdos de otro. *Había sucedido* aquella tarde. *Yo acababa de llegar de Munich, donde pocos días antes —el diez de julio de 1865— Ricardo Wagner había estrenado «Tristán e Isolda». Tres amigos me visitaban —el buen Charles y Jeanne, su amante, que dejaba la copa siempre en el borde de la mesa; y un tercero, varón, extrañamente encopetado, cuyo nombre no conseguía recordar—. Les había explicado a mi manera la ópera de Wagner. Charles me pidió que le ofreciese una muestra de la música, si podía recordarla, y entonces yo, al piano, reproduje en la medida de lo posible algunos temas: los que cantaba Tristán y los que cantaba Isolda. Entonces, Charles, dijo:*

—Dans la musique de Wagner, «chaque personnage est, pour ainsi dire, blasonné par la mélodie qui répresente son caractére moral et le rôle qu'il est appelé à jouer dans la fable».

—Luego, ¿sería usted capaz de averiguar, por estos fragmentos melódicos que acabo de ofrecerle, el modo de amarse Tristán e Isolda?

—Naturellement, mon vieux!

El bueno de Charles empezó a hablar del amor, y, mientras hablaba, yo lo examinaba. Había envejecido mucho durante mi ausencia, le temblaban las manos y los párpados, y un no sé qué de ruinoso parecía revelar su próximo desmoronamiento; pero sus ojos claros no habían perdido la desencantada, melancolía agudeza, y sus palabras mostraban que la habitual clarividencia aún no le había abandonado. También Jeanne estaba un poco más vieja, y sus movimientos eran torpones, porque su parálisis no había sido bien curada. Charles, a veces, hacía una pausa en las palabras, y la miraba tiernamente, o le acariciaba la mano oscura.

Lo que decía Charles del amor, atribuido a Tristán e Isolda, podía muy bien ser la confesión de su manera de amar a Jeanne; y a mí siempre me había entristecido que un hombre de su inteligencia viviese encadenado a una mujer de espíritu tan poco delicado, aunque de cuerpo extrañamente atractivo. Algunos amigos comunes solían disculparle, como si de aquella sumisión entera sacase Charles la excitación necesaria para que su inteligencia y su sensibilidad se mantuviesen más despiertas que las de ningún hombre del siglo. Yo, sin embargo, nunca lo he creído así, sino que consideraba a Jeanne como algo puesto por Dios al lado de Charles, algo metido en su vida por razones particulares de Dios que a mí no se me alcanzaban. ¡Lo que Charles hubiera descubierto, lo que hubiera escrito, sin la sumisión sexual a Jeanne! El la describía, trasmudándose en Tristán, como la más honda y radical experiencia de dicha, casi como la dicha demoníaca de Adán y Eva después de aconsejados por la sierpe. Y de esto, yo sabía algo.

—Ustel no cree en el amor, ¿verdad? —me dijo, interrumpiéndose Charles; y sus pupilas claras parecían querer atravesar las mías, ya entonces tan faltas de brillo como cargadas de vejez.

—A mi modo.

—¿Sólo como placer de los sentidos?

—Ante todo, como protesta contra Dios —le respondí, a riesgo de descubrirme; y añadí en seguida—: Es decir, así lo concebía en mi mocedad.

—Yo le interrogaba sobre su amor hoy.

—Es una costumbre debidamente tecnificada, que sirve, sin embargo, al propósito inicial.

—¿Se refiere usted al modo de aumentar el placer?

—El placer no me interesa. Me refiero al modo de conquistar a las mujeres.

—¡Oh, por favor, explíquelo! —interrumpió Jeanne, con su dulce voz tropical, como si desease ser inmediatamente víctima de mi técnica—. Tiene que ser muy interesante.

—Yo no creo llegar a comprenderlo —dijo Charles—. Sólo he sido capaz de una técnica en mi vida con una sola mujer: la total entrega. Por eso las demás mujeres me han fallado, o les he fallado yo.

—Es que usted ama, y yo, no —le dije.

—¿Cómo puede usted vivir así?

—Porque he descubierto un sentimiento más hondo que el amor, y un objeto más alto que una mujer.

—Pourtant, vous êtes un homme à femmes, mon vieux!

—Le aseguro que, en mi vida, las mujeres tienen un papel puramente instrumental.

—¿Instrumentos de placer?

—No. Nada de eso. ¿No le dije hace un momento que el placer no me interesa?

—¿Entonces?

—Permítame que guarde el secreto, por ahora.

—Siempre sospeché que era usted un personaje misterioso, y ahora estoy seguro de que lo es. ¿Cuál es su verdadero nombre?

—¡Oh, Charles querido, qué tonterías se te ocurren! Cállate, y deja que nos explique su técnica. Estoy rabiosa por conocerla.

Charles la miró con ternura. Asintió en seguida. Nos sonreímos. Mi sonrisa quería significar que estábamos de acuerdo. La de él me daba las gracias.

—Jeanne tiene razón. Su técnica de conquistador es lo más importante.

—...aunque lo sea todavía más mi técnica de burlador.

Aquí se cerró la ventana del recuerdo, aquí las reminiscencias se desvanecieron, aquí mi interior quedó vacío del que lo ocupaba, y regresé a mí mismo, como arrastrado de aquella palabra por la que sentía especial antipatía. Me levanté como el que vuelve del otro mundo, con ojos acostumbrados a maravillas. Todo estaba igual, silencioso; y yo empezaba a tener frío.

—Pero, ¿he podido alguna vez tocar «Tristán e Isolda»? —me pregunté. ¡Tocar *al piano* la música de Wagner!, —añadí con asombro.

Y, antes de acostarme, intenté deletrear los compases, las melodías que Charles había escuchado. En vano. Jamás he recordado la música del «Tristán».

6. Lissete me despertó con algarabía de timbres y porrazos, y en seguida que le abrí, se disculpó por haberme despertado, me rogó que volviese a la cama, y que durmiese, si lo quería, mientras me hacía el desayuno y calentaba el agua del baño. Era una muchacha de buena talla, más bien rellena, vivaracha, y, si no guapa, muy agradable de mirar. Hablaba un francés endemonizado, casi *argot,* y lo hablaba de prisa; pero a la tercera vez que le pedí repetición de lo dicho, se dio cuenta de mis dificultades para entenderla y empezó a hablar con calma, casi silabeando, y a cada paso me preguntaba si la había comprendido, y se repetía sin previa invitación: todo con la sonrisa más amable del mundo, sin dejar de mirarme, más bien comiéndome con los ojos, como si yo fuese un bicho raro. Volví a la cama, y ella me visitó varias veces, con los pretextos más variados, a pesar de su ruego de que me durmiese; y cuando me trajo el desayuno, permaneció en la alcoba, silenciosa y como en éxtasis sin dejar de mirarme. No sé si me inquietó la insistencia de su mirada o si me sorprendió la expresión dichosa de su rostro, porque, hasta entonces, jamás mujer alguna me había mirado así ni había puesto, por mirarme, cara de tanta felicidad. Decidí que algún recuerdo le ocupaba el sentido, y que las miradas no me pertenecían. Le tendí la bandeja vacía del desayuno, la recogió, pero no se movió.

—Le sucede algo?

—*O, non, monsieur! Mais, vous étes si charmant...!*

Marchó en seguida a la cocina, y yo quedé confuso. Pensé si no estaría bien despierto, y me acogí a la ducha fría, que me espabiló. Durante el afeitado, con la mente sin telarañas, pude pensar, y hasta logré reirme de mí mismo. Evidentemente me había despertado vanidoso, y algún apetito reprimido me había hecho soñar. Ya estaba vestido para salir, cuando Lissette entró a despedirse.

—Mañana vendré a la hora que quiera, señor. Si deja la llave en la portería no le despertaré. Estoy muy contenta de servirle...

La insignia de un sindicato extremista que llevaba en la solapa no se compaginaba bien con aquellas muestras de satisfacción por servir a un sujeto de indiscutible catadura burguesa, como era yo. Decía: «Hasta mañana», pero no se meneaba del sitio, y se me ocurrió que debía darle la mano y desearle mucha suerte, y así lo hice. Ella me la tomó con naturalidad y tardó en soltarla. Quizá hubiera sido más oportuno darle un beso, pero no se me pasó por la imaginación.

Quedé solo, y empecé a recordar los sucesos de la noche, no como reales, sino como soñados. Descartaba la posibilidad de que hubieran acontecido. Sin embargo, para soñados, persistían en mi memoria con fuerza extraña, y, lo que me chocaba más, una parte de mí mismo los tenía por ciertos contra mi voluntad y contra mi razón: contaba con ellos como incrustados en la cadena de los hechos reales, como antecedentes casi mecánicos de mi situación actual. Y no era del todo disparatado, porque, con el recuerdo de lo que me empeñaba en considerar ensueño, afluían a mi memoria recuerdos fugitivos de una existencia que no me pertenecía.

Eran, sobre todo, recuerdos de mujeres: rostros de presencia fugaz, palabras como susurros, ojos extrañamente turbados, y recuerdos de caricias, recuerdos que hacían temblar mis manos como si el cuerpo tocado acabase de apartarse y pudiesen todavía, alargadas hasta él, recobrar el contacto de su calor. Pero nada brotaba de mi interior, como los recuerdos verdaderos, sino que irrumpía en mi alma y la invadía desde fuera, como si aquella ventana abierta por Leporello fuese verdaderamente un agujero hecho en mi alma, abierto a todos los vendavales. La rapidez con que entraban y se desvanecían, la imposibilidad de atrapar cualquiera de ellos y fijarlo en la mente me impedían llevar a cabo la más elemental operación de reconocimiento. Bullían y se agitaban como una muchedumbre en la que un rostro o un perfil podrían identificarse y retenerse si la muchedumbre no corriese, si no arrastrase su torbellino y lo englutiese todo en el conjunto anónimo.

—Esto tiene que ser una enfermedad —pude pensar.

Leporello llegó, y su timbrazo seco fue como un soplo violento sobre los recuerdos invasores.

—Buenos días —me dijo, sin quitarse el sombrero—. Qué tal pasó la noche? ¿Se encuentra como en su casa? Espero que Lissette lo habrá atendido.

—Dormí regularmente, me encuentro bien, y Lissette es una sirviente irreprochable.

—Descuidada, si no se la vigila. Confianzuda. Tiene un amante... ¿No se lo dijo?

—No. Ni creo...

—¡Se lo dirá! Le contará la historia de sus amores. Lissette es una meridional charlatana.

No me interesaba Lissette; casi me molestaban las palabras de Leporello por la sonrisa resabida que las acompañaba. Le pregunté por su amo, y la sonrisa huyó de su rostro.

—Me tiene muy preocupado. ¿Sabe usted...?

Se quitó —sólo entonces— el sombrero, y me pidió perdón por no habérselo quitado antes.

—Ha surgido una complicación rarísima. El alma de mi amo ha emigrado, esta noche, un par de veces de su cuerpo.

—Usted sabe del alma lo suficiente para no concebirla como una burbuja de aire que pueda escaparse, ni nada parecido.

—Del alma sabemos poco, amigo mío, no sabemos casi nada; pero ése no es el caso, sino que Don Juan se ha quedado sin la suya durante bastante tiempo.

Se sentó, y limpió de la frente un sudor que no existía.

—Fue algo terrible. Parecía muerto, y por muerto lo tomaron. Ya sabía que no podía estarlo, y lo sostuve contra la opinión del médico. A eso de las tres de la mañana volvió a moverse.

—¿Catalepsia?

—Esa es la explicación fácil de un hecho inexplicable.

—Bien. En cualquier caso, no me atañe.

—¿Y qué? ¿Decreta usted la inexistencia de lo que no le atañe?

—Decreto simplemente que no me importa.

—Pero yo tengo el mayor interés en que Don Juan salga de este atolladero, y no por lo que usted pueda suponer, sino porque, de no curar, se frustraría nuestro viaje a España. Debemos tomar el tren dentro de ocho o diez días. Si no hubiera sido por este asunto desdichado de Sonja Nazaroff, ya estaríamos allá.

Yo liaba un pitillo. Comprendí que la mención de España era un cebo que se me ofrecía, y decidí rechazarlo; pero, en cambio, el nombre de Sonja, olvidada en las últimas horas, me trajo el recuerdo de su imagen y deseé volver a verla.

—Sí. ¿No le dije todavía que vamos a España todos los años? Es para ver los Tenorios.

¿Qué haría Sonja? ¿Seguiría brizando en su alma la simiente de Don Juan? ¿Seguiría entregada a la mística maternidad que se había inventado?

—A mi amo no le gusta perder las representaciones del Tenorio. Como a un buen español, le satisface el perdón final; yo creo, que, en el fondo, espera también ser perdonado.

¡Cómo me gustaría estar ahora a su lado! La recordaba en el momento aquel en que había bajado la cabeza, en que cruzaba los brazos sobre el regazo, pura y transida de amor, como una Anunciación.

—Yo, como usted comprenderá, no me divierto. Mi conocimiento del original hace que me parezca tosca la versión de Zorrilla. Pero aprovecho el viaje para ciertos esparcimientos. Hay algunas cosas de España realmente incomparables: los vinos, las comidas, y las prostitutas. ¡Parece que le aman a uno, y en ciertos casos he llegado a sentirme amado de verdad! Una de ellas se enamoró de mi amo. Era una mujer extraordinaria. La conocimos en un restaurante caro. ¡Gran tipo! Hermosa, buena administradora: ganaba de treinta a cuarenta mil pesetas mensuales, ahorraba más de la mitad, y se aconsejaba de sus amigos para colocar bien el dinero. Pues creyó que estábamos arruinados, y ofreció a Don Juan toda su fortuna. Gracia a él, aquella muchacha está muy bien casada.

¿Y por qué Sonja no podía también estar casada? ¿Y por qué no contemplarla, bajos los ojos y las manos cruzadas sobre el vientre, en el momento de confesar una maternidad real?

—¿Qué se propone hacer hoy? —dijo, de pronto, Leporello.

—Nada. No sé por qué ni para qué estoy aquí.

—Por lo pronto, para socorrer a Sonja.

—¿Sonja? ¡Ah, sí, la chica aquella!

Leporello se echó a reir.

—Así me respondió ella esta mañana, no hace aún media hora, cuando le nombré a usted: «*Ah, sí; ce monsieur-lá!*» Pero Sonja era sincera, y usted finge una indiferencia que no siente. Usted pensaba ahora mismo...

Golpee la mesa con rabia.

—¡Vaya a paseo! ¡No le tolero que se dedique en mi presencia al juego de las adivinanzas! Y, para advertirle que no me maravillo de que conozca mis pensamientos, le contaré que, hace poco, en Madrid, fui a ver a una vidente, una pobre mujer más infeliz que un gato, y que sin la menor pretensión diabólica me dijo cé por bé todo lo que pensaba.

—La conozco —respondió Leporello tranquilamente—. Vive en la calle de Víctor Pradera, número ochenta y siete, y se llama Soledad. No me extraña que la haya usted visitado: entre su clientela cuenta un buen número de intelectuales. Es una mujer admirablemente dotada.

—Usted le lleva la ventaja de ser más listo.

—Bastante más. Gracias.

—Pero si pretende insinuarme una vez más que es un diablo, aquí se han acabado nuestras relaciones.

—¿De veras no lo cree?

—Es evidente que no.

—¿De veras le costaría un gran esfuerzo creerlo?

—Dejaría de ser quien soy.

Leporello dio una vuelta por la habitación sin mirarme, como desilusionado. Pasé a la de al lado y desapareció de mi vista, pero le oía andar, revolver en las cosas, hacerse presente con ruidos. De pronto, asomó la jeta. Había vuelto a ponerse el sombrero, estaba cómicamente compungido.

—¿Ni siquiera como un convenio tácito, en virtud del cual usted hace como que lo cree, y yo como si creyera que usted lo cree?

—¡No!

—¡Vaya por Dios!

Se dejó caer en un sillón. Buscaba en los bolsillos algo que no encontró, quizás simulase la búsqueda para hacer tiempo. Yo, un poco molesto, encendí un pitillo, y empecé a deletrear una escala en el piano.

—¡Deje en paz ese chisme!

—¿No dijo usted que me sintiera como en mi casa?

—¡En su casa no hay piano ni lo hubo nunca! Y ese tecleo me molesta y me impide pensar.

Se levantó, vino hacia mí corriendo, y cerró el piano de un golpe brusco.

—Perdóneme. Quería decirle algo sobre las relaciones entre el ser y el creer, y ese ruido me lo estorba. —Cambió inmediatamente de actitud, se hizo humilde—. Quería decirle...

Me empujó hacia el sofá y me sentó de un suave empellón: Había recobrado el dominio sobre mí, pero, justo, es decirlo, no sonreía triunfante, sino sumiso, casi suplicador.

—Sobre el ser y el creer. Importa mucho para que me entienda... quiero decir, para que nos entienda. A mí amo y a mí, está claro.

—¿Qué puede usted decirme que les disculpe?

—No se trata de disculpas, sino de algo sobre la esencia de la simulación. Si somos un par de simuladores, o, como usted piensa, de farsantes, ¿no le interesaría una doctrina sobre el caso?

—No.

—¿Ni una frase siquiera, una breve frase, una definición?

Ya no pude negarme, conmovido por la humildad de su mirada. Podía en cualquier momento arrojarse a mis pies, pedirme cualquier cosa con las manos juntas, lamerme humildemente los zapatos. Me dio miedo de que lo hiciera, miedo de que, humillándose, me humillara.

—Bueno.

Me palmoteó los hombros, alegre.

—Así me gusta. ¿Ve usted qué fácil es hacer felices a los demás? Lo sería hasta el colmo si me creyese el Garbanzo Negro injertado en el cuerpo de Leporello; pero, así, me queda al menos el consuelo de explicarme.

Se alejó un poco de mí, quedó arrimado al piano. Miraba al aire, y sus manos empezaron a moverse.

—Uno no es nada. El solitario no es nada. Uno no es más que lo que acerca de uno creen los demás. Usted dirá que mi amo y yo somos dos, y que bien podíamos creer el uno en el otro, y prescindir de un tercero, cuya fe siempre será problemática; pero no es cierto que seamos dos. Somos dos unos, dos solitarios. Porque la compañía de dos sólo puede apoyarse en errores o en mentiras, y mi amo y yo nos conocemos perfectamente. No puedo convencerle ya de que soy el diablo, ni él puede convencerme a mí de que es Don Juan. Pero si alguien me cree el diablo, seré verdaderamente el diablo, y él será Don Juan si alguien lo cree. Usted dirá...

Le interrumpí.

—¿Por qué supone que digo o pienso, si no digo ni pienso nada?

Se excusó con una sonrisa.

—Invento el maniqueo. Es la costumbre. De modo que... usted dirá que bien podía yo creerme que soy el diablo, y Don Juan que es Don Juan, pero eso es bastarse a sí mismo, es decir, eso es soberbia. El drama de Satanás consiste en que quiso convercerse a sí mismo de que era Satanás sin conseguirlo. Porque...

Volví a interrumpirle.

—¿Está usted al tanto del drama de Satán? ¿Información directa?

Leporello arrastró una silla y se sentó frente a mí. No dejaba de mirarme. Se quitó el hongo y lo dejó sobre la alfombra.

—Teología, señor. Teología aplicada al conocimiento del hombre... y del diablo. Si no, escúcheme. Dios sabe que es Dios porque, además de Uno, es Trino. Pero, cuando se es uno, como Satán o como cualquier hijo de vecino, el que quiere creer que es lo que desea ser, tiene que desdoblarse y creer en sí mismo como si fuera otro. Pero, precisamente, en este acto de fe interior halla su destrucción, porque se escinde en sujeto y objeto recíprocos de su fe, en ser-que-necesita-ser-creído-para-ser, y en ser-que-está-ahí-para-creer-en-sí-mismo, en la otra parte de sí mismo. Ahora bien: la primera parte del uno, la que necesita ser creída para creer, sólo cree en lo que cree el otro (es decir, la otra parte), si el otro tiene realidad personal, o sea, si cree también en sí mismo; pero esta segunda parte, a su vez, para ser, necesita que la otra crea en ella. De modo que entre las dos partes en que el ser se divide, tiene que existir un sistema inacabable de fes recíprocas, inacabable como las imágenes de un espejo reflejadas en otro espejo. Yo creo en mí (es decir, en ti) porque tú (es decir, yo) crees en mí, es decir, en ti...)

No pude más.

—¡Por la Madre de Dios, Leporello! ¡Va usted a volverme loco!

Fue como si le hubiese dado una patada en el vientre. Se dobló por la cintura, se echó hacia delante... Creí que iba a caer.

—¡Se lo ruego! —dijo con voz doliente. ¡No me vuelva a mentar a esa Señora...! ¡Prométamelo, por favor!

—Si usted se pone así... No me cuesta trabajo.

Pareció más tranquilo. Incluso sonrió. Pero sus ojos estaban inquietos.

—En fin: veo que he fracasado en mi explicación. Pero no es mía la culpa, créame. Si estuviera usted al tanto de la terminología filosófica moderna, me habría usted comprendido perfectamente. Lo lamento. Pero, aunque su mente no alcance el razonamiento, puede alcanzar la conclusión. Mi amo y yo, para creer que somos, respectivamente, Don Juan y el diablo, intentamos que alguien lo crea. Y para que alguien lo crea, él se porta como Don Juan y yo como un diablo.

—Lo hacía usted muy bien. Y, al parecer, también su amo.

Saltó en el asiento.

—Entonces, ¿por qué no nos ha creído? Vamos a ver, ¿por qué?

Y, antes de que pudiera responderle, se me acercó.

casi me clavó en los ojos su índice amenazante y acusador.

—Se lo diré. Usted no cree que yo sea el diablo porque no cree en el diablo. Y, del mismo modo, usted no cree que Don Juan lo sea de veras, Don Juan condenado a ser él mismo por toda una eternidad, Don Juan juzgado definitivamente, porque usted no cree en la Eternidad ni en el Infierno. Si usted creyera en el Infierno y en la Eternidad, ¿por qué negarse a aceptar que mi amo fuese un condenado?

—Usted no dijo jamás que Don Juan lo fuese —interrumpí. Usted me dijo solamente...

—...que él era Don Juan y yo el diablo. De acuerdo. La mentira no fue completa, pero una buena mentira debe contarse por etapas, como toda narración bien compuesta. Ahora bien, aunque se la hubiese contado entera desde el principio, faltando así a las reglas elementales del arte, usted no la hubiera creído. Amigo mío, ¿por qué no examina la autenticidad, la sustancia de su fe? Usted dice creer en el diablo, pero si se lo encuentra en la calle, no admite que lo sea; y dice creer en el infierno y en la condenación, pero si le presentan a un condenado, lo tacha de farsante. Y, sin embargo, ¿es metafísicamente imposible que yo sea el diablo? ¿Lo es que mi amo sea Don Juan Tenorio? Fíjese bien: no se trata de presentarlo como un ser inmortal, sino como un difunto, como un ser que ha puesto los pies en la Eternidad. Usted sabe perfectamente que el hombre puede cambiar su ser mientras alienta, puede rectificar, enderezar, arrepentirse o empecinarse; pero la muerte fija definitivamente su manera de ser; lo fija como es en el instante de la muerte; de modo que si Don Juan murió siendo Don Juan, lo será eternamente, y en serlo consistirá su condenación. En buena lógica, pues, tiene que andar por el mundo donjuaneando. Usted piensa ahora mismo que los muertos no andan por la tierra, pero usted no sabe por dónde andan los muertos, y no hay nada que pruebe a un creyente que este hombre que se sienta a su lado en el autobús no sea un condenado que cumple su condena.

Volví a interrumpirle.

—No dudo que su farsa y la de su amo hayan sido

tramadas con todas las garantías teológicas. Sin embargo...

—Sin embargo, tiene usted que aceptar que no me ha creído porque no cree usted en el diablo ni en la Eternidad. Y tampoco hubiera creído si le hubiese hecho testigo o sujeto de unos cuantos prodigios.

—Bien. ¿Qué pretende usted ahora? ¿A dónde quiere llevarme?

—¡Oh, no pretendo nada ni quiero llevarle a ninguna parte, salvo poner de manifiesto la flaqueza de sus convicciones más profundas! En otros tiempos, la impostura de mi amo y la mía hubieran sido recibidas de mejor manera. Nos hubiera quemado la Inquisición.

Le respondí que el tema empezaba a fatigarme.

—A mí también; pero concédame que el fracaso me autoriza a un leve pataleo. Yo, por mi parte, le confesaré que no es la primera vez que nos sucede. ¡Los siglos que llevamos mi amo y yo con esta farsa, y las personas a quienes finalmente hemos tenido que confesar la verdad! Es desilusionante. La humildad pierde la fe y pierde la imaginación. No sé que va a ser de nosotros?

—¿De su amo y de usted?

—De los hombres.

—De usted, desde luego, no lo sé; pero, de mí, empiezo a creer que esta noche tomaré definitivamente el tren de Irún.

—¿Con qué dinero?

—Pediré un préstamo en la Embajada.

—No lo haga. No se vaya. ¿Va a renunciar a Sonja por un ataque de orgullo mal entendido? Sonja le gusta, es una chica excelente, y si es usted capaz de curarla, será una esposa admirable. Pero, amigo mío, desde siempre a las mujeres excepcionales ha habido que conquistarlas a través de dificultades. En la Edad Media había que librarlas del dragón, y en los tiempos antiguos, Tobías tuvo que pelear con el diablo para ganar la suya. Si usted quiere a Sonja, tiene que hacer un pequeño esfuerzo.

—Y, ¿si no lo hago?

—Quedará mal ante usted mismo. La recordará siempre, se arrepentirá de su cobardía cuando ya sea tarde, intentará recobrarla cuando ya no sea posible, y pasará el resto de sus días entristecido, amargado y lleno de desprecio. Está en edad de casarse. Puede no hacerlo, es verdad; pero no es igual la soltería del hombre que no ha encontrado «la» mujer, que la del que, habiéndola hallado, no supo hacerla suya.

—Nadie me dice que sea Sonja precisamente esa mujer.

—Se lo dice su corazón. Y, si se molesta en pensar un poco, se lo dirá también el sentido común, si es que le queda alguno.

Sirvió un nuevo whisky y me lo acercó.

—Vamos, decídase. De momento, hay que resolver la cuestión del dinero. Yo le adelantaría una cantidad, pero, como es usted muy escrupuloso, prefiero indicarle el modo de ganarlo. ¿Recuerda usted el garito de ayer?

—¿Pretende que vaya a jugarme los pocos fondos que me quedan?

—Pretendo que hagamos una vaquita. ¿Cuánto tiene? Tanto le doy, lo juega, y vamos a medias. A nosotros también nos hacen falta cuartos.

—No he jugado jamás.

—Hoy lo hará. La suerte favorece siempre a los novatos. Vamos, cuente sus fondos.

Sacó la cartera, y empezó a contar; yo conté lo mío: comenzaba a sentirme otra vez envuelto, arrollado por su voluntad, empujado hacia lo que él quería hacer de mí. Con pocos francos en el bolsillo y unas instrucciones muy vagas, me dejó a la puerta del garito, recomendado al portero para que me llevase a una sala donde, desde la noche anterior, se arrastraba una timba de «bacarrat». Fui conducido a un lugar mal alumbrado en que docena y media de hombres y mujeres se sentaban alrededor de una mesa —gente que no se había acostado, vestidos los más de noche, un poco fantasmales todos, silenciosos, casi inmóviles, si no eran las manos, que arrojaban fichas o movían cartas, y las voces del crupier.

Me senté, trajeron fichas, jugué, gané. Volví a jugar y volví a ganar. Jugué por tercera vez, y gané de nuevo. No sabía bien lo que pasaba. Un hombre sacaba cartas de una cajita: yo pedía sin mirar lo que me daba, y las fichas de la ganancia se amontonaban ante mí. No era gran cosa, unos treinta mil francos, porque mi postura inicial había sido pequeña.

—Retírese, por favor —dijo a mi oído una voz de mujer—. Retírese ya.

Sin mirarla, le pregunté si era correcto.

—Naturalmente. Nadie le dirá nada.

Me levanté, y ella me cogió del brazo y me llevó al rincón del bar. Era una mujer como de treinta años, bonita, distinguida, bien vestida, un poco decadente, casi degenerada por la ansiedad o el vicio. Se sentó a mi lado, y empezó a hablarme con calor. Yo no entendía bien sus palabras —me hablaba en francés—, pero, por el tono, me pareció mujer que fingía un amor súbito. Pensé en mis treinta mil francos, mi suspicacia provinciana se despertó, y me puse en guardia. Pero ella no pedía nada: seguía hablando, y cuando yo intenté levantarme, no lo impidió, sino que se levantó también y reclamó su abrigo. Al abrir el bolso para entregar la ficha, vi que guardaba en él un buen fajo de billetes, y que no los escondía: el bolso, abierto, estuvo encima de la mesa unos minutos.

—¿También usted ha ganado? —le pregunté.

—No. Soy muy rica.

En la calle se le acercó un chófer de gran facha, gorra en mano.

—¿Quiere usted que le lleve a alguna parte?, me dijo ella. ¿O prefiere un paseo por el Bosque? En este caso, tendría usted que esperar a que me cambiase.

Me metió en un gran automóvil negro, siguió hablándome mientras corríamos por las calles de París, y, al detenernos frente a una casa de muy buen aspecto, me rogó que la esperase unos minutos. Volvió en seguida, con traje de mañana, y ordenó al chófer que nos llevara al Bosque. Pero ya no me habló. Empezó a mirarme, primero de soslayo; luego, de frente y con sorpresa. Por fin me dijo:

—¿Es usted el mismo hombre de hace media hora? ¿De verdad que es usted el mismo?

Le respondí que eso creía.

—No puede ser. Una persona no puede transformarse de esta manera, no puede... en tan poco tiempo...

—No la entiendo.

—¡Oh, eso no importa! Tampoco yo entiendo lo que pasa.

—Pero, ¿qué pasa?

—Hace hora y media, cuando se sentó usted a la mesa del bacarrá, yo me levantaba para marchar, después de una noche sin emociones. Tenía mucho sueño y asco. Le vi a usted y me sentí fascinada —esa es la palabra. Había en usted algo extraordinario que no podría definir, pero que obró sobre mí inmediatamente, que me clavó a su lado, que me hizo portarme de manera insensata. Fue como un encanto que duró hasta ahora mismo, hasta que volví al coche y le miré otra vez. Al momento, creí que era usted otro.

—¿Puede usted decirme en qué consiste la diferencia?

—¡Oh, sí! Usted es enormemente vulgar, y el otro era un ser extraordinario.

Me reí, y le rogué que mandase parar el coche.

—Ahora está usted en lo cierto. Sin embargo, le aseguro que no soy responsable en absoluto de lo sucedido.

—Supongo que habré sido víctima de cualquier alucinación. Quizá las drogas.

—Sí. Seguramente ha sido eso.

Parecía fastidiada. No me tendió la mano, me dejó abandonado en la acera de una calle desconocida, y se alejó velozmente. Yo no me sentía irritado, sino divertido. Por si acaso, comprobé que mis treinta mil francos continuaban en el bolsillo. Eché a andar sin rumbo, y a la vuelta de la primera esquina me encontré con el coche rojo de Leporello, como si me esperase.

—Suba, suba —me dijo Leporello, y, cuando estuve a su lado, extendió la mano.

—Quince mil francos.

Se los di, y los guardó.

—Le han dejado plantado, ¿eh?

—No a mí, en realidad, sino a...

—A usted, a usted. Ha sido a usted. El que ganó al bacarrá, el que prendó a esa dama fue mi amo.

—¿Su amo? —solté una gran carcajada.

—¡No se ría! El alma de mi amo, cuando emigra de su cuerpo, entra en el de usted. Por eso usted ha ganado, por eso ha fascinado a esa dama, y por eso, sin que nada lo explique, sin que nada cambiase en usted aparentemente, ella ha quedado chasqueada. Pero algo cambió, en efecto, desde hace unos minutos.

—¡Oh, claro! El alma de Don Juan ha regresado a su cuerpo.

—Exactamente. Y lo siento, créame que lo siento, porque, sin su ayuda, difícilmente conquistará usted a Sonja Nazaroff.

Volví a reirme. Sin acritud, sin resentimiento, porque la situación me divertía.

—¿De modo que, según usted, a Sonja Nazaroff sólo Don Juan puede conquistarla?

—Sólo con la ayuda de Don Juan podrá usted desalojar a Don Juan del recuerdo de Sonja.

—Para esa operación, entonces, no soy imprescindible. Cualquier pelanas de la calle podrá hacerlo, con tal de que reciba en su cuerpo esa alma emigrante.

—¿Y después?

—¿Después, qué?

—Eso. ¿Después, qué? ¿Piensa usted que podemos dejar a Sonja entregada a cualquier pelanas de la calle? ¿Qué clase de miramientos atribuye a mi amo?

Puso en marchar el motor, y, hasta que el coche anduvo, permaneció en silencio.

—Le dije el otro día que mi amo elije a sus sucesores con el mayor esmero. No siempre dignos de él, porque eso es imposible, pero, en todo caso, dignos de la mujer de que se trate.

Iba a darle las gracias por el honor que me hacía, pero otra cosa se me ocurrió.

—Hace muy poco tiempo que convinimos en que usted no es Leporello ni su amo Don Juan.

—Sin embargo, de algún modo tenemos que nombrarnos, y con esos nombres nos entendemos mejor. Salvo si a usted le molesta.

Me miró sin volver la cabeza, y tuve la impresión de que uno solo de sus ojos se torcía hacia mí, mientras el otro permanecía atento a la exigencia del tránsito. Fue una impresión molesta, la que se debe de sentir ante un hombre que haya logrado alterar el paralelismo de sus dos mitades, que las mueva según su voluntad cada una por su lado. Pero fue una impresión fugaz, porque el ojo estrábico recobró su armonía y algo que pasaba en la calle me distrajo, o algo que había en ella. Ya lo recuerdo: era el biplaza descapotable de Sonja.

Leporello detuvo el coche.

—Bien. Ya hemos llegado.

—¿Piensa usted seriamente que vaya a visitar a Sonja?

—Haga lo que quiera. Yo le dejo a usted, y probablemente no volveremos a vernos. Dispone del piso de mi amo todo el tiempo que lo desee, sin otra condición que el rescate de Sonja. Si usted renuncia, deje el piso y regrese a España. Pero, si se decide a continuar, yo me cuidaré de sus necesidades. Jugaré este dinero que ha ganado, y apartaré para usted la mitad de mis ganancias, ni un céntimo más: siempre será lo suficiente para que usted pueda vivir con holgura y convidar a Sonja. Y, por favor, no sienta escrúpulos de pequeño burgués por gastarse un dinero que no ha ganado: vivirá unos días como un hombre de lujo: pero, ¿no es esa la aspiración secreta de cada hijo de vecino?

De un empujón me depositó en la acera, y antes de darme tiempo a reaccionar, había desaparecido.

7. De sus últimas palabras, sólo retuve de momento aquellas en que decía que no volvería a verme; y, la verdad, me causaron sentimiento, me hicieron comprender que le había tomado afecto y se empujaron a correr detrás del coche y gritarle que no se fuera, que la cosa no era para tanto y que, aunque nos peleásemos, podríamos encontrarnos cualquier día y comer juntos un plato de *spaghetti*. Pero corrí en vano y en vano grité su nombre. O no llegué, quizás, a correr ni a gritar, porque mi decisión fue lo bastante tardía para resultar inútil.

Me hallé otra vez plantado ante el portal de Sonja, plantado e indeciso, con la ingrata sensación de haber perdido toda ayuda cuando más la necesitaba. De espaldas al portal, veía delante el biplaza descapotable, que, de momento, se me antojó todo un símbolo, el símbolo de aquello que jamás podría ofrecer a Sonja.

Porque todo lo sucedido era la obra de un hombre ocioso, probablemente de un hombre rico que, como los personajes de las novelas románticas, podía gastar todo su tiempo en aventuras sentimentales, fuesen éstas tan alambicadas y sotisficadas como la de Sonja; pero, al mismo tiempo, únicamente una mujer como ella, que en cierto sentido era también una mujer de lujo, podía vivir durante dos meses entregada a la seducción de un demenciado, gracias, quizás, a que los giros mensuales que un magnate del acero le hacía desde Suecia, le permitían vacar a las aventuras sublimes sin cuidarse de otra cosa. Sonja ocupaba un ático elegante en el distrito XVI, sostenía un coche caro, y nada de lo que conocía de su vida revelaba la menor preocupación económica. Y yo no era más que un modesto intelectual de un país donde los intelectuales ganan poco dinero, y pertenezco a una raza pobre y orgullosa cuya moral ha elegido como apoyos la independencia y la pobreza, y me ha hecho capaz de decir: «Ese coche que no he comprado yo, me ofende.»

Supongo que, desde que me vi envuelto en la aventura, fue aquella la primera vez que pensé con la cabeza, los pies bien asentados en la realidad de mi situación y con una perspectiva exacta de lo que podía suceder. Lógicamente tenía que haber marchado calle abajo, el pitillo encendido entre los labios, y entonando en mi alma la canción de despedida. Y, sin embargo, no lo hice. Y no porque la perspectiva complementaria, la perspectiva de la felicidad que podía hallar en compañía de Sonja, lo estorbase, sino porque, de pronto y sin causa visible, me sentí fuerte y seguro de mí mismo, me sentí capaz de resolver todas las dificultades, incluso de ganar el dinero suficiente para ofrecer a Sonja un automóvil modesto. Creo que en aquel instante mi busto se enderezó hasta la petulancia, y mi cabeza se levantó, impertinente y atrevida, con aire de matamoros en descanso forzoso. ¡Oh, como hubiera deseado que alguien me pisase un pie para romperle la crisma con la mayor sencillez, y seguir adelante, como si nada! Pero no había nadie que respondiera a mi saludo cuando entré en el portal de Sonja.

Ella me abrió. Vestía unos pantalones negros y una

camisa de seda verde; llevaba el cabello suelto sobre la espalda. Estaba muy bonita. Sonrió al verme; sonrió —acaso— por vez primera, no en mi presencia, sino por mí y para mí. Sonrió con franqueza encantadora, con entera espontaneidad.

—¿Usted?

Y se hizo a un lado para que yo pasase, sin dejar de sonreír, mientras me tendía la mano.

—¡Creí que se había marchado!

—¿Lo deseaba?

—¡Oh, no! Lo creí simplemente.

Le di el sombrero y el abrigo. Los dejó en el sofá del vestíbulo, y, como el día de mi primera visita, echó a andar por el pasillo, delante de mí. El salón de su estudio estaba arreglado, y había dos o tres ramos de flores recientes.

—¿Sabe que me alegro de verle? ¡Es raro! Casi no he vuelto a recordarle, y, sin embargo...

Me miraba. Por primera vez me miraba como se mira a una persona, como se mira al que existe para uno, o al que empieza a existir.

—...sin embargo, no es inexplicable. Usted es el único que sabe mi secreto. De algunas cosas importantes de mi vida sólo puedo hablarle a usted.

—¿Piensa que vengo a que lo haga?

—¿A qué viene, entonces?

Tardé en responderle. Me senté y encendí un pitillo, mientras los ojos de Sonja, sin enojo, curiosos, esperaban la respuesta.

—Vengo a salvarla de Don Juan.

—¡Oh, no deseo ser salvada! Me siento feliz así.

Señaló su cuarto con un gesto de la mano que acabó comprendiéndola a ella misma.

—Vea usted. Todo empieza a ordenarse y yo misma estoy ya en orden. Me será fácil continuar así. He comprendido que en mi vida faltaba algo, pero ya lo tengo.

Cruzó las manos sobre el pecho y bajó los ojos.

—Lo tengo aquí en mi corazón. Nadie podrá arrebatármelo.

—Yo vengo a hacerlo.

—¿Por qué?

—No sólo por librarla de un fantasma, sino ante todo

por librarla para mí. Esas cosas se hacen siempre por amor, o no se hacen.

Me miró con sorpresa.

—¿Es que... me ama usted?

—Sí.

—¡Oh, cuánto lo siento! Porque yo no puedo amarle, yo no puedo.

¡Con qué bondad lo decía, con qué deseo de no herirme! Se dejó caer sobre la alfombra, arrodillada —aunque no implorante, sino más bien como el que adopta una postura que le es habitual—, y tendió las manos con intención convincente.

—Tiene que comprenderlo. Yo estoy enamorada.

—¿De quién?

—De Don Juan.

—¿Piensa usted que volverá a verle alguna vez?

—¡Oh, no, ni me importa! Lo que me hace feliz es el amor que siento. ¿Cómo le explicaré? Es una cosa nueva; es descubrir que, viviendo para otro, es como se vive verdaderamente.

—Usted vive para un fantasma.

—Y, aunque así sea, si me hace feliz...

—Usted descubrirá una mañana de éstas que se ha engañado a sí misma, que se ha inventado un amor que no siente para que no le duela el orgullo lastimado.

Rio.

—¡No! No soy orgullosa. Ni soy tampoco tan complicada. Amo sencillamente, amo... como cualquiera.

—¿A quién?

—¡Ya se lo dije!

—¿Sabe usted que esta mañana Leporello me confesó que su amo y él son dos farsantes? Todo lo que han dicho, todo lo que han hecho es mentira.

—La realidad de lo que yo he vivido no puede discutirse.

—Cierto. La realidad de unos sentimientos admirables, porque usted es admirable; pero, en cambio, la causa que los ha provocado...

—¡La causa!

Saltó sobre sí misma con extraordinaria agilidad. Ya de pie, me miró con energía.

—¡Nadie mejor que yo conoce la causa, y nadie

puede discutirme su realidad! Que se llame de ésta o de la otra manera...

Se interrumpió, de pronto.

—Después de todo, fue usted quien le dio un nombre. Para mí, no habría sido necesario.

—El nombre es lo de menos. No es del nombre de quien quiero rescatarla, sino de lo que hay detrás.

—Un hombre fascinador. Un hombre a quien no veré jamás, y que, sin embargo, me ha dejado felicidad para toda la vida. ¿Es de eso, de la fecilidad, de lo que quiere rescatarme? ¿Por qué?

—Porque la quiero para mí.

¡Dios mío! Me escuchaba y me asombraba de mis palabras, de mi tranquilidad, de la seguridad con que soportaba las miradas de Sonja, de la audacia con que me atrevía a discutir sus razones indiscutibles. Tenía que sucederme algo extraño. Normalmente, yo me hubiese portado de otra manera. Soy bastante tímido, y, sobre todo, muy considerado con los demás. He respetado siempre la libertad de los otros, y jamás me he atrevido a pedir a una mujer que renunciase a su dicha por colaborar en la mía. Nada de lo que estaba haciendo me pertenecía verdaderamente, y, al comprenderlo, me avergoncé en mi interior porque la faz del rostro tampoco me pertenecía. Recordé la afirmación de Leporello. ¿Y si, efectivamente, el alma de Don Juan emigrase de su cuerpo al mío y obrase desde dentro de mí, me comunicase su audacia y su seguridad? Bueno. Ya se entiende que yo no lo creía posible literalmente, como tal emigración del alma, pero sí que, por cualquier suerte de sugestión, obrase en aquel momento por la cuenta de otro. Al crerlo, sentí con vehemencia el deseo de ser yo, de hablar con mis palabras torpes; lo sentí porque mi amor por Sonja era de veras, y me humillaba aquel cortejo con palabras prestadas. Sin embargo, no veía el modo de recobrarme. Por debajo de mi aparente superioridad empezaba a gemir mi desesperación, semejante a la de un encadenado que sacude las cadenas contra la piedra, que saca a la piedra y al hierro chispas inútiles. Hasta que en lo más oscuro de mí mismo, allá donde el alma emigrante no había probablemente llegado, surgió una ocurrencia.

—Escúcheme, señorita.

Debí decirlo de manera imperativa y brusca, de manera tan poco habitual, que Sonja se sorprendió y casi se asustó un poquito.

—¿Qué le sucede?

—Le ruego que me escuche. Hay algo que debo explicarle y que quizá exija alguna impertinencia. No lo tome en cuenta y respóndame con sinceridad. Las razones por las que lo hago las comprenderá en seguida.

—Pregunte lo que quiera.

—Hace dos días, ayer mismo, ¿me hubiera usted respondido con esa docilidad?

—No lo sé.

—Recuérdelo, por favor. Recuerde la impresión que le he causado, la idea que tenía de mí hasta hace unos minutos. ¿No me tenía usted por un pobre diablo al que la casualidad, o el destino, como usted prefiera, había metido en su vida?

—Ciertamente.

—¿Contó usted conmigo, ayer y anteayer, en el tiempo en que estuvimos juntos, en lo que hablamos y en lo que hicimos, como algo más que un mero comparsa?

—No.

—Y, hace un momento, cuando me abrió la puerta y me sonrió de esa manera encantadora, de esa manera humana como usted sonreía a Don Juan, ¿por qué lo hizo?

—No lo sé.

—¿Advierte alguna diferencia entre el hombre que ayer la acompañaba en la busca de Don Juan y éste de ahora?

Sonja se echó atrás; caminó unos pasas atrás, me miró con sorpresa creciente, dio un grito leve y en seguida reprimido.

—No es usted el mismo, ¿verdad?

—Sí. Soy el mismo en cierto modo.

Me levanté y fue hacia ella, casi la acorralé en la ventana. Me miraba con sorpresa, quizá con miedo. Se le advertía un principio de incomodidad, de desasosiego, quizá inconsciente todavía.

—No tema. Mis movimientos y su talante, el tono

de mis palabras, seguramente que no me pertenecen, pero las palabras son mías, y es mía la intención.

—¿Qué pretende?

—Ante todo, que no se deje engañar por mí.

Era tan chocante la respuesta, que Sonja se rio.

—Si es así, ¿por qué quiere engañarme?

—No lo pretendo. Todo lo que hasta ahora he dicho es la pura verdad: que la amo y que aspira a rescatarla de Don Juan. Pero el modo cómo ha sido dicho es... como si lo dijese otra persona. Escúcheme, déjeme hablar hasta el final. No hace media hora, me han asegurado que el alma de Don Juan emigra a mi cuerpo y le presta sus virtudes. Ya sé que esto es un disparate, pero es indudable que por alguna suerte de sugestión desconocida dispongo en estos momentos de una audacia y hasta de un encanto que no me pertenecen: el encanto que le hizo a usted sonreirme y la audacia que me permite hablarle de esta manera y descubrirle la verdad sin el menor titubeo. No puedo librarme, aunque lo desee, del sortilegio, pero sí descubrirle que existe y decirle que yo no soy así, ni audaz ni encantador, sino lo menos donjuán posible, bastante tímido y sólo regularmente seguro de mí mismo. En circunstancias normales, no me hubiera atrevido a confesarle que la quiero. Estoy seguro de que acabaría por convencerla, acabaría por conquistarla verdaderamente para mí; pero, ¿qué sucedería cuando me abandonasen esas virtudes que no me pertenecen, cuando volviese a ser yo mismo? Soy incapaz de engañar a una mujer, y a usted la habría engañado.

La virtud de mis palabras tenía mayor alcance de lo que yo mismo hubiera sospechado, porque, conforme hablaba, Sonja se prendía en ellas, se dejaba envolver por algo que las acompañaba y escondía su vulgaridad y la acercaba a mí, la atraía. Cuando dejé de hablar, había puesto sus manos sobre mis brazos. Me agarraba con fuerza creciente, mientras parecía encenderse en sus ojos una luz, en su rostro un resplandor que hasta entonces jamás había advertido en ella. Como si ya me amase. Y fue tan súbito e inesperado, que me sorprendió. Sin embargo, la aparición de este amor espontáneo e imprevisto coincidía con perfección sincrónica con el momento de mi mayor entusiasmo, con el instante en que yo debía parecer más atractivo. Fue precisamente esta anormalidad lo que me hizo desconfiar, lo que me hizo temer que todo estaba previsto y calculado. Se me ocurrió, de repente, que Sonja estaba metida en la farsa como una farsante más, que obraba de acuerdo con Don Juan, o, al menos, con Leporello. Todo se explicaba entonces: no sólo aquel repentino, inverosímil amor con que me estaba mirando, sino los episodios anteriores, las más artificiosas de sus palabras, los hechos más literarios. Sonja era actriz de una comedia de la que yo era el personaje sincero y ridículo. Lo había sido también, evidentemente, la mujer del garito.

Me puse en guardia. Decidí seguir adelante, representar mi papel, pero consciente ya de que lo era; y darle un giro inesperado, un distinto final del que ellos hubieran previsto.

—Extraordinario, dijo Sonja.

—Por favor, apártase. No es a mí a quien toca.

Se apartó. Parecía perpleja.

—No le entiendo.

—Está claro.

—¿No son éstas mis manos? ¿No son éstos sus brazos? ¿No estaban mis manos sobre sus brazos, y yo cerca de usted? ¿No dice usted que me ama?

—Sí.

—Si hubiera continuado esa confesión increíble, ¿no me habría dejado fascinar como lo estuve un instante, hasta caer acaso en sus brazos?

—Sí. ¿Y qué?

—¿No es a eso a lo que aspira su amor?

—No así.

—¿Cómo entonces?

—De tal manera que jamás pueda preguntarse si el que despierta a su lado es el mismo que se durmió sobre su hombro.

—Siempre sería yo la decepcionada, y no usted.

—Es que no quiero decepcionarla.

—¿Qué es lo que quiere, entonces?

—Que esa mañana del primer despertar, y las mañanas sucesivas, una a una y cada día un poco, descubra que soy mejor que Don Juan, pero, sobre todo, que soy distinto.

—¿Debo entender que me habla de un amor continuado, de una compañía prolongada?

—Exactamente: de un matrimonio.

—Entonces, no me habla usted de amor.

—¡Qué sabrá usted!

Me aparté de ella. Intentó seguirme, pero la detuve con un gesto.

—Quédese, por favor. No venga conmigo. Voy a marcharme, y no volveré a su casa. No volveré, al menos, hasta que pueda conquistarla con mis propias armas.

—Pero, ¿no comprende que quizá entonces no me gane? Empiezo a sospechar que, tal como es ahora, podría usted ofrecerme lo mismo que Don Juan me ha ofrecido; pero, el otro...

—Es que yo, señorita, jamás pensé en ofrecerle lo que Don Juan le ha ofrecido.

La dejé con la mano alzada, interrogante, con una nueva pregunta en los labios. Salí corriendo. Al bajar las escaleras, me sentí desfallecer, me sentí cobarde y débil, vacilante y perplejo, como había sido siempre. Temía haberme equivocado. Caminé mucho tiempo por las calles de París, sin saber dónde estaba ni a donde iba. Era muy tarde ya cuando me hallé cansado, hambriento, y dueño de mí mismo. Durante aquellas horas había repasado mi vida, la había recordado y juzgado, y me parecía no ser tan poca cosa como había pensado; me parecía que mis escasas virtudes reales podían atreverse a competir con las fantásticas virtudes de Don Juan.

Cené en un restaurante cualquiera una cena barata, y un taxi me llevó al que era, entonces, mi domicilio. Subía tranquilamente, cuando sentí que de nuevo se transformaba mi ser, pero no en el gallo atrevido de unas horas atrás, sino que me inundaban otra vez los recuerdos ajenos, se apretaban en mi memoria al modo cómo deben apretarse en la del moribundo. Me inundaban y me urgían, me empujaban a describirlos. Jamás se me hubiera ocurrido que pudiera hacerlo, y, sin embargo, lo hice: en el silencio de aquel salón romántico que olía a perfumes en desuso, sentado a la mesa en que quizás un gran poeta, por el que siempre tuve amor y que también andaba por los recuerdos, había escrito. No sé el tiempo que pasé de aquella manera, como *medium* cuya mano conducen desde el ultramundo, ni sé tampoco cuando dejé de escribir y me acosté. Una mañana, al despertarme Lissette, corrí al escritorio y hallé sobre él, ordenadas, unas docenas de cuartillas de mi mano. Decían sus primeras líneas: «*J'ai plus de souvenirs que si j'avais mille ans.*» *Pido el verso prestado a mi amigo Baudelaire, a quien conocí algo tarde: había escrito ya un bello poema sobre mi entrada en el infierno y proyectaba un drama, que no llegó a escribir, sobre mi muerte. Para mi amigo Baudelaire, yo era un personaje aburrido y melancólico, aunque simpático...*» Y, después de este preámbulo y de unas líneas más, hablaba de los Tenorios de Sevilla.

CAPITULO IV

Don Gonzalo.

...y cúmpleme la palabra
como la he cumplido yo.

Don Juan.

Digo que la cumpliré;
que soy Tenorio.

Don Gonzalo.

Yo soy.
Ulloa.

Tirso de Molina — *EL CONVIDADO DE PIEDRA.*

1. «*Ja'i plus de souvenirs que si j'avais mille ans*». Pido el verso prestado a mi amigo Baudelaire, a quien conocí algo tarde: había escrito ya un bello poema sobre mi entrada en el infierno y proyectaba un drama, que no llegó a escribir, sobre mi muerte. Para mi amigo Baudelaire, yo era un personaje aburrido y melancólico, aunque simpático. Mas lo era tanto Charles, y tan clarividente su espíritu, que jamás me atreví a revelarle mi identidad, pese a ser de los pocos que la hubieran entendido: lo hice sólo por que siguiera creyendo que yo había muerto como él imaginaba, y que mi entrada en el infierno había sido según dicen sus versos:

Mais le calme héros, courbé sur sa rapière,
regardait le sillage et ne daignait rien voir.

Hubiera entrado así, de serme dado. Pero la entrada en el infierno la tengo prohibida con la misma energía inexorable que la entrada en el cielo. Una vez le insinué a Charles la posibilidad de que Don Juan no hubiese muerto, y él me respondió que Don Juan llevaba en el alma la muerte, que no era un Judío errante, y que, de haber existido, estaba seguramente en el infierno. La verdad es que el Don Juan imaginado de Baudelaire era el propio Baudelaire; que la muerte que me atribuia era la suya propia, y que la seguridad —o al menos el temor— de su condenación le inclinaban a suponerme condenado. Sin embargo, nada más distinto que Baudelaire y yo. Las diferencias empiezan en el origen. Yo vengo de la familia más noble de Sevilla, a cuya conquista asistimos los Tenorios, y en la que rey nos dio solar distinguido como cuadraba a nuestra estirpe, que ya era de caballeros y tenía casa en Galicia desde tiempo inmemorial. En cambio, Baudelaire era un burgués al que la aristocracia le tiraba; que, ya que no su sangre, había ennoblecido su espíritu en el ejercicio continuado de la elegancia, la sabiduría y el desdén. El era, a su modo, un conquistador; yo soy un heredero.

Hay otra diferencia: Charles perdió a su padre de niño, y vivió enmadrado y celoso. Mi madre, doña Mencía Ossorio, murió al parirme, y viví durante los años de mi infancia bajo la autoridad de mi padre, que me amaba a su modo, pero que jamás me perdonó la muerte de mi madre. Quizá sea por esto por lo que Charles pasó toda su vida enredado en faldas y sumiso a cuerpos de mujer, y por lo que a mí jamás mujer alguna me ha retenido. Su experiencia del amor fue tan dispar de la mía, que cuando hablábamos de mujeres no podíamos entendernos, como si cada cual hablase de materias distintas. Y, sin embargo, a su modo, Charles había alcanzado una experiencia honda y dolorosa del cuerpo humano.

Un día le pregunté cómo se imaginaba el comienzo de la carrera de Don Juan, y me contestó que jamás lo había pensado, y que probablemente no tenía importancia. Le rogué que lo pensase bien, y algunos días después me respondió: «Es que Don Juan estaba enamorado de su madre», con lo cual respondió por sí mismo y dio la explicación de su Don Juan personal. Le dije: «Quizá haya sido eso», y le dejé imaginar una infancia torturada y celosa, que, más que imaginada, era recuerdo de la suya.

Sentí de veras la imbecilidad de aquella mente clara, sentí la muerte de aquel hombre excepcional, y la envidié. El día que lo enterraron, alguien decía a mi lado que la imbecilidad y la muerte eran castigo de Dios por su soberbia. Sé que no fue castigo, sino piedad divina: a los hombres como Charles, Dios les obnubila la inteligencia cuando están a punto de comprender la vida en su esencia más secreta, y no como castigo de la osadía, sino para evitar el espanto de dar la cara a la Verdad. A Federico Nietzsche, pocos años más tarde, le sucedió otro tanto.

Me extrañó siempre, sin embargo, que Charles no haya concedido a mi origen la debida importancia. El drama que pensaba escribir era sólo el de mi muerte. En general, los poetas se han sentido siempre atraídos por aquel episodio, sólo por mi fanfarronada de invitar a una cena al Comendador: fanfarronada para quien me inventó, y para los que le siguieron, porque en la realidad no lo fue, aunque haya sido audacia. Lo principal del hecho no fue una invitación, sino una pregunta. La invitación vino rodada: tenía amigos convidados, y no me parecía correcto excluir a don Gonzalo sólo porque estuviese muerto. Llevo la cortesía metida dentro del alma como segunda naturaleza, y podré ser, a veces, malo, pero jamás mal educado: y que no se interprete como estetizante esta sobrevivencia de la buena educación, menos aún como resto de una deficiencia formativa: como luego se verá, algo que atañe a la moral fue puesto, un día, a prueba, pero en la catástrofe susiguiente la cortesía no tenía por qué hundirse.

Mi padre —ya lo dije— no pudo perdonarme la muerte que di a mi madre al venir a este mundo: la amaba con ese amor sosegado y profundo de los hombres honrados, había hallado en ella la secreta felicidad vedada, el único gusto de su vida, y yo se la había arrebatado. No le complacía el verme, y muchas veces, al tropezarse conmigo en los pasillos y galerías de nuestra casa sevillana, se hacía el desentendido y pasaba de largo. Parece lógico que, conmigo, hubiera crecido en mi alma un sentimiento de culpa, pero no creció porque nadie lo había sembrado. Yo admiraba a mi padre. No sé si le amaba, pero le respetaba profundamente, quizá no como tal Don Pedro, sino como Tenorio, representante de una estirpe admirable a la que yo también pertenecía: de modo que de aquel respeto y de aquella admiración algo me tocaba también a mí, que como él, era un Tenorio, y que había de sustituirle.

Esto sólo cuidó mi padre directamente: hacer de mí su heredero. Me hablaba de su sangre y de su casta como de un cuerpo grande contra el que la muerte no había podido, como de un ser plural, eminente y distinguido, al que él y yo pertenecíamos y en cuya participación hallábamos lo mejor de nosotros mismos; un ser exigente, representado por el nombre y que con él daba una ley hecha de vetos. «Por ser quien eres, sólo por ser quien eres, no puedes hacer esto, ni esto, ni esto otro.» Por ser quien eres, por ser Tenorio. Y en eso, en acatar los límites estrechos que por el nombre me cercaban, consistía la virtud, y sólo dentro de ellos podía construir mi felicidad si me importaba. Aunque esto último no me lo haya dicho jamás mi padre, porque, muerta mi madre, nunca se había propuesto ser feliz, y acaso también porque, en el fondo de su alma, considerase que mi madre había muerto por el pecado de haber sido feliz con él. Los hombres del temple de mi padre pueden aspirar a ser buenos, jamás a ser dichosos. La felicidad es para ellos una falta de distinción, algo a lo que sólo pueden aspirar legítimamente las almas ordinarias, y que si alguna vez se alcanza, hay que ocultar como la lepra o el pecado.

Me decía, por ejemplo, mi padre, si caminábamos por la calle: «Fíjate en esa gente de ojos oscuros y tez verdosa, agitados, parlanchines, apasionados. Fíjate ahora en ti: tienes clara la tez y los ojos azules. Ellos son moros y gitanos, tú eres un godo. Vienes del Norte, eres un conquistador. Ellos pueden vivir a la buena de Dios; pero tu vida, en cambio, tiene una ley, no la que dan los reyes, que son iguales a nosotros y su voluntad no nos alcanza en el corazón, sino la que nos imponen los hechos de nuestros muertos, la ley que nuestros muertos gritan desde la muerte, que tú no puedes oir todavía, pero que yo estoy aquí para comunicarte.» Era una ley de orgullo. Y yo crecía sabiéndome distinto de los gitanos y de los moros, igual a algunos hombres que, a veces, venían a nuestra casa: de tez blanca y ojos azules también. Acariciaban mi cabeza, me llamaban don Juan, aunque era niño, y me tenían por uno de ellos.

Como las guerras del rey no nos eran simpáticas, al cumplir los diez años fui enviado a Salamanca. Sospecho que mi padre, comido desde dentro por la nostalgia y la soledad, no podía tolerar mi presencia; pero aquellos sentimientos no torcieron su voluntad, y de haberlo creído conveniente, me habría aguantado a su lado hasta la muerte. Pensó, sin embargo, que en Salamanca, con la sabiduría como regalo complementario, el último Tenorio se haría un hombrecito; y allá me fui, de estudiante rico, al Colegio más noble y más privilegiado, que sólo el pertenecer a él daba derecho a que las gentes se apartasen en la calle y me cedieran el paso. Vino conmigo un pedagogo privado, medio clérigo sin órdenes al que mi padre había aleccionado. Se llamaba don Jorge, hablaba el griego mejor que el español, y estaba al tanto de la literatura de vanguardia. Cuando murió, años después, y pude leer los papeles secretos que dejó en un cajón de su mesa, me enteré de que era un sinvergüenza, de que llevaba doble vida y de que no creía en Dios. Don Jorge, no sólo me enseñó las lenguas muertas, no sólo me inició en los misterios de la poesía gongorina, que empezaba a conocerse en Salamanca, sino que fue también mi maestro de religión.

Don Jorge era, en el fondo, un hombre honrado, aunque a su modo. Le pagaban por enseñar y enseñaba lo que creía y lo que no creía. Creía en la realidad de los aoristos, y me la comunicaba. No creía en la realidad del Credo, y me lo enseñaba también. Por don Jorge supe de Dios, de Cristo y de la Iglesia. Supe de Ellos como de Realidades invisibles a las que estada unido de modo tan misterioso como a los muertos de mi sangre, aunque el modo de esta unión fuese distinto. Pero, lo mismo que mi padre me reveló que pertenecía al cuerpo de mis muertos, don Jorge me reveló que pertenecía a los hombres en Cristo. Mas como las enseñanzas de mi padre y las de don Jorge viniesen de distinta fuente, nadie se cuidó de juntarlas, ni yo mismo. Coexistían dentro de mí sin contradicción ni pelea, pero no fundidas, sino superpuestas. Mi padre me había enseñado la obligación señorial de la caridad, y don Jorge la obligación cristiana de la honradez. Nunca sospeché que un día entrasen en colisión esos dos cuerpos, y que me viese precisado a elegir entre el que hacía suyo por el honor, y el que me sujetaba por el amor.

Después que murió don Jorge, contraté los servicios de Leporello, que era también un sinvergüenza, aunque declarado. Leporello estudiaba conmigo, comía de lo mío y me acompañaba; pero, de noche, en vez de engañarme, me decía francamente que se largaba de bureo, y a mí me divertía, aunque sin tentarme. No puedo precisar si fue mi cristianismo lo que me apartó del pecado nocturno y tumultuoso, o si fue la idea que tenía de mí mismo y de que un hombre como yo no podía meterse en juergas como un pelanas. Jamás pisé una tasca salmantina, ni recibí de tapadillo a una prostituta, ni rondé rejas, ni anduve a cencerros tapados. Llegué a los veintitrés años virgen, y, lo que es más raro, sin que la presencia o la imagen de una mujer turbase mis entrañas y me hiciese apetecer la carne. A veces me decía Leporello que tal señora me había mirado, o que alguna muchacha decente se había interesado por mí; pero yo me reía de sus noticias. Era un chico estudioso, y en el estudio, y en algunos deportes, consumía tranquilante la fuerza de mi juventud. Lo que más me atraía, fuera de la Teología y de algunos poetas, era la esgrima: no había en toda Salamanca quien jugase la espada como yo. Pero a Sevilla sólo había llegado mi reputación de teólogo, no la de espadachín. De saberlo a tiempo el Conmendador, quizá se hubiera portado con más comedimiento, o quizá hubiera mandado asesinarme.

2. Mis relaciones con don Gonzalo de Ulloa comenzaron poco después de la muerte de mi padre. Jamás se ha dado a don Gonzalo la importancia instrumental que en realidad tuvo, y jamás la muerte que le di fue referida puntualmente. ¡Hasta llegó a interpretarse como expresión

disfrazada de un complejo de Edipo! No puedo quejarme de mi fortuna con los poetas, pero a los sabios poco debo agradecerles. Los que interpretan como simbólica muerte de mi padre —que ya estaba sepulto—, la que di a don Gonzalo, rizan el rizo de las hipótesis gratuitas. Por mucho que investigo en mis recuerdos, no hallo vestigios de complejo sexual, y tampoco los halló el psicoanalista que exploró mi pasado sin conocer mi nombre. Maté al Comendador porque me daba asco. Hoy no lo hubiera matado, pero mi conocimiento de los hombres, así como mi tolerancia, exceden al que tenía a los veintitrés años, y las ilusiones que entonces me hacía sobre la dignidad de los otros hace tiempo que he dejado de hacérmelas.

La intervención del viejo Ulloa fue, como dije, meramente instrumental, y no a la hora de mi supuesta muerte —«colosse fantastique, grotesque et violent»—, sino al principio de mi carrera, durante aquellos días que siguieron al funeral de mi padre. Habían retrasado sus exequias hasta que yo pudiera presidirlas: fue una mañana de marzo, en medio de la Cuaresma, una mañana especialmente cálida. Se había levantado un tremendo catafalco, cuya severidad, cuyo tamaño, no cuadraban del todo a la blancura y a las dimensiones de aquella iglesia, femenina de puro graciosa, favorecida por mi padre con sus limosnas. Estaba allí toda la gente de postín, y muchos pícaros y hampones que mi padre socorría habitualmente. El funeral duró dos horas: no hubo jamás difunto cuya alma se encomendase a Dios con música más complicada. Al terminar, los pobres de solemnidad, los vergonzantes, las asociaciones caritativas, y las piadosas, por este orden, recibieron limosnas en oro; y cada vez que mi mano sacaba de mi bolsa las monedas, los amigos del difunto, que me rodeaban, se estremecían al escuchar el tintineo, y se les iban la vista y el deseo tras los puñados de doblones: yo los regalaba por obediencia, no por esperanza de que sirviesen al difunto de sufragio: había sido tan bueno, que se le suponía gozando de Dios en su gloria. «No he visto en toda mi vida limosna más inútil», dijo a mi lado, por lo bajo, un sujeto de gran facha. Le envié mi conformidad en una sonrisa, y él me dijo que ya pasaría a verme, y que era el Comendador.

Tres de nombre campanudo se disputaron, a la salida,

mi compañía. Querían consolarme, y la operación había de verificarse, no sé por qué, en los domicilios respectivos, de cuyos patios ponderaban la frescura. Cada uno de ellos, además, se las compuso para nombrar, en el curso de la disputa, a aquella de sus hijas que por su edad y belleza se suponía más apta para el consuelo. El Comendador merodeaba, con su risita ambigua, sin meter baza. Creí que me libraría del acoso. Le miré para que se acercase y lo hiciera, pero él sólo merodeaba y sonreía. Hasta que los esfuerzos de los disputantes se anularon, y cada uno se marchó por su lado. Entonces, don Gonzalo hizo un saludo y se marchó también. Pude regresar a casa, con Leporello y en silencio. Me encerré en mi habitación. No estaba triste, pero debía recogerme por respeto a la memoria del difunto. Dije a los criados que no recibiría a nadie. Como no tenía nada que hacer, empecé a imaginar el recibimiento que los Tenorios habían hecho en su cielo particular al alma de mi padre: un cielo especialmente creado para ellos, donde la gloria consistiese en una plenitud de honor, y en el que tenían cabida los condenados por la Justicia Divina, cuya ley tampoco era la nuestra. Ascendía mi padre, tan severa su alma como el hombre lo había sido en vida, y todos los Tenorios lo recibían de pie, silenciosos y solemnes. El más anciano de ellos le tomaba de la mano y lo llevaba hasta un sillón incomodísimo, donde mi padre debía permanecer sentado eternamente —aunque al lado de mi madre— sin más descanso que levantarse y recibir de cuando en cuando a los Tenorios que se fuesen muriendo y que mereciesen de sus muertos el honor de sentarse junto a ellos.

Después del mediodía, el calor se hizo insoportable. Mandé abrir las ventanas de un salón que daba a una calleja ensombrecida, y me senté tras una celosía, con un libro en la mano, cuya lectura no llegaba a apetecerme. Entonces, Leporello vino a decirme que el Comendador de Ulloa quería visitarme, y que insistía, y que invocaba su amistad con el difunto y los derechos casi paternales que le daba la amistad. No tuve más remedio que recibirle.

Don Gonzalo de Ulloa, visto de cerca y escuchado con sosiego, parecía un actor, acaso un gran actor, pero de los que creen que vivir consiste en eso, en pasar de la persona a la personalidad, instalarse en ella y expresarla. Vestía de negro, unas ropas primaverales, en la que destacaba, como lo más importante del conjunto, la gran cruz de Calatrava, que se veía desde casi todas partes, que era casi ella sola el Comendador, al menos para la voluntad de don Gonzalo. Desde mi punto de vista, sin embargo, y como complemento de la cruz, tenía tanta importancia el rostro, grandote, colorado, de labios gruesos, de nariz enorme, de ojos terribles. Era, también, un rostro de Comendador, el que pacientemente don Gonzalo se había labrado para tener el rostro adecuado a la encomienda, pienso yo. Rostro de gran fantoche, de fantoche solemne y representativo, para llevar varas de palio, presidir procesiones y tribunales de pureza de sangre. Era muy grande de cuerpo, y más grande la cabeza: todo era grande. Los brazos que me tendía para abrazarme me dieron miedo, y el abrazo me dejó desalentado.

—¡Hijo mío, mi querido Don Juan!

Se le quebró la voz en un sollozo, y empezó a lamentarse de la muerte de don Pedro, y no porque le cupiese alguna duda acerca de su salvación, sino por la orfandad en que lo había dejado, etcétera.

—Porque, hijo mío, amigo, lo que se dice amigo, sólo lo fue tu padre. ¡Y hasta qué extremos! Hubo tiempos difíciles en que mi casa se pudo mantener con el brillo de mi alcurnia gracias a su generosidad discreta.

Patatín, patatán. Hablaba paseando, recorriendo el salón, y de pronto cambió. Quedó como sobrecogido ante un cuadro.

—¿Es un Tiziano?

—No lo sé.

—Es un Tiziano, no hay más que verlo. Como quien dice, una fortuna. Y aquél de allá es un Greco. Y éste es un bodegón de ese chico de talento que se llama Velázquez y que se ha ido a la Corte. Tu padre sabía cómo gastar los cuartos.

Empezó a hurgarlo todo, y todo le parecía excelente, y valía un dineral: los muebles, los tapices, las alfombras y hasta las losas de mármol del pavimento.

—Tu patrimonio vale como doscientos mil ducados,

y tendrás tantos maravedises de renta. De modo que, ¡a casarse en seguida!

—Yo, prefería, de momento, refrescarme un poquito. Me estoy asando de calor.

—Y, ¿cómo te has quedado aquí, con este día que hace? En tu finca del Guadalquivir correrá brisa. Y a la caída de la tarde se estará allí deliciosamente.

Sabía de mis fincas más que yo: dónde estaban los naranjales, y dónde los olivares y las viñas, cuánto daban al año y quién compraba la cosecha.

—Esta de junto al Guadalquivir es una finca de recreo a la que tu padre solía retirarse las tardes de verano. Es un lugar delicioso. ¿Por qué no vamos allá?

No me fue dado evitarlo. En un periquete había ordenado a los cocheros y dispuesto el viaje. Leporello, zumbón, le miraba, me miraba, sin saber qué decir. Yo me limitaba a sonreír. ¿Qué más me daba?

—Vamos, vámonos en seguida. Antes de que la tarde caiga, porque lo bueno es estarse allí, bajo aquellos limoneros, cuando el sol pega fuerte. No es más que media hora de camino.

Media hora, sí, pasado el puente de Triana. Íbamos metidos en el coche, el Comendador y yo, con las cortinas bajas. Él se abanicaba con el sombrero. Yo me había despechugado, pero sentía el sudor correrme por el cogote. Oíamos a los cocheros, y a Leporello, que les acompañaba en el pescante, maldecir del calor, del sol y del viaje.

Cuando llegamos a la quinta, todavía quedaba una hora de sol. Habían edificado la casa en la cima de un cerrillo cuya falda bajaba suavemente hasta la orilla: una casa más bien pequeña, de dos plantas, toda encalada, con ventanas y hierros verdes. Su interior estaba oscuro y fresco. Yo me dejé caer en un sillón arrinconado del zaguán. Me puse en mangas de camisa, y pedí al Comendador que hiciera lo mismo.

—¿Tienes sueño, muchacho? —me dijo—. Pues duérmete si quieres. Yo hurgaré por ahí a ver lo que descubro.

Me dormí, efectivamente. Cuando me desperté, el sol había caído, y apenas se veía. El comendador, encendido un candelabro, estaba ante mí, con el rostro arrebatado.

—¡Qué riquezas, muchacho! ¡No sabes lo que tienes! Sólo lo que se guarda en esta casa debe valer los treinta mil ducados. ¡Todo de plata, todo de la mejor calidad! Eres el mayorazgo más rico de Sevilla.

Yo tenía los ojos entreabiertos y le escuchaba sonriendo. Para el Comendador, las cosas de este mundo, y, ante todo, las de mi casa, valían por su precio. Calculaba el de muebles, tapices, y vajillas, y hasta el de los peroles de la cocina, que también debían de ser excepcionales. Empecé a cansarme de la verborrea de aquel caballero, que había equivocado el oficio, porque debiera ser tasador. Cuando ya no podía aguantar más, le supliqué que siguiese inspeccionando, y que si tenía papel a mano, me hiciese un inventario, y con esto le dejé y salí al jardín.

Oscurecía ya, y el viejo Guadalquivir, allá abajo, en el fondo, me atraía. Corría el agua, y me quedé mirándola. Estaba clara, formaba pequeños remolinos. Se veían las guijas del fondo, las briznas menudas arrastradas por la corriente. Se me ocurrió desnudar el brazo y meterlo en el cauce. ¡Qué delicia, el golpe contra mi piel y el ruidito en medio del rumor de las aguas anchas! Me pregunté qué significaba todo aquello y por qué me hacía feliz, y no pude responderme. Según la Teología, la felicidad es el estado del hombre en presencia de Dios; pero allí no había más que mi brazo, y el agua, y el golpe continuado, y el ruidito. Bueno, estaba también la luna, que asomaba ya, y estaban el aire y las flores, pero en segundo término. No encontré respuesta, y no me desazoné, porque la sensación de mi brazo continuaba y se extendía a todo mi cuerpo, quizás a toda mi persona. Llegó un momento en que me sentí como continuación del río, como parte del aire, como metido en el aroma de las flores... Como si de mi ser saliesen raíces que buscaban fundirse a lo que estaba a mi alrededor y hacerme con todo una sola cosa inmensa. Entonces, mi felicidad llegó a su colmo, y me recorrió el cuerpo una extraña sacudida.

Cuando, de regreso a mi casa, se lo contaba al Comendador y a Leporello, el Comendador me preguntó:

—¿Cómo era?

—Algo así como un rápido hormiguillo.

—Y ¿duró mucho?

—Hasta que me di cuenta de que yo no era el agua.

ni el aire, ni el aroma. De que yo era solamente yo, Don Juan Tenorio. Entonces me sentí profundamente desdichado.

Relampagueó en los ojos del viejales una ráfaga de inteligencia concreta, y estremeció su rostro, reprimida en su nacimiento, la alegría del triunfo. Seguramente miraba así cuando calculaba el valor de una bandeja de plata.

—¡Mi querido Juanito! ¿Permites que te abrace?

Me sentí otra vez oprimido por sus brazos enormes.

—¿A qué viene ahora este entusiasmo?

—Lo que acabas de contarme me convence de que eres todavía un verdadero adolescente, y de que tengo muchas cosas que enseñarte para que seas un hombre hecho y derecho.

Me arrastró hacia un banco y me sentó a su lado.

—Lo que te ha sucedido junto al río me sucedió a mí hace bastante tiempo y le sucede a todo el mundo. Por lo que a ti respecta, demos gracias a Dios de que te haya sucedido a tiempo. Después de recibir las órdenes sagradas, hubiera sido un desastre.

La verdad es que yo estaba confuso, y es probable que en mi rostro se reflejase la confusión, o acaso cualquier forma involuntaria de estupidez.

—Mira. Para que estés al cabo de la calle, voy a describir lo que te pasa. Quiero decir, lo que te pasa por primera vez y te mantiene suspenso y sin saber cómo explicártelo. ¿No sientes deseos de montar a caballo y galopar, galopar la noche entera, sin dirección, para dejarte caer, cuando llegue la mañana, en un prado florido, y dormir luego largamente?

—Sí. Eso es.

—¿Y no te sientes también enormemente generoso, capaz de dar tu fortuna al que te la pida, y aún tu vida, si alguno la necesitase?

—Pues, sí. ¡También siento eso!

—¿Y no te acontece que por primera vez te sientes solo, o, más bien, incompleto, como si te hubieran arrancado una mitad, o como si hubieras descubierto que te faltaba?

Le respondí que sí apasionadamente; porque, en efecto, el Comendador, había hecho diana con todos sus disparos.

—¡Todo eso es lo que siento! ¿Por qué?

—Porque la naturaleza reclama sus derechos, hijo mío. Es una vieja tirana, bajo cuyo poder caemos tarde o temprano.

Recordé mi sabiduría teológica, y eché mano de ella para responderle, para apabullarle a ser posible.

—La Gracia del Señor nos ha rescatado de la naturaleza y nos ayuda a vivir sobrenaturalmente.

Le dio la risa, una risa estridente, retumbante, gigantesca; y, al reir, se le abría la boca de oreja a oreja, todo su rostro parecía no ser sino una máscara riente.

—¡Sí, sí, la Gracia! ¿Puedes pasar, acaso, sin comer? ¡Gana indulgencias, a ver si sustituyes con ellas a los huevos con patatas!

Se puso repentinamente serio, y me tomó de los hombros.

—La naturaleza aguarda agazapada y tranquila, porque sabe que nadie puede burlarla. Tiene en sus manos nuestra vida y nuestra muerte, y, cuando quiere, nos gasta una de sus bromas, como ésa que acabo de gastarte. No niego que puedas intentar librarte de ella, y hasta que te vayas al desierto como los viejos eremitas. Pero no sirve de nada. También en el desierto ha gastado bromas pesadas a los santos.

—Sigo sin entender.

—Yo podría explicártelo, o, mejor, ponerte en camino de que lo entiendas.

—Hágalo.

—Quizá no sea conveniente.

—¿Por qué, entonces, me lo ofrece?

—Me dio pena tu ignorancia, y pensé que una explicación somera sería suficiente. Pero la verdad es que de ciertas cosas no se puede hablar a derechas cuando una de las partes las ignora.

Hizo un silencio estratégico y me miro por el rabillo del ojo.

—Quizá, pasado algún tiempo...

—¿Por qué no ahora?

—La muerte de tu padre está reciente.

—¿Qué tendrá que ver mi padre con este asunto? Está en el cielo, y yo, por ahora, estoy aquí.

Se volvió hacia mí.

—Hay que guardar las formas —dijo con benevolencia—. De lo contrario, ¿qué se dirá en Sevilla?

—¡Me importa un bledo, Comendador, lo que puedan pensar de mí los sevillanos! Mi vida es transparente y mía.

—En ese caso...

Probablemente eran las palabras que esperaba, las que había provocado. Se levantó y dijo:

—... permítame que dé órdenes al cochero.

Mandó que aparejasen el coche. Cuando estuvimos dentro, asomó la cabeza por la ventanilla y gritó:

—¡A la Venta Eritaña!

3. No dijimos palabra. Yo me sentía inquieto, y, a la vez, turbado. Miraba a través de la ventanilla los árboles, los viñedos, los cortijos blancos, envueltos en la luz del crepúsculo. El Comendador respiraba fuerte. Al final del viaje, cuando ya se veían algunas luces, me dijo:

—Existe una responsabilidad moral que declino. En estas cosas hay que andar con pies de plomo, aunque, bien mirado, no debe extrañar a nadie que un caballero sediento trate de refrescarse.

Se detuvo el carruaje. Acudieron unos mozos sentados bajo la parra de la Venta, y, cuando vieron nuestro talante, nos hicieron muchas reverencias. El Comendador les encargó que previniesen al Ventero, que no tardó en llegar. Hablaron entre sí, y yo era el tema de sus palabras, porque vi la cara del Ventero examinarme desde lejos y asentir. Se acercó a mí, intentó besarme la mano, y celebró mi llegada por ser el hijo de quién era.

—Ni un solo viaje hizo a su finca el difunto don Pedro, que en gloria esté, sin pararse en la venta, a la ida o a la vuelta. Y muchas veces se distrajo aquí de sus melancolías, que debían de ser muchas, a juzgar por lo poco que hablaba.

Bueno. Aquellas zalemas acabaron por conducirme a una puerta y a una escalerilla hurtadas a la vista de todos, y a una sala con balcón abierto sobre el jardín y el río. Estaba Sevilla enfrente, un poco alejada, y un ancho cielo en medio, clareado por la luna. Me asomé al balcón y quedé mirando. Mientras, el Comendador disponía el refresco. Se me acercó con una copa en la mano.

—Un trago de jerez.

—No tengo sed.

—Es que, ¿sólo se hizo el vino para la sed?

—Es que... no suelo beber vino.

—Échate éste al coleto de un solo trago, y asiste luego a las nupcias de tu cuerpo con una de las pocas cosas que valen la pena en este mundo. Comprenderás en seguida que, aunque no te hubieras dado cuenta, tenías sed, una sed bastante antigua.

Bajo su mirada terrible, tomé un sorbito y lo paladeé.

—Está bueno.

—Bébelo todo.

Fue como un fuego súbito, como una alegría que me naciese en las entrañas. Tendí al Comendador la copa vacía, pero él se limitó a cogerla y llevársela. No me convenía beber más hasta haber comido algo, y por eso él salía a encargar unas magras.

Colgaban del balcón macetas con claveles. Arranqué uno y lo olí. Me pareció que su olor formaba parte de aquel aroma que me había penetrado, una hora antes, junto al río. Pero en el río me envolvía el silencio, y aquí, en el balcón, me llegaban voces apagadas, de hombres y mujeres que charlaban en el jardín. Más allá sonaba una guitarra. Alguien cantó una copla. Estaba el aire espeso de esencias, la noche tibia, y de la tierra regada subía un vaho fuerte. El vino desparramaba sus fuerzas por mis venas y calentaba mi cabeza. Todo era hermoso y excitante, todo se transformaba, porque yo, nuevamente, empezaba a sentir que la vida se me iba hacia las cosas y se quería meter en ellas y fundirse. En un árbol vecino cantó un ave, y el cantar me rozó la piel hasta el dolor. De la garganta me subió un sollozo...

El tiempo dejó de fluir, como si todo se hubiera cuajado en un cristal inmóvil en que la luna, el ave y yo estuviésemos inmersos. Hasta que alguien golpeó la puerta y desbarató el hechizo. Respondí «¡Adelante!» con disgusto, porque me habían arrebatado a la felicidad.

Vi entrar a una moza que empujaba la puerta con el hombro, porque traía las manos ocupadas en una bandeja. La dejó en la mesa, miró alrededor, me vio y se acercó.

—Don Juan.

Le salió una voz desgarrada, de cante jondo, que me golpeó, casi me arañó los oídos; como si en vez de decir «¡Don Juan!» me hubiera dicho: «¡Quiero morirme!».

—¿Qué sucede?

—Yo soy lo que usted espera.

—¡Ah sí! Las magras de jamón. Póngalas en cualquier parte.

No se movió. Estaba de espaldas a la luz, y yo no podía ver más que la silueta de su cuerpo.

—¿Desea algo?

—Yo, no. Usted. Ese hombre me dijo...

—¿Quién?

—El viejo, el de la cruz.

—¡Ah! Te envía en Comendador.

—Vino a donde yo estaba, me hurgó en los pechos y en las piernas, y me encaminó hacia usted, para que le sirviera.

Yo no podía comprender en qué podía servirme aquella moza. Dejé el balcón y salí a la parte alumbrada del cuarto. Ella vino detrás.

—¿Sabes tocar la guitarra? —le dije.

—¿Para qué, señor?

—Acabo de oír ésa que tocan en el jardín y me apetece tocada para mí solo.

—Mande que venga el guitarrista, y ya está —dijo ella con desabrimiento.

—¿Usted no puede hacerlo?

—Yo no estoy para eso. Soy una prostituta.

Se me debió notar en la cara la sorpresa, porque añadió en seguida:

—¿No sabe lo que es?

—Sí. Tengo una idea...

Me adelanté hacia ella. Me miraba con tranquilidad profesional, me recorría con la mirada tranquila, como si me evaluase. Seguramente con mirada así consideraba el Comendador un mueble o un cuadro antes de calcular su precio en oro.

—Le ruego que se siente, señorita.

—Mire, señor, déjese de cumplidos. A mí me llaman de tú y por mi nombre. Para hacerme sentar, me pegan un empellón, y a otra cosa.

—¿Cómo te llamas?

—Mariana.

—Es bonito. Y tú también lo eres.

Lo era, efectivamente, como las prostitutas de los altares. De una belleza dramática, con un rictus tedioso en los labios, y en los ojos una desesperada luz trémula.

La empujó suavemente, hasta sentarla.

—¿Has venido de grado?

—Vengo porque es mi modo de ganar la vida. Un modo perro. ¡Hay que aguantar unas cosas y unos tipos! Ese de Calatrava, para ver si tenía los muslos duros, me golpeó con la espada.

—¿Es que no ejerces tu oficio por voluntad?

Mariana se encogió de hombros.

—Estoy metida en esto desde siempre y tenía que acabar así. Nadie me dio a escoger otra cosa.

—¿Y qué te gustaría hacer, si no fueras prostituta?

Se le iluminó el rostro; pero fue sólo un relámpago.

—Vender flores en Triana.

—Si te diera dinero, ¿lo harías?

—Mire, señor; las mujeres de este trato, o nos morimos en él, o nos meten en las Arrepentidas. Es por la gente, ¿sabe?

—¿Quieres decir que tu oficio carece de atractivos, y que sólo puedes salir de él para meterte monja?

—Así es, señor.

—Sin embargo, tienes el placer al alcance de la mano.

—El placer es para ellos. Una aguanta como un pedazo de carne muerta.

Mi inexperiencia y mi curiosidad hacían la escena bastante monótona. Y, sin embargo, algo ocurrió sin que yo lo advirtiese. Le gusté a aquella moza de partido. Le nació el gusto, probablemente, en las partes oscuras del alma, mientras me respondía, mientras me escuchaba. Y yo, venga a preguntarle bobadas, y ella, a responderme. Hasta que, súbitamente, saltó de su asiento y lo buscó en mis rodillas.

Como después asistí muchas veces a operaciones semejantes, aunque buscadas por mí, aunque provocadas, estoy en condiciones de imaginar lo que le sucedió a Mariana. Pero, entonces, no podía sospecharlo. Mis oídos no escuchaban. Me subió una oleada de sangre, como un vértigo, y me dejé arrastrar. Pero no venía de fuera, sino que los labios de Mariana lo despertaron dentro de mí. Era como un deseo vehemente de unirme a ella; más que unirme, de fundirme. Se repitió el anhelo de aquella tarde en el río, se repitió la sensación de poco antes, cuando estaba en el balcón. Esperaba perderme en ella, y, a través de ella, en el mundo de las cosas, de todo lo que aquella tarde había estado presente e incitante, el aire, la luna, el perfume de las flores, las músicas y la noche. Abrazándola, quería con mis brazos abarcarlo todo: eran como árboles, cuyas ramas innumerables fuesen a hundirse en las entrañas de la vida. ¡Qué enorme júbilo sintió mi corazón ante aquel cuerpo desnudo! Como si en él la Creación entera se hubiese resumido, como si el cuerpo de Mariana fuese instrumento de Dios.

Mariana, los ojos entornados y los labios entreabiertos, cubierta a medias, estaba silenciosa y vuelta hacia sí, como si se escuchase. Antes había estado activa, me había acariciado, y cada caricia me había despertado el cuerpo —los brazos, las manos, las mejillas—, como si hasta entonces hubiera dormido y las manos de Mariana lo levantasen de un sueño profundo; y yo había asistido estupefacto a mi propio despertar. Cada nueva vibración era desconocida, y mi ser carnal también lo era. Tenía cuerpo y me servía para vivir. Tímidamente la había, a mi vez, acariciado, y el roce de mis dedos en su frente, en sus párpados, en su cuello, me iba revelando poco a poco la verdad de un cuerpo ajeno, suave, cálido, viviente. Todo lo que mis dedos descubrían era distinto y nuevo, atractivo y turbador. No era lo mismo una mujer tocada que una mujer vista; era otra cosa, no sé si hermosa o buena, o simplemente terrible. Al verla y al sentirla, antes de haberse cegado mi conciencia, en el instante lúcido en que comprendí lo que buscaba en el cuerpo de Mariana, un relámpago de espanto me estremeció, porque nada de aquello había sido previsto, ni tampoco descrito de modo que la realidad entera del instante, con todo su terror, cupiera en las palabras.

No creo que haya en el mundo nada en que un hombre pueda poner más esperanza, ni que le cause decepción mayor. Porque nunca no me he sentido más yo mismo, más encerrado en los límites de mi cuerpo, que en aquellos momentos culminantes. Tenía entre mis brazos a una mujer gimiendo de felicidad, pero de la suya, como yo de la mía. El latigazo del placer nos había encerrado en nosotros mismos. Sin aquella inmensa comunicación, apetecida y no alcanzada, mis brazos terminaban en su cuerpo impenetrable. Estábamos cerrados y distantes. Afortunadamente, fue rápido. Me sentí engañado y triste, y me vinieron de repente ganas de arrojarla de la cama a puntapiés. No lo hice porque ella no tenía la culpa, y porque soy un caballero.

Entonces sucedió que Mariana, poco a poco, regresó de su paraíso particular, se arrimó a mí y empezó a hablarme con entusiasmo. Antes no había dicho más que vulgaridades. Consiguió ahora devolverme el ánimo, meterme otra vez en el vértigo, hacerme esperar de nuevo lo que antes había esperado; entró en mi corazón el deseo de eternidad, y se llenó mi espíritu del ansia de trasponer mis límites y perderme en Mariana. Quería sentir su goce y hacerlo uno con el mío; quería que su sangre y la mía fuesen la misma sangre. Y nada de esto era capricho, sino que estaba en la raiz de mis anhelos, surgía de ellos como una rosa espontánea.

Volví a decepcionarme, pero, esta vez, sin furia. No sé por qué, me cogió apacible el desencanto, quizás porque no lo fuese de todo, quizá porque en medio de la decepción algo nuevo me enriquecía. Me acerqué al balcón. Un pedazo de luna grande bailaba en el horizonte, y, hacia el otro lado, el alba clareaba sobre las aguas del río. Sevilla dormía en la sombra. Un fuerte olor trascendía de la tierra. Lo sorbí ávidamente, con ganas de meterlo en mi sangre y sentirlo también en ella. Quizá fuese el perfume el alma de la tierra, pero, en todo caso, era un alma impenetrable.

Me senté en el barandal de hierro, un poco a horcajadas, y desparramé la mirada sobre las cosas, que, con la luz, reaparecían: las lejanas y las próximas, y mostraban sus contornos temblorosos: las del cielo y también las de la tierra, las visibles y también las presentidas. Había permanecido indiferente a ellas muchos años y ahora estaban ahí y me atraían. ¡Qué hermoso era el amanecer! Como el cuerpo dorado de Mariana, ahora sosegada, silenciosa, los labios entreabiertos y sonriente. En algún lugar de mi alma algo se preguntaba por el significado de un cuerpo de mujer, y en ese mismo lugar, viva como una brasa, permanecía la huella de un misterio aquella noche rozado.

4. No sé por cuanto tiempo estuve así, con una pierna balanceándose fuera del balcón. Para los relojes, poco; para la experiencia de mi alma, casi una eternidad. Estas operaciones, ya se sabe, son singularmente intensas, de intensidad anormal que sobrepasa la estrecha capacidad humana. Para explicarlas, acudimos a símiles de extensión. Hay una eternidad a lo largo, a lo ancho, a lo alto; pero tiene que haber otra, que sólo han conocido los místicos, como la prolongación infinita de un punto en el sentido de la profundidad, de modo que siga siendo punto, ni ancho ni largo, pero inmenso. Un punto así fue el que vivió mi alma mientras mi pierna izquierda se balanceaba; atraída por el alba, arrebatada por ella, me abandoné, y hubiera recorrido el camino desconocido del éxtasis si, en aquel momento, no me hubiesen llamado.

—Don Juan.

No fue Mariana. La pobre seguía quietecita, escuchaba inmóvil su felicidad interior. Tampoco fue Leporello, que dormía la mona en cualquier rincón de la venta. Menos aún el Comendador, que no sé dónde estaba. Reconocí la voz, aquella voz que, cuando niño, con sólo nombrarme, resolvía en seguridad mis vacilaciones y mis angustias, fuesen de miedo al coco o al pecado mortal. Era la voz de mi padre, redonda y seca, la que me recordaba, con sólo oírla, que un miembro del clan de los Tenorios no puede tener miedo.

—Don Juan.

Venía de lejos, y con ella, una figura de la que todo me había sido familiar, hasta el nombre. Delgada, un poco encorvada ya, pero aplomada todavía. Ponía los pies en el aire del amanecer como antaño en las losas de mi casa, con gallardía, casi con majestad. Conforme se acercaba, el resplandor de la aurora parecía retroceder, borrarse otra vez las cosas, y crearse en el espacio un ámbito tenebroso, en cuyo límite remoto multitud de figuras esperaban.

—Don Juan.

Estaba ya junto a mí. No sonreía. Me ofrecía la mano. Y yo le tendí la mía.

—Ven conmigo.

—¿Estoy muerto?

—No.

—¿Entonces...?

—Ven conmigo.

Mandaba como antaño; pero no sobre mi voluntad, sino sobre mi ser. Porque mi ser le obedeció y se dejó arrastrar por el mandato sin que mi voluntad participase en el movimiento. Ni siquiera mi ser entero, porque, al sentirme arrebatado, volví la vista atrás y pude ver mi cuerpo en la barandilla del balcón, con la pierna izquierda en el vacío. Era el mío un ser sin cuerpo, aunque su igual, pura forma transparente, como la de mi padre. Era mi propio fantasma el que seguía, por el camino del aire, al fantasma de mi padre, llevado de su mano, hacia un lugar donde uno muchedumbre de sombras me esperaba.

Los reconocí en seguida y me emocioné. Allí estaban ellos, los Tenorios, en imponente asamblea; y el lugar donde estaban y me esperaban era seguramente su paraíso privado, quizá una parte del infierno. Estaban todos, desde el primero, el labrador gallego que asesinó una noche, en un camino, a un abad de San Benito y le robó el caballo, y después sirvió al rey en la guerra como caballero, ganó tierras y honores, y tomó apellido del lugar donde había nacido. Conservaba el aire de forajido montaraz, las armas de guerra con la que le habían muerto: apoyado en la lanza, me buscaban, inquietos, sus grandes ojos azules, mientras torcía su boca una media sonrisa no sé si de curiosidad o desprecio. Presidía, gigantesco, el cotarro, y a su lado se agrupaban sus descendientes, siete siglos enteros de descendientes, obtenidos por selección cuidadosa, en semicírculo por orden de generaciones. Los había militares, algunos frailes, tres o cuatro doctores en derecho. De los primeros, destacaba el almirante don Jufre, con el pecho atravesado de un venablo, como dicen que murió en el puente de su galera. De los segundos, un par de ellos llevaban roquetes colorados. Había también muchas mujeres, guapas y feas, solteras y casadas, viudas y monjas. Y varias criaturas muertas en edad temprana, pero tan serias como los otros, tan estiradas como ellos. Me rio ahora, al recordarlos, pero también me rio de mi emoción al hallarme entre ellos. Si Dios me hubiera hecho entonces la merced de rodearme de sus ángeles, no me consideraría tan favorecido: porque, para mi corazón, mis antepasados estaban por encima de los ángeles. No es mía la culpa. Así me lo habían hecho entender desde niño. Y tenía su cólera por más temible que la de Dios. Dios se limita a enviar al infierno a los pecadores, pero la cólera de los Tenorios muertos produce deshonor.

Era curioso. Todos se parecían a aquel bigardo cuya sangre y nombre llevábamos. Pero los mismos rasgos, al pasar de uno a otro, se iban suavizando, embellecidos; los rostros se afilaban, perdían tamaño y espesor las manos, y los cuerpos salidos de aquel orangután se adelgazaban, se alargaban hasta hacerse frágiles y esbeltos. Nuestro común tatarabuelo tenía la cabeza grande, el mentón breve, los arcos superciliares saledizos como tejados de sus ojos; pero los más próximos a mí de sus descendientes mostraban anchas frentes inteligentes, cejas en arco de dibujo escueto, mandíbulas refinadamente poderosas. Variaban, eso sí, las narices, porque nuestro tatarabuelo, que apenas las tenía, poca materia nasal había podido legarnos. Mis antepasados los Tenorios, para distinguirse entre sí, entre tanto rasgo común, acudían a las narices como baluarte extremo de su individualidad; y muchos motes familiares, de la nariz se habían tomado, así don Diego, el *Chato*, o don Froilán, el *Aquilino*.

Vi mi figura entre todas, y me pareció el resumen de aquellas distinciones. Terminaba en mí la evolución, el refinamiento se cumplía. A partir de mí, de tener hijos, empezaría la decadencia. Pero yo era una cumbre, y, al comprenderlo, empecé a sentirme seguro de mí mismo, aunque no tanto que no me esperasen aún algunos desfallecimientos.

Mi padre se había detenido en el centro del corro.

—Os presento a don Juan, mi hijo.

Incliné la cabeza, un grado más que si me hallase ante el rey, un grado menos que si me hallase ante Dios, y ellos alzaron la mano diestra. Algo en mi interior temblaba, sin embargo, todavía desconcertado, porque si aquellos hombres eran los jueces infalibles cuya jurisdicción sobre mis actos había siempre reconocido, yo, en cierto modo, estaba por encima de ellos, que habían venido a este mundo para producirme a mí. Si me llamaban, era por ser su representante. Tenía, sí, que acatar su autoridad, pero sin rebajarme; como si les dijera: «Tan importante soy, que hacéis falta todos vosotros para juzgarme.» Y esto sería, seguramente, lo que esperaban de mí. A un mozo sumiso y blando, a un mozo temblón, le hubieran desdeñado.

Me volví a mi padre.

—¿Qué es esto, señor? ¿Un juicio de faltas o una presentación en sociedad?

Mi padre no respondió. Soltó mi mano, retrocedió y ocupó su lugar, al lado de una dama que me miraba con ternura y que debía de ser mi madre. Al descubrirla, le dediqué una reverencia particular y una sonrisa. Era hermosa, salía de su persona un no sé qué de fascinante. Identifiqué en seguida su nariz como origen de la mía, lo único, seguramente, que me había legado, porque mi madre no pertenecía a la raza de los Tenorios, no predominaban en su talante el orgullo, la altivez, la energía. Ahora estoy en situación de comprender que fue una de esas mujeres excepcionales que, a fuerza de aristocracia, llegan al desprecio de toda mundanidad y que se quedan, de lo humano, con el espíritu. Me explico que no pudiera parirme fácilmente.

Uno de aquellos abogados salió del semicírculo y quedó cerca de mí. No parecía un tipo para tomarlo a broma. A las cualidades comunes de los otros, unía, indudablemente, una gran astucia y cierto sentido del humor. Todo en su facha era solemne, pero su sonrisa deshacía la solemnidad, como si se burlara de ella; abría una puerta al entendimiento, pero no una puerta fácil. Aquel hombre debía reirse de los torpes y, probablemente, de los solemnes; y desde el primer momento temí que se riera de mí.

—¡Bueno, muchacho, bueno! —me dijo. Conque, ¿una juerguecita? La primera, naturalmente. Y tú, como cada hijo de vecino después de su primera juerga, te hallas un poco perplejo. No te preocupes. Te hemos traído aquí para ponerte en claro contigo mismo.

Me fastidiaba su aire de superioridad; su sonrisa de zorro me desconcertaba.

—¿Es eso lo acostumbrado? Cada vez que un Tenorio comete su primer pecado, ¿se le llama a capítulo de muertos?

—¡De ninguna manera! Es la primera vez que nos reunimos por una cosa semejante.

—¿Debo entender que me hacen este honor?

—No, no. Nada de eso. Considerado como persona, eres un Tenorio más, pero no más que cualquier otro Tenorio. Para nosotros, vales como descendiente nuestro y en tanto que seas fiel a tu sangre. Lo que en ti puede haber de distinto, ¿cómo te lo diría? de individual, no nos preocupa.

—¿Entonces?

—Te hemos traído aquí, efectivamente, por tu pecado, pero no en tanto fue pecado contra Dios, que en eso no solemos meternos, sino a causa de ciertas circunstancias que lo convierten en pecado contra nosotros.

Yo no podría sospechar de dónde vendrían los tiros. No sabía cómo debía responderle. Sólo por no quedar callado, que sería perder puntos, señalé a mi padre.

—Ahí está don Pedro Tenorio, gracias a quien puedo sentirme miembro legal de tan ilustre compañía. Mi padre me enseñó que mi vida debería regirse por dos leyes: la de Dios y la nuestra. Pues bien: en el código especial tolerado por la Providencia a todos los Tenorios, no figura ningún precepto que me impida acostarme con una prostituta. O, por lo menos, lo desconozco. Ni me lo comunicó mi padre, con quien viví hasta los diez años, ni tampoco el pedagogo en cuyas manos me puso de los diez a los veinte. Si todos estos señores me aseguran bajo palabra que jamás cometieron ese pecado, se lo creeré, aunque me cueste trabajo. Pero, mientras tanto...

Surgió de la presidencia una risa estrangulada, formidable, y mi primer tatarabuelo, riendo de una oreja a la otra, empezó a golpearse el pecho.

—¡Bien, muchacho, bien! ¡Eso es lo cierto! ¡Aquí me tienes a mí, que durante veinte años no me acosté más que con soldaderas! ¿Qué sería sin ellas de los militares?

El abogado dejó de sonreir; se volvió al que reía, se inclinó.

—Gracias, señor, por esa aclaración tan necesaria.

Me hizo frente, con un movimiento rápido, y su mano, extendida hacia mí, apuntaba con un dedo largo.

—No nos importa que te hayas acostado con una prostituta. Todos nosotros lo hemos hecho, si se terció y a nadie acusaron de pecado. Pero, fíjate bien; todos nosotros lo hicimos por nuestra voluntad. En cambio tú...

Se acercó. Su dedo inexorable se metió casi en mis narices.

—...Tú te dejaste engañar, te dejaste envolver por el Comendador de Ulloa. Fuiste como un juguete en manos de ese granuja, como un chiquillo con el que alguien se divierte. Mientras tú te enredadas en la aventura con Mariana, él se reía de ti y te consideraba pan comido.

Fue como sentirme insultado. Sentí que la sangre encendía y coloreaba mi rostro. Tenía que notarse.

—Pero, ¿por qué? —pregunté anhelante.

—Porque, para el Comendador de Ulloa, no eres más que un pollito adinerado al que pretende desplumar.

Se me ocurrió que un efecto teatral podría restablecer el equilibrio alterado por la acusación. Alcé la mano, agarré la suya, y, con suavidad lo aparté de mi rostro.

—Eso ya lo sabía. Para enterarme de los propósitos de don Gonzalo, no valía la pena sacar a tantos muertos de sus tumbas. Lo encuentro exagerado.

—Quizá no comprendas todavía la magnitud de la ofensa. Acaso ignores que los Ulloa son menos que nosotros, simples ballesteros de mesnada cuando nosotros éramos ya caballeros. En cualquier caso habría que lavar con sangre la ofensa, pero, tratándose de un igual (en el caso discutible de que haya alguien que nos iguale), podría llegarse a un arreglo. Con un Ulloa no hay más arreglo que la muerte. Tienes que matar a don Gonzalo.

—¿Matarle?

—Sí. No asesinarle, entiéndelo bien, sino poner en sus manos una espada y matarlo con la tuya. Salvo si él es más hábil, claro está, y te da muerte. Te prevengo que, en ese caso, no serías recibido por nosotros con cohetes, pero tampoco serías mal recibido. Lo esencial quedaría igualmente a salvo.

—Comprendo.

—Naturalmente —continuó— nuestra exigencia no afecta a tu libertad. ¡Sí, querido descendiente! Somos respetuosos con la libertad de cada cual. Pero, bien entendido que si te niegas a matar al Comendador, si rechazas nuestro mandato, dejaremos de considerarte como uno de los nuestros.

Extendió el brazo y señaló el semicírculo de los antepasados.

—Si conocieras uno por uno el número y el nombre de tus ascendientes, verías que algunos faltan. Son pocos, por fortuna. Son los que, por escrúpulo, cobardía o abulia, dejaron de cumplir nuestra ley. Unos están en el infierno, en el cielo otros; pero, aquí, entre nosotros, no está ni estará ninguno. Los rechazamos. Y un Tenorio puede perder su alma, nunca el respeto de sus muertos. Nuestro respeto por ti, el de todos nosotros, es el que en ese momento se juega.

—Pero —le pregunté—, ¿no están un poco anticuadas esas venganzas? Tengo entendido que ahora la gente es más sencilla, y que casos como éste se arreglan a bofetadas.

El abogado dejó caer la mano.

—No es mal comienzo. Abofetea al Comendador. La muerte vendrá después.

Se dirigió a los demás.

—Supongo que no habrá inconveniente en que comience la venganza por unas bofetadas.

Respondieron, a coro, que no. El abogado me hizo una reverencia.

—En principio, los detalles del lance no nos importan, con tal de que termine en muerte. Puedes, simplemente, asentir. Puedes decir que no, y razonar tu negativa. No tenemos prisa, y estoy seguro de que estas damas y estos caballeros te escucharán con gusto. Sabemos que eres espabilado, y que hablas con donaire.

—Gracias.

Se retiró a las filas oscuras, se confundió entre ellas. Quedé solo en el espacio vacío y sentí, por un momento, desamparo. Los rostros más cercanos revelaban interés, pero ninguna simpatía, menos aún amor. Tuve en aquel momento la intuición de que los Tenorios no habían amado nunca, de que en la falta de amor se había cimentado su fortaleza. Ni siquiera mi padre me miraba con ternura: aquello parecía un regimiento en el que todos fuesen capitanes y se hubieran juntado para juzgar el desliz del capitán más joven contra las ordenanzas.

Yo les había amado, me había sentido amorosamente solidario de su grandeza y de sus imperfecciones, pero en aquel momento comprendí que el amor estaba de más, y que el amor se debían mis vacilaciones y flaquezas. Hice un esfuerzo para descartar de mi corazón todo sentimiento que no fuese el deber, por obrar ante ellos como si nunca los hubiera amado. Al hacerlo, sentí un gran alivio. Las cosas, sin amor, eran más fáciles.

Les saludé otra vez.

—Quiero anunciaros, ante todo, que mataré al Comendador. Sí, le mataré, probablemente. No sé todavía si con bofetadas o sin ellas, pero le mataré. Sin embargo, se me ocurre algo que me gustaría exponer.

Hice una pausa, busqué el lugar donde los clérigos se habían agrupado.

—A vosotros principalmente me dirijo, porque voy a hablar de Dios, y vosotros seréis aquí sus representantes.

El abogado me interrumpió.

—No es necesario. Nuestra ley no es ley de Dios, sino de sangre. Es una ley mundana.

—Sin embargo, somos cristianos. Yo, al menos, lo soy aún. Y como nunca pensé que la ley de Dios y la mía pudieran entrar en colisión... Porque, si mato al Comendador, cometo pecado de homicidio.

Uno de los obispos asintió, pero me respondió el abogado.

—El pecado se borra con el arrepentimiento.

—¿Quiere eso decir que debo matar al Comendador con el propósito de arrepentirme luego?

—Exactamente.

—Y, eso, ¿no es una argucia?

El abogado se encogió de hombros.

—La vida de los cristianos está llena de argucias como esa. Hay muchas cosas que Dios prohibe y que nos vemos obligados a hacer sin remedio. Pero sabemos que con el arrepentimiento todo se arregla. Dios lo perdona.

—¿Debo pensar que también puedo arrepentirme de no matar al Comendador y ser perdonado por vosotros?

—Nosotros no perdonamos. El perdón... —vaciló, sonrió— es una facultad divina que nos está vedada. Somos inexorables porque somos humanos.

—Yo lo soy también conmigo mismo.

—Nos parece de perlas.

—Por lo tanto, no puedo cometer un homicidio con el propósito de arrepentirme luego. Sería una hipocresía inútil, una trampa. Pero, ¿quién será tan imbécil que juegue la partida de Dios con un as en la manga? Dios conoce la verdad de mi corazón. En este momento estoy oyendo su palabra: «Si matas al Comendador, te apartarás de mí.»

—¿Y no escuchabas esa misma palabras cuando esta noche te acostaste con una prostituta? Porque también está escrito: No fornicarás.

—Dios, entonces, callaba, o al menos no le oía. Estaba cegado por la sangre.

—Puedes cegar también cuando riñas con el Comendador y lo mates.

—Ya no volveré a cegar.

Lo dije con una especie de dramatismo que me salió espontáneo y que debía causar gran efecto en el auditorio; pero el auditorio no se conmovió ni probablemente percibió el matiz.

—No volveré a cegar —repetí—. Es una de las cosas que mi ley me vetará en el futuro.

—Nosotros no somos tan exigentes. No te prohibimos que te emociones y que pierdas la cabeza. No es malo hacerlo, y, a veces, hasta es conveniente. Ya ves; si esta noche no te hubieras emocionado, nosotros seríamos menos benévolos contigo. La emoción es tu eximente. Estabas tan entusiasmado con tu descubrimiento de placer, que no advertiste que había sido objeto de un burla.

—¿Sólo de una?

—Que nosotros sepamos... Y nosotros lo sabemos todo.

—Lo que os atañe. Pero no lo que a mí solo me concierne.

—Eso es cosa tuya, evidentemente.

—De acuerdo. Pero todo lo que sucedió esta noche está ligado. Tú puedes discernir, con razones de abogado, lo que os importa de lo que os deja indiferentes. A mí me es imposible separarlos. Si tiro de una cosa, las demás vienen detrás. Escucharme. El Comendador de Ulloa se burló de mí. El viejo iba a lo suyo; quiere, según vosotros, desplumarme. Pero, además, me ha humillado sin saberlo, porque yo era, hace unas horas, puro, y he dejado de serlo con una prostituta. El Comendador pretende que el placer me distraiga, me debilite o simplemente me entontezca, pero mi humillación interior no puede importarle: esta humillación que siento en soledad sólo puede importarle al único Testigo de mi soledad, y El es el dueño de los destinos; los caminos salen de El y a El vuelven. Entonces, tengo que preguntarme: ¿Por qué quiso el Señor mi humillación? Yo era virtuoso, mi cuerpo era puro por la gracia de Dios; pero nunca se me ocurrió ser humilde ni alcanzar la pureza por mi esfuerzo. La verdad es que nunca pensé en la pureza de mi cuerpo, ni siquiera en mi cuerpo. Lo tengo hace veintitrés años, me he servido de él, no me dio placer ni dolor, pero tampoco angustias ni quebrantos. Vivía como si no existiera, iba en carroza camino a la santidad, pero resulta que el cuerpo existe y sirve para algo. Hay que contar con él, por mandato de Dios, que lo tuvo en cuenta siempre, mientras yo lo olvidaba. El Señor necesitaba que lo descubriese, y se valió de don Gonzalo. Fue como decirme: «¡Eh, mocito, que ese cuerpo es tuyo y te lo di para algo!»

Dejé de hablar. Miré a mi alrededor. Una gran carcajada recibió mis palabras. El abogado salió otra vez de las filas, y me abrazó.

—¡Bravo muchacho! ¡Eres un gran sofista! ¿Por qué no te dedicas a la abogacía? Harías buena carrera, te lo aseguro.

Le aparté con violencia.

—¿Llamáis sofisma a lo que me atormenta?

—Sofisma por exceso de análisis. Sofisma por unir dos órdenes de hechos que no pueden ser juntados. Sofisma por conceder a una hipótesis jerarquía de verdad. Pero está bien. Demuestra que eres listo, y sobre todo, hablas con patetismo eficaz. Conviene que, ahora, analices tu propio razonamiento y lo destruyas. Así quedarás tranquilo.

—No puedo hacerlo.

—¿Por qué?

—Porque soy honrado, según vosotros me exigís. Mi conclusión honrada es que tengo que matar al Comendador porque se burló de mí, y romper con el Señor, que desde los cielos decretó la burla. O bien arrojarme a tierra, pedir a Dios perdón, aceptar sus decretos y perdonar, por lo tanto, al Comendador. Y no quedarme ahí, sino convertir el resto de mi vida en una penitencia, en una expiación, o bien en un pecado.

El abogado rio otra vez, pero con menos ganas, y me miró sin pizca de burla en sus ojos, sino más bien con un comienzo de respeto.

—Voy comprendiendo que eres uno de esos tipos radicales para quienes sólo hay una carta en la mesa y una puesta en la vida.

—Soy como me habéis hecho, y ya no puedo cambiar. Y menos ahora, después de lo pasado.

—Pero, vamos a ver, ¿no eres capaz de hallar un razonamiento que te permita separar una cosa de otra, matar a don Gonzalo y reconciliarte con Dios?

—Sí, pero no creería en él.

—Basta que Dios lo crea.

—¿Me invitas a que esconda el as en la bocamanga? ¿No ves que es estúpido hacer eso con Dios?

El abogado se retorció las manos.

—Eres desesperante.

—Sólo consecuente. Esta noche veo excepcionalmente claro, y empiezo a obrar de acuerdo conmigo mismo. Veo más claro y más lejos que vosotros, que nunca os habéis preguntado por qué Dios hizo las cosas como las hizo, pero habéis procurado rehacerlas a vuestro gusto. Pero yo, esta noche, he tenido que preguntármelo. Esta noche...

Me interrumpí.

—Lo que voy a decir es bastante escabroso. ¿Podrían retirarse las señoras?

—Por mí no hay inconveniente —dijo el abogado.

Pero las señoras habían empezado a cuchichear entre sí, y una de ellas, abadesa, adelantó unos pasos, menudos y tímidos, y habló en nombre de todas. Era una dama de gran empaque, y muy bella. Las tocas le sentaban bien, pero se echaban de menos la cabellera rubia que indudablemente había tenido.

Se acercó a mí, se puso a mi lado, e hizo frente al abogado.

—No queremos retirarnos. Nos interesa lo que dice don Juan. Además, estamos de su parte.

Me miró con sus grandes ojos azules, una mirada larga, y sus dedos de aire acariciaron mi barbilla. Luego, se retiró corriendo.

Me estremeció la caricia, como se había estremecido la mirada. Un punto de turbación, rápidamente dominado, detuvo mis palabras.

—Está bien. Con el permiso de las damas.

Pero volví a interrumpirme.

—¿Mi madre, al menos, no podría retirarse? Me da reparo hablar en su presencia.

Nadie me respondió, pero vi como el fastasma de mi madre se desvanecía después de enviarme un beso.

—Si esta noche hubieráis seguido mi pensamiento en su interior; si hubieráis tenido ojos para algo más que para la burla de don Gonzalo, habríais advertido como pasé del entusiasmo casi religioso, del deseo de hallar a Dios en el cuerpo de Mariana, a la decepción, a la soledad incomunicable del placer. Ahora me pregunto, delante de vosotros: ¿Por qué no lo hizo Dios de otra manera? ¿Por qué hizo hermosa la carne y atractiva, y dijo luego que la carne es pecado? Se lo pregunto a Dios. Y me atrevo a decirle que está mal hecho.

La rueda de mis fantasmas pareció muy asustada de la blasfemia. El abogado había perdido el sentido del humor.

—Dejemos eso —dijo con desabrimiento—. El mundo es como es, y Dios habrá tenido sus buenas razones para hacerlo. No hemos venido aquí a discutir los principios que rigen el Universo.

—Pero vosotros corregís la ley de Dios con vuestra propia ley, porque Dios prohibe al hombre matar a su hermano, y vosotros me mandáis matar a don Gonzalo.

No tenéis la valentía de confesároslo, menos aún la de increpar a Dios y preguntarle la razón de sus razones contrarias a las vuestras.

—Nosotros nos limitamos a lo estrictamente temporal. Las cosas del más allá, allá Dios con ellas.

—Lo temporal no existe si existe Dios. Cuando respiro, respiro delante de Dios. Y si me uno a una mujer, la unión queda escrita en páginas eternas. Sólo en nombre de Dios puedo rebelarme contra lo que está mal en este mundo. Pero si Dios no apoya mi rebeldía, es contra Dios contra quien me rebelo. Y si esto es así, ¿por qué no hacerlo sinceramente, a las claras, con las cartas sobre la mesa? Yo no puedo llegar un día delante del Señor, y responder con trampas y evasivas a su acusación: «¡Señor, yo no sabía que obraba contra Ti! ¡Señor, me cegaba la cólera, o la pasión oscurecía mi ánimo! ¡Señor, no entiendo el mundo, y me equivoqué!» Soy franco y valiente, como me habéis enseñado a ser. Responderé a la acusación de Dios: «Lo hice porque me dio la gana y porque no estoy conforme contigo.»

Volví la espalda a mi tatarabuelo: a juzgar por sus visajes, no había entendido jota de mis palabras. Caminé hacia el fondo sombrío: en su límite, ya, me volví a la asamblea.

—Ya lo sabéis. Si mato al Comendador, rechazaré la mano que Dios me tiende cada día, y viviré para el pecado.

El abogado corrió detrás de mí.

—De acuerdo. Pero no te disculpes con nosotros. Nosotros no te obligamos a que tomes las cosas por lo tremendo y lo desquicies todo. El mundo es como es; nosotros no queremos cambiarlo: nos contentamos con ser de lo mejor que hay en él. Por eso pedimos a los nuestros que estén a nuestra altura para que no desentonen en esta asamblea. Pedimos, no obligamos. Ya te lo he dicho: eres libre, absolutamente libre, de aceptar o no nuestro mandato, como lo eres de hallar por ti mismo la solución que te permita ser perdonado de tu homicidio. Si ponerte de nuestra parte te lleva tan lejos... allá tú. La responsabilidad es enteramente tuya.

—¿He pretendido en algún momento rechazarla?

—Reconozco que no. Mis objeciones no van por ese

lado. Y no son objeciones que te haga en nombre de los demás, sino mías particulares, de hombre experimentado a mozo inmaturo. Te encuentro, además de extremado, extravagante. Te daría un consejo.

—¿Para qué?

—Para que aprendas a vivir tranquilamente.

—No me interesa. Los mejores de vosotros desconocieron la tranquilidad. Me he sentido siempre identificado con ellos, mi alma se ha formado en su admiración, y esperaba el momento de imitarles. Como las guerras de ahora no me gustan, voy a inventar la mía propia y a dedicarme a ella. Si tienes algún consejo bélico que darme...

—En las guerras, hacen falta razones.

—También las tengo.

—Entonces, ¿no hay más que hablar?

Negué con la cabeza. El abogado había perdido su seguridad. Parecía, incluso, menos alto.

—En ese caso... —me tendió la mano—. Hasta la vista.

Se retiró. De nuevo sólo, de nuevo en medio del semicírculo, saludé a mis fantasmas y empecé a retirarme. Las mujeres salieron rápidamente del corro y me rodearon. Las feas y las guapas, las solteras y las casadas, las viudas y las monjas.

—¡Pobre chico!

—¡No va a ser muy feliz!

—¡Cómo se nota que no tuvo madre!

Unas, me acariciaron; otras, me abrazaron. Algunas, llegaron a besarme. Y se iban desvaneciendo poco a poco, como si se disolvieran en la luz triunfante de la mañana.

Encontré mi cuerpo donde lo había dejado: dormido, apoyada la cabeza en la pared, la pierna quieta. Me reintegré a él. Al sentirlo, caliente del sol dorado, temblé de gozo y miedo. Y el recuerdo de lo que acababa de pasar me parecía el recuerdo de un sueño.

Salí al zaguán. Desperté a Leporello.

—Nos vamos.

—Ya iba siendo hora, mi amo. Tengo agujetas en todas partes. Un banco no es buena cama.

Se desperezó.

—¿Puedo tomar un trago?

—Sí, pero date prisa. Ten el coche preparado dentro de unos minutos.

Entré en la habitación. Mariana dormía, sonriente. Me senté en la cama, la acaricié. Ella entreabrió los ojos. Al verme, los abrió del todo. Se abrazó a mí.

—¿Ya te vas? —dijo con pena.

—Nos vamos.

—¿Volverás?

—¿Para qué?

—Me gustaría que volvieses. Me gustaría que no te fueras nunca.

—No hace falta quedarse ni volver. Vendrás conmigo.

—¿A tu casa?

—Sí.

—Pero, ¡soy una prostituta!

—Vendrás conmigo.

Besé sus ojos, abiertos de sorpresa y alegría.

—Anda. Vístete. Te espero fuera.

Leporello aguardaba ante una copa de aguardiente. Me senté junto a él y pedí otra.

—Es curioso lo que ha pasado —le dije—. ¿Has oído decir alguna vez que un hombre pueda encontrar en un sueño la verdad de su vida?

—Los sueños, mi amo, han tenido siempre excelente reputación, aunque un poco misteriosa. Todavía no se sabe si proceden de Dios o del diablo.

—¿A ti qué te parece?

—Nunca he pensado sobre esto, ni hay razón, porque apenas tengo sueños.

—El mío ha sido extraño, pero claro. Tanto, que me he descubierto a mí mismo. He pensado en él cosas que, despierto, no me hubiera atrevido a pensar, y he pronunciado palabras terribles.

—Como el señor sabe, no hay responsabilidad de lo que se sueña. ¡Estábamos arreglados!

—Lo que he soñado me toca tan en lo hondo, lo siento tan mío y verdadero, que si ahora lo rechazase sería como negarme a mí mismo. Por eso te insinué que había hallado en él la verdad de mi vida.

—¿No es eso un poco solemne, señor?

—Quizás sí, pero cierto.

—El señor no me lo contará para que le aconseje.

—No. Pero necesito contarlo.

—Hay gentes de su clase. El Comendador, por ejemplo.

—Las gentes de mi clase no me entenderían, y el Comendador fingiría escandalizarse. Además, presiento que voy a separarme de ellos, que me quedaré sólo para siempre, sin más compañía que tú.

—¿Por qué, señor?

—Hay pecadores de los que la gente se aparta como de los leprosos. Fingen asustarse, pero la verdad es que se siente acusados.

—Señor, si se encuentra en pecado, a confesarse.

—No estoy en pecado; *soy pecado.*

Leporello me miró, y no entendí su mirada. Muchos años después descubrí la razón por la que me había mirado de aquel modo.

—No te obligo a seguir a mi servicio. Si también tú te asustas...

Leporello me abrazó.

—¡Mi amo! ¿Cómo voy a separarme?

Apareció Mariana. El frío de la mañana la hacía temblar. Le cedí mi capa, la envolví en ella, y subimos al coche.

Al entrar en Sevilla, dije a Leporello:

—Llévala a casa sin que nadie la vea, y que se acueste y duerma. Tú, busca luego a un mercader, y que esta tarde nos muestre los mejores trajes de mujer, los de última moda.

—El señor, ¿se marcha solo?

—Voy a entrar en la iglesia.

5. Estaba caliente la mañana, y clara, y la gente pasaba sin darse prisa, cobijada en las sombras. Llegué cerca de la catedral. En el patio de los naranjos, un corro de mendigos y de hampones escuchaba las mentiras de un militar lisiado. El corro se deshizo al verme, y me pidieron limosna. Arrojé al aire un puñado de escudos. Desde la puerta vi los puñetazos que se daban al disputárselos. Aquello no me gustó, y lamenté no haberlos repartido cortésmente.

Entré en la catedral. Decían misa en una capilla, y me acerqué. Delante del altar, en candelabros de hierro, lucían muchos cirios, enteros o casi consumidos: me quedé un rato mirándolos, porque me gustaba su resplandor. De pronto, me di cuenta de que unas mujeres que habían vuelto la cabeza para mirarme, se levantaban y se acercaban. Me arrimé a una columna, simulé atención a la misa; ellas llegaron, se detuvieron y quedaron ante mí como bobas o embelesadas. Tuve que preguntarles, con voz respetuosa, si tenía monos en la cara. Ellas, entonces, se santiguaron y huyeron. Eran dos: una, de edad madura, pero todavía hermosa; la otra, joven y linda. Se perdieron en el fondo de la iglesia. Su santiguada me dejó perplejo. ¿Qué habían visto en mí, o que habían sentido?

No sabía a ciencia cierta por qué había entrado en la catedral. Barruntaba que mi aventura tenía allí estación, pero sin saber cual. Busqué un rincón, y me senté. Pasó un cura revestido, al que precedían los campanillazos que daba un monaguillo. Iban detrás, en procesión, mujeres enlutadas. Me refugié en las sombras. Se alejó el monaguillo con su campana, y quedé envuelto en un silencio rodeado de rumores. Entonces, pude pensar.

Mejor dicho, recordar. Traje a mi mente las imágenes del sueño, que no me habían abandonado, que habían hasta entonces rondado por el límite de mi conciencia. Las repasé, escuché de nuevo mis palabras, y recordé también la conversación con Leporello. Todo aquello podía considerarse como episodio involuntario ante el que ahora, con sosiego y corazón frío, tenía que determinarme. Como resultado de una noche de juerga —la primera— no parecía normal, menos aún acostumbrado. Supongo que otros muchachos en mi situación harían, como yo estaba haciendo, examen de conciencia. O bien que les durase el entusiasmo, y volvieran a pecar al recrearse en el recuerdo. Yo recordé también a Mariana —¿cómo no?—, pero sólo como dato o punto de partida.

Deseaba mantener tranquilo el ánimo, y lo alcancé. Ni renació el entusiasmo de la carne, ni sombra de arrepentimiento conmovió mi corazón. Dios conocía mi propósito, y colaboraba conmigo. Mi voluntad y mi entendimiento podían obrar imparcialmente. Di a Dios las gracias.

A partir de este momento, sin embargo, empezó en mi

interior la lucha. Se me ocurrió que, al apartarme de Dios, caía de la parte del demonio, y esto me inquietó. Jamás he sentido por Satanás la menor simpatía. Lo encuentro innoble y sucio. Me repugna, sobre todo, su falsedad. Evidentemente, el diablo no es un caballero, a pesar de su elevada alcurnia. En aquel momento lo sentía a mi alrededor, quiero decir, para tentarme. Era incapaz de dejarme a solas con mi libertad y mi destino. Su faena fue hábil: astucia nunca se le ha negado. Abrió mis ojos a la belleza de las Fuerzas Oscuras, a la fascinación de la Felicidad Inconsciente, y un torbellino de sombras me arrebató y me llevó tan lejos de mí mismo como lo estaba entonces la noche. El centro de la noche es, a su modo, luminoso, pero no como la nuestra, la luz que atraviesa la noche y alumbra el rostro ignorado de las cosas. Me sentí deslumbrado, y vaciló mi voluntad, pero sólo un momento. Cuando aquella negrura empezaba a poblarse de gemidos dichosos, de invitaciones al orgasmo inacabable, me esforcé por que mis pies no abandonaran la tierra, ni la realidad mis sentidos. Peleé bravamente. Voces como violoncellos se oyeron por encima de mi cabeza, pero a mi lado una pareja de beatas pasaba cuchicheando. Me agarré a lo concreto para no perder las fuerzas. Las beatas hablaban mal de un arcediano, y sus comadreos, sus voces ásperas, pudieron más que la ternura de los violoncellos, aunque aquellas viejas fuesen más feas que el diablo.

Pude sentirme sin la Gracia de Dios y sin las tentaciones de Satanás. Sin embargo, mi corazón comprendía que aquello no podía durar, que ni Dios ni el diablo permanecerían eternamente mudos, que uno y otro me acosarían, como es su oficio. Aproveché la ocasión para quejarme al Señor de que no hubiera otro camino, una tercera vía de independencia. «El que no está conmigo, está contra mí», había dicho el Señor; pero ¿por qué necesariamente con el diablo? ¿No se podía estar —por ejemplo— con los hombres?

Aquí terminaron mis quejas, porque quería ser justo, y aquel privilegio de libertad que acababa de experimentar, a pocos hombres se les había dado. Sin embargo, no pude aprovecharlo. Todavía no estaba mi corazón maduro para elegir. Admitía en aquel instante que don

Gonzalo pudiera ser muerto, y que mi alma respondiese a la primera solicitación del Señor. Examinadas fríamente, despojadas de toda carga sentimental, mis razones contra Dios podrían ser discutibles, e incluso yo mismo podría discutirlas y aniquilarlas. Al llegar a este punto, sin embargo, perdía la calma mi corazón, y se me representaba una vez más el insulto de don Gonzalo, la humillación que me había inferido. Pero, ¿y si don Gonzalo me pedía perdón? Al portavoz de mis antepasados se le había olvidado indicarme cual era mi deber en ese caso, y yo me inclinaba a la misericordia. Suponiendo que el viejo fantoche se hubiera arrepentido, y que, al verme, me diese explicaciones, ¿bastaría para desbaratar mi cólera y empujar mi mano hacia la suya? «¡Pelillos a la mar, Comendador. Un mal momento lo tiene cualquiera, y como usted está arruinado...» Hasta es posible que le ofreciese un préstamo.

Me sentí inmediatamente obligado a dar al viejo ocasión de arrepentirse. Las naves se iban quedando solas: ráfagas de incienso llegaban desde alguna capilla remota, y en las oscuridades resplandecían los cirios encendidos. Salí rápidamente y marché a la casa de don Gonzalo. No sabía dóndo era, y tuvo que preguntar. Llegué sudando. Antes de golpear la puerta, me refugié en una sombra, y descansé.

Abrió el postigo una criada joven. Me miró, con la mano haciendo visera y los ojos deslumbrados. No me preguntó nada, sino que estuvo así, mirándome, hasta que dije:

—Quiero ver al Comendador.

Sin responderme, franqueó el postigo. Entré en el zaguán. La criada seguía con los ojos clavados en los míos, y en su mirada sorprendí el embeleso que un poco antes, en la catedral, había mostrado el mirar de unas fisgonas.

—Hágame el favor de decir a don Gonzalo...

—Sí, sí. En seguida.

—...Que quiere verle don Juan Tenorio.

—¡Don Juan Tenorio! —repitió; pero el trémolo de voz parecía más apropiado para el «¡Sésamo ábrete!» de la felicidad que para música de fondo de mi nombre.

Se apartó de mí, pero sin volverse.

—Ahí, en el patio. Espere.

Entré en el patio, que aliviaban del sol unos cortinajes tendidos en lo alto. Era grande, con flores, y un surtidor en el medio. Me atrajo el ruido del agua, curioseé las macetas y acaricié alguna rosa excepcionalmente bella. Al hacerlo, vi que la criada permanecía en el zaguán, y me miraba, quieta. Hice un movimiento brusco con las manos, di un grito como si fuera a espantar gallinas, y la criada salió corriendo. Tengo, sin embargo, la impresión de que no fue diligente en dar al viejo zorro mi recado, porque empezaron a sentirse voces quedas, pasos disimulados, carreras cortas, a entreabrirse las celosías con muchas precauciones, y me sentí observado.

Llegó el Comendador. Sentí sus zancadas de gigante bajar las escaleras, y apareció su figura de espantapájaros al cabo de la galería. ¡Qué facha, Dios! Tenía que haberse levantado en aquel instante. Las greñas le tapaban medio rostro, calzaba zapatillas,y se vestía con una bata carmesí de terciopelo deslucido, que apenas le cubría las piernas. Había tenido tiempo, sin embargo, de colgarse la espada.

Abrió y agitó los brazos como un molino las aspas; pero, como yo no me moviera, los dejó caer, y se acercó con toda clase de cautelas. Pareció incluso achicarse su estatura; por lo menos, se le cayeron los hombros y se le metió el pecho. Al llegar junto a mí, tenía el aspecto de haberse desinflado, de que la carne le colgaba como las velas de un barco en calma chicha, y de que tenía miedo. Si en aquel momento le llamase «¡Miserable!», se habría arrojado a mis pies, me hubiera hecho la gran escena de arrepentimiento. Pero no se me ocurrió, gracias a Dios. Le sonreí, incliné la cabeza lo indispensable, y le di los buenos días. El, entonces, respiró fuerte, y me abrazó.

—¡Qué susto me has pegado, muchacho! ¡Creí que te había pasado algo! —carraspeó—. Al decirme que me buscabas, me dio una cosa aquí. —Señaló el corazón—. Una cosa como un vuelco...

—No es para tanto.

El Comendador me empujó hacia un asiento.

—No pude dormir en toda la noche pensando en ti. Cuando supe que te habías metido en juerga con aquella muchacha, me dije: Esto va para rato; y pedí a tu cochero que me trajese. Luego, devolví el coche. ¡No lo hubiera hecho nunca! Nada más quedar solo, empecé a pensar que no debiera haberte abandonado, que eres todavía demasiado muchacho para campar por tu cuenta. Pero ya no tenía remedio, porque la Venta queda muy lejos de Sevilla...

Me echó la mano al hombro.

—¡Bien, muchacho, bien! Veo que estás sano y salvo. —Bajó la voz—. ¿Qué tal lo has pasado? Ya me entiendes. Porque supongo que tú y la moza...

—Sí.

—¿Y qué, qué? ¿Qué te pareció la cosa?

Aparté la mirada y bajé la cabeza. Palabra que sólo pretendía meditar la respuesta. Pero el viejo lo tomó por vergüenza o timidez.

—No hay que ponerse así. No has cometido ningún crimen. Por el contrario te has hecho hombre.

—¿Usted cree?

—Ya me lo dirás cuando pasé algún tiempo. Te encontrarás distinto, con más seguridad en la vida. Y eso que no has hecho más que empezar. ¡No conoces de la misa, la media!

—Pero usted está al cabo de la calle.

Suspiró.

—¡Ay, hijo mío! Lo estoy, ciertamente, pero ya no hay sol en las bardas. Mi juventud queda muy lejos. Sin embargo...

Volvió a bajar la voz, y se acercó a mi oído.

—...no he renunciado todavía. Las mozas son muy apetecibles, pero hay algo más que mozas en este mundo. En confianza te diré que suelo reunirme con algunos caballeros en lugares secretos. Hay que disimular, como comprenderás, porque uno es persona respetable, y si Sevilla en enterase de esos trapicheos, ¡la que se iba a armar! Somos prudentes. Salimos después de haber cenado, con el pretexto de una cofradía que vela un altar durante la noche, y en la casa de uno de nosotros, que tiene grandes estancias subterráneas, ¡se arman unos guirigais...! ¡Imagínate! Mujeres, naipes, vino... ¡Y no creas! No son putas las que llevamos, sino damas honestas que pasan necesidad y se remedian con nosotros. Vendrás conmigo una noche.

—¿Será usted capaz?

—De otro no me fiaría; pero de ti...

Me quedé pensativo. El me miró.

—¿Qué te sucede?

—Pienso que, si no le hubiera encontrado, acabaría en santo.

—¡Bah! Eso de la santidad es para gente de escasa inteligencia. Los mismos curas, una cosa es lo que predican y otro lo que hacen. Alguno toma parte en nuestras francachelas, de tapadillo, claro. Ya los conocerás. ¡Y hay de oirles cuando se ríen de las personas piadosas!

En esto, apareció un criado, que pidió, desde lejos, permiso para acercarse. Don Gonzalo le preguntó con vez que parecía un estampido:

—¿Qué te sucede?

—La señora aya le ruega que haga el favor de subir un momento. Dice que es cosa de nada.

—¡Está bien! —bramó; y, después que marchó el criado, me dijo: Espera aquí unos instantes. Voy a ver que me quiere, y, de paso, me vestiré.

Salió, dando zancadas. Le vi marchar, y pensó para mí: «Estas condenado a muerte». Pasó un poco tiempo. Me levanté y volví a contemplar las flores. Sentí que a mis espaldas se entreabría una ventana, y desde ella, alguien chistó.

Me acerqué. Medio entreví la figura de una mujer recatada en una cortina.

—Escuche, don Juan.

Le hice una reverencia.

—No pierda el tiempo en cortesías. Esta noche, a las diez, irá a su casa una dueña. Sígala sin preguntarle nada.

Empujó suavemente la ventana. No se si vio mi sonrisa.

6 Acompañé al Comendador hasta la iglesia donde los caballeros de Calatrava celebraban capítulo para sacar cierta imagen, con el debido decoro, en las procesiones de Viernes Santo. Se había puesto un traje de seda y, encima, una capa ligera, con la gran cruz bordada, casi de arriba abajo. Caminaba a zancadas, la calle para él solo; hablaba a voces, y a quienes le saludaban respondía

con sombrerazos hasta los pies, si eran demas, o con un «Hola» despectivo, aunque sonoro como un trueno, si caballeros. Iba imponente. Habíamos quedado en salir juntos una noche, y que yo le avisaría.

—Con discreción, ¿eh? Que no se enteren criados ni confidentes. Estas cosas hay que hacerlas con cuidado. La reputación, hijo mío, es lo primero, pues la gente es estúpida, y nada engendra reputación más acendrada que la seriedad. Si te portas como un hombre te ponen verde. Si haces el maricón, y vas a misa diaria, y al rosario, y a las cuarenta horas, y el resto de la jornada te la pasas en meditación y penitencia, entonces te levantan a los cuernos de la luna. Hay, por tanto, que ser listo, y engañar. De día, iglesia; de noche, juerga. Ahora voy a encontrarme con ciertos caballeros piadosos. Pues bien: a dos o tres de ellos les guiñaré un ojo, y ellos harán lo mismo. Son de lo mejor de Sevilla.

—Pero, Comendador, eso que usted me propone, ¿no es pecado?

—¡Bah! —carraspeó—. Para los pecados tenemos en el alma un hermoso almacén, que se vacía todos los años por jueves santo y que vuelve luego a llenarse.

—¿Y si viene la muerte?

—Un cura lo arregla todo; y, si no hay cura, con un «¡Jesús»! queda igualmente resuelto.

Le vi entrar en la iglesia: arrogante y solemne. Estaba abierta la puerta, y el Comendador, con el sombrero en la mano, hizo una reverencia seguida de genuflexión. Los sacristanes casi se arrodillaron a su paso.

Remoloneé un poco por Sevilla, y hacia el mediodía marché a mi casa. Mandé llamar a Mariana. Vino alegre, pero tímida. Lo miraba todo, y me miraba, como con miedo.

Le dije:

—¿Sabes bailar?

—¡Claro!

—¿Por qué claro?

—Es que en el trato, si una no baila...

—No vuelvas a mentar tu profesión, y olvídala: he decretado que no eres puta. ¿Qué necesitas para bailar?

—Música y unos palillos.

Leporello se encargó de buscar guitarrista y castañuelas. La mesa estaba puesta y en ella, carne y pasteles. Rechacé la carne, por respeto a la Cuaresma, y pedí unas verduras. Con ellas, con el vino y la pastelería, me entretuve mientras bailaba Mariana. Lo hacía al modo antiguo, según me explicó, y todo su arte se concentraba en la cabeza, los brazos y las piernas, inmóvil casi el cuerpo. Los crótalos la acompañaban con rumor quedo, y toda ella seguía el ritmo de la guitarra. Era una danza llena de compostura, lenta, de severa castidad, y duró lo que las hortalizas. Al llegar los pasteles, el guitarrista cambió de aire, el cuerpo de Mariana se alegró, y cantó con voz un tanto áspera y quebrada, pero hermosa:

Arenal de Sevilla, y olé,
Torre del Oro,
Donde las sevillanas, y olé
juegan al corro.

—«Me gusta más el otro baile», pensé, porque los movimientos del cuerpo eran más nobles, aunque menos vivaces. Pero ahora se levantaba el remolino de las faldas, dejaba al aire las piernas, y aquella visión trajo a mi memoria pensamientos sobre el cuerpo de la mujer, que ahora se manifestaba como capaz de oficio tan distinto al ejercicio de la noche antes.

—Está como una guinda, la niña ésta —se atrevió a susurrar Leporello; y lo mandé callar. Mariana taconeaba, iba y venía, giraba sobre sí y me miraba a cada vuelta. En el repiqueteo de los palillos había como un toque de atención, como una llamada que se reiterase a cada instante con mayor urgencia. Poco a poco, y sin querer, mi sangre se acomodó al ritmo; dejé de pensar en el cuerpo femenino y su misterio, y mi pie derecho empezó a moverse suavemente. Como una llama, Mariana se crecía, y prendía su ardor a todos los presentes: los vuelos de su falda parecían llenar el cuarto. Las caras se habían transfigurado y los pies se removían; después, los brazos, las manos y los cuerpos, como si todos los presente tuviésemos la misma alma y la misma voluntad. Un criado, fuera de sí, se arrancó a bailar. Castañeó los dedos, se emparejó a Mariana. El guitarrista tocaba con frenesí, y abrazaba el instrumento como si abrazase a una mujer y fuese a besarla. En poco tiempo no hubo más que ritmo en la habitación, un ritmo alegre, insistente, ritmo y fuego, todo llama, crótalos y bordoneo, y las almas se encontraban en él y se movían. Hasta que se quebró la cuerda prima con un gemido, el hechizo se rompió, y todos se detuvieron.

—Parece como si hubiese entrado un ángel —comenté.

Y al mismo tiempo, llegó un criado a decirme que don Miguel Mañara quería verme.

El guitarrista puso cara compungida.

—¡Dios nos valga, el aguafiestas!

Fui a donde el visitante me esperaba.

De pie, en medio del salón, recortado el perfil contra la escasa luz que entraba por el cierro, esperaba el caballero. Por el ademán, un poquito curvado hacia adelante y con las manos extendidas hacia mí, parecía una advertencia de la muerte.

Le saludé con una reverencia y señalé un sillón.

—Buenas tarde, señor.

El adelantó un paso y levantó los brazos.

—¡Hijo mío!

Voz de trémolos fallidos, gesto patético, aspavientos. Me hizo dar un respingo.

—¿Sucede algo?

—¡Hijo mío! Palpita todavía el cuerpo de tu padre, o palpitan al menos los vermes que lo comen, y ¿me recibes con música?

Me encogí de hombros, y expliqué:

—Un poco de guitarra para animar la mesa.

Me miró con espanto, se aproximó y puso en mi hombro su mano.

—¡Desventurado! ¿Eres el santo que don Pedro pensaba, la esperanza de la Iglesia, el orgullo de los sevillanos piadosos? ¡Maldita Salamanca, que te ha hecho carne para el diablo! Más te hubiera valido permanecer analfabeto y mantenerte en el sendero del Señor!

Sus brazos trazaron en el aire un molinete exagerado.

—¡Y yo que hubiera querido solicitar tu caridad para mis pobres!

—No creo habérsele negado.

—¿Puedo esperar caridad de quien divierte sus comidas con guitarras, sin el mejor respeto para los muertos?

—¿Por qué no? Pídame, y veré si puedo darle, aunque espero que sí, porque dice que soy bastante rico.

Volvió a tomarme de los hombros.

—No se trata de eso, sino de tu alma.

¡Caray! No ya de trémolos, sino de melismas adornaba su voz; y de muecas sus gestos, muecas como arabescos, acompañados de un movimiento o temblor de sus dedos como garfios.

—También podemos habla de eso.

—¿Hablar? ¿Qué quieres decir? ¿Arrepentirte en voz alta, confesar tus pecados, reconocer que la muerte hará presa en tu carne hasta descomponerla, hasta pudrirla, hasta hacerla peor que el polvo?

—Hablar de mi alma, o de la de usted. Usted propone, y yo respondo; como si viniera a comprar algo y no llegásemos a un acuerdo sobre el precio.

Don Miguel se santiguó y reculó un poco. Me miraba con estupor y una miajita de espanto.

—¿Puedes hablar de tu alma como un gitano de un borrico?

—Puedo hablar de mi alma como de un tema académico, que no es lo mismo. Pero hágame el favor de sentarse.

Le empujé hacia el asiento, y me senté también. En la penumbra, los ojos de don Miguel aparecían cansados y sin brillo. Todo el ardor de la caridad se concentraba ahora en sus manos, largas, oscuras, como hierros retorcidos. Puso una de ellas sobre la mía y me estremecí, como si un esqueleto hubiera agarrado mi carne.

—Te he llamado hijo mío, y no es exacto. Eres como yo mismo, y en un instante toda mi juventud pasada de disipación y orgía se ha despertado en mi recuerdo. No se si Dios te trae para abatir mi soberbia porque había olvidado mis pecados. Si es así, me arrodillo y beso tus manos, porque eres un enviado del Señor. Eres el que el Señor me manda para que se reaviven mis recuerdos. ¡Yo soy un pecador, yo he ofendido al Señor, yo no hago bastante penitencia! ¡Yo soy soberbio y debo humillarme!

Se dejó caer de hinojos e intentó besar mis manos. Lo detuve: «No haga eso, se lo ruego.» Se sentó otra vez, y no pude menos de acariciar su cabellera gris.

—No se ponga así. Ignoro cuales fueron sus pecados,

pero no creo que se asemejen a los míos. Y fueran cuales fuesen unos y otros, cada uno responderá de los suyos y el Señor ejercerá por separado su misericordia, si da lugar.

—Me considero obligado a llevarte por el buen camino.

—No me opongo a que lo haga.

—Me ofrezco al Señor para expiar tus faltas.

—Eso le dará sed. ¿Quiere que pida un refresco?

Don Miguel pasó la lengua por los labios.

—Sí, un poco de agua. —Llamé a un criado y la encargué—. Cuando yo era muchacho viví disipadamente y corrí como un loco tras los placeres de la carne y las satisfacciones de la vanidad, hasta que una noche, al regreso de una orgía, tuvo el Señor piedad de mí y me ofreció la imagen de mi entierro. Desde entonces, todos mis esfuerzos se encaminan a salvarme. Cada vez que encuentro un hombre dado al vicio, le cuento mi caso para ejemplo.

—A mí no me sirve.

—¿Cómo?

—Los casos son distintos. No soy vicioso ni vanidoso. En cuanto a la muerte, me parece que la entendemos de manera harto distinta.

Había venido el servidor con el agua. Don Miguel la bebió apresuradamente, hasta atragantarse.

—¡No hay más que una manera de entender la muerte! ¡Todo se acaba, es la hora del horror y del espanto! Mi cuerpo deja de ser hermoso, y en lugar de este rostro aparece una calavera. La muerte es fría —hizo una pausa—, negra —se detuvo—. ¿Y el Señor —se levantó—. Porque allí está el Señor —señalaba con la mano extendida un rincón oscuro—, armado de su cólera. ¡Ay del que no lleve el arrepentimiento en la palma de la mano! Porque a ese le será dicho: «Vete, maldito, al fuego eterno» —su brazo descendió rápidamente, su mano señaló con energía las baldosas del suelo.

—No temo la muerte.

—¿Cómo puedes decirlo?

—Porque lo siento.

—¡La temió Jesucristo en el huerto de los Olivos!

—Jesús vino a darnos ejemplo, y yo no soy ejemplar.

Me levanté.

—Todo es cuestión de cómo le eduquen a uno, de las cosas que le inculquen. Yo, buen señor, soy un noble. A mí de pequeñito, me enseñaron que no hay que tener miedo, y que lo peor que puede suceder a un noble es ser cobarde. Me dijeron también que los nobles tenemos la vida para gastarla en lo que sea menester, sencillamente, sin gritar y sin pasar la cuenta. Fue la mejor aprendida de todas mis lecciones. Pienso en la muerte, y no tiemblo. Quizá sea anormal mi caso, pero es así.

—¿Ni aún hallándote en pecado?

—Hace tan poco tiempo que soy pecado, que aún no me habitué del todo. Estoy como en tierra desconocida, y aunque no descarto el pavor, mientras no lo haya sentido ante la muerte no podré responderle.

—Me habían dicho que eras libidinoso, pero no soberbio.

—Ni aún libidinoso soy. Quizá no llegue a serlo nunca, porque me repugna cualquier clase de ceguera, y la de la carne, por lo que he experimentado, se parece bastante a la embriaguez del vino, que tampoco me gusta.

—Entonces, ¿por qué anoche...?

—¿Anoche? —le interrumpí. ¿Es que se refiere usted a mis pecados de anoche? ¿Qué sabrá usted de ellos?

Don Miguel vaciló. Después dijo, en tono confidencial.

—Lo sé todo.

—¿Murmuraciones de lacayos?

—No fue un lacayo.

Vaciló otra vez, y en su vacilación hallé la pista del delator.

—Se lo diré yo: el Comendador de Ulloa.

A don Miguel se le quitó un peso de encima. Se acercó más y cuchicheó.

—Salimos esta mañana, juntos, del capítulo de Calatrava. Don Gonzalo estaba atribulado: «¡Me espanta don Juan Tenorio! Viniendo conmigo anoche,, pasamos por la Venta Eritaña, y de pronto, como la cosa más natural del mundo, se le ocurrió meterse en juerga, y allí quedó, liado con prostitutas, medio borracho, sin el menos respeto por la memoria de su padre ni por el Tiempo Santo en que nos encontramos. ¡Y yo, que había pensado en él como marido de mi hija Elvira!»

—¿De su hija Elvira? ¿Tiene una hija el Comendador?

Don Miguel Mañara, hombre caritativo y visionario, dejó de interesarme desde el mismo momento en que Elvira de Ulloa fue mentada. Intentaba seguir sermoneándome, pero yo, de repente, había dejado de estar para sermones. Lo despaché rápidamente con una buena limosna, y quedó concertada para otro día la discusión de mi caso.

7. Rectamente interpretada, la visita de don Miguel no podía considerarse como un azar. Había que buscarle explicación verosímil; quizás don Gonzalo, por alguna razón secreta, le había exagerado el cuento de mi aventura para que don Miguel, de quien conocía el fervor misionero, viniera a recriminarme. En esta hipótesis quedaba un punto oscuro: esa razón secreta de don Gonzalo, cuya consistencia yo no podía adivinar, porque lo razonable hubiera sido callar la boca o, en todo caso, levantarme con elogios hasta los cuernos de la luna. Aunque el Comendador no supusiera que don Miguel se iría de la lengua, parece lógico que hablase bien de mí, si le importaba mi amistad, a no ser que fuese ya un virtuoso del enredo y quisiera jugar ahora la carta de mi perplejidad. Pero yo no estaba perplejo. La hipótesis verosímil, la mera explicación humana del suceso, duró pocos minutos en mi imaginación. Llevaba unas cuantos horas zambullido en lo sobrenatural, y tenía que atribuir a la visita de Mañara, o a cualquier otro suceso, significación trascendente. La cosa estaba clara si sus factores se proyectaban al cielo y tenían a Dios como referencia: entonces, el Comendador de Ulloa conservaba su papel instrumental, y como tal se convertía en causa meramente mecánica de que Mañara viniese como embajador de la Gracia. Aquel vejete arrugado cuyas manos semejaban garfios de hierros retorcidos y móviles, había actuado nada menos que de heraldo del Señor. ¡Cómo se hubiera alegrado y reconciliado consigo mismo, de comprenderlo! Quizá se hubiera perdonado.

Pero el análisis no podía detenerse aquí, por que Mañara, además de echarme un sermón, me había hablado de Elvira; la noticia de su existencia me había inquietado, había disparado mi imaginación, y me empeñaba en identificarla con la dama que, detrás de una celosía, me había hecho una advertencia y me había citado para las diez y pico de aquella noche. Mañara había venido como portavoz del cielo, pero, al final de su visita, se había convertido también en mensajero del infierno, porque mi interés repentino por Elvira no era en modo alguno virtuoso. Y esto no le hubiera alegrado tanto a don Miguel.

Estaba claro. La primera vacilación del caritativo y exagerado caballero me permitía balizar el momento preciso en que el diablo había iniciado su intervención; la segunda, marcaba la victoria del diablo, quizá victoria leve, pecado venial, y acaso menos, pero efectiva. Porque al conocer la existencia de Elvira, se me ocurrió en seguida que mis relaciones con el Comendador no podían reducirse a riña, duelo y muerte. Aquella Elvira entrevista venía a complicar las cosas.

Tampoco aquí se detuvo mi razonamiento. Después de mi pecado, después de mi experiencia de libertad (aquella misma mañana, en la catedral), Dios y el diablo empezaban su acoso. Ni violenta, ni dramáticamente, sino como escaramuza previa, algo así como una advertencia de que estaban allí, de que no me habían olvidado, de que mi libertad no iba a ser cosa de juego. Me sentí orgulloso de no haber sido excluido del estatuto celeste, porque del otro, del infernal, estaba seguro de no ser nunca excluido.

Llamé a Leporello, y le encargué de que brujulease por Sevilla y me trajese información de la familia y costumbres de don Gonzalo, y de la opinión que merecía a los sevillanos. Apenas se había marchado, cuando me avisaron de que el comerciante de ropas finas acababa de llegar. Era un francés avecindado en Sevilla, nadie sabía más que él de las últimas modas europeas. Con voz de tiple y modales de marica, me explicó que servía a las entretenidas de varios señorones, y que todos estaban contentos de su discreción y eficacia. Había traído consigo un arcón y una azafata: la mandó que lo abriera y que fuese sacando la mercancía. A cada cosa, yo preguntaba su calidad, y algunas llegué a tocarlas.

La azafata eligió lo necesario para un ajuar completo.

Vino después Mariana: se le tomaron medidas, se le ajustó de aquí, se le ancheó de allá, y al cabo de un par de horas tuvo lista su ropa interior. La de fuera la escogí yo de acuerdo con el color de su tez y de su pelo.

Entonces, se marchó el comerciante y quedó la azafata. Mariana se dejó desnudar y vestir, peinar y acicalar, mientras yo, acogido a un rincón, lo contemplaba todo, aunque sin ánimo lascivo, sino curioso. A veces preguntaba el nombre de una prenda o comentaba la gracia de su caída o lo bien que le sentaba a Mariana.

—Tiene un cuerpo raro esta muchacha —comentó la azafata—. Demasiado vibrante y delgada. A los hombres suelen gustarle llenitas y reposadas.

Mariana obedecía si la mandábamos andar, o pararse, o inclinarse; pero la presencia de la azafata la cohibía.

—Si estuviéramos solos —me dijo—, caminaría con más garbo.

Cuando marchó la azafata, me preguntó Mariana:

—¿Para quién es todo esto?

—Para ti.

—Pero, ¿por qué?

—La mujer que es digna de esta casa, debe llevar ropas dignas de la casa y de ella.

Mariana se inclinó en mi hombro y escondió la cabeza.

—Yo no soy digna...

8. A las diez en punto salí a la calle y esperé junto al quicio de mi puerta, aparentemente solo, porque Leporello había sido instruido en la obligación de seguirme y no perderme de vista. La dueña se demoró unos instantes, y llegó luego, con pasos cortos y saltones, recatándose en la sombra de los muros. Venía velada, y hubiera sido igual que viniera descubierta, porque del modo de andar quebrado colegí que era un vieja.

—¿Es usted don Juan?

—Sí.

—Venga conmigo, entonces, y no me pregunta nada.

—Nada había preguntado.

—Por si acaso...

Echó a andar, y yo detrás. En las calles lunadas había perfume de flores, y suspiros en los rincones y en las rejas. Nunca creí que se amase en Sevilla con tanto gasto de alientos y tanta precaución de sombras: porque ni una sola hallamos sin inquilinos ni ayes placenteros. En una de ellas, la pareja se amaba tan absorta y metida en sí —es un decir— que la vieja tropezó con ellos, y ni apartarse siquiera: quizá un «¡Mi vida!» entrecortado fuese la única respuesta. El silencio de Sevilla, bien escuchado, se poblaba de ayer, de gemidos, de jadeos, todo bien alcahueteado por la luna. La dueña se santiguó, y comentó a media voz la inmoralidad pública y lo perdida que estaba la juventud.

—Tiene usted razón, señora —le dije, por congratularla—; no sé a donde iremos a parar, con este desenfreno. ¿Está muy lejos eso?

La vieja contestó con un gruñido. Atravesamos calles y plazas, y entramos en una especie de callejón, que reconocí como lateral de la casa de don Gonzalo, ante cuya fachada habíamos pasado. La dueña se detuvo junto a una reja, dijo: «Es aquí», y se metió en las tinieblas. Volví, entonces, la cabeza, y al cabo de la calle, contra un ligero resplandor, descubrí la silueta de Leporello: las piernas separadas, y puesto en jarras, hacía su centinela.

—Don Juan.

La voz salió de entre las flores. Me arrimé. No sabía bien cómo portarme. El recuerdo de lo visto en las comedias llevé mi mano al sombrero, pero tengo la impresión de que, en aquellas penumbras, mi saludo no fue advertido.

—Don Juan. Acérquese.

Mi frente rozó las flores y los hierros. Entonces, sentí en las mejillas el calor de un aliento contenido.

—Acérquese más. No tenga miedo.

—¿Miedo? ¿Por qué?

—Podría asesinarle.

—¿Para qué?

Ella —quién fuese— rio.

—Tiene usted razón. ¿Para qué? Sería absurdo, llamarle para matarle, cuando me es tan necesario.

Aparté las flores y me agarré a los hierros de la reja.

—¿Quién es usted?

—Ya lo sabrá. Ahora quiero decirle, lealmente, que

está en peligro. El Comendador deja la casa vigilada. En cualquier momento pueden caer sobre usted y apalearle.

—¿Guarda tanto la casa por usted?

—No. Por su hija.

Me pareció entonces como si aquella voz delgada, casi imperceptible, se entristeciera: un sólo instante de tristeza, porque continuó en seguida.

—De modo que, si lo prefiere, puede marcharse.

—¿Me ha llamado para eso?

Sentí que unas manos tibias, suaves, se agarraban a las mías; sentí el aliento más cerca aún de mis mejillas.

—No, don Juan. Le llamé...

—¡Cuidado, mi amo!

Leporello venía corriendo por la calleja, y dos bultos detrás. Por el otro cabo, otros bultos se acercaban. La dama dijo, rápidamente:

—Ya están ahí. Córrase a la derecha, hasta hallar una puerta, y defiéndase hasta que yo pueda abrirle.

Oí sus pasos menudos, veloces, que se alejaban. Leporello estaba ya a mi lado.

—Esto es una encerrona.

—Saca la espada y aguanta. No te preocupes por mí.

Busqué la puerta y me arrimé a ella. En el silencio de la calleja resonó el choque de las espadas: juraría que, además, saltaron chispas. Por delante de mí pasaron dos bultos despavoridos; Leporello fué atacado por la espalda. Iba a saltar en su defensa cuando la puerta se abrió en silencio y alguien tiró de mi capa, hacia dentro. Después, la puerta volvió a cerrarse. Me hallaba en un lugar oscuro, quizá un zaguán, y a mi lado respiraba una mujer.

—Van a matar a mi criado.

—Pero no le matarán a usted.

—Es una deslealtad con Leporello.

—A poco listo que sea...

Al barullo de las espadas se mezcló, súbitamente, un grito. Cesaron los ruidos. Duró el silencio un instante y se oyeron luego pasos que se alejaban, y una voz que gritó: «¡Seguirle, que no se escape!», mezclada a las quejas de un herido. La mujer me tomó de la mano.

—No pase más cuidado, don Juan. Su criado...

—¿Está segura de que es el quien huye?

—Evidentemente. Venga conmigo.

Me dejé conducir. Puertas, pasillos, estancias asombradas; el patio en que había estado aquella mañana, aromas, músicas de surtidor. El paseo duró un buen rato. A veces, la claridad que entraba por ventanas sin postigo me permitía adivinar blancas paredes, oscuros fantasmas de armarios, manchas de cuadros. La mujer era de mi estatura y caminaba con seguridad en las tinieblas.

Soltó mi mano y corrió los cerrojos de una puerta.

—Espere.

La oí ir y venir. Relampagueó un pedernal, encendió una vela. Estaba en un rincón, de espaldas, y la luz me reveló su silueta. Parecía vestida de ropa fina y holgada y llevaba el cabello suelto, como si acabara de levantarse de la cama. Cogió la vela, se volvió y vino hacia mí. Cuando estuvo cerca, adelantó la vela y se iluminó el rostro. Podría tener como treinta y cinco años, y era hermosa. Recorrí con la vista su figura: el traje sólo dejaba traslucir los bultos de los pechos.

—Soy doña Sol, la mujer de don Gonzalo.

—Pero... ¡Es usted muy joven!

—Soy su segunda mujer.

—Aún así... ¡El Comendador es un carcamal!

Ella sonrió con amargura y dejó la vela encima de una mesa.

—Es algo peor todavía.

Hablaba ya sin la máscara del susurro, a voz llena y con cierto patetismo. Se acercó, cogió mis brazos y me miró a los ojos. Brillaban los suyos con luz apasionada, y le temblaban los labios.

—¿Qué piensa usted de mí?

—Carezco de elementos de juicio.

—Míreme bien, don Juan. ¿Le gusto?

—Eso, sí.

—¿Se me nota que soy muy desgraciada?

—Mas bien un poco melancólica.

—No, no. Desgraciada. La desgracia ha arruinado mi belleza. Cuando me casaron con el Comendador...

Me había parecido oir ruido en la casa, pero, a esta altura del coloquio, el ruido se oyó tan cerca que doña Sol se interrumpió.

—Es mi marido. Han ido a avisarle. Pero, no tema. Le importaría poco encontrarle en la alcoba de su mujer.

—Para mí, sin embargo, sería bastante embarazoso —bromeé—. Hasta ahora y en apariencia, somos amigos.

—Le evitaré el embarazo.

Me empujó hacia una puertecilla, la abrió y me metió en un cuarto estrecho, llenos de armarios. La puerta tenía montante de cristales: me encaramé como pude, para no perder la escena. Habían sonado golpes en la puerta de la habitación, golpes estruendosos, y, al otro lado, chillaba el vozarrón de don Gonzalo.

—¡Va! En seguida. ¡Ni que ardiera la casa!

Doña Sol se movía tranquilamente. Cogió la vela y abrió la puerta. Don Gonzalo entró como un vendaval. Detrás venía una muchacha joven, un chal encima del camisón. Doña Sol se volvió hacia su marido, de modo que la muchacha quedó en la sombra.

—¡Hay un hombre en la casa!

—¿Y lo busca usted aquí?

—¡Lo buscaré en el fondo del infierno! ¡No pararé hasta darle muerte!

Blandía en la diestra un espadón tremendo, y, en la siniestra, una pistola. Doña Sol no parecía inmutarse.

—Mande que traigan luces, y regístrelo todo.

—¿Aquí? ¿Para qué voy a registrar aquí?

Se volvió a doña Sol y la miró con desprecio.

—A ti nadie vendrá a rondarte.

—Entonces, ¿para que me ha despertado?

—Para que cuides a mi hija mientras miro la casa.

Le tembló la voz al mentar a Elvira, y su mirada la buscó en la penumbra.

—¿Estás ahí?

La hija adelantó unos pasos, y la luz de la vela la iluminó. Era espigada y linda, y se movía con mucho garbo. El cabello, que le caía por la espalda, era moreno tirando a claro. El chal, puesto al desgaire, dejaba ver unos brazos llenitos, de buen contorno.

Don Gonzalo alargó el brazo armado de la pistola, su brazo formidable, y la rodeó los hombros y la atrajo hacia sí con especial pasión. Ella lo permitió sin mostrar entusiasmo. Don Gonzalo se guardó la pistola y sus dedos acariciaron la carne desnuda de Elvira.

—El honor de mi hija... —empezó a decir don Gonzalo; y apretaba cada vez más el cuerpo de la muchacha.

—Déjelo de mi cuenta, y váyase, no sea que el hombre tenga tiempo de escaparse.

—Tienes razón. —Dio unos pasos hacia la puerta, siempre agarrado a su hija—. En cuanto salga, echa los cerrojos.

—Descuide.

—¡Partiré en dos la cabeza del miserable! —bramó don Gonzalo, y soltó a Elvira, no sin antes acariciarla—. ¡Haré escarmiento, enseñaré a los mozos de Sevilla lo que es...!

Doña Sol cortó sus voces de un portazo. La hija se arrimó a la pared.

—Tengo sueño —dijo, con voz de cítara.

—Parece que no le da mucha importancia al caso, señorita.

—Le doy la misma que tú. No tengo experiencia de estos asaltos, y no sé si alegrarme o echarme a llorar.

—Pero, ¿no le da miedo que un hombre ande escondido por la casa, quizá buscándola?

—¿Cómo va a darme miedo, si jamás hombre alguno me ha buscado? Pero, si fuera así, quizá no me diese miedo. Los hombres no deben de ser tan malos como piensa mi padre, y algunos son hermosos. Me gustaría tener uno junto a mí, tenerlo siempre.

Había una especie de chunga en el tono de su voz, y una sonrisa como de hastío y desencanto coronaba sus labios. Dejó caer el chal y cogió un abanico.

—Hace calor aquí. ¿Por qué no abres los postigos?

—¿Y si alguien pasa por la calle y la ve desnuda?

—Dije de abrir los postigos, no las celosías. Además...

Llevaba el camisón ceñido, y la tela era tan fina que se le transparentaba el cuerpo. Doña Sol apartó la vela, abrió el postigo de la ventana. La hija se acercó. Entonces, doña Sol llevó la luz al rincón más alejado. La hija alzó un brazo por encima de la cabeza, e introdujo los dedos en el dibujo de la celosía.

—Elvira.

—¿Qué?

—Si ahora viniese tu padre...

—Que venga. ¿Hay pecado alguno en respirar el aire de la calle?

—No. No hay pecado.

—¿Y en desear que un hombre que sea mi marido se preocupe de si asaltan o no mi casa.

—Tampoco. Pero no debe decirlo.

—¿Qué más da decirlo o no, si lo pienso? Lo pienso constantemente, lo pienso con rabia, porque tengo casi veinte años y sé que soy bonita.

Se volvió bruscamente.

—Estoy harta del encierro en que papá me tiene. ¡No salgo de casa más que a misa, con velos y vigilancia! Sin embargo, sé que existe otra vida, esa de que gozan mis criadas por las noches en brazos de sus amantes. Lo sé, lo he visto, y lo deseo. Yo también quiero un hombre que me abrace y que me haga feliz. Si no me lo da mi padre, lo buscaré entre los palafreneros y le abriré de noche la puerta de mi alcoba, como una criada.

Se iba acercando a la luz, mientras hablaba. Doña Sol cubrió la vela con su cuerpo, y el de Elvira quedó oscurecido. Elvira se detuvo.

—¿Me dejas dormir aquí, contigo?

Y doña Sol, sobresaltada.

—¿Por qué? ¿Para qué?

—Porque aquí se respira, y no en aquella prisión dorada donde duermo. Me gustaría tener una ventana, como esta tuya, una ventana a la calle, con flores, y ver pasar a los muchachos.

—¡Elvira!

Estaban muy cerca una de otra. Doña Sol adelantó los brazos.

—Se lo diré al señor, y, si acepta, mandaré que pongan aquí otra cama. Se lo diré mañana.

Elvira se dejó abrazar y llevar hasta un sillón arrinconado. Se sentó y dejé de verla; el marco del montante partía sus piernas por las rodillas. Doña Sol, en cuclillas junto a ella, comenzó a hablarle en voz baja.

Empezaba a sentirme incómodo, y, sobre todo, embarullado: no entendía el por qué de aquella diferencia de trato, del respeto casi servil con que doña Sol hablaba a su marido y a Elvira, y de la familiaridad desdeñosa con que le hablaban a ella. Descendí como pude, y esperé.

Pasó el tiempo, largo. Llegaba hasta mí el murmullo de una conversación apacible, y, remotos, los ruidos de don Gonzalo registrando la casa: voces, portazos, imprecaciones. Me daba el sueño. Casi estaba dormido cuando don Gonzalo regresó, y, por miedo de hacer ruido, quedé quieto en mi rincón. Don Gonzalo decía que el hombre había escapado, pero que a la mañana siguiente todas las criadas de la casa comparecerían ante el juez, y ya sacaría, a fuerza de tormentos, quien había abierto la puerta, y a quien. Después, se llevó a su hija.

—Dormiré en su antesala, y el que pretenda llegar a ella pasará por encima de mi cadáver.

—Podía quedar con doña Sol —murmuró Elvira.

—¡Dios te libre! Doña Sol tiene bastante con guardarse a sí misma, si quiere hacerlo. Tú vienes conmigo, que soy tu padre y sé lo que conviene a tu honor. ¡Pues no faltaba más! El padre es el único que debe cuidarse de sus hijas. No hay amor en el mundo como el amor de un padre.

Pasos, portazos, cerrojos. Poco a poco la casa quedó en silencio. Entonces, doña Sol me abrió la puerta.

—¿La ha visto usted?

—¿A quién?

—A Elvira.

—La he oído solamente. Mal podía verla...

—Es muy bonita...

Aquella cosa triste renacía en la voz de doña Sol, y yo andaba buscando parecido en la memoria: hasta que de repente recordé las primeras palabras de Mariana, aquel «Don Juan» dramático con que me había saludado. También doña Sol hablaba con voz de cante jondo.

—Quizás se haya usted dado cuenta de que los odio.

Se había arrimado a la pared, y me miraba.

—Odio a todos los de la casa. Calladamente, como una esclava, sin poder decirlo ni expresarlo de ninguna manera. Un odio que se me queda aquí dentro y que me hace daño. Tengo que servir a mi marido y a su hija, y sonreirles.

—¿Por qué?

—Porque, si no lo hiciera, el Comendador me mataría.

Bajó la cabeza, ocultó los ojos.

—Por su mano o por la mano de otro. Le sería fácil

hacerlo, o conseguir que lo hiciesen. Sólo con denunciarme a la Inquisición.

Alzó rápidamente la cabeza y me miró resuelta, orgullosa.

—Soy judía. ¿No ve que en mi habitación no hay una sola Cruz? No creo en la Virgen María ni en Jesucristo.

Le hice una reverencia.

—Carezco de prejuicios raciales, y no soy un fanático. Pero, ¿cómo es posible que don Gonzalo...?

Nació en sus ojos una luz agradecida, y sonrió.

—Tendría que explicarle la historia de un engaño y algunas cosas más. Tengo treinta y cinco años. Me casaron con él, en secreto, a los dieciocho. Yo era una muchacha inocente con una dote apetecible, y mi padre andaba lleno de temores, porque la Inquisición buscaba su dinero. El Comendador le garantizó que, si nos casaba, podría seguir tranquilo. Arreglaron los trámites de un matrimonio secreto, y don Gonzalo trajo a un supuesto cura que me bautizó y nos casó. Yo vivía en casa de mi padre, el Comendador iba a dormir conmigo todas las noches, y los inquisidores nos dejaron en paz. Y así fue durante algún tiempo, hasta que el Comendador se gastó mi dinero. Entonces, un buen día, encerraron a mi padre, y se murió en la cárcel, pero su dinero no lo heredé yo, sino que fue confiscado, contra lo que mi marido esperaba. Los jueces me echaron de mi casa, y tuvo que traerme a la suya y encerrarme aquí, como si no existiera. Para todos, incluso para Elvira, soy como un aya. Desde entonces, me desprecia. Pero antes de eso...

Enrojeció y ocultó la cara con el brazo. La oí sollozar. Dejó caer el brazo, y los ojos llorosos miraban al suelo. Dijo, trémula:

—Yo era una muchacha inocente, y él, un degenerado. ¿Lo imagina usted?

—No.

—¡No querrá que le cuente lo que me hacía!

—No, si usted no lo quiere; pero no puedo imaginarlo.

—Me da vergüenza.

Hablaba con acento sincero, y le temblaban los labios.

—Le gustan las muchachitas, y me echó de su cama cuando dejé de serlo. Su hija, entretanto, había crecido.

Él no vivía más que para ella. Jamás me compró un vestido: he de ponerme los que Elvira deja. Y no sé de dónde saca el dinero para traerle los más costosos, los más bonitos. De pronto, un día cualquiera, sin avisar, llegan las costureras y se ponen a labrar la seda o el terciopelo. Hacen las pruebas a Elvira con el Comendador delante, y es él quien dice si está bien o mal. Y, cuando el traje está listo, Elvira se lo viste para él, lo luce delante de él, lo pasea ante sus ojos extasiados. Es su único goce.

Volvió a llorar. Yo me preguntaba por qué me contaba aquellas intimidades, y al mismo tiempo, la examinaba. Por segunda vez, una mujer estaba cerca de mí; probablemente acabaríamos acostándonos, y, sin embargo, como con Mariana, podía más en mi ánimo la curiosidad que el deseo. La examinaba ávidamente, la escuchaba como quien espera descubrir un secreto resplandeciente debajo de las palabras oscuras. Y lo que descubrí no sabría entonces definirlo y quizá sea indefinible, quizás le perteneciese en exclusiva; pero esto puedo pensarlo hoy, cuando he conocido ya muchas mujeres y he descubierto y experimentado la singularidad de cada una. Entonces, a doña Sol, lo único que se me ocurría era compararla con Mariana y advertir las diferencias: el modo de mover las manos, la aspereza vibrante de su voz, y aquella vena azul que le temblaba en la garganta.

—Esta mañana, el Comendador vino a este cuarto. Entró sin llamar, corrió cortinas, abrió ventanas. «¡Salta de cama, perra judía!», me gritó. Yo lo hice temblando. Cuando estuve en medio de la habitación, ahí, junto a esa mesa, y le miraba con miedo, echó la mano al escote de mi camisón y lo rasgó de arriba abajo. Quedé desnuda, quise esconderme. «¡Espera!». Me miraba, daba vueltas alrededor de mí. «¡Todavía estás guapa, todavía puedes encandilar a un muchacho inexperto!». Seguía dando vueltas, me palpaba, me pellizcaba. «Un poco blanda, claro; pero si no has olvidado lo que te enseñé, vales como cualquiera para la cama, mejor que otra. ¡Ya lo creo! Otra podría darme gato por liebre, pero a ti te tengo bien agarrada». Me arrojó en la cama de un empujón y continuó hablando. «En realidad, no eres mi mujer, sino mi barragana. Cuando me casé contigo, un amigo se disfrazó de cura para echarnos las bendiciones. te lo he dicho muchas veces. De modo que con ir a la Vicaría y confesarlo... No es un matrimonio válido, y, así, tu honor o tu deshonra no me dan frío ni calor. Y como además no te conoce nadie... Porque a ti no te conoce nadie como la esposa del Comendador de Ulloa. ¿Sabes por qué tengo en Sevilla esa fama de celoso? Para no verme en la necesidad de mostrarte a nadie, para que nadie descubra en mi casa una marrana. No estoy casado contigo, y si te mantengo a mi lado es por pura lástima. Por lo mismo no te han quemado ya...»

Quedó unos instantes en silencio. Había dejado de llorar. «El muchacho inexperto es usted», dijo; y quedó otra vez callada. Yo debía de tener cara especialmente bobalicona y sorprendida, porque sonrió en medio de su silencio.

—¿Le sorprende?

—No. Sé a que atenerme.

—Me explicó, entonces, que yo podría servirle de cimbel y atraerle a usted y desplumarle. No a esta casa, sino a otra que me pondría, con servidumbre nueva y adoctrinada. «Necesito dinero, y el perro de tu padre se marchó al otro mundo dejándome con un palmo de narices. Necesito una punta de doblones para pagar un palio a la Virgen de la Esperanza. Es justo que seas tú quien me los proporcione. Te será fácil sacárselos a don Juan. Y, si lo haces bien, llegaré incluso a repartir contigo». Yo me había serenado. Escuchaba sus insultos sin inmutarme. Me atreví a decirle: «Pero, ¿no se siente deshonrado si su mujer...?» Me interrumpió con violencia. «¡No eres mi mujer, ya te lo expliqué! No hay teólogo en Sevilla que se atreva a sostenerlo. Eres mi barragana, y de lo que haga mi barragana se me da un pimiento». «¿No serán todo eso argucias para engañarse a sí mismo?». «Argucias? ¿Engañarme yo? ¡Soy el tío más listo de Sevilla, eso lo saben los niños de coro; pero dejaría de serlo si el dinero de ese bobo se me escapa de las manos». Le pregunté cómo era usted, y me dijo: «¡Un chico guapo y honrado! Te gustará, y eso es lo que llevas de ventaja». «¿Y es tan rico?». «¡El más rico de Sevilla!». «¿Noble?». «¡Un godo, como yo!». «En ese caso, ¿no sería más seguro, y más limpio, casarlo con

Elvira?». Vino hacia mí con ojos envenenados. «¿Qué dices?». «Casarlo con Elvira. Ella también es...». Me agarró de un brazo, me arrastró fuera de la cama, me zarandeó, «¡Perra judía! ¿Quién te piensas que es Elvira para casarse? ¡El cuerpo de mi hija no servirá nunca para dar gusto a un hombre! ¡Para zorras en mi casa, me basta una». Estaba furioso. Creí que iba a matarme. «¡Casarse Elvira! ¡No verá más hombres que a mí en su vida, y, antes de morirme, la dejaré bien encerrada en un convento. ¡Pues no faltaba más, que mi hija fuese a servir de pasto al placer de don Juan!». Y, de pronto, se marchó.

—Lo encuentro exagerado —interrumpí—. Por mucho que se quiera a una hija, no es para ponerse así. Ni que fuera un marido celoso.

—Poco después llegó usted.

Aquí, los ojos de doña Sol recobraron la alegría y se borraron de su rostro las huellas de la pena. Se echó a reir, repentinamente.

—¡El barullo que se armó entre las criadas! La que le abrió la puerta, llegó como embrujada, y dijo a las demás que se asomasen a verle. De momento, quedaron turulatas; después, empezaron a cuchichear, a llamarle guapo, a decir que se entregarían a usted. Yo me acerqué también a curiosear...

Me había sentado en el borde de la cama, frente a ella. Doña Sol, juntas las manos, se interrumpió. Poco a poco se le doblaron las rodillas y quedó junto a mis pies.

—¡Don Juan! ¿Es usted un hombre, o el diablo?

Me dio la risa, y al mismo tiempo, sentí hacia ella una gran ternura. Le acaricié las mejillas.

—¡Dios no lo quiera! Ni aun endemoniado estoy, o, al menos, pretendo no estarlo. No me es nada simpático ese sujeto.

—Entonces, ¿por qué...?

Se interrumpió, se abrazó a mis piernas y quedó mirándome, como embobada. Pero lucía en sus ojos una extraña luz.

—... por qué, desde que le he visto, he deseado que Dios no exista para no ser más que de usted? ¿Por qué he pasado el día esperándole como se espera al Mesías?

¿Y por qué estoy ahora junto a usted como en el Paraíso? ¡Usted es para mí la Promesa hecha a Abraham! ¡Usted es mi ser, mi dicho y mi triunfo!

Sus manos se movieron, empezó a desabrocharse el camisón, y en unos instante quedó ante mí, desnuda.

9. Me esforcé en no esperar demasiado, en frenar mi fantasía; pero mi prudencia no pudo evitar la sensación final de desencanto y el sentirme de nuevo zambullido en lo eterno, cara a cara con Dios. Aunque variada y más rica en matices, la cosa fue como con Mariana. La principal diferencia consistió en que no me vinieron ganas de echar a doña Sol a patadas de la cama, probablemente porque me iba haciendo ya a las decepciones sexuales, tal vez también por comprender que doña Sol no tenía la culpa, como no la había tenido Mariana, como no la tendría mujer alguna en su caso. Me porté con la mayor cortesía, y ni una vez reí ante las alabanzas casi religiosas, ante los extremos del amor marcadamente místico que doña Sol me profesaba, el amor a cuyas cimas la veía ascender sin que yo pudiera seguirla, o en cuyas profundidades se sumía como un buzo en las del mar; aunque doña Sol, en vez de perlas, trajera en los labios una sonrisa. Me interesó al principio comprobar cómo, a pesar de las diferencias, de las desigualdades personales, los efectos eran los mismos, y salvo las palabras con que la expresaba, palabras como oraciones, la dicha de doña Sol se parecía bastante, al menos a la vista, a la de Mariana. No incurrí, sin embargo, en el error de atenerme a lo genérico; me convencí, de una vez para siempre, de que todas las mujeres sienten lo mismo en estos casos, y gracias a esto me desinteresé de sus sensaciones para atender a sus sentimientos. De no haberlo hecho, es probable que mi vida hubiera sido otra; porque doña Sol me ofrecía en sus labios, sin saberlo, aquella misma dicha que el demonio me había ofrecido en su primera tentación, pero lo que descubrí tenía bastante que ver con otros sucesos anteriores que me importaban más; me apartaba de toda tentación de sensualidad y me devolvía de un empellón a la presencia de Dios. Porque lo que descubrí fue que doña Sol no exageraba, que verdaderamente había sustituido a Dios por mí, y que

sinceramente deseaba que Dios no existiese para ser enteramente mía. O sea, que en mí existía una posibilidad de rivalizar con el Señor, y que obraban en mi persona —o, mejor, desde ella— facultades hasta entonces ignoradas que arrebataban a las mujeres, que las hacían desear unirse a mí para toda la eternidad, y que en unión semejante hallaban una suma de dicha cuya naturaleza, pensada, me estremeció. Confieso que al llegar a esta conclusión sentí terror, y durante un tiempo que no sé lo que duró me tuve por incapaz de seguir adelante, y llegué al punto de arrojarme del lecho, sacudido por el arrepentimiento; de arrodillarme en las baldosas blancas y negras, y de pedir a Dios perdón de mi osadía. Pero entonces escuché en mi recuerdo las carcajadas de mis antepasados, la voz burlona del abogado que me decía: «Caballerete, ¿no era usted el que se creía con fuerzas para desafiar a Dios? ¿No era usted el que presumía de llevar el pecado hasta sus últimas consecuencias? ¡Corra a los pies del Comendador, pídale clemencia y pase el resto de sus días en una cartuja, que para más no vale!». Me alcé del suelo lleno de bríos, y mis brazos arrebataron una vez más a doña Sol, la levantaron por encima de toda dicha humana y me levanté a mí mismo por encima de todos los hombres; y cuando ella se cerraba entera sobre sí, cuando ni uno solo de sus poros dejaba escapar un respiro de felicidad —cuando, de esta manera, me tenía dentro—, mi alma envió al abogadete el último desafío: «¡Veréis vosotros de lo que soy capaz!».

Sin embargo, el sentimiento de culpa no me abandonaba; crecía, por el contrario, dentro de mí, cada vez mayor, y tuve que pelear con buena dialéctica hasta destruirlo. Estaba, sin embargo, satisfecho, porque en el arrepentimiento hallaba la prueba de que el Señor no me desdeñaba, de que había aceptado la pelea, y de que procuraba convencerme con sus armas más delicadas y divinas. Si por la Grandeza de mi Contendiente podía medirse la mía propia —salvadas todas las distancias, porque nunca fui tan imbécil que me tuviera por igual a Dios y nunca olvidé que al final me vencería—, podrían mis antepasados sentir orgullo de mí.

Doña Sol se había dormido. Me acerqué a la ventana y respiré el aroma de las flores: entraban raudales de primavera, mi cuerpo se henchía de ellos y se sentía, él también, primavera. Descubrí a Leporello arrimado a la pared de enfrente, el sombrero encima de los ojos, como dormido; la luz del amanecer devolvía los colores a su traje. Le chisté. Levantó la cabeza y llegó corriendo a la reja.

—¿Está usted ahí?

—Supongo que saldré pronto, aunque nunca se sabe... Espérame en el rincón de la plaza.

Marchó sin prisas. Yo estuve todavía unos minutos a la reja, recibiendo el fresco de la alborada y metiéndolo en mis venas. Después, volví a la penumbra. El olor de las flores se mezclaba al del cuerpo de doña Sol y componían un aroma turbador, como de incienso.

Doña Sol se había sentado en la cama, cruzada de brazos y la cabeza hundida en el pecho. Me senté junto a ella y le tomé las manos. Me miró, entonces, dulcemente, y se apartó.

—No me toques más, mi vida.

Quise abrazarla, y me esquivó.

—¿Por qué?

Me había cogido por los brazos y me mantenía alejado de su cuerpo.

—¿Lo entenderías?

Intenté requebrarla con la respuesta.

—¿Cómo no, si somos uno, y tus pensamientos nacen dentro de mí y son míos?

Sonrió.

—No, Juan. Hemos sido uno, o, al menos, yo he estado dentro de ti, y al mismo tiempo te tenía en mi cuerpo y en mi alma. Pero el encantamiento se ha roto ya...

—Podemos reconstruirlo infinitas veces.

Movió la cabeza.

—Ya no. No sabría. Lo que ha pasado esta noche sólo pasa una vez, y basta. Además...

Aflojó las manos, dejó caer los brazos desmayadamente.

—... ya no lo deseo, ni podría desearlo. Fue... ¿cómo te lo diría?, más, mucho más, de lo esperado y de lo deseado, incluso algo que no había esperado nunca, distinto del placer. ¡Si lo sabré yo, que los conocí todos y los aborrecí! Esta mañana, al verte, comprendí que recibiría de ti otra cosa, no sabía cuál, pero más bella, quizá el amor.

Había saltado de la cama y empezaba a vestirse: conforme lo hacía, parecía recobrar el pudor, y se recataba.

—Tú no sabes, Juan, lo que encontré allá arriba, en ese mundo al que me llevaste, en el que yo deseaba ardientemente entrar... —Se interrumpió y me miró con recelo—. ¿No te reirás?

Recogí su mano, tendida en el aire, y la besé. Ella apretó la mía.

—Gracias, Juan... Tenía miedo. ¡Fue tan extraordinario, y sin embargo, es tan natural! Me llevaste al amor, me hiciste sentirlo, y, ¿hay algo de extraño en que haya encontrado al Señor en tus brazos? Ya ves, quería hacerte mi Dios, pretendí olvidar al mío, y tú me devolviste a Él... ¡No me mires de ese modo, Juan! Me has hecho sentirme de Dios como nunca me había sentido, ni aun de niña, cuando era mayor mi fe. Y por eso te amo más todavía.

No soy capaz de imaginar qué especie de estupor, o quizá estupidez, expresarían mis ojos: porque hubiera esperado de doña Sol las palabras más estupendas, los propósitos más descabellados, menos aquéllos. Hablaba con ardor, como una iluminada, sin sospechar que estaba derribando mi orgullo, y que, en lo que me descubría, me revelaba que Dios me había tomado el pelo.

—Sé que ya no podré hacer nada malo en el mundo, y me siento capaz de cualquier sacrificio. Sí, Juan, hasta de morir en la hoguera para que Dios perdone a mi marido. Un día llegará, estoy segura. Hasta entonces, seré su esclava, y esclava de su hija. Haré por ella...

Se interrumpió, de pronto, y me agarró del brazo.

—¡Tienes que casarte con Elvira! ¡Líbrala de su padre, Juan! ¡Róbala, si hace falta! ¡Yo te daré una llave! ¡Escríbele, espérala en la iglesia, hazte ver por ella! ¡Te amará en seguida, y en tus brazos se hará dulce y buena! ¡No me digas que no lo harás, Juan!

Su mirada imploraba, acuciaba su voz. Y yo no me sentía capaz de sonreir.

10. Llegamos a mi casa con el sol. Me sentía irritado,

y, al mismo tiempo, la parte más serena de mi espíritu insistía en razonar y explicarse la situación. «Evidentemente, Juan, te has pasado, Dios es amor, y si doña Sol halló el amor en ti, ¿qué tiene de extraño que haya encontrado por chiripa a Dios? No hay que llevarlas tan arriba. Quedar, más bien, en los umbrales; que Le presientan sin saber exactamente si el Dios a quien presienten eres tú. De esta manera no las enviarás bonitamente a Sus brazos, sino que permanecerán en los tuyos. Eso, claro, en el caso de que crean. Porque, con las incrúdulas, no sería mala faena descubrirles la Eternidad y sus encantos, y poder decirle al Señor «Ahí te dejo ese regalo, que llegó a Ti por el camino del pecado». No sería mala faena, no...». El razonamiento me parecía irreprochable, y se me ocurrió, de pronto, ensayar con Elvira el nuevo método. Doña Sol me había prometido una llave, me había pedido que escribiera a su hijastra, y hasta me había dicho el lugar y la hora en que iba a misa cada día. Tenía por delante un par de horas.

Me ayudó Leporello a descalzarme, y trajo algo de la cocina, porque teníamos hambre. Luego me preguntó si pensaba dormir: le respondí que no. Y si podía acostarse: le dije que vestido, porque saldríamos temprano. Antes de retirarse me trajo papel y pluma, y mientras él descabezaba un sueño en la antesala, me puse a escribir mi primera carta de amor. La escribí larga, desangelada, silogística, y, leída, la destruí, furioso contra mí mismo, que a los veintitrés años no acertaba a enviar a una muchacha unas palabras de pasión. Se me ocurrió bucear en los libros de mi padre, a ver si algún poeta inspiraba conceptos más calientes, pero mi padre no había leído en su vida más que autores épico-heroicos y tratados de devoción. Me sentí más furioso todavía, y la furia me llevó a pasear por el patio, a aquellas horas fresco, solitario, penumbroso. Corría la fuente entre rosas y naranjos, y en sus aguas bebían las golondrinas. Un gato oscuro, bien nutrido, las acechaba desde un rincón, y cuando saltó para atraparlas, el peso de su panza le hizo fallar el golpe. Se me ocurrió interpretarlo como advertencia: una carta prolija sería contraproducente. Pero, ¿cómo se escribiría una carta breve, cómo se metería en seis palabras todo lo que quería decir a Elvira?.

Me senté en un banco, cerca de los rosales; me dejé penetrar de su aroma, y empecé a razonar. La urgencia de la situación aconsejaba no andarme por las ramas, y prescindir de retóricas como de silogismos. Tampoco parecían convenientes conceptos demasiado espirituales, porque lo que yo podía darle empezaba por la carne y acaso se quedaría en ella. Recabé pluma y papeles, y escribí de nuevo: me salió una carta algo más breve, como de dos cuartillas. Excesiva también, pero de tono más real, más convincente. Empecé a tachar aquí y allá; abrevié párrafos, suprimí preámbulos, y después de una hora larga, la carta quedó reducida a estos términos. «Fui yo quien esta noche entró en tu casa, y estuve tan cerca de ti que la pistola de tu padre se apoyaba en mi corazón. Yo soy lo que tu carne espera. Volveré». Y firmé con mi nombre y apellido. La carta, como se ve, contenía una mentira patética, y la más importante de sus afirmaciones no me pertenecía literalmente, puesto que recordaba las primeras palabras de Mariana: «Yo soy lo que usted espera». Si habían sido dictadas por el Comendador, como siempre he creído, porque a chica tan sin letras no se le hubiera ocurrido comienzo tan eficaz, le devolvía la pelota, aunque con una piedra dentro.

El reloj de la Giralda dio las ocho. Subí a la habitación, para cambiar mi ropa por otra más ligera y aparente, y, con Leporello a la zaga y la carta en el bolsillo, marché a la iglesia donde Elvira oiría misa de nueve. Llegamos con tiempo de remolonear por el atrio y fisgar quienes entraban y salían: chicas bonitas a montones, chicas que nos miraban esperando el requiebro, y guardianes de sus honras que pretendían quemarnos con sus miradas. A los pobres de la puerta les di limosna en oro, y tuve que esconderme, abrumado de bendiciones.

Elvira llegó a las nueve en punto, con una dueña a cada lado y dos escuderos detrás. La vi de lejos, me dio tiempo de arrimarme al quicio y esperarla: una mendiga me dejó, gustosa, el sitio, y hasta me guiñó un ojo al comprender la razón de la maniobra. «Si ha de valerse de alguien para algún recado discreto, murmuró, cuente el señor conmigo». Elvira se acercó y la miré con insolencia. Dio un tropezón, y le sonreí. Dejó caer el velo, y el rostro al descubrierto, y le envié las gracias con una mirada. Vi que sus manos temblaban, y le mostré las mías con el papel doblado en una de ellas. Elvira se detuvo, y suspiró. Le dije, con un gesto, que era libre de aceptar el papel o rechazarlo. Al pasar por mi lado, dejó caer el libro de oraciones; uno de los escuderos acudió a recogerlo, pero yo le había puesto el pie encima. Se irguió el escudero, desafiante. Me erguí también. Nos miramos, se conoce que lo pensó mejor, porque retrocedió un paso, y pude agacharme y recoger el libro. Elvira dijo en voz alta: «Mi padre le matará a usted por esto». Y lo le respondí: «Mal podrá hacerlo, porque ya la hija me tiene muerto». Escondió el papel en el guante y entró en la iglesia con más viento que una fragata. La mendiga volvió a guiñarme el ojo. «La lleva usted en el bote, caballero». Me vi obligado a pedirle explicaciones, porque no había entendido la expresión.

Entramos en la iglesia. Elvira, con sus guardias de corps, ocupaba uno de los primeros bancos. La observé, parapetado en una columna, durante mucho rato: leía en su breviario y no alzaba la cabeza, pero me pareció advertir que sus labios temblaban. Leporello, a mi lado, se distraía con el vuelo de una mosca, ajeno a mi cuidado.

—Cuando se marche, mientras la sigo, miras a ver si ha tirado el papel.

Decía la misa un cura gordo; y otro, más gordo todavía, subió al púlpito y dijo pestes del mundo, del demonio y de la carne: tronaba su voz por encima de las cabezas y llenaba los ámbitos del templo. Los fieles le miraban, menos Elvira, como si aquellos consejos relativos a la sobriedad, a la castidad, no fuesen con ella. Aunque no es imposible que las imágenes lúbricas proferidas desde el púlpito la hubiesen turbado: porque el cura no se andaba por las ramas, llamaba al pan, pan, y al vino vino, y al hablar del pecado ponía de manifiesto, a la vez, su ciencia y su experiencia. Ni que el diablo le aconsejase: sospecho que en sus palabras hallaban mis propósitos inesperada alianza, y los deseos de Elvira, incitación.

Si más hubiera durado la misa, más duraría el sermón. Elvira no se había movido, ni parecía enterada de lo que sucedía alrededor, porque fue advertida por una de las dueñas de que daban la bendición. Marchó, escoltada, como había venido, y yo me adelanté para verla salir y que me viera. Cuatro miradas de indignación pretendieron fulminarme, pero, en la quinta, creí descubrir un destello de esperanza. La mía quiso decir: «Estarás en mis brazos».

Era temprano, y el aire azul de Sevilla lo cruzaba una bandada de palomas. La fuerte luz y la cal de las paredes hacían las sombras más oscuras, casi negras. Un sutil aroma de jazmines me penetraba, pero, a mi lado, los mendigos exhalaban su hedor profesional. Leporello atravesó el umbral tapándose las narices, alargó una mano cerrada, y dejó en la palma de la mía un montón de papelitos menudos. Los contemplé y los entregué al aire.

—Vamos.

—¿A casa?

—Sí. Tenemos qué hacer.

Me encerré en un salón oscuro, de baldosas brillantes, y quedé en mangas de camisa, despechugado y descubiertos los brazos. Empezaba el calor a fastidiar, y el cerebro funcionaba perezosamente, como si quisiera detenerse, apagarse, y dejar el cuerpo entregado a las meras sensaciones. Pedí algo frío para espabilarme, y me trajeron un agua helada con anisado que me desentumeció. Recobró, poco a poco, el cerebro su ligereza; pero el cuerpo estaba cansado. Me acosté en un diván y dejé que mi espíritu pensase, libremente, pero quedé dormido. Y, cuando desperté, había pasado el mediodía. Leporello andaba en puntillas a mi alrededor. Al sentir que me movía, se acercó.

—Han traído este paquete.

Rompí el envoltorio. Venían una llave y unos papeles. Doña Sol me enviaba el plano de la casa, con señal del camino hasta la habitación de Elvira, y unas palabras escritas: «Elvira me ha contado que, a la puerta de la iglesia, vio al hombre más hermoso del mundo. ¿Eres tú? ¡Gracias! Le he dicho que quizá ese hombre fuese para ella, y se le encendieron los ojos de esperanza. ¡No me dejes quedar mal! Pienso que todo llegará a arreglarse fácilmente, y que se puede apercibir un cura para casaros. ¡Cómo me gustaría estar presente! ¿Me lo permitirás?

Te juro que el verte feliz me dará fuerzas para mi sacrificio. Escríbele, Juan, hoy mismo Si mandas la carta por tu criado al toque de oración, yo misma la recogeré en mi reja y la dejaré en la almohada de Elvira. Explícale que eres el de la iglesia».

¡Candorosa doña Sol! Hoy ya sé que todas las mujeres se despepitan por proteger amores, facilitar encuentros clandestinos y ayudar a dos que bien se quieren a que se quieran más; pero, entonces, me pareció que la de don Gonzalo se excedía en grandeza de ánimo, y que unas pocas horas le habían bastado para adelantar notablemente en el camino de la santidad. Me prometí a mí mismo no defraudarla, y como su carta había excitado mi imaginación, allí mismo escribí unas letras a Elvira, pocas: «Como llega hasta ti esta carta, llegaré una de estas noches a tus labios. Espera conmigo tu libertad. Don Juan». Se la di a Leporello, con instrucciones.

—¿Es para la de anoche, mi amo?

—¿Quién la recuerda ya? Es para otra, aunque de la misma casa.

—¿Tan poco dura un amor?

—No puedo responderte, así, en general. El de ayer, apenas ha durado, y es probable que tampoco dure el de mañana, aunque con éste corra el riesgo...

Una luz que se hizo en mi espíritu me interrumpió. *Corría el riesgo de casarme.* Comprendí en un instante que mi buen corazón me impediría abandonar a Elvira si llegaba a seducirla, y que mis propios principios morales me llevarían al matrimonio, incluso en el caso de que mi corazón se hubiera ya enfriado. *El matrimonio formaba parte del juego, un juego convenido que yo estaba a punto de jugar, un juego que había que aceptar o rechazar de plano, sin distingos ni exclusiones.* Hasta ahora, las razones estaban de mi parte, pero si seducía y abandonaba a Elvira, el Comendador, de pronto, se cargaría de razón contra mí, de todas las razones, y podría llamarme villano y escupirme a la cara.

Y, sin embargo, yo sabía que el juego no era limpio; sabía que, al aceptarlo, se aceptaba con él la trampa, se aceptaba con los ojos cerrados voluntariamente; se aceptaba porque, abrirlos y hurgar en el juego hasta desentrañar la verdad, sería peligroso para el orden social. Lo sabía desde mis años de Salamanca, cuando mi carne era inocente todavía, cuando mi espíritu no pensaba en rebelarse contra el Señor: porque ya entonces me gustaba hurgar en el fondo de las verdades tópicas y hallarles la sin razón oculta, el fundamento traído de los pelos, el cimiento sofístico. «Item más —nos decía el profesor— es pecado seducir a una doncella por ser acto cometido contra la voluntad de su padre». «¿Y si no tiene padre!» —objetaba yo; «¿Y si es el mismo padre el que la entrega!». El profesor hilvanaba silogismos. «¿Por qué es pecado la entrega voluntaria de una mujer libre a un hombre libre?», seguía objetándole. Y, concluía frente al airado dómine: «Es evidente que si Dios lo prohibió explícitamente, se deba a que el acto es un acto religioso...». El profesor me decía: «Señor Tenorio, tiene usted una mente herética de puro disconforme». Y yo le respondía: «Sólo metódicamente, señor, y si lo prefiere, por pura cortesía. Le hago objeciones para que usted las resuelva y muestre la agudeza de su ingenio». Pero el profesor nunca me había explicado satisfactoriamente por qué un hombre se hallaba en la obligación de casarse con la doncella a quien había seducido y no con la prostituta cuyo cuerpo había comprado.

¡Y ahora, al meditar en mis posible compromisos morales con la doncella, y en sus consecuencias, comprendía que casarse con ella y matar a su padre no parecían actos lógicos, compatibles: actos elegantemente relacionado! El Cid se había casado con doña Jimena después de muerto Lozano, pero no la había seducido previamente: por el contrario, el matrimonio, si los romances no engañan, había sido una especie de compensación impuesta por el rey a don Rodrigo, una compensación jurídica: como si yo, después de muerto el viejo, pidiera la mano de su hija para no dejarla sola y desamparada..

No, no. La muerte desentonaba, resultaba una pifia, una estridencia, un chafarrinón. La muerte daba un matiz innecesariamente trágico a una aventura de comedia. Más correcto sería llamar al Comendador y decirle: «Como es usted un estúpido y un mamarracho, he preferido raptar a su hija y casarme después con ella, a pedirle su mano y hacer un matrimonio conveniente. Ahora, ante los hechos consumados, haga usted lo que quiera.

La he llevado a mi casa como señora, y le advierto que el matrimonio es perfectamente legal, etc.» El Comendador me armaría una bronca, me amenazaría con todas las justicias de este mundo y del otro, y acabaría pidiéndome dinero. Y yo se lo daría. Y, allá en las alturas de ultratumba reservadas a los Tenorios, mis honorables antepasados renegarían de mí. Y el abogadete aquél se reiría con su risita afilada, de hombre superior, de hombre que está de vuelta. «¿Y para acabar así empezaste poniéndote trágico? ¿Para esto, querido sobrino, clamabas tus razones contra Dios? Diste unos gritos que querían llegar al cielo y conmoverlo. A mí, por lo menos, me dejaste preocupado. ¡Pura cohetería, querido Juan, mera retórica! Un matrimonio lo arregló todo. Y don Gonzalo, logró lo que quería, tu dinero, por el procedimiento que había pensado, el de entontecerte con un cuerpo de mujer. Que sea el de su hija y no el de doña Sol es un detalle sin importancia».

Tendría razón el abogado. Y yo no podría responderle.

—¿En qué casos, Leporello, queda eximido de toda obligación matrimonial el seductor de una doncella?

—En ninguno, si es un caballero. A no ser que...

—¿A no ser qué?

—A no ser que esté casado. Pero, en tal caso, el pecado es mayor, porque adultera.

—¿Te parece que el adulterio es deshonor para el adúltero?

—En toda tierra de garbanzos, mi amo, el deshonrado es el marido. O el padre, si ella es soltera.

—¿Lo encuentras justo?

—En eso no me meto. Las cosas son así.

—Así las hizo el diablo.

Leporello dio un respingo y me miró con ira.

—¿Por qué cargarle el mochuelo al diablo de lo que no tiene culpa? También los hombres son capaces de hacer las cosas mal sin que el diablo se meta.

Le agarré por un brazo, riendo.

—¿Dice eso tu teología?

—No sé si lo dice o no, pero sé a que atenerme. Saque usted al diablo del mundo, y verá que nada mejorará.

Le llevé hasta la ventana, por donde entraba una brisa suave.

—No digas eso en público jamás. Es una herejía. Y, sin embargo...

—¿Qué?

—Que yo estoy intentando hacer el mal a mi manera, es decir, sin que intervenga el diablo, e incluso contra su voluntad. Quiero hacerlo por mí y ante mí, un mal que dañe a los hombres lo menos posible, un mal que sea como un juego académico entre el Señor y yo. Y que no salga de los dos.

—Pues, como no se limite a pensarlo... Porque, si blasfema en voz alta, pueden oirle los niños.

—¿Y no habría manera de hacer el bien con intención blasfema?

—Muy sutil me parece.

—Pero no imposible. Por ejemplo, si yo ahora...

—¿Qué, mi amo?

Le cogí de los hombros y le miré a los ojos.

—¿Qué pensarías de mí si me casase con Mariana?

Resplandeció en sus pupilas una chispita de luz breve.

—Soy un criado, señor. No me está permitido juzgar al que me paga.

—Le haría un bien a Mariana, estoy seguro. Y, sin embargo, yo, prácticamente, blasfemaría, porque ese matrimonio sólo sería el medio de evitar que mi conciencia me obligase a casarme con la doncella que pienso seducir una de estas noches.

—¿La de la iglesia?

—Sí.

Leporello quedó pensativo.

—¿Me permite que dé mi opinión?

—Desde luego.

Llevó a los labios los dedos hechos una piña.

—Es una chica pistonuda.

—¿Eso es todo lo que se te ocurre?

Sonrió.

—Yo no soy un Tenorio, mi amo. Los de mi clase no tenemos honor, porque no tenemos dinero, y no estamos obligados a reparaciones. Uno se acuesta con quien puede y procura escapar a las consecuencias. Nuestra conciencia no es tan delicada como la de los señores. Somos villanos por definición, y nos portamos todo lo villanamente que nuestros medios de fortuna nos permiten. Tampoco se nos exige mucho. De modo que yo, en el lugar de usted, no andaría preocupado por casuísticas, e iría al grano. Pero, repito, no soy un Tenorio.

—Un poco cínico sí que lo eres, ¿verdad?

—Lo indispensable, mi amo. Sólo lo indispensable.

—¿Debo entender que me das un consejo, con eso de ir al grano?

—¡Ni atreverme! Hablo desde mi punto de vista, que no puede ser el suyo. Lo que yo haría, siendo yo, de estar en el lugar de usted, que es cosa distinta. Lo que usted deba hacer no se me alcanza.

—Tampoco a mí muy claramente, créeme. Al menos, desde hace un par de días. Antes, las cosas eran más fáciles: todo estaba en su sitio, y no hacía falta pensar. Pero, ahora, es distinto.

—¿Por qué, señor? —sonrió con picardía; llegó a guiñarme un ojo—. ¿Por haberse acostado con un par de mujeres? Eso le pasa a todo el mundo a cierta edad, y se alborota; pero luego las cosas vuelven a su cauce.

—Es que yo no quiero que vuelvan. Me gustan más así, desquiciadas...

—En ese caso...

11. La decisión la tomé por mi cuenta y riesgo a eso de las seis. Me fui a casa de un notario y le dicté una escritura de donación a Mariana de todos mis bienes, como dote matrimonial, y un poder para que obrase en mi ausencia como dueña y señora. El notario puso algunos reparos a la cuantía, y me advirtió que no era costumbre jurídica hacer a la esposa un traspaso total de la fortuna del marido. Le inventé unas razones que, si no lo convencieron, le hicieron al menos callar. Con los papeles en la faltriquera, regresé a casa. Escribí una carta al Comendador citándole para las diez, y despaché con ella a Leporello. Después busqué a Mariana, a quien no había visto en todo el día. La hallé en su cuarto, arrodillada ante un Crucificado, y rezando, al parecer. Al sentirme, volvió la cabeza; al verme, se levantó y corrió a recibirme: llevaba prendido al pecho un ramillete de nardos.

—¿Qué hacías?

—Rezaba. Nunca tuve tanto tiempo para hacerlo.

—¿Te gusta?

—¡Claro! Me gusta desde hoy. Porque antes...

—Olvida el antes, olvídate de ti misma, porque eres otra mujer.

Miré sus trajes nuevos, su cabeza peinada. El olor de los nardos calentaba la sangre de mis venas y me hacía apetecer a Mariana; pero me había propuesto no hacerla pecar más.

—Al menos lo parezco.

—Lo eres, y lo serás más todavía.

La llevé ante un espejo.

—¿Te encuentras bonita?

—¡No me reconozco! ¡Si me vieran mis amigas de la Venta...!

—No son ellas, sino yo, quien tiene que juzgarte.

—¿Y usted, me encuentra digna?

—¡Yo voy a casarme contigo, Mariana!

Sonrió tristemente, y apoyó la cabeza en mi pecho.

—No se burle de mí, señor.

La cogí por los hombros, la aparté un poco y le miré a los ojos.

—Vamos a casarnos, Mariana, esta noche misma. Vamos a casarnos aquí, en mi casa. Yo me haré el moribundo para que el cura pueda hacer su oficio abreviando los trámites.

—Pero, ¿no es eso un engaño?

—Sí. Un engaño permitido. La única manera posible de casarse cuando uno tiene prisa.

Mariana bajó la cabeza.

—Estoy en pecado.

—Mi muerte no será tan urgente que no dé tiempo a que el cura te confiese.

Se abrazó a mí, llorosa.

—¿Por qué hace esto, senor.

—Porque lo mereces.

—No lo entiendo. Soy una prostituta. Un hombre honrado no debe casarse conmigo. ¿Qué va a decir la gente?

—La gente comprenderá que tu alma es pura y que tu corazón es capaz del amor más grande.

Sonrio.

—Eso, sí. Soy capaz de morir por usted.

La besé.

—No será necesario. Bastará que me hagas el honor de casarte conmigo.

Se echó a reir.

—¿El honor? ¿Yo a usted?

Había desaparecido la tristeza de sus ojos, había desaparecido el temor. Lucían con luz nueva, jubilosa.

—Ahora, recógete y prepárate. Tengo que salir. Pero volveré pronto. Esta vez, volveré pronto.

Hacía un atardecer dulce y dorado, transido de olores excitantes. Fui a la casa del leguleyo a quien mi padre confiara sus pleitos. Me recibió con sorpresa, me mandó pasar a su escritorio, me convidó a un sorbete. Le expliqué la razón de mi visita.

—Voy a matar a un hombre un día de estos. ¡No ponga esa cara, señor abogado! Ni soy un matón, ni menos un asesino, sino un hombre de honor que va a borrar una ofensa con sangre. ¿No se dice así? Una ofensa con sangre. Mataré en duelo, pero me temo que a los jueces el duelo no les parezca un modo legal de mandar al infierno a un miserable. Intentarán caer sobre mis bienes, lo que me importaría poco si sólo fueran míos; pero ayer he dotado con ellos a la mujer con quien voy a casarme esta noche...

El leguleyo abría los ojos desmesuradamente y ponía cara de espantada sorpresa.

—...con quien voy a casarme esta noche. Necesito que a esa mujer y a sus bienes no se les toque un pelo de la ropa.

—Eso costará...

Puse encima de la mesa una bolsa de ducados.

—Cuente y vea si hay bastante para sus honorarios. Y extiéndame un recibo en el que conste la cuantía del dinero y el fin para el que fue entregado.

La mano temblona del abogado buscaba papel y pluma.

—¿Y usted, don Juan? ¿Qué va a hacer usted? ¿Ir a la cárcel?

—Marcharme, sencillamente. O esconderme quizá. No lo sé todavía.

Empezó a escribir.

—Es corriente, en estos casos, que el matador vaya

a la guerra. Un buen comportamiento militar suele bastar para que el rey perdone.

—No necesito el perdón del rey.

El abogado alzó los ojos, interrogantes. Continué:

—¿Desde cuando los Tenorios reconocemos autoridad de reyes? Usted debe saberlo. Hace bastante más de un siglo, desde que sus majestades se pasaron de la raya.

Firmó el recibo y me lo tendió.

—Ahí tiene. Pero, ¿por qué...?

—Usted es un abogado listo. Usted tiene que convencer a los jueces de que ni un céntimo de mi mujer me pertenece; de que todos sus bienes y dinero eran suyos antes de casarse, como consta en un documento fechado esta misma tarde. No tiene, pues, por qué responder pecuniariamente de mis actos. Esta es una obligación, y para que la cumpla escrupulosamente acabo de entregarle una buena cantidad.

Me levanté.

—¿Se cree usted capaz de garantizarme que todo irá bien?

Se levantó también.

—Soy el mejor abogado de Sevilla.

—Y yo el mejor espadachín de España.

Me tiré aquel farol para darle a entender que le mataría si intentaba engañar a Mariana, y él parecía comprenderlo. Le nació una risita de raposo.

—Tenía entendido que sólo era usted un buen teólogo.

—En Salamanca se aprende de todo.

Me acompañó hasta el zaguán. Intentó convencerme, por el camino, de que lo pensase bien.

—...porque matar a un hombre...

Volví a mi casa. Leporello estaba ya de vuelta, con el conforme del Comendador.

—Ahora, averigue dónde vive el cura de la parroquia, y a qué hora se acuesta.

12. A las nueve y media de la noche no las tenía todas conmigo. Me acosaba, sin razón aparente, súbito como un estornudo, el temor de estar equivocado, de haberme embarcado en una aventura estúpida y sin salida airosa. Recordaba el pasado inmediato, desde el momento aquel en que mi brazo desnudo se había hundido en las aguas

del río, y se me antojaba fantástico, no con la fantasía del ensueño, sino con la de la farsa: como si todo hubiera transcurrido en un escenario dispuesto especialmente para mí, en un teatro cuyos actores supiesen su papel y el mío: personajes todos de una comedia en que me hubieran repartido el papel de incauto. Estuve a punto de claudicar. Voces interiores me llamaba imbécil y me aconsejaban mandarlo todo a paseo, aprovechar la visita del Comendador, y pedirle la mano de su hija para casarme con ella como Dios manda: fue tal la fuerza con que estas imaginaciones se presentaban a mi espíritu, que hube de preguntarme si Dios, en un último, amoroso esfuerzo, me las enviaba. Y no dejaba de halagarme aquella deferencia, aquella predilección del Creador por su humilde y blasfema criatura. Pero me pregunté también, por precaución dialéctica, si sería el diablo el que las suscitaba, y eso me salvó, porque comprendí en seguida que Dios jamás me hubiera aconsejado el matrimonio con Elvira, criatura poco apropiada para llevar a nadie por el buen camino. Me irritó entonces el fraude diabólico, la sucia tentación con la virtud, el señuelo de una vida aparentemente cristiana, aunque entreverada de esas menudencias en cúmulo que le llevan a uno al infierno sin gloria ni grandeza. Ahora estoy seguro de que los pecadores como yo resultamos molestos al diablo, porque le damos mucho trabajo, porque le traemos siempre sobresaltado, porque tipos como nosotros podemos en cualquier momento dar la vuelta a las cosas y caer en los brazos del Señor; por eso, el diablo ha preferido siempre el pecado mediocre de los que se creen lo bastante buenos como para tener el Paraíso garantizado y se pasan la vida haciendo sufrir a los demás con su intolerable bondad. En aquel momento de duda no lo sabía aún, pero lo presentía. De mejor ganas me hubiera ido a hacer penitencia que a casarme con Elvira como Dios manda. Es posible que, así, al menos ella haya salvado su alma; casándose conmigo, hubiéramos ido juntos al infierno.

Y todo esto lo pensaba esperando al Comendador, en una noche cálida y profunda, en una noche perfumada en que el roce de la brisa sobre la piel era como caricias de mujer. ¡Cómo entraba en mi cuerpo la noche sevillana! ¡Cómo me lo transía, me lo dulcificaba, me hacía apetecer la vida! De mi cuerpo sensual tuve que defenderme siempre, como los santos se defendieron del suyo. Mi cuerpo me hubiera llevado al matrimonio, acaso al Purgatorio, que es el remedio ofrecido por Dios a los mediocres.

El Comendador llegó como un turbión.

—¿Te pasa algo?

Estábamos en el patio. Sólo el rincón en donde le esperaba se hallaba iluminado. Un pedazo de luna caía sobre la cal de la pared y alumbraba las copas puntiagudas de los cipreses. Más abajo, oscurecían los naranjos y las flores.

—Me ha asustado tu carta, dijo.

Tranquilícese. Le mandé venir porque es mi amigo, y en un trance inmediato le necesito. Voy a casarme.

Se quedó de una pieza. Nunca como en aquel instante me pareció su cara de cartón-piedra, pintada con los pinceles gruesos de un pintor de gigantes y cabezudos.

—¿Qué dices? —tembló su voz.

—Que me voy a casar dentro de media hora, y le requiero como testigo.

La mano de don Gonzalo tentó en el aire y se agarró con fuerza al respaldo de una silla. La otra mano limpió el sudor de la frente.

—Vas a casarte —rompió—. Pero, ¿con quién? Porque no conoces a nadie en Sevilla.

—Voy a casarme con Mariana.

Don Gonzalo se sentó. Arrugó la epidermis de su ceño, y se alzaron sus grandes cejas.

—No la conozco.

—Sí. La prostituta de la otra noche, en la Venta Eritaña.

—¿La prost...?

Le dio la risa, una risa profunda como un trueno, prolongada como el rumor de las aguas del río. Reía con todo el cuerpo, con el bandullo enorme, con las manos inmensas. Reía como la tierra cuando la rompe un terremoto, y él mismo parecía ir a quebrarse con la risa. Me dieron ganas de caer sobre él y aporrearle hasta hundirle las narices, y meterle luego debajo de la fuente, a ver qué quedaba de él, desinflado y mojado.

—¿De qué se ríe, Comendador? —pregunté con mi voz más suave.

Don Gonzalo empezó a sosegarse. Le temblaban aún las sotabarbas y el pestorejo, pero sus palabras se entendieron claramente.

—¿Te encuentras bien de la cabeza? ¿No te habrá tomado el sol demasiado fuerte y se te habrán calentado los cascos? ¡Dicen que el de Sevilla...!

—Estoy perfectamente cuerdo.

—Entonces, no te entiendo. Cuando estuviste en mi casa, ayer, parecías un muchacho razonable, y nadie hubiera colegido de tus palabras que fueras a hacer semejante disparate. Mán aún: habíamos quedado en que una noche de estas...

—Dejemos eso aparte, para luego. Es cierto que anteayer no pensaba casarme, pero es cierto también que vino a verme don Miguel Mañara, un varón santo que usted debe de conocer.

—¿Y fue don Miguel quien te convenció de que te casaras con esa...?

—Don Miguel no la conoce. Don Miguel ignora incluso que haya perdido mi inocencia en brazos de Mariana. A don Miguel le dijeron que yo andaba en pecado, y vino a convertirme. Lo consiguió. ¡No sabe usted con que elocuencia habla, de qué manera sensible le pone a uno delante de los tormentos del infierno! Sus manos, sobre todo... ¡Cómo las mueve! ¡Parecen los hierros del demonio que van a clavarse ya en las carnes del pobre pecador!

El Comendador resollaba, me miraba con sorna, sonreía.

—Me llegó al corazón, ¿comprende? —continué. Me dio un miedo tremendo. Y desde entonces ando dando vueltas al modo de reconciliarme con el Señor.

—Pero, muchacho, eso, con una confesión, se arregla. ¡Apañados estábamos si cada vez que...!

—¿Quién lo duda? Ya me he confesado; pero, además, desnudé mi alma delante del Señor, la humillé, y le pedí inspiración para recobrar el buen camino y perseverar en él. Entonces, el Señor me dijo claramente...

—¿El Señor? ¿Lo has oído? —Su cara fue más elocuente que sus palabras: me revelaba que no creía en milagros.

—Como se oyen esas cosas: como si me brotase dentro del espíritu una idea que, de otro modo, no se me hubiera ocurrido nunca. Una idea, por otra parte, lógica; una idea de acuerdo con lo que yo mismo, por mis medios, hubiera podido alcanzar de tener la mente clara. Porque a cualquiera que no esté ofuscado se le ocurre, Comendador...

Se echó hacia atrás en la silla y me miró con curiosidad.

—¿A cualquiera? ¡Explica, explica!

Se frotaba las manos.

—Veamos, si no. Es muy fácil: basta dar la vuelta a la situación como quien da la vuelta a un silogismo para probarlo. Supongamos que un hombre muy corrido seduce a una muchacha virgen. ¿No está obligado, según la moral y las costumbres, a casarse con ella?

El Comendador se agarró el vientre con los brazos como si de aquel saco estuviera a punto de salir nuevas carcajadas.

—Claro. Esa es la obligación de un caballero.

—Supongamos más aún, Comendador. Que usted tuviera una hija y que yo la hubiera seducido. ¿No me exigiría usted...?

Se le ensombreció el rostro, le apuntó a los ojos la ira. Soltó la tripa, alargó los brazos, metió los puños en mi cara.

—Es una suposición que no puedo tolerar, porque a una hija mía...

—¿No se le ocurre que mi padre, que en gloria esté, podría decir de mí lo mismo?

—Si tu padre estuviera en mi lugar, ya te habría dado unas buena bofetadas. ¡Un hombre de honor como él, tener por nuera una prostituta! ¡Sus huesos se estarán estremeciendo de horror!

—Por el contrario, pienso que mi padre se alegrará de mi determinación. El ya conoce la Verdad, y sabe, como me decía Mañara, que cada vez que un hombre y una mujer se unen, el Corazón del Señor se entristece o se alegra, según que pequen o no. Mi padre sabe ya que la unión de hombre y mujer queda sellada eternamente;

ya sabe, pues, que al unirme a Mariana la otra noche fue como si nos hubiésemos casado. Al contraer matrimonio con ella no haré más que sancionar lo que ya estaba hecho.

Los ojos del Comendador se contrajeron en un punto.

—Y, así, recobras el honor perdido, ¿verdad?, el que perdiste en brazos de esa zorra.

—Exactamente.

—Y tu cabeza se poblará de cuernos, enormes como catedrales, y de lo más variado: cuernos de toro, de ciervo, de gacela; cuernos de caracol, cuernos de la abundancia. ¡todos los cuernos del mundo en la cabeza de don Juan Tenorio, del linaje más puro de Sevilla... si no es el mío!

—Es usted demasiado frívolo, Comendador. ¿Cree usted en Dios?

Se puso de pie de un salto.

—¿Cómo te atreves a dudarlo?

—Es que no habla usted como cristiano. ¿Qué importa el pasado de Mariana, si sus pecados los ha borrado la confesión?

—¿También borra el recuerdo de su cuerpo a los que con ella han dormido? ¿Cuántos muchachos de Sevilla, al verte pasar con ella, le señalarán, diciendo: «Con esa me he acostado yo?»

—De esos desdichados no tengo por qué acordarme. Que se cuiden de sus propios pecados. El hecho es que Mariana, por la virtud del sacramento, se ha purificado, y es para mí como una virgen. En cuanto a su honor... le bastará con el que lo dé. Porque yo tengo honor de sobra para honrar a un regimiento de prostitutas.

Se quedó mirándome; después, se encogió de hombros y se levantó.

—Bien, hijo. Pues con tu pan te lo comas. Pero no esperas que nadie te salude en Sevilla. Conmigo, desde luego, no cuentes para nada.

—¿Ni para una de esas partidas de juego de que me habló la otra mañana?

Me había vuelto ya la espalda. Había empezado a caminar. Se detuvo y se acercó calmosamente.

—¿Qué quieres decir con eso?

—Usted me habló de ciertas juergas... Me gustaría

asistir a ellas, cuando no haya mujeres, claro, porque no pienso engañar a la mía, pero con dados, y naipes, y todo eso... Echar una partida no es pecado, que yo sepa.

—¡No, hijo mío, no, ni tampoco casarse con una prostituta! Es sólo una cosa mal vista, y, en tu caso, una solemne estupidez. Pero, tal y cómo lo has explicado, comprendo que no podré disuadirte. Muera el cuento. Respecto a esas parrandas nocturnas...

Le interrumpí.

—No esta noche, claro. Estaría mal que abandonase a mi mujer la noche de bodas. Pero mañana, por ejemplo...

—¿Tan pronto?

—¿Por qué no? Aunque soy muy rico, como pienso tener una docena de hijos, me hará falta más dinero. Vamos, eso pienso yo. Jugando, se ganará fácilmente.

—¡Claro, hombre, claro! ¿Cómo no? Eres un hombre de suerte, y ganarás, ya lo creo. Y si un día pierdes, al otro te recobras. Y si viene una racha mala, aguantar. En el juego es donde se templan los ánimos. Aunque a ti te será más fácil. ¡Eres tan rico! Con la reserva de tus bienes puedes perder un año entero.

Se le había dulcificado la voz, había recobrado la sonrisa raposa. Llegó a echarme la mano por encima de los hombros.

—Pero te aconsejo que no cuentes a nadie que te has casado, menos aún con quien. La gente tiene muchos prejuicios, y, de saberse, estorbaría tu amistad con otros caballeros... Mantenlo en secreto, al menos, de momento, ¿eh? Más adelante, ya se hallará un medio...

—¡No sabe usted cómo se lo agradezco!

Quedamos citados para la noche siguiente, a las diez y media. Le acompañé hasta el zaguán, porque no conseguí convencerle de que me sirviese de testigo: sus principios fundamentales se lo impedían. Le vi marchar, la calle para él, a grandes pasos. Sus carcajadas despertaban a las golondrinas de los aleros.

—No me gustaría enviarlo al infierno, Señor. Un tipo como este hace feo en todas partes. Te pido que le des tiempo a arrepentirse de su mucha estupidez.

Le dije a Leporello:

—Ahora, voy a meterme en la cama. Que me traigan

mantas y un caldo muy caliente. Cuando me veas sudar como si fuera a morirme, vas a buscar al cura y le dices que venga corriendo, a casar a una pareja *in artículo mortis*.

13. Descendí con el alba. Me apetecía el aire fresco, y aun el agua. Estaba el patio oscuro y fragante, y en las entrañas del ciprés cantaba un ruiseñor: me desnudé y zambullí mi cuerpo en el estanque. El agua estaba fría, y en su frior me sentí purificado, limpio de besos y caricias. Me pareció que el agua me devolvía la propiedad de mi carne, aquella noche entregada. Y, al recobrarla, sentí como si robase.

Mariana dormía ya, en el lecho inmenso donde yo había nacido. A mí, el amor me había desvelado.

—Supongo que el señor necesita una toalla.

—¿Estabas ahí, Leporello?

—He velado, señor, como era mi obligación.

No le veía bien la cara, pero juraría que se reía.

—Sí. Tráeme una toalla.

Me ayudó a enjugarme. Recogió del suelo mis ropas, esperó a que me vistiera.

—También le he preparado al señor algo caliente. Y un trago de vino añejo. Es lo que sienta mejor en estos casos.

—¿Has servido alguna vez a un recién casado?

—Jamás, señor.

—Entonces, ¿cómo estás tan impuesto?

—Lo deduzco.

Marchó y vino con la bandeja y el piscolabis. Le invité a acompañarme.

—Gracias, señor. También yo tengo hambre.

Le serví el vino y le ofrecí la copa.

—Toma. Brinda por mí.

—¿Por su felicidad?

—No. Por mí.

—Por usted, entonces, señor.

Bebió, carraspeó y estrelló la copa contra el suelo.

—En alguna parte del mundo, esto se termina así. Da buena suerte.

—¿En tu tierra?

—En alguna parte del mundo.

Bebí a mi vez.

—A tu salud, Leporello.

—Gracias, señor —alargó el brazo y detuvo el mío—. Pero no rompa su copa. Yo no valgo la pena, y, además, mi suerte no me guarda secretos. Es decir...

Calló un momento y me miró.

—Supongo, que, en lo sucesivo, nos acostaremos a horas más civiles. Porque no sé si el señor habrá advertido que llevamos tres noches en claro. ¿Qué dirá la gente respetable de Sevilla si se entera?

—¿Te importa mucho la opinión de la gente respetable?

—Estoy pensando por el señor. A mí, personalmente... Confieso, eso sí, que me gustaría dormir a mis horas; pero, si tocan a trasnochar, trasnocho. Son gajes del oficio.

—Probablemente vamos a trasnochar, Leporello. Quizás pasemos el resto de la vida trasnochando. Aún no está decidido.

—Pero... ¿y la señora? Porque se habrá casado para dormir con su marido, digo yo. Es la costumbre.

—Sí. Ella sí.

—¿Y usted?

Me levanté. Leporello dio un paso atrás. Me acerqué a él y le sujeté con fuerza.

—¿Me estás tirando de la lengua?

Sonrió.

—Soy curioso, y me gustaría, además, saber algo de la vida que me espera. Por otra parte, el afecto que tengo al señor, y las muchas confidencias que me tiene hecho, me autorizan a esperar, en esta ocasión...

—¿Qué esperas que te cuente? ¿Una novela pornográfica?

Alzó las manos, con las palmas contra mí.

—Nada de eso, señor. La intimidad es la intimidad. Pero... ¿qué quiere? He pasado las horas dando vueltas a la cabeza. He intentado explicarme este matrimonio... y no lo entiendo. Mi palabra, señor, que no lo entiendo.

—Yo, tampoco.

Soltó una risita reprimida al nacer.

—Estoy perplejo —continué—. Quizá también un poco ciego, quizás haya caminado esta noche por un mundo para el que no sirven mis ojos ni mi inteligencia. Por lo pronto, he sido feliz.

—¡No me diga, señor! —Todo la zumba del mundo estaba en el tono de sus palabras—. ¿Feliz, lo que se dice feliz?

—Es muy fácil. Basta con no pedir a las cosas más de lo que pueden dar de sí. Entonces, se descubre que son distintas, que son más ricas; que son, incluso, relativamente satisfactorias. Sucede como al mirar una mano con los ojos muy cerca: no ves la mano, pero ves los dibujos de la piel.

—Y, en ellos, el destino. Me refería a las rayas de la palma.

—Yo me refiero a cosas tan sencillas como la compañía de una mujer. Si frenas el apetito, si renuncias a fundirte en ella y ser ontológicamente uno, si te contentas con ese poco de placer que da la carne, descubres entonces que la compañía es muy hermosa.

—Dos en una carne.

—¡Eso es lo que no es cierto! Son dos carnes, inexorablemente; lo serán para siempre, al menos en este mundo. Eso es, pues, lo que no hay que buscar ni desear Tienes, en cambio, la vida, que deja de ser tuya para ser de dos.

—En cierto modo...

—Un modo cierto, no lo olvides. Acabo de experimentarlo, aunque para ello haya tenido que olvidarme de mí mismo, de mi pasado y de mi porvenir; aunque haya aceptado como propio, por una noche, un porvenir que no lo será nunca. Entre los dos lo hemos ido dibujando. Pero los trazos no eran de nuestra invención. Desde su altura, el dedo de Dios los dibujaba.

—¿Otra vez Dios, señor? ¿Por qué no lo deja donde está y se atiene a la tierra? También en eso habrá que limitarse.

—Siempre hay que tener a Dios presente, pero hoy más que nunca. Ha peleado conmigo toda la noche, y alguna vez me ha vencido. Jamás hubiera pensado que Mariana fuese su trampa para aniquilar mi libertad. Si yo viviera toda la vida con esta mujer, llegaría a santo. A su lado no es posible el mal. Derrama caridad y la contagia.

Todavía mi corazón adolecía de haber amado aquella noche; de haber amado, a través de Mariana, al Universo mundo y a todo bicho viviente. De haber amado incluso a don Gonzalo de Ulloa. El agua del estanque no me había enfriado del todo.

—Ya ves. A eso, Dios no le pone límites. Te deja amar lo que quieras, engolfarte en el amor, confundir en un sólo sentimiento a las criaturas nobles y a las despreciables. Todo te parece bueno, y lo que está mal hecho no causa indignación, sino, todo lo más, una sonrisa. «¡Pues, mira, aquí, el Comendador, se ha portado como un bellaco!» ¡Hasta al diablo lo miras con simpatía, y te da pena su desventura!

Leporello pareció sobresaltarse.

—Al diablo déjelo donde está. Ni mentarlo. En este asunto, por lo que veo, no tuvo ni arte ni parte.

—Esta noche, no; pero ayer también me anduvo tentando. Lo que me ofreció era menos apetecible, bastante más vulgar.

—Dios tiene más imaginación. En el reparto de cualidades, escogió las atractivas.

—Pero se vale de los mismos procedimientos. Dios también tienta.

—Será porque da buen resultado.

—Esta noche lo hizo como nunca.

—¿Y le ha convencido? ¿Podemos considerarle camino de los altares?

Me hizo gracia. Alcé los brazos y los mantuve en alto, como delante de un retablo imaginario.

—San Juan Tenorio. No suena mal, ¿verdad? San Juan Tenorio, patrón de los cornudos, diría el Comendador. Y Santa Mariana, arrepentida.

Me dio, de pronto, un arrebato. Cogí a Leporello con fuerza y le miré a los ojos.

—Todo esto es posible, ¿comprendes? No hay más que seguir a Mariana, ser dócil a sus palabras de iluminada. Pero, ¿sabes lo que se exige de mí?

—Lo ignoro, señor. Creí que se lo daban todo, sin pedir nada a cambio.

—Me exigen renunciar a mí mismo.

—Ya será menos.

—¡Está escrito en alguna parte, pero hasta hoy no

comprendí el sentido! «El que quiera perderse, se salvará.» ¿No lo recuerdas? Pero yo no quiero perderme, después de haberme encontrado. Ayer estaba conforme conmigo mismo, y aceptaba las consecuencias de mi propia satisfacción. ¿Por qué ahora vacilo?

—Será, mi amo, porque le han descubierto una versión de usted mismo con la que no había contado, y que no debe de ser muy desagradable, puesto que duda.

—No es desagradable, no. Y, si me tienta, es por lo que tiene de extremada, de heroica. Renunciar: al nombre, a las riquezas, al mundo, a la libertad. Humillarse y obedecer. Aniquilarme en un acto continuado de amor, vivir sólo para los otros... ¿Qué dirían los Tenorios si un día un santo de su nombre fuera a sentarse entre ellos? ¿Tú crees que se atreverían a rechazarme?

Me miró como a un loco.

—No le entiendo, señor. ¿Qué tienen que ver los Tenorios en esto?

—Yo soy los Tenorios.

—Usted es uno de ellos.

—Yo soy todos ellos, yo los asumo. Ellos viven en mí. Desde el otro mundo me dictan su ley.

—¿Son ellos los que le han ordenado casarse con una prostituta?

—En cierto modo, sí. Porque me mandan conservar el honor, y yo me sentía deshonrado por haber perdido mi inocencia con una mujer de todos. Pero, al hacerla sola mía, al comunicarle mi propio honor, la limpio y me limpio al mismo tiempo.

Leporello sonrió.

—Es un modo curioso de entenderlo. Me temo que los Tenorios no aprobarían el razonamiento.

—Lo apruebo yo, y me basta.

—¿En qué quedamos? ¿Obedece a su propia ley o a la de los Tenorios?

—Intento conciliarlas.

—Y, si se inclina por la santidad, ¿también espera conciliar su propia ley con la de Cristo?

Me acerqué a él, solemnemente.

—Si sigo a Cristo, tengo que renunciar a mi propia ley.

—¿Y lo ha decidido ya?

—Todavía no.

—¿Por qué no lo echa a cara o cruz? Si el asno de Buridan hubiera tirado al aire una moneda, no hubiera muerto de hambre.

Sacó rápidamente del bolsillo un real de plata.

—Aquí la tiene. Si cara, el pecado. Si cruz, la santidad. ¿Hace?

—Hace. Si cara, el Infierno. Si cruz...

Leporello, rápidamente, extendió la mano.

—Eso, no, mi amo. Ni la moneda en el aire, ni su voluntad, comprometen a Dios ni al diablo. Lo que va usted a jugarse es la vida, esta vida, no el destino de su alma. Eso, ya se verá después de muerto. Porque si Dios ha dicho: «Este hombre es para mí», de nada vale el pecado. Ya se las comprondrá para enviarle un arrepentimiento de última hora.

Hablaba con un extraño tono, Leporello; hablaba como si aquellas palabras no le pertenecieran y las dijese contra su voluntad. A mí me sonaron a herejía. Pero al pensar que Dios podría haberme elegido para Sí, y que por mucho que hiciera no evitaría mi salvación, sentí en el alma una sacudida de orgullo. De un empellón violento derribé la bandeja y lo que en ella quedaba del piscolabis.

—¡Al aire la moneda! ¡Que diga Dios su palabra, luego diré la mía!

Leporello me miró, como si dudase. Luego arrojó la moneda, y nuestras miradas ascendieron con ella. Tan alta iba, que los primeros rayos de sol la hicieron brillar sobre el fondo azul del cielo. Cayó en las losas del patio, saltó, tintineó y fue rodando hasta un arriate de claveles.

Leporello me tendía la moneda.

—¿Cara o cruz?

Se inclinó; se levantó en seguida, como decepcionado, y su dedo señaló un lugar del suelo.

—De canto, señor.

No caí de rodillas, aunque ganas me dieron; pero me incliné y envié un saludo a las alturas.

—Dios es un caballero.

Leporello me tendía la moneda.

—Ahí la tiene. Guárdela como amuleto. Le dará suerte.

—Me hará falta la suerte. Porque, ante esta prueba

de mi libertad, y por dejar quedar bien a Dios, elijo desde ahora mismo el pecado. El lo sabía, y, sin embargo, quiso darme una oportunidad. La acepto. Mataré al Comendador y me acostaré con Elvira. Después...

Leporello alzó una mano y la dejó caer sobre mi hombro.

—Perdóneme el señor esta familiaridad. ¿No cree que entre la santidad y esa vida de pecado que proyecta, hay un cómodo término miedo? Ser bueno hoy, y mañana no serlo, y así, hasta el fin. Y según del lado que se muera, se salva uno o se pierde. Es igual, pero menos fatigoso. Es lo humano.

—Sí. Lo humano es lo innoble. Negar a Dios para pecar tranquilamente, o disfrazar el pecado de virtud. Dios debe sentir asco de los pecadores. Pero yo me atreveré a pecar cara a cara, a sostener el pecado, a saber lo que me juego. Sé que al final seré vencido, y acepto la derrota; pero, hasta entonces, pecaré con orgullo de soldado victorioso. Yo reivindicaré a los pecadores ante Dios, seré el primero digno de El. Al final, tendrá que sonreirme.

El sol llenaba ya el ámbito del patio. En su escondite del ciprés, el ruiseñor había enmudecido. Sólo cantaba el surtidor en el espacio claro de la mañana.

13. A las cinco de la tarde, Leporello salió a agenciarse caballos y a arreglar la salida de Sevilla a altas horas de la noche o de la madrugada: apalabró con la guardia de un portillo la apertura clandestina mediante un soborno de dos ducados, y en cuanto a las cabalgaduras, no las había hallado, me dijo, más veloces ni de mejor estampa.

En su ausencia, yo había escrito una carta, la última, a Elvira. Pocas palabras: «Esta noche, después de las doce. Don Juan.» Leporello se encargó de tramitar el envío. Le pregunté cómo se las compondría: «Siempre habrá, señor, una criada sensible a las caricias o al dinero.»

—Mejor a las dos cosas. Es más seguro. Y si lo consideras necesario, puedes comprometerte con ella para la misma hora. Así, te irás entrenando.

Tuve después una entrevista larga con mi intendente: examiné el estado de mi hacienda, dispuse el envío de dinero a dos o tres lugares por donde pensaba pasar, y le ordené obediencia a Mariana. Me preguntó si iba a ser larga mi ausencia.

—No está en mis manos.

—Siempre que salimos de viaje, señor, el regreso está en las de Dios.

—Pues ahora, en mi caso, lo está especialmente.

Mariana había descubierto, con el placer de rezar, el de coser. Se pasaba el día dale que tienes a la aguja. Era ya atardecido cuando entré a verla. Se había sentado junto al cierro de una reja, y cantaba una canción. Llevaba unos jazmines en el pelo, y, alrededor del cuello, unas esmeraldas que habían sido de mi madre.

Me senté junto a ella; me sonrió, siguió cosiendo y cantando. Estuve contemplándola un rato largo. Ella, a veces, suspiraba.

Después saqué unos papeles, y se los entregué.

—Aquí se dice que eres la dueña de toda mi hacienda, y en este otro papel se te concede derecho a obrar con libertad en ausencia de tu marido. Guárdalos bien guardados.

Se le entristeció el rostro al escucharme.

—¿Es que te vas?

—Un asunto de hombres me retendrá fuera algún tiempo.

—Puedo ir contigo.

—Me gustaría llevarte, pero lo que me saca de casa no permite compañías femeninas. Y como mañana te enterarás de todos modos, quiero que sepas por mí que esta noche tendré que matar a un hombre.

Dio un grito, me miró con espanto, y corrió a abrazarme. Lloraba y me pedía que no lo hiciese.

—Es un hombre que me ofendió gravemente.

—Pero, ¿no puedes perdonarle? ¡Debes hacerlo, Juan! ¡El Señor nos manda perdonar!

—Y, ¿si la ofensa hubiera sido a ti?

—¡Yo le perdono!

—Tu corazón es hermoso; pero yo, si no le mato, no podré levantar la cabeza delante de los hombres.

—Y, ¿qué más da? Podrás levantarla, en cambio, delante de Dios.

—Tengo que vivir en el mundo.

—¿Llamas vivir a ser perseguido por el remordimiento?

—Es más seguro que me persigan los alguaciles. Por eso tengo que escapar.

—¡Me moriré sin ti!

—Estaré siempre contigo. Cada noche andaré alrededor de tu corazón, y tú lo sentirás, estoy seguro. Y una noche cualquiera serán mis manos las que te despierten.

Seguía abrazada a mí, y sus labios me besaban. Me daba pena abandonarla. Sentía que la suya era mayor que la mía, y que el llanto, las caricias, las palabras, no bastaban a expresarla. Sin saber por qué, la llevé a la cama, y entonces descubrí que dos seres pueden unirse sin el menor apetito de placer, sólo porque están viviendo juntamente algo que no puede decirse con palabras.

Cenamos solos, silenciosos. Me acompañó, después, hasta el zaguán. Escuchó las últimas recomendaciones, y, al despedirnos, lo hizo sin llanto. Había caído la noche, y la calle estaba oscura.

—Retírate, y reza por mí.

Volví a besarla y cerré el postigo. Leporello esperaba unos pasos adelantado. Escuché, y oí los sollozos de Mariana.

—Si Dios hizo las cosas bien, los hombres las hemos estropeado —le dije a Leporello.

—Esa es mi tesis, señor.

—¿Reclamas su paternidad?

—Sugiero simplemente que estamos de acuerdo. Los hombres somos capaces de pudrir la sal.

—Pero también de purificarla, no lo olvides. Hace unos días, esa mujer vendía su hastío por unas monedas y esperaba la rabia de una muerte amarga. Hoy sufre de amor honrado y es capaz de todas las virtudes. Si un día el Señor me pregunta qué hice de bueno en el mundo, podré presentarle el alma noble, el alma transparente de Mariana.

—Yo no lo aseguraría hasta el final.

—¿Es que lo dudas?

—Sólo por precaución dialéctica, señor. Conviene contar siempre con un margen de error. Por lo demás, estoy seguro de que usted ha transformado a Mariana, no hay más que verlo. Pero no olvide que, además, la ha dejado usted, como quien dice, heredada. La virtud, con dinero, le resultará más llevadera.

No supo que contestarle. Seguimos en silencio hasta la tasca donde el Comendador, a cencerros tapados, me esperaba.

—Síguenos cuando salgamos. Dónde nos veas entrar, esperas. Y, cuando veas que he terminado, vas por los caballos y te apuestas con ellos frente a la casa del Comendador.

Don Gonzalo, en un rincón oscuro de la tasca, paladeaba un vino frío. Me tendió las manos con alborozo excesivo, extemporáneo, y me hizo sentar a su lado. Pidió vino para mí.

—En estos casos, conviene alegrarse un poco. No tanto que se pierda la cabeza, pero sí lo suficiente para que el ánimo está lanzado y no se asuste del riesgo. ¿Traes dinero?

Hice sonar una bolsa de ducados.

—¡Oro! ¿Es oro lo que traes?

—Me pareció más cortés que traer plata. En la del metal va la calidad de la persona.

—A ver. Déjame que lo tiente.

Vació la bolsa encima de la mesa, y sus manos hurgaron en los ducados como si fueran las carnes de una mujer. Y sus ojos miraban con mirada desvanecida.

—¿Te queda mucho más? —me preguntó.

—Un arca llena.

—¡Tienes para comprar España entera! ¿Cómo es posible, muchacho, que te hayas casado? ¡Con tu dinero podrías acostarte con la mujer más bonita de Sevilla! Tal como van las cosas, todo se compra y todo se vende, y el que puede comprar hembras, ¿para que va a casarse? El matrimonio es para los pobres.

—¿Qué más da, si puedo hacer vida de soltero? Mi mujer no me ha impedido salir de casa.

—¡Pues no faltaba más! Espero que no haya comprometido tu libertad.

—Puede usted contar conmigo todas las noches que quiera.

Hice ademán de recoger el dinero, pero me suplicó que le permitiera guardarlo. Metió en la bolsa las monedas, una a una, palpándolas bien, como si quisiera reconocer por el tacto la cara del rey allí grabada. Contó hasta cien, cerró la bolsa, y me la dio.

—Ahora, prudencia, ¿eh?, y no perder los estribos si la suerte se da mal. Con los novatos, es caprichosa, y hay que adivinarle el aire y esperar a que se abra de piernas. Nada de genialidades: puestecitas medianas, pasar mucho, y esperar a que el toro esté cuadrado para agarrarlo por los cuernos. Y si esta noche no se da bien, paciencia, y esperar a mañana. Cien ducados se pierden en un par de horas.

Salimos. Al pasar, Leporello metió algo en mi mano. Lo apreté, y sentí que era una moneda, quizás el real de plata con que habíamos jugado aquella misma mañana, a cara cruz, la dirección de mi destino. Lo había olvidado.

Don Gonzalo me llevó por unas calles en que empezaba a sombrear la luna, hasta una casa de buen aspecto a cuya puerta llamó con golpes quedos y espaciados, como una contraseña. Nos abrieron. Un hombre con un candil alumbró la cara del Comendador, y, después, la mía.

—Es el nuevo —dijo don Gonzalo y me indicó, al oído, que diese propina al portero.

Bajamos a los sótanos. Nuevas precauciones ante una puertecilla. «Es por la justicia» —me explicó el Comendador. Nos dejaron, por fin, entrar a un salón abovedado y, al primer golpe de vista, tenebroso. Don Gonzalo saludó a la gente que jugaba en las mesas. Iba de una en otra, daba palmadas a éste, un pescozón a aquél; con unos habló en voz baja; con otros, bromeó casi gritando. Yo había quedado junto a la puerta, la capa al brazo y el sombrero en la mano. La fuerza de las luces no llegaba hasta mí; caían, verticales, sobre las mesas, e iluminaban los tapetes verdes, las manos nerviosas que manejaban naipes y dinero. Desde donde yo estaba, aquello parecía cónclave de fantasmas. Pero, al fondo, un poco elevado sobre el nivel del sótano, había una especie de estrado con más luz, y allí, ante una mesa, se sentaba un hombre de gran facha, muy bien vestido, que parecía dirigir el cotarro sólo con su sonrisa y el movimiento suave de sus manos. Don Gonzalo se acercó a él. Hablaron de mí, y don Gonzalo me señaló. El caballero sorteó mesas y jugadores, y se llegó hasta mí corriendo. Traía en los labios una sonrisa de azúcar.

Al estar cerca, tendió los brazos.

—¡Don Juan Tenorio! ¡Cómo me gusta verle por mi casa! Sólo usted faltaba a nuestra compañía. Porque esos que ahí ve, son de las mejores familias sevillanas: futuros Grandes de España, títulos de Castilla y Maestrantes. Hoy toca turno de muchachos. Los miércoles y los viernes les cerramos las puertas, para que sus padres puedan también tener unas horas de esparcimiento.

—¿Fue mi padre su cliente de miércoles y viernes?

—Su padre, no. Hombre severo, según tengo entendido, muy chapado a la antigua. Pero hoy las cosas han cambiado, y las personas de edad reconocen el cambio y se acomodan a él. Unicamente, por guardar las formas y las distancias...

Recogió mi sombrero.

—Si le estorba la espada...

—Es mero adorno.

—Algunos suelen dejarla en el perchero. De esta manera, si disputan, arreglan a sopapos lo que las espadas estropearían.

—No disputo jamás. ¿Para qué? Soy hombre de buena pasta.

El Comendador se había acercado también. Empezaron a aconsejarme; que si no debía apresurarme a jugar, que si primero debía dar una vueltecita y mirar como jugaban los otros...

—No hace falta gran ciencia, pero sí presencia de ánimo. Ande, brujulee por ahí, y si quiere beber algo, no tiene más que pedirlo. La casa convida.

Me palmoteó la espalda y me empujó hacia las mesas. Le vi, después, charlando con el Comendador, como si yo no existiese.

Jugaban en cuatro o cinco mesas, a los naipes y a los dados. Abundaban los mirones. Me acerqué. En una mesa, uno con cara de raposo repartía el naipe, esperaba las puestas, volvía a tirar y recogía el dinero. Lo observé con cuidado, y vi que hacía trampa.

Me colé en un hueco, y, sin sentarme, pregunté:

—De modo que si mi carta es igual a la de usted, usted gana.

—Eso es.

—Y si usted saca siete y media, gana siempre.

—Exacto.

—¿Me permite pedir carta?

El banquero me miró con sorna; los puntos sonrieron; los mirones rieron a carcajadas.

—¡Pues no faltaba más! ¿Trae dinero?

—Naturalmente.

Barajó. Me sentía mirado, estudiado, despreciado. Puse la mano encima de mi carta, y, en la mano, la puesta.

—¿Cuánto juega?

Destapé el ducado.

—¿Va todo?

—¿Qué más da?

Tembló la codicia en los ojos del banquero. Los demás miraban la moneda, fijamente, como si no pudieran ya mirar otra cosa en el mundo; con más hambre que a una mujer.

—Vea su carta y pida.

—¿Y si no la miro?

—Puede jugar una ciaga.

—Juego una ciega.

—Eso es tirar los cuartos.

—Me da gusto tirarlos.

El banquero ya no reía. Sacó un seis. Recogió tres puestas fuertes y pagó una floja.

—A ver su carta.

—Destápela usted mismo.

Alargó la zarpa temblorosa; la detuvo. Me miró.

—Destápela. ¿O está mal lo que hice?

—No. No está mal.

Dio la vuelta a la carta. Era un siete. Sentí un escalofrío.

—Gano, ¿verdad?

—Sí, gana —me respondió con un ronquido.

Reunía monedas de plata hasta juntar la equivalencia de un ducado.

—¿Es que no tiene oro?

—No. Pero es igual.

—Entonces, guárdelo. La plata me da asco.

Recogí mi puesta y me alejé de la mesa. El banquero, los puntos, los mirones me siguieron con la mirada. Alguien dijo:

—Es uno que viene del Perú.

Me senté en un rincón, y a un criado que pasaba pedí un vaso de vino. Simulaba distracción, pero observaba las idas y venidas de unos y otros. Uno de los mirones se había acercado al Comendador y al hombre bien vestido, les hablaba con grandes manoteos, y me miraba. El Comendador parecía tranquilizarle. El hombre bien vestido escuchaba con cara de estar por encima de cualquier circunstancia. Después que el mirón se fue, le habló al Comendador, y don Gonzalo, remoloneando, vino hacia mí.

—¿Qué? ¿Te aburres?

—Espero.

—¿Esperas qué?

—A que llegue gente seria. Esos muchachos no tienen dinero bastante para jugar conmigo.

Se sentó a mi lado.

—Son hijos de familia y juegan lo que tienen. No todos están heredados como tú.

Se acercó más y me dijo al oído:

—Se marcharán pronto, y quedaremos los puntos fuertes. Entonces, si quieres...

—Claro que quiero.

—Yo pensé, sin embargo, que convendría entrenarte.

—Señor Comendador, jugarme a una sota seis reales de plata no me emociona. Para eso no he dejado a mi mujer abandonada.

Se levantó.

—Allá tú. Pero, si pierdes luego, no te quejes.

—¿Me ha visto usted quejarme alguna vez?

Me palmoteó el hombro izquierdo.

—¡Estos jóvenes de ahora...! En mis tiempos, éramos más circunspectos.

Volví a quedarme solo. Metí la mano, sin querer, en el bolsillo, y mis dedos tropezaron con una moneda. La saqué y vi que era el real de plata de Leporello. Se me recordó inmediatamente su consejo de aquella mañana de que lo guardase como amuleto, y el interés que había tenido en que lo llevase conmigo. ¿Sería, de verdad, un talismán? Por si lo era, no debía conservarlo en mi poder, al menos mientras la cuestión con el Comendador no se hubiese dirimido. Lo escondí en una rendija de la mesa, y pareció quitárseme un peso de encima, el peso de una suerte que no era mía.

Las mesas empezaban a quedar vacías de jugadores. Habían entrado nuevos puntos que permanecían en las penumbras, como esperando. En poco tiempo se remudó la clientela. Entonces, dos criados juntaron unas mesas. Se acercaron todos. El Comendador echó una bolsa de dinero y dijo:

—¡Tallo!

Y se sentó. Le trajeron barajas. La gente se fue acomodando en las sillas. Cada cual sacaba sus cuartos y los ponía delante, en un montoncito. Elegí asiento frente al Comendador y saqué mis ducados. Al verlos, al oirlos, se hizo el silencio, un silencio vacío como el silencio de un peligro. Todos miraron al dinero; después, a mí. Oí que alguien pregunta en voz baja:

—¿Quién es este pipiolo?

—Te conviene cambiar algunas de esas monedas —me indicó el Comendador—, porque todas tus puestas no serán de a ducado.

Al mismo tiempo me alargaba un montón de dinero. Hicimos el trueque. Mi oro destacaba por su fulgor entre la sucia chatarra de la banca. Don Gonzalo lo puso aparte, como niños rubios y delicados a los que se separa de la golfería.

Repartió cartas. Me vino un cinco. Hice una puesta pequeña. Pedí otra carta y me llegó un caballo. Me planté. Otros habían jugado más fuerte. El Comendador sumó cinco. Pago las flojas y cobró las gordas. Al pagarme, me envió una sonrisa.

Adorné con un ducado reluciente la primera sota que me salió. Hubo más sotas, y puestas altas. Un sujeto de rostro pálido, huidizo, con dientes de lobo,, se levantó con siete y media. Siete la banca. Mi ducado pasó al de los dientes caninos. Yo había seguido los movimientos del Comendador y había descubierto que sacaba una carta del pecho, justo debajo de la cruz. Eché otro ducado sobre la mesa, a lo que saliese.

Así seguimos, silenciosos. Yo ganaba las puestas pequeñas y perdía las grandes, más o menos como los demás puntos, salvo el tío de los dientes, que iba amontonando mis ducados. Tenía ya diez ante sí, muy bien colocaditos.

El caballero bien vestido estaba detrás de él, cerca también de mí. Veía mis cartas y las del lobo. Una vez se me acercó y me dijo:

—Tenga cuidado. La carta no se mira de esta manera. Hay que hacerlo con cuidado, ¿me comprende? Sacarla por la pinta.

Y me explicó lo que era la pinta. Pero yo ya había advertido que entre el Comendador y él se cruzaban miradas y guiños.

Deduje que el ganador de mis ducados jugaba por la casa, y que el caballero bien vestido actuaba de semáforo. Los demás jugadores no le importaban, si no sólo mi montón de ducados.

Me dieron carta. Sin mirarla, arriesgué cinco monedas del más atractivo color. El caballero bien vestido me dijo: «No haga eso», pero simulé no oirle y pedí carta. Me dieron, descubierto, el rey de oros.

—Siete y media la banca —exclamó el Comendador.

Se llevó mi dinero. Entonces, le pregunté:

—¿Puedo ser yo el banquero?

Hubo risas, codazos, miradas. Pero el Comendador me respondió muy serio:

—Naturalmente, muchacho, aunque lo considero peligroso. No estés avezado todavía, y perderás.

—¿No estoy perdiendo también así?

—Supongo que no será una queja?

—¡Dios me libre! Tengo el mayor respeto por mi suerte, pero presiento que va a cambiar si me hago cargo de la banca.

El Comendador empujó hacia mí la baraja.

—Ahí la tienes. Con tu pan te lo comas.

Recogí el naipe, lo barajé, lo coloqué ante mí. El Comendador hacía montoncitos de su dinero.

—Pero, ¿no me da más que esto?

Me miró con extrañeza.

—No querrás el dinero también.

—No. Me basta con el mío, supongo. Pero esas cartas que guarda en la bocamanga, y debajo de la mesa, y en el pecho, ¿no me corresponden?

Puse mi cara más inocente. Mi mano señaló la cruz del Comendador. Sentí detrás de mí, más cerca, el cuerpo del caballero bien vestido. Mis palabras habían paralizado los movimientos de los jugadores. Se habían vuelto todos hacia el Comendador, y uno de ellos gritaba:

—¡Explíquese, don Gonzalo!

Don Gonzalo se había echado atrás, había derribado la silla, tenía la mano en la espada.

—¿Qué estas diciendo, muchacho? ¿Me acusas de tramposo?

Me miraba con fiereza; inclinado, como si fuera a abrasarme la furia de sus ojos.

—Don Juan Tenorio bromea —dijo el caballero bien vestido; sus manos se colocaron encima de mis hombros, suavemente—. Le pedirá perdón en seguida, estoy seguro. ¿Qué dirían, si no, estos caballeros?

Los puntos se habían levantado, protestaban, exigían que el Comendador se quedase en mangas de camisa. El de los dientes de lobo recogía su ganancia y pretendía escurrirse. De alguna parte oscura habían surgido dos mocetones armados que venían hacia mí. Don Gonzalo seguía vociferando, insultándome. Comprendí que en dos segundos me habrían aniquilado si no obraba a tiempo. Las manos del caballero bien vestido aumentaban su presión sobre mis hombros, como queriendo sujetarme a la silla. Los bravos estaban ya a su lado. Me escurrí debajo de la mesa, la sacudí con los hombros: cayeron al suelo mis ducados mezclados con la plata del Comendador. Con el dinero, los candelabros. Se armó un bochinche de gritos y blasfemias. Todos querían el dinero y rodaban por el suelo para recogerlo. El caballero bien vestido gritaba: «¡Que no se escape!», y los bravos corrieron a interceptar el paso hasta la puerta. Pude zafarme del tumulto, coger un candelabro del suelo, encenderlo. Cuando empezaron a levantarse, las manos más o menos pingües de mis ducados, yo me hallaba en la parte alta de la habitación, con la espada en la mano y las luces levantadas por encima de mi cabeza.

—El Comendador es un tramposo —dije—. Quiero mis cien ducados.

Sonriente, el caballero bien vestido salió del grupo.

—Señor Tenorio, estoy dispuesto a perdonarle sus muchas impertinencias en atención a su impericia, y quizá también a la estupidez inevitable de sus pocos años. Coja el sombrero y váyase.

—Mis cien ducados. Y esos caballeros deben reclamar también lo suyo. A todos los ha engañado, menos al de los dientes largos.

Los puntos murmuraban entre sí, se agitaban. Don Gonzalo seguía chillando, amenazando. El caballero bien vestido se puso serio.

—No sea imbécil, don Juan, y váyase, si no quiere que mande a mis criados echarle a puntapiés.

—Antes tengo que batirme con el Comendador.

La respuesta de don Gonzalo estalló en medio de los murmullos, retumbó bajo las bóvedas del sótano. Fue una de sus mejores carcajadas; gigantesca, ilimitada.

—¿Batirme yo contigo? ¡Mi espada no se cruza más que con caballeros cabales, jamás con un cabrón! Porque sépanlo, señores: Don Juan Tenorio se ha casado ayer con una prostituta. ¡Y tuvo la avilantez de pedirme que le sirviera de testigo!

—Escúcheme, Comendador.

No sé por qué, la voz me salió redonda, imperativa. No sólo me escuchó don Gonzalo, sino todo el cotarro, incluso el bien vestido caballero.

—Escuche lo que voy a decirle. Estando usted delante, no hay que mentar a los cabrones, porque usted lo es también. Esa mujer que guarda usted en su casa, esa judía con la que está casado en secreto, durmió conmigo hace dos noches. Y en cuanto a su hija...

Pegó un grito furibundo, un grito sincero, y se plantó de un salto en la mitad del corro, con la espada en la mano.

—¡Mi hija no la nombre, si no quieres...!

—...en cuanto a esa hija de la que usted está enamorado, pienso acostarme esta noche con ella, después de matarle a usted. Tengo la llave.

Bramaba, hacía remolinos con la espada, se tiraba a matar. La máscara de su rostro se había descompuesto, y su voz tremolaba, aullaba, repetía: «¡Mi hija!» en todos los tonos de la tragedia.

—¡Te atravesaré como a un pellejo! ¡Estos caballeros son testigos de como me has insultado¡ ¡Has dicho de mi hija...!

Dejé el candelabro y descendí a las losas del sótano.

—Quítese la ropilla, Comendador. Le va a estorbar.

—¡Para matarte a ti no necesito...!

Al verme junto a él, cambio el estilo. Se reía, hacía fintas al aire, saltaba ágilmente sobre sus piernas enormes. Yo parecía, a su lado, Pulgarcito a los pies del gigante.

—¡Vamos! ¡En guardia! ¡Ya tengo prisa por taladrarte!

Las manos en alto, el caballero bien vestido se interpuso.

—Vamos a ver si esto tiene arreglo. El Comendador ha sido ofendido doblemente y tiene de su parte la razón. Pero todos sabemos que es la mejor espada de Sevilla. Le va a matar a usted, don Juan, y seré una pena que muera tan joven, aunque convengo en que su impertinencia merece, al menos, una paliza. Propongo, sin embargo, que le pida perdón, y que deje a su favor los cien ducados, como compensación económica. Si así lo hace, rogaré al Comendador que le disculpe y podrá uster marchar en paz. Aunque para no volver a esta casa, claro.

—¡Cien ducados! ¿Quién piensa que vendo mi honor por esa suma miserable? ¡Sangre es lo que necesito!

—Pongamos doscientos, Comendador. Don Juan Tenorio nos firmará un papel, y fiaremos de su firma.

Se volvió hacia mí.

—¿Está usted conforme en los doscientos?

—No.

Entonces, se me acercó tranquilamente, con mirada despreciativa, y me dio un pequeño empujón.

—Pero, ¿qué es lo que quiere entonces, pedazo de memo?

—Si no le importa, batirme con usted cuando acabe con el Comendador.

Se encogió de hombros. Se volvió a los presentes.

—Ustedes son testigos de cómo he intentado disuadirle, y convendrán conmigo en que las condiciones para evitar el lance era muy llevaderas. Yo me lavo las manos de su muerte.

El Comendador seguía pegando cabriolas, meneando la espada por encima de mi cabeza y gritándome:

—¡En guardia! ¡Al matadero los cabrones!

Nos dejaron un gran espacio. Al lado de la puerta

quedaban los gerifaltes, puestas las manos en las espadas. Me dirigí al dueño de la casa.

—Tengo derecho a exigir que esté la puerta libre.

Me sonrió.

—¡Como quiera! Total, va a salir usted por ella con los pies para adelante...

—¡Vamos muchacho! ¡Menos preámbulos!

—Quítese la ropilla, se lo aconsejo.

Cruzamos las espadas. Don Gonzalo atacaba con fuerza, y me mantuve a la defensiva durante tres o cuatro asaltos. Bastaron para comprobar, al mismo tiempo que su agilidad y su fuerza, la limitación de sus tretas. Intentó, primero, la estocada al cuello: la desvié por el hombro. Después, la estocada al pecho: me pasó por el sobaco. Por último, la estocada al vientre, que se perdió en el hueco de la entrepierna. Entonces, la fuerza de don Gonzalo empezó a flaquear, y sus ojos me miraban con extrañeza. Seguía vociferando, amenazando; pero se le escapaban gallos, y, sin que yo atacase, se defendía.

El cotarro había seguido los asaltos con el aliento contenido, y había coreado con desilusión las estocadas fallidas. Pude mirarlos, y tuve la sensación de peligro. Uno de los valentones escondía el puñal en la bocamanga. El caballero bien vestido había sacado un pañizuelo de encaje, y su mano, enjoyada de esmeraldas, jugueteaba con él. «Cuando lo suelte, me asesinarán», pensé. Podía suceder en el segundo siguiente, y yo tenía el pecho al descubierto.

Desarmé a don Gonzalo de un golpe violento, y su espada fue a caer junto a la puerta. Todas las miradas la siguieron. Mientras, agarré una banqueta con la mano izquierda. Don Gonzalo había caído de rodillas. Estaba desinflado, y con una voz pequeña, gemebunda, como el aire que se escapa de un globo, suplicaba:

—¡Va a asesinarme! ¡Socorro! ¡A mí los míos! ¡Va a asesinarme!

El caballero bien vestido dejó caer el pañuelo, y el puñal buscó en el aire mi corazón. Halló el asiento de la banqueta, donde quedó clavado, tembloroso. Lo arranqué, lo miré, lo lancé súbitamente contra el cuello del bravucón. Allí se hundió. Se oyó un graznido como un estertor, y el cuerpo del gerifalte se derrumbó. Don Gonzalo seguía suplicando con palabras ya incoherentes. Nadie se había movido a recoger el cuerpo.

El caballero bien vestido alzó una mano.

—¡Ya está bien, don Juan! Recobre sus ducados, y asunto concluido.

—Después de muerto el Comendador.

Puse el pie en la cruz de su pecho —sin ánimo sacrílego, esta es la verdad— y derribé a don Gonzalo de un empellón.

—Recoja la espada, y beba, si le hace falta. En el infierno no hay refrescos.

El caballero bien vestido intentó aproximarse. Ahora alzaba las dos manos.

—Pero, ¿no le parece bastante? Ha matado ya a un hombre y ha humillado al Comendador. Sabemos, además, que es usted un excelente espadachín. ¿Qué quiere ahora?

—Necesito matarlo —silabeé—. Me da asco. Es un viejo sucio que no debe vivir entre los hombres de bien, aunque a ustedes les resulte irreprochable. Lo es como tramposo, no lo dudo, y con su muerte, el garito perderá un excelente colaborador. Pero a mí no me importa el interés de ustedes.

—Como comprenderá, don Juan, de esto se dará parte a la justicia.

—Y, a mí, ¿qué? Estaré lejos.

—Si escapa usted, es porque tiene miedo.

—Si escapo, es porque no puede defenderme de la justicia del rey, a la que niego toda autoridad sobre mí.

Dejó caer las manos, desalentado.

—¿Qué clase de hombre es usted, don Juan?

—Cualquier cosa menos el memo, el estúpido, el imbécil que usted pensaba.

El caballero bien vestido sonrió e inclinó la cabeza.

—Le pido mil perdones, pero me habían informado mal.

—Ese error le costará batirse conmigo cuando haya acabado con don Gonzalo.

—¿No le bastan mis disculpas?

—Quiso usted asesinarme.

Sonrió otra vez; pero en su sonrisa había ahora un elemento nuevo, triunfal acaso. Miraba detrás de mí, miró un segundo más de lo debido, y me alarmó. Volví la cabeza, y vi al Comendador escabullirse por la puerta del sótano.

—¡Quédense con mis ducados! —grité: y corrí detrás. Me llevaba ventaja, y cuando le abrieron la puerta de la calle, llegaba yo al zaguán, perseguido por las voces y los pasos de los tahures. El portero se quiso interponer, y lo mandé contra la pared. Asomé a la calle oscura, ya desierta. Miré a un lado y a otro.

—Por la derecha, mi amo, de prisa.

La sombra de Leporello oscurecía la cal de la pared frontera.

—¡Cuídate de los caballos!

Eché a correr. Doblé la esquina y descubrí a don Gonzalo, casi al cabo de la calle, corriendo, corriendo. Le grité: «¡Ya estoy aquí!», y el grito le paralizó. Cuando llegué junto a él, se había arrimado al quicio de una puerta y me pedía perdón. Le obligué a sacar la espada y a batirse otra vez. Me costó trabajo matarlo, porque, súbitamente, mi corazón se inundó de piedad, y tuve que pelear con mis propios sentimientos más que con el brazo de don Gonzalo. La espada debió de entrarle a la altura del cuarto espacio intercostal izquierdo. Dio un gemido, resbaló, pataleó, y quedó quieto, como una gran estatua derribada.

Sus amigos entraban ya en la calle. Traían antorchas encendidas y clamaban a la justicia.

14. El camino hasta la casa del difunto comenzó siendo penoso, porque de repente, cayeron sobre mi alma, y la abrumaron, las aflicciones, los remordimientos, la duda incluso de si había obrado bien. Dos hombres muertos de mi mano en escasos minutos, dos hombres que ya estaban en el infierno: mi rapidez no les había dado tiempo a arrepentirse. Ninguno de ellos había dicho: «¡Jesús!», quizá porque no creyeran en El. Se habían ido al otro mundo como eran, con toda su vileza y toda su cobardía. El gerifalte y el Comendador.

Aquello no constaba en mi programa. Cierto es que el Señor dispone de mil medios para el ejercicio de su Misericordia, pero, a juzgar por las apariencias, mis muertos se habían ido sin ella al otro mundo, y esto, indudablemente, causaría un dolor a Dios que no estaba en mi ánimo infligirle. Comprendí, sin embargo, que aunque en mis propósitos no figurase el homicidio sino como excepción —la muerte prevista del Comendador no formaba parte del programa, sino que era más bien su condición, su punto de partida—, resultaría a veces inevitable, como el del bravucón, y que en casos semejantes no tenía más remedio que apencar con las consecuencias, así jurídicas como morales. Esto me tranquilizó un poco. Tiempo después pude comprobar por mi propia experiencia que nada acalla más una conciencia escrupulosa como aceptar la responsabilidad de los propios actos, incluidos los inconscientes. ¡Qué enriquecimiento, qué sensibilidad exquisita adquiere el alma en tal trance!

Me había perdido en las calle sevillanas. Aquello, blanco de cal y luna, tan silencioso, parecía un cementerio, y yo una sombra que vagase entre las tumbas. Perdido anduve, hasta que las doce de la noche dadas en la Giralda me permitieron orientarme. Desde la Catedral no fue difícil llegar a la casa de don Gonzalo. Ante ella, en un rincón de la plazuela, vi el bulto de dos caballos. Me acerqué a ellos.

—¿Todo va bien, mi amo?

—Hasta ahora, sí.

—¿Ha muerto el viejo?

—Camino del infierno lo he dejado.

—A saber si lo querrán allá.

—Todo depende de las tragaderas que tengan para la cobardía.

—Pues, ahora, suerte.

—Gracias. ¿Y tú?

—No se arregló nada amoroso con la criada mensajera, y tengo que esperar pensando en ella como consuelo.

—No te vayas a dormir.

Era el mismo portón por el que doña Sol me había metido unas noches antes. La cerradura abrió suavemente, y el postigo quedó franco. Al fondo, clareaba un poco el patio. Cerré y esperé. Poco a poco, el silencio se fue poblando de rumores lejanos, menudos. Descalzo, los zapatos en la mano, adelanté unos pasos hasta las primeras columnas. Aquello trascendía de aromas, el fuerte aroma de flores y primavera que me perseguía en Sevilla, que me excitaba la sangre, que me hacía otra vez concebir, contra mi voluntad, contra mi experiencia, exageradas esperanzas en lo que da la carne. Tuve que respirar fuerte. La sangre me hormigueaba en la espalda, y las piernas, un instante, me flaquearon. ¡Cómo me lastimaba en la piel el rumor de la fuente!

Tenía que subir una escalera, recorrer la galería alta, entrar por un pasillo, contar las puertas... Me asomé al patio, levanté la mirada, recorrí las ventanas. Me pareció ver, alumbrada por la luna, el cuerpo de una muchacha. ¿Si Elvira habría salido a esperarme? No contaba con semejante cortesía, con tan anticipada decisión, sino con algo de lucha, con las últimas protestas del miedo, del pudor y de la honestidad.

Sin embargo, allí, muy cerca de la esquina, en la galería del piso, una figura blanca y morena recibía en el rostro el luar plateado.

Yo permanecía arrimado a la columna. Pero sentí que un tirón violento me apartaba de ella, me arrastraba, como si mi cintura estuviese amarrada a una soga, y, desde arriba, Elvira la fuese cobrando. Pasito a pasito, silencioso: el patio, la escalera, por la luna o por las sombras. Llevaba el temor de que mi corazón alborotado despertase a las aves.

Llegué a la galería. El suelo de madera crujió bajo mi peso. Un ratoncillo correteó delante de mis pies y se escondió en su rincón. Tenía que llegar hasta la esquina, y doblarla. Me detuve, y acaricié la arista. Asomé la cabeza. Evidentemente, Elvira me esperaba junto al resplandor de la luna.

Me calcé los zapatos y avancé. Elvira se movió, se apartó de la ventana. Me pareció que mis pasos retumbaban y que la casa entera se estremecía. Elvira se adelantó también. Estábamos muy cerca, nos mirábamos. Alargué los brazos, y cayó en ellos.

—Como el agua del río va hacia la mar, así he venido hasta ti.

La frase será todo lo literaria que se quiera. El amor se hace con literatura. Otras palabras me hubieran, quizá, llevado por distinto camino, pero en aquéllas se expresaba la realidad más honda del instante y de los que lo habían precedido: «Como las aguas del río hacia la mar», es decir, sin libertad. Necesariamente, inevitablemente. Elvira, entre mis brazos, respiraba con angustia y no sabía si esconderse en mi pecho o ofrecerme los labios. Pero yo ya no pensaba en su boca, ni en el cuerpo palpitante, ni en el corazón que latía junto al mío, sino en la soga amarrada a mi cintura, en la fuerza que arrastra al mar el caudal de los ríos, y en la que, ciegamente, me había arrebatado. No era mi voluntad la que movía mis pasos, la que apretaba mis brazos alrededor de los hombros de Elvira, sino la vida y la sangre, las mismas que arrancaban a las flores su perfume sin contar con su voluntad. Me sentí prisionero, abrazado por unos brazos inmensamente más fuertes que los míos; sentí que tampoco la voluntad de Elvira me había recibido, o, al menos, su voluntad soberana, sino la voluntad sumisa al imperativo oscuro de su sangre. No me importaba, sin embargo, lo que hubiera movida a Elvira a esperarme arropada en luz de luna, lo que hacía un solo ruido acordado el de nuestros corazones. Comprendí que había caído en la trampa, que no era libre, y una vez más se sublevó mi corazón.

Con un esfuerzo aparté a Elvira.

—Pero las aguas del río no pueden detenerse y volver atrás, y yo, sí.

Me miró sin entenderme. Pero algo vio en mis ojos, en mi gesto, que se llevó las manos a la boca, y una luz aterrada brilló en sus ojos.

—¡Juan!

¡Otra vez el cante jondo, otra vez mi nombre pronunciado ásperamente. Me reí.

—¿Qué vas a hacer?

—Quizá vuelva algún día. Ahora, adiós.

—¡¡Juan!!

Quiso seguirme, pero yo me alejé, sin cuidarme ya de que el ruido despertase a la casa. Recorrí la galería, y empezaba a bajar las escaleras, cuando se oyó la voz de Elvira, desgañitada, clamando en la ventana:

—¡Socorro! ¡Un hombre! ¡Hay un hombre en la casa! ¡Quiere violarme! ¡Socorro! ¡Padre!

Salté de dos en dos los escalones, alcancé el patio. Arriba se abrieron puertas. Gritos, preguntas, carreras, alborotaron la galería. Salí a la calle, apreté el paso hasta llegar a la plazuela donde esperaban los caballos.

—¿Ya ha acabado, señor?

Leporello salió de las sombras y acudió a tenerme el estribo.

—Vámonos ya.

—¿Se ha acostado con Elvira en tan poco tiempo? —insistió.

—Virtualmente, sí.

Se rio de mí. Me hubiera gustado ver la risa bailando en sus ojos desvergonzados.

—¿Es una nueva manera de acostarse con las mujeres, mi amo?

No pude responderle: un resplandor, acompañado de voces, asomó por una de las calles que daban a la plazuela. El mismo Leporello volvió la cabeza.

—Será mejor que nos vayamos.

—Espera.

Nos acogimos, con los caballos, a la esquina más próxima. En la plazuela entraron unos hombres portadores de antorchas, y otros que llevaban a un muerto en unas parigüelas.

—¿Será el Comendador?

—Llégate a ver qué cuentan.

Leporello descabalgó. El cortejo se movía con lentitud de procesión, con solemnidad de entierro. Rezaban la recomendación de las almas. Yo veía desde lejos el rostro enorme de don Gonzalo palidecer a la luz cambiante de las antorchas. Le habían compuesto la figura, le habían cruzado las manos sobre el pecho y puesto encima la espada. La pluma del sombrero, colgado a un lado, rozaba los guijarros de la calle.

Atravesaron la plazuela, se detuvieron ante el portón de columnas estremecidas, de adornos violentos. En el silencio se escucharon los golpes de la aldaba. Aparecieron luces en las ventanas, una se abrió. Los de abajo explicaron como traían muerto a don Gonzalo. Gritos y llantos. Una voz de mujer empezó a pedir justicia. Se abrió el portón, y las antorchas, las parigüelas y el muerto entraron en el zaguán.

Por encima de las voces quedas, de los ayes conmovidos, de los denuestros amenazadores, se oía mi nombre, y me llamaron asesino.

Leporello se acercó, súbito como un duende.

—Será mejor que nos vayamos, serñor, no sea que le descubran.

—¿Qué te han contado?

—Piropos para usted. Lo menos que le llaman es demonio.

—Ya ves lo que son las cosas, y como se cimentan las injustas reputaciones.

—Lo que ha pasado, no lo sé; pero también le cuelgan la violación de Elvira.

—¡Eso no es cierto!

—Vaya usted a desmentirlo.

—Pero ella puede decir...

Nos habíamos alejado de la plazuela, y por las calles desiertas, los cascos de los caballos resonaban. Oimos, detrás de una reja humilde, el llanto de un niño y la nana que su madre le cantaba.

—Ella no dirá nada, ni que la ha violado, ni que no. Dejará que corra la leyenda, porque a las mujeres, mi amo, por encima de todo, les molesta ser vírgenes. Por eso no perdonan al hombre que se raje y salga pitando. Las mujeres son insensibles a su propio misterio, y están deseando librarse de él.

—No me rajé.

—Lo creo, y usted también. Usted se justifica con mil razones, pero la verdad es que dio la espantada, como otros muchos, como la dan todos los hombres, se note o no, ante una virgen. Es uno de los casos en que el Señor al crear el mundo, se ha divertido más. Porque todo lo que el Señor puso en la tierra y en el cielo es útil y necesario, menos eso. Se lo dio a las mujeres y a las hembras de las especies superiores como detalle de lujo. Y a los hombres nos dice: «¡Anda, búscale explicación satisfactoria, tú, que le encuentran explicación a todo!». Y nosotros, al no hallarla, sentimos miedo. ¿No ha pensado alguna vez a cuántas cosas dio lugar la famosa virginidad de las mujeres? Si la pierden de solteras, los padres se alborotan como si les hubieran arrojado a la cara todas las inmundicias de este mundo. Mueren o matan, y se creer haberlo hecho por la causa más sagrada. En cuanto a los maridos, hable por ellos la muchedumbre de emparedadas que pagaron con esa muerte el no llegar intactas a la boda. Hay hombres que se preocupan de eso más que de su hacienda y muchísimo más que de la salvación de su alma. Ya ve: según se cuenta, a España la ganaron los moros por la virginidad de una mujer.

Habíamos llegado al portillo. Estaba junto al río, y el rumor de las aguas me entretuvo mientras Leporello se entendió con los guardianes. Una linterna se meneaba en el aire; tintinearon las monedas, y, después, los goznes de la puerta rechinaron.

—¡Vamos, mi amo!

Salimos de Sevilla, y caminamos por la margen del río.

—¿Tú crees, Leporello, en el misterio de las mujeres?

—No sé si creo o no, pero procuro no tenerlo en cuenta. Sin embargo, he oído decir que a las vírgenes las cobijan las alas de un arcángel.

—Quizá esta noche fuera el arcángel quien cobijase a Elvira, pero yo tomé su resplandor por la luz de la luna, y no le hice el debido caso.

—Sin embargo, el arcángel logró su propósito.

—Por pura causalidad. El razonamiento que me apartó de allí no tenía nada que ver con la mujer y su misterio.

—Pero, ¿fue un razonamiento? —preguntó Leporello, con una carcajada. Yo pensé que era miedo. Y no por eso le tuve en menos, entiéndalo bien. Acabo de explicárselo.

—Y te agradezco la explicación, porque me ha puesto en claro algunas cosas. Fue como si, de pronto, una luz alumbrase el camino en tinieblas, el camino por donde iba a meterme sin saber bien a donde iba. Me hiciste recordar lo que me ha estado rodeando, lo que ha estado incluso dejado dentro de mí, durante estos días últimos, sin que yo le prestase suficiente atención. ¿No encuentras sospechoso el papel que ha correspondido a las mujeres en los últimos acontecimientos? Mariana, doña Sol, ahora Elvira...

—Sólo he pensado que fueron muchas para tan poco tiempo, aunque quizá el destino haya querido compensarle en cantidad por lo muy apartado que, hasta ahora, estuvo de ellas.

—Lo veo de otra manera. Yo pienso simplemente que el Señor, para darme facilidades, ha querido mostrarme el terreno en que más apropiadamente puede ejercitarse mi enemistad. Porque he descubierto que las mujeres en mis brazos, son felices. Lo son, quizá, demasiado; lo son como sólo podrían serlo en el Paraíso. Entonces, al darles semejante felicidad, arrebato a Dios lo que es suyo, lo que sólo El debe dar.

—Me parece una curiosa teología, señor, al mismo tiempo que un divertido intríngulis intelectual. Pero le hago la mismo pregunta que el otro día. ¿Por qué no deja a Dios en paz? ¿No le parece que se preocupa de El más que una monja carmelita?

—La monja y yo estamos en lo cierto.

—Sin embargo, en este momento, hallaría más práctico saber a donde vamos.

—Me es igual a dónde lleve el camino, porque en él encontraré mujeres.

—¿Les ha tomado el gusto?

—Es algo más complejo. Las he elegido como instrumentos de mi enemistad con Dios.

—Un instrumento muy atractivo, no cabe duda. Y si se le dan bien...

Habíamos llegado a un repecho. Desde lo alto veíamos las luces de las murallas y las de los barcos anclados en el río.

—Por aquí, vamos a Cádiz, señor...

No le respondí. Una ráfaga violenta de primavera, de olor a tierra, la humedad del río, el canto de los grillos en el campo, la luz inmaculada de la luna, me habían sacudido y me paralizaban. Con su complicidad, probablemente, había obrado aquellos cuatro días. Ahora quería decir adiós, porque renunciaba a la primavera, porque me había impuesto como obligación lo que la primavera me había dado como placer. Me sentía capaz de dominar la carne, y de dirigirla, como un asceta triunfante. Necesitaba ejercer el dominio sobre ella como sobre un caballo poderoso, porque la carne iba a ser para mí como el caballo para el jinete en las carreras, y no podía aflojar las riendas, no podía abandonarme a sus ímpetus, si no quería perder mi libertad en la trampa amorosa, en la primavera apresada por los brazos de cualquier mujer.

Hice un esfuerzo, y el olor de la tierra, la humedad

de las aguas, la luna, los aromas del campo y el cantar de los grillos dejaron de turbarme.

—¿A Cádiz, dices? Bien. Vamos a Cádiz. Allí hallaremos un barco que nos lleve.

CAPITULO V

1. ¿Y a dónde fueron?

—A Italia, naturalmente. —Leporello bebió un sorbito de whisky y se relamió—. Recuerde lo de Zorrilla:

> *...buscando mayor espacio*
> *para mis hazañas, di*
> *sobre Italia, porque allí*
> *tiene el placer un palacio.*

Aunque nosotros, claro esta, no íbamos en busca de placeres, al menos mi amo.

—Ya. Lo que su amo buscaba era la perfección de la blasfemia.

—O algo parecido que usted no entenderá jamás.

Leporello había venido a verme la tarde de aquel día en que estaba concertado mi regreso a Madrid en el coche de un amigo. Apareció de pronto, y me ordenó, o poco menos, que deshiciera las maletas, porque precisamente aquella noche se celebraba la *première* de un drama al que me importaba asistir.

—Se titula —añadió, sin mirarme—, «Mientras el cielo calla», aunque debiera titularse «El final de don Juan».

Pegué un bote en el sofá. Leporello limpiaba con su pañuelo la superficie del piano. Llevaba el hongo puesto, un poco echado hacia atrás, y por la abertura de un bolsillo le asomaban los guantes grises. Aquella humildad de nuestra última entrevista había desaparecido; sacaba el pecho, y, si me miraba, lo hacía con burlona altivez. Leporello se portaba conmigo como el triunfador que perdona a la víctima y le ofrece un bocado de pan.

—Porque supongo que tendrá curiosidad por saber cómo terminó esa historia.

—¿Qué historia?

—La que usted ha escrito estos días pasados. —Se volvió hacia mí, sacudiendo el polvo del pañuelo encima de mis pantalones—. Por cierto que me gustaría leerla.

—¿Es que la desconoce?

—Es que siempre resulta agradable recordar.

—Es una historia disparatada.

—¿Por qué la escribió, entonces?

—No lo sé.

—Yo sí lo sé. La escribió porque no tuvo más remedio, porque una fuerza superior le obligó a hacerlo. Pero no se le ocurre presumir de haberla inventado. La historia no tiene nada suyo, usted lo sabe. Ni siquiera las palabras le pertenecen.

Acercó una silla, se sentó y sirvió whisky.

—El manuscrito es suyo, eso no se lo discuto. Y puede usted publicarlo, pero no con su nombre. Se reirían de usted.

—Soy escritor.

—Periodista nada más, no lo olvide. Jamás ha escrito un miserable cuento. Carece de imaginación.

—Pudo habérseme despertado... Lo extraordinario del caso lo justifica.

—Muy bien. —Me ofreció un vaso—. Si es así, continúe la historia y déle fin adecuado. ¿Cómo acabó don Juan Tenorio? ¿Por qué anda todavía por el mundo?

No esperó mi respuesta. Se levantó, fue a la mesa de escritorio, y cogió el montón de cuartillas. Cuando regresó al asiento, le resbalaba una lágrima por la mejilla morena.

—Discúlpeme si me emociono, pero es también mi propia historia.

—La historia de un diablo reducido al papel de criado de comedia. Un pretexto para que el amo no hable solo, porque los monólogos son antiteatrales.

—Como usted quiera. Reconozca, sin embargo, que en el relato se me concede cierta categoría intelectual y personal. Mi amo, en eso, fue siempre muy mirado, y jamás olvidó que habíamos estudiado en las mismas aulas.

Echó hacia atrás la cabeza y se limpió las lágrimas con el dorso de la mano.

—¿Me permite que la lea?

—Está usted en su casa.

—Necesito hacerlo, ¿sabe? No le fatigará escucharla.

—¿Es que va a leer en voz alta?

—No se preocupe. Soy un lector excelente, sobre todo de verso. Cuando mi amo está triste, le leo a Góngara, que le divierte mucho, o quizá, como a usted los tangos de Gardel, le lleva a la primera juventud. Mi amo, a los veinte años, era un defensor apasionado de la poesía de vanguardia.

Bebió y empezó a leer. Las primeras cuartillas, sentado. Pero, en seguida, se levantó y empezó a pasear. Declamaba, duplicaba la voz en los diálogos, reproducía los gestos y los movimientos descritos en el texto, o los inventaba cuando el texto no hacía mención. Si imitaba a don Juan, sonreía; si a don Gonzalo, ahuecaba la voz; y, al imitarse a sí mismo, la aflautaba. Leyó seguido, sin más descanso que unos sorbitos al secársele la boca. Yo me dormí un par de veces.

—Nadie lo hubiera sospechado, ¿verdad?

Me restregué los párpados pesados.

—¿El qué?

—Que mi amo hubiera empezado así.

Estiré las piernas y me esforcé por espantar el sueño. Leporello había terminado la lectura, y ordenaba cuidadosamente las cuartillas.

—Tendrá que numerarlas. Es un descuido no haberlo hecho.

—Pero no me culpe de él. No olvide que obraba al dictado de otro.

—Ya. Mi amo suele ser descuidado en estas menudencias.

Sacó un bolígrafo, y empezó a numerar. Lié un pitillo y lo encendí. Leporello, sin decir nada, me tendió la mano izquierda. Le pasé otro.

—Enciéndamelo, haga el favor.

Fumamos en silencio. A pesar del cigarrillo, yo volvía a dormirme.

—¿Qué especie de sujeto es usted, amigo mío? Desde luego, carece de la menor curiosidad intelectual, e incluso humana. O, si es curioso, prefiere las bagatelas a los temas trascendentales. Tiene mentalidad de cotilla pueblerino, y lo único que le preocupa es saber si mi amo es de verdad don Juan, y si yo soy de verdad un diablo. Y si le hemos tomado el pelo o no. ¿Qué importa eso, a las alturas que estamos de los acontecimientos? Una vieja pensionista de su pueblo me haría, al menos, ciertas preguntas.

Colocó las cuartillas, con el mayor cuidado, encima del piano, debajo de una lámpara.

—Dice usted que es periodista. ¿Cuánto no daría el mejor de ellos por una entrevista con mi amo? ¿No se lo imagina usted? Diez páginas de «Paris Match» entre texto e ilustraciones. ¡Y qué titulares! ¿Quiere escribir ese reportaje? Las fotografías se las proporcionaré yo.

—No me interesa.

—No podría, aunque quisiera. Mi amo no se deja entrevistar. Está muy por encima de las artistas de cine y de las princesas que van a casarse con *charcuteros*. Pero yo podría hacer importantes revelaciones, a riesgo de una buena reprimenda. La discreción de mi amo, ese silencio sobre sí mismo tan empecinadamente mantenido, dio lugar a bastantes errores.

—En resumen, que lo que quiere es que le entrevisten a usted. Y salir a doble página en «Paris Match». Porque usted, por lo que veo, no se siente por encima de las artistas de cine y de las princesas.

Hizo una muequecita que, benévolamente interpretada, pudiera ser una sonrisa.

—Evidentemente. Llevo tantos años haciendo de criado, que se me ha contagiado algo de la mentalidad profesional. Y, a los criados, lo que más les gusta es hablar de sus amos. Hay, sin embargo, una diferencia: yo no revelaría jamás sus pequeñeces. Si he de serle sincero, jamás las he advertido. Mi amo es grandioso. Ha vivido siempre en *sol mayor*.

Abrió la tapa del piano, e insistió en una nota. No sé si el *sol mayor* existe en el piano y si es la nota que tocaba.

—Por ejemplo, una de las cosas que más podría interesar al público es la técnica amatoria de don Juan. Sobre todo a las mujeres. Es uno de los aspectos de su vida sobre el que más se han equivocado los poetas, incluso nuestro admirable Zorrilla. ¿Recuerda aquello de «Uno para enamorarlas, otro para conseguirlas...»? No es más que una visión grosera del amor apresurado. Da una sensación de rapidez impropia del cuidado que mi amo puso en sus conquistas. Mi amo, en eso, es muy poco español. No tiene prisa nunca, y nada más lejos de sus costumbres que el trabajo atropellado, a lo Lope de Vega. Mi amo apunta con cuidado y da en el blanco siempre. Usted lo habrá visto: es un hombre calmoso, sereno, y ya sabe que la conquista de Sonja duró dos meses largos... Esto no quiere decir que con todas se haya demorado tanto tiempo, aunque algunas le hayan costado más. Pero no es por el camino del tiempo por donde van los tiros. Uno de los errores de Tirso fue aquello de «¡Tan largo me lo fiáis»!, un error insoslayable, sin embargo, porque Tirso quería hacer con la leyenda de mi amo una historia ejemplar, y había que tener presente el arrepentimiento postrero. Pero don Juan no se preocupó jamás de él, entre otras razones, porque se arrepentía todos los días, porque tenía que luchar cada día contra el arrepentimiento; porque luchó eficazmente, al menos hasta un momento dado. Y ese momento dado también le interesa a usted, porque es capital en la historia.

—Se había usted referido a la técnica...

Los ojos se le llenaron de júbilo.

—¡As, sí, la técnica! ¿Le gustan a usted los toros?

—Sí. ¿Por qué?

—¿Y entiende?

—Sí.

—¿De veras? Porque todos los españoles, cuando están fuera de España, aseguran saber de toros más que nadie, y yo he comprobado que los únicos que realmente entienden de toros son los franceses. Los españoles, es decir, unos pocos españoles, se limitan a saber torear.

—Si el espacio de que dispone el periodista es limitado, no creo que le interese una disgresión taurina.

—Pero la referencia es inevitable, porque el comportamiento de don Juan se asemeja al de un gran torero. El gran torero, el torero genial, no es el que inventa chicuelinas o manoletinas, ni el que torea largo o corto, ni el severo o el adornado, sino precisamente aquel que comprende la singularidad, la irrepetibilidad de cada faena, la necesidad de torear a cada toro de una manera exclusiva, que no puede ser cualquiera, sino precisamente la exigida por el toro. El toro no es una fuerza ciega e innominada, sino un individuo tan singular a su modo como cada hombre. Por eso cada toro tiene su nombre. El gran torero, nada más ver al toro, ya sabe cómo hay que recibirlo y capearlo, cuántas puyas y de qué fuerza necesita, cuántas banderillas y de qué estilo, cuántos pases y de qué marca. Dicho de otra manera, no existe, para el gran torero, una técnica general aplicable indistintamente a cada bicho, sino una técnica concreta, exigida por aquél que está delante. El que lo descubre y es capaz de realizarla, llega al final de la faena con el toro cuadrado, el morrillo bajo, y puede matarlo a su gusto de una sola estocada.

—Que es lo que don Juan hacía con sus vaquillas.

—Exactamente. Para mi amo no existe «la mujer», sino cada mujer, distinta de las demás, inconfundible. Haber descubierto la personalidad singular de cada una, incluso en aquellos casos en que permanecía escondida, es la más incomparable de sus glorias, la que ningún otro profesional de la conquista, más o menos Casanova, podrá jamás arrebatarle. ¡Qué intuición la suya, amigo mío! ¡Cuántas veces no habremos pasado junto a una mujer cualquiera, una mujer a la que ningún hombre hubiera mirado, si no es don Juan! Yo le decía: «Mi amo, es una mujer vulgar». «Espera unos días», me respondía. Y, poco a poco, iba levantando la costra de la vulgaridad hasta dejar al descubierto un alma resplandeciente. Claro está que no sería posible con la sola intuición. La vulgaridad con que algunas mujeres se enmascaran es impenetrable hasta para los ojos de mi amo. Pero mi amo ha contado siempre con su propia fascinación. Al sentirse fascinadas, las mujeres descuidaban su guardia, dejando un resquicio por donde penetrarlas.

—Acaba usted de referirse a un modo de comportamiento típico.

—¿Qué quería usted entonces? ¿Que las mujeres dejasen de serlo? Todo lo individual está montado sobre lo general, o, como usted dice, sobre lo típico. Todos los besos son iguales; lo que los singulariza es la persona que los da. ¡Y qué maña la de mi amo para suscitar esas singularidades! ¡Qué maña, hasta cierto momento!

—¿También en este aspecto de la historia existe un «cierto momento»?

Se le ensombreció el rostro a Leporello.

—Sí, amigo mío; y la culpa la tuvieron las medallas romanas. Mi amo se aficionó a la numismática, se apasionó de ella, y empezó a descuidar a las mujeres. Recurría a ellas lo indispensable para mantenerse en pecado. Y, entonces, inventó una técnica válida para todas. No dejaba de tener gracia —añadió con melancolía—; les contaba su historia, les cantaba canciones y les enseñaba un retrato suyo disfrazado de monje.

—¿Y eso bastaba?

—Al menos le bastó a mi amo. Aunque, la verdad, las mujeres de esa etapa que pudiéramos llamar tecnificada, desmereciesen mucho en comparación con las anteriores. Monjas neuróticas, vírgenes cachondas, viudas abrasadas en el fuego del recuerdo, y alguna que otra casada insatisfecha. Mera sexualidad, amigo mío: lo que mi amo había siempre repudiado.

Sentí una alegría repentina, la alegría de un triunfo con el que ya no se cuenta. Me levanté, apunté con el dedo a Leporello, que me miraba con extrañeza.

—¿Qué le sucede? —me preguntó.

—¡Eso que acaba de decir es el reconocimiento de la decadencia de don Juan! ¿Me permite que lo analice? ¡Dos puntos nada más: la tecnificación de los procedimientos y la calidad de las mujeres seducidas!

—No pierda el tiempo. Yo, entonces, lo creí también. Pero me equivoqué, lo mismo que usted se equivoca ahora. Mi amo no estaba en decadencia, sino que había transferido su entusiasmo creador a las medallas romanas. Por lo pronto, no admitía más que piezas únicas: se sabía de memoria los catálogos de las mejores colecciones, y rechazaba todo ejemplar poseído ya por otro. Pero, además, su modo de adquirir esas piezas, de apoderarse de ellas, de poseerlas, se parecía bastante a su conquista de las mujeres. ¿Cómo podría contarle el modo que tuvimos de conseguir una medalla de oro de Heliogábalo, propiedad de un bajá turco de Mythilene, sino comparándolo al cortejo, rapto y seducción de una princesa de Clèves que llevaban a casar con un Landgrave de Sajonia? No sabría decirle, querido amigo, si la medalla era más linda que la princesa, pero sí que la pasión puesta por mi amo en ambas operaciones fue equivalente. ¡Y las aventuras corridas...! Por cierto que...

Se detuvo. Me miró con fijeza. Frunció dos o tres veces las narices.

—¿Irá al teatro esta noche?

—Sí.

—Entonces, escúcheme. «La muerte de don Juan» no es una obra aislada, sino tercera de una trilogía cuyas partes anteriores no han podido ser representadas. Para entenderla del todo no basta lo que usted sabe, que es, más o menos, el contenido de la primera parte. La segunda se la voy a contar. Sucedió hacia mil seiscientos cuarenta, y tiene que ver remotamente con esa medalla de Heliogábalo conquistada a un bajá de Mythilene... ¿Me da otro pitillo?

Le tendí la petaca. Escogió uno, lo palpó, lo metió entre los dientes.

—El Vaticano y la Corona de España la querían, habían hecho al bajá fabulosas ofertas, en mujeres y en dinero, y hubimos de luchar con sus agentes. Al final, se la birlamos, pero ni el Canciller del Vaticano ni el Embajador de España nos lo perdonaron. ¿Le hablé alguna vez de Simone, una chica judía, comunista, que mi amo conquistó durante la ocupación alemana y traspasó más tarde a las manos del Señor?

—Sí. Ya me contó usted esa historia sartriana.

Quedó en silencio, con la mano en el aire. Castañeó los dedos y empezó a hurgarse las narices.

—¿Por qué habla de Sartre con ese desdén, si en el fondo lo envidia? ¿Qué más quisiera usted tener la cabeza y la pluma de Sartre? Por lo demás, no es una historia sartriana. Se ve en seguida que usted no entiende de literatura moderna. Toda historia en que intervenga mi amo tiene que ser, por definición, anticuada. Mi amo tiene mala prensa, a causa, sobre todo, de las imitaciones. ¿Cómo va a interesarse Sartre por un tema cuya representación más brillante la ostenta en la actualidad el señor Rovirosa? Los grandes temas literarios sufren eclipses, pero reaparecen.

Había dejado las narices en paz, y ahora se rascaba una oreja.

—La historia de Simone y la de doña Ximena parecen la misma historia. Salvo en el desenlace, porque doña Ximena se suicidó. Un caso muy penoso.

—Por culpa de su amo, naturalmente.

—No está muy claro. En realidad, pudo haber sido la causa instrumental... Porque, como usted sabe... —me miró, sonrió—, como usted quizá sepa, el suicidio es algo que se lleva dentro, como un niño; que se alimenta de la propia vida y que se para cuando alguna circunstancia exterior lo favorece. Hay casos, claro, en que aparece súbitamente, como un estallido. Quizá el de doña Ximena haya sido de esos. No sé... Como nunca sospeché que fuera a suicidarse, descuidé toda investigación en ese sentido.

—En cualquier caso, es una mujer que condenó su alma por culpa de don Juan.

—*Chi lo sà?*

—Usted debe saberlo mejor que nadie.

—Pero no puedo decirlo. Nos está prohibido. Y, mire, en cierto modo lo encuentro natural. Porque si el infierno pudiera hacer directamente su propaganda, ¿quién nos impediría falsificar las estadísticas? ¡Imagine grandes carteles, con cifras de trillones! La gente respondería en masa, porque nada favorece tanto la condenación de los hombres como la convicción de que casi nadie se salva. La idea de un cielo desalquilado es nuestro mejor *slogan*. Por eso procuramos valernos de los medios indirectos, como el de aquella monja madrileña que cada noche descendía al infierno e identificaba a los condenados. «¡He visto allí a don Fulano!» Y la gente, que tenía a don Fulano por sujeto pasablemente bueno, razonaba con toda lógica que si don Fulano se había condenado, pocos podrían salvarse. Aquella monja, con la mejor voluntad del mundo, fue uno de nuestros mejores agentes.

—Le habrán hecho ustedes una rebaja considerable de la pena.

—Tampoco puedo decirlo. La contabilidad de penas es secreta.

Se desperezó ostensiblemente, abrió la boca de una cuarta.

—¡Bueno! Si doña Ximena se salvó o se condenó, es una de esas cosas que nadie sabrá hasta el día del Juicio, y que tampoco son tan importantes como para que nos devanemos los sesos. Al propio don Juan ha dejado ya de preocuparle.

Acercó su asiento al mío, y extendió las manos.

—Imagínese usted que, un buen día, llega a nuestra casa un señor de la Gestapo, y le dice a mi amo: «Hay una chica que nos está fastidiando. Sabemos que existe y lo que hace, pero no hay modo de echarle el guante. La hemos tenido prisionera, hemos estado a punto de fusilarla, pero se nos ha escurrido de entre las manos.»

Le interrumpí.

—¿Hablaba en esa jerga el señor de la Gestapo?

—Desde luego que no. Hablaba un francés de acento endemoniado, pero de excelente sintaxis. Yo traduzco sus palabras al lenguaje normal.

Esperó mi asentimiento. Luego, continuó:

—El tipo aquel pretendía que mi amo levantase la liebre, la sedujera y la anulara políticamente, quizá dejándola preñada. «¿Y si no lo hago?», le preguntó don Juan. «En ese caso, señor, tendremos en cuenta determinadas actividades suyas y le enviaremos a un campo de concentración». «¡Pues váyame ya preparando el sitio!». El tipo de la Gestapo se largó, y a mi amo le sucedió lo mismo que en Roma cuando el Canciller del Vaticano vino a verle personalmente y a pedirle, con amenaza de inquisición romana si no lo hacía, que sedujera a doña Ximena de Aragón.

Elevó en el aire dorado las manos abiertas.

—Aquello era más bonito, créame. Los modales de un Canciller del Vaticano siempre serán más corteses que los de un agente de la Gestapo, y mucho más elegantes. El Canciller del Vaticano, al menos, dio a mi amo explicación cumplida de sus razones. Doña Ximena de Aragón era descendiente del último rey de Nápoles, y quería librar a su país de la tiranía española. Esto, al Canciller, no le molestaba. Doña Ximena pretendía, además, unificar Italia en un solo reino, lo cual tampoco estorbaba al Canciller, a condición de que fuese rey el Papa y no doña Ximena. Pero en el lío andaba metido un fraile, de esos que aparecen de siglo en siglo y se empeñan en purificar la Iglesia, y esto era lo que sacaba de quicio al Canciller, tipo más bien corrompido. El fraile aquel, dom Pietro, estaba de acuerdo, en lo político, con doña Ximena, y doña Ximena, en lo tocante a la Iglesia, coincidía con el fraile, de modo que el movimiento era como una moneda, con su cara religiosa y su cruz política. Por eso, el Embajador de España intervino en el asunto.

Leporello empezó a reir, no de lo que había dicho, probablemente, sino de lo que recordaba, y se estuvo riendo un espacio corto, sin hacerme caso. Luego, continuó, como si hablase en soledad:

—Al Embajador de España, la purificación de la Iglesia le parecía bien, pero la libertad de Italia se le antojaba una especie de pecado imperdonable, porque, para aquel Grande cargado de apellidos y de pecados contra Dios, pecar contra Su Majestad era quizá más grave que ofender a Jesucristo. Vino también a vernos, y le dijo a mi amo que, si no le libraba de doña Ximena, si no la deshonraba públicamente, pediría su extradición por asesino del Comendador de Ulloa y lo llevaría a España encadenado; pero que, si se hacía con la dama y la dejaba inservible para la política, podíamos contar con el perdón de don Felipe IV.

De pronto, Leporello redescubrió mi presencia y dirigió a mí sus manos y sus miradas.

—Ya ve usted por qué curiosos caminos, aquellos caballeros, que se hacían la guerra diplomática, venían a pedirnos lo mismo. Mi amo, que llevaba tres o cuatro años acostándose con mujeres vulgares por pura obligación moral, como le dije antes, cobró de pronto un extraño interés por la doña Ximena, y me despachó con el encargo de averiguar quién era, y quién el dom Pietro, y qué pensaban, y qué querían. Sobre todo, me dio instrucciones detalladas sobre lo concerniente a la dama: si era hermosa de facha, si era linda de cara, si tenía largas las piernas y estrecha la cintura, si era soltera o viuda...

«Me fui, aquella misma tarde, a la iglesia donde el fraile congregaba a sus fieles. Era la iglesia de un convento de monjas, y lo primero que descubrí fue al Papa, vestido como un cura corriente y escuchando el sermón con bastante entusiasmo. Aquello me dio la pista de la situación, y sólo de oir a dom Pietro deduje que una legión de diablos andaba cerca. Dom Pietro predicaba una religión alegre, esperanzada, y usted no sabe, amigo mío, la que se arma en el infierno cada vez que sale un santo así. Porque una religión tristona, macabra, a la vuelta de dos generaciones nos garantiza, por reacción, buena cosecha; pero una religión alegre, de propagarse, nos dejaría sin clientes. Cada vez que un San Francisco viene a la tierra, el infierno previene su mejor gente para estorbarle. Y no digo que aquel dom Pietro fuese un San Francisco, pero era alegre como él, y lo que predicaba no había por donde cogerlo, de puro ortodoxo. Por eso el Canciller se encontraba sin armas, mucho más si sabía, como debía saber, que el Papa asistía de tapadillo a aquellas predicaciones: no le hubiera dejado meter en un calabozo al tal dom Pietro, menos aún quemarle como hereje.

«Usé de mis prerrogativas para entrar en el monasterio y fisgar un poco, en parte por curiosidad, en parte porque allí vivía doña Ximena de Aragón. Eran monjas bernardas, así como tres docenas, y aunque entre ellas las había bonitas y jóvenes, le juro que jamás he visto de cerca más santas juntas. ¿Cómo no había mi amo descubierto aquel vivero de hembras estupendas? Y, sobre todo, ¿cómo no le había dado en las narices, cómo su olfato no había venteado a la doña Ximena, la más santa de todas, la más hermosa? Tendría como treinta años, estaba viuda, y, aunque seglar, dirigía a las monjas espiritualmente, con permiso de dom Pietro y de acuerdo con la abadesa, la más ardiente de sus secuaces. Pero doña Ximena, no sólo les hablaba de Cristo y las encaminaba a Él, sino de la unión de Italia, y con tal habilidad dialéctica, que la libertad política y la perfección religiosa parecían ser la misma cosa. Aquellas monjas bernardas eran tan fanáticas católicas como fanáticas nacionalistas. Amaban a doña Ximena, la veneraban, y esperaban acatarla como reina de un reino teocrático, donde no hubiera ricos ni pobres, sino santos. Dom Pietro las confesaba a todas, y, por las tardes, les dirigía la palabra desde el púlpito. Ellas, recogidas en el coro, le escuchaban como se escucha la voz del cielo. Y una masa enfebrecida, alucinada, se apretaba en la iglesia. A veces, casi todas las tardes, algún oyente se arrancaba por peteneras, subía al presbiterio, declaraba su deseo de vivir algre en Cristo, y hacía confesión pública de sus pecados.

«Doña Ximena, como le dije, vivía en el convento, pero salía de él para sus conspiraciones, y, entonces, se vestía de hombre. Sus partidarios estaban casi todos en Nápoles, a donde iba a veces, con precauciones, porque los españoles la vigilaban. Estaba preparando un levantamiento popular contra ellos. Si usted recuerda quien fue Tomás Aniello, puedo decirle que se contaba entre sus colaboradores.

«Habré tardado una semana en ponerme al corriente de la situación y de las personas. Durante aquellos días, guardé silencio. Por último, conté a mi amo, de sopetón, todo lo que sabía. Mi amo escuchó. Después, me dijo: «Sería canallesco destruir a una mujer tan admirable sólo porque les pete al Embajador de España y al Canciller del Vaticano. Sería, en cambio, muy hermoso ayudarla.» Lo mismo que me dijo, tres siglos más tarde, al salir de nuestra casa el oficial de la Gestapo. «Pero mi colaboración no es incompatible con la conquista de esa doña Ximena. Seducir a una santa es atractivo, sobre todo cuando se está seguro de que, al final, acabará por regresar a los brazos de Dios, convenientemente reforzada su santidad. La figura de una santa no está completa sin la experiencia del pecado; es como si a un retrato le faltase la nariz. De modo, Leporello, que vamos a pintársela. Esta tarde me llevas a esa iglesia».

«Allá nos fuimos. Estaba de bote en bote, como siempre, y el fraile empezó su plática. Don Juan le escuchó con la mayor atención. De vez en cuando, asentía. «Ya ves, si a este hombre lo hubiera oído yo a los veinte años, las cosas habrían sido de otro modo. Pero ahora ya es tarde». También me dijo que era el mejor teólogo que había escuchado nunca. «Su único error ha sido escoger entre mujeres lo más selecto de su clientela. Las mujeres metidas en negocios de esta laya son más sensibles a la soberbia que las pobres pecadoras. Y, de la soberbia a la lujuria, hay un puente de cuyo portazgo tengo la llave. No me dieran más trabajo que destruir la santidad de este monasterio».

«El fraile había terminado su plática. Hubo un revuelo entre los fieles, porque alguien pedía que le dejasen llegar al presbiterio: un pobre hombre, que se acusó de media docena de pecados vulgares, y fue a recibir la absolución de dom Pietro. Mi amo asistía a la escena sin pestañear. En sus ojos aparecía el fuego de antaño, la luz que yo tan bien conocía. Se abrió paso, de pronto, y llegó al altar. La gente empezaba a marcharse. Alzó un brazo y dijo: «¡Esperar!». Muchos quedaron sobrecogidos al ver aquella figura vestida de negro, esbelta, con la capa derribada, y al oir aquella voz que, al rogar, ordenaba. La gente se detuvo. Los que habían salido, volvieron a entrar. El fraile quedó mirando a mi amo como se mira al mismísimo demonio, como lo mira un santo, quiero decir: dispuesto a la pelea.

«Don Juan esperó a que la gente sosegase, y empezó a hablar. Jamás su voz fue más dramáticamente timbrada, nunca más escogidas sus palabras. Contaba como un actor soberano el cuento de su vida, el verdadero cuento, metiendo en él a Dios y al diablo, y le aseguro que ningún público de teatro fue jamás zarandeado por el arte como los fieles de dom Pietro en aquella ocasión. Cada palabra de mi amo era como un cuchillo que fuera a clavarse en los corazones oyentes, que lo hiriese, que lo hiciese sangrar. Lloraban, quedaban suspensos, crispaban las manos, se agarraban unos a otros, refrenaban gritos de espanto. El propio dom Pietro perdió el dominio de sí mismo y se dejó arrebatar por aquel cuento patético. Pero yo sabía que ni los fieles ni el santo fraile importaban a mi amo un pepino. Aquel derroche de retórica iba dirigido a las monjas del coro y en particular a doña Ximena, que entre ellas estaba. Y como a mí también me interesaban más las mujeres selectas que el público vulgar, dejé a mi cuerpo dormido en un rincón, y me colé en el coro.

«Las monjas estaban quietas en semicírculo. Doña Ximena, un poco más adelantada, no se movía. La madre abadesa, como cansada, apoyaba las manos en el sitial, De todas ellas, sólo doña Ximena podía ver a don Juan, aunque a través de celosías. Pero las palabras tenían, quizá, más fuerza que la presencia. Habían cargado el aire de *sex-appeal*, como se carga de electricidad una tarde de tormenta. Un párpado estremecido, el temblor de unas haldas, los nudillos sin sangre de unas manos cerradas, acusaban las dianas de don Juan en aquellos corazones inocentes, en aquellos espíritus ante los que, por vez primera, el pecado se desplegaba en toda su inmensidad oscura. No lo entendían, como no se entiende el abismo, pero se sentían atraídas, ganadas por él. Hasta que, de pronto, la abadesa sacudió las tocas, como quien viene de un sueño, y golpeó su reclinatorio con el martillo de madera. «¡Vámonos!», añadió, y las monjas salieron de dos en dos, en apariencia impasibles, pero turbadas. Sólo doña Ximena quedó en el coro, agarradas sus manos a la celosía.

«Mi amo terminó su confesión. «Ahí tiene usted mi vida —dijo a dom Prietro—. Conviértela, si puede, a la alegría del Señor». Descendió las gradas del altar, la capa a rastras, el sombrero en la mano y la cabeza baja. Pasó por entre los fieles alucinados, a punto de aplaudirle el mutis. Entonces, doña Ximena salió de su quietud, abandonó el coro corriendo, bajó las escaleras, acudió a la puerta de la iglesia. Mi amo se había alejado ya, pero yo la esperé, y me acerqué a ella al verla desorientada, al ver sus ojos anhelantes buscando un rostro desdeñoso entre la muchedumbre de rostros compungidos. Le pregunté si buscaba a alguien. «¡A ese hombre! ¿Le conoce?». Le di el nombre y la dirección de mi amo. Era mi deber de criado.»

Lo dijo con excesivo orgullo, como si respondiera a una objeción que nadie le había hecho, que yo mismo estaba lejos de hacerle. Y, súbitamente, se dejó caer en la silla, como sin fuerzas. Apoyó la cabeza en las manos, escondió el rostro, y permaneció quieto. Esperé unos minutos. No se movía, no se le oía respirar.

—¿Le pasa algo?

Tardó en responderme:

—Tengo derecho a estar cansado, ¿no? ¿Cuánto tiempo llevo hablando solo? Eso fatiga.

Le serví un whisky y se lo ofrecí. Bebió un trago largo, se pasó la lengua por los labios y dejó el vaso en el suelo, encima de la alfombra iluminada por el sol.

—Gracias. Pero acabo de mentirle. No es hablar lo que me cansa, sino esta lucha interior conmigo mismo...

Se echó de pronto a reir.

—¡Conmigo mismo! Tiene gracia. Quiero decir que lucho contra el sistema nervioso de Leporello, que era un sentimental; contra su propensión a las descargas de adrenalina. Mi corazón se inclina al llanto sobre el recuerdo de aquella dama. ¿No lo encuentra ridículo?

Su mano buscaba el vaso. Ya no reía. Le había quedado una muequecita en la esquina de la boca. Volvió a beber.

—Aquella noche, la esperamos. Sin decir una sola palabra, porque don Juan y yo nos entendíamos con la mirada. Don Juan clasificaba sus medallas mientras yo dormitaba en un rincón. Pero llegó la media noche, y doña Ximena no aparecía. Me amo empezó a hablar en voz alta: a preguntarme humildemente si se habría equivocado y si se haría menester una segunda carga por otros procedimientos. «No sería de extrañar que mis mejores armas se hubieran embotado con la falta de uso», concluyó. Y preguntaba mi opinión con la mirada. Le respondí que jamás había oído nada tan convincente como su confesión, y que la tal doña Ximena debía de estar ya muerta por sus pedazos. «En ese caso, ¿cómo no vino a verme?» Añadió que quizá al otro día, y me mandó a acostarme.

«Dejé en la cama el cuerpo de Leporello y partí al monasterio de las bernardas. ¡Cuidado que las noches romanas son sugestivas, y que a poco que se demore uno por las alcobas de los palacios, o las yacijas de los tugurios, se aprender cosas sabrosas de la ambición, de la codicia, de la lujuria humana! Pero aquélla me sentía atraído por las almas turbadas, por los corazones sacudidos de las pobres monjitas. Recorrí, una a una, las celdas. Dormían las monjas, dormían de pura fatiga de dar vueltas incesantes alrededor de la nada. Porque aquellas criaturas no entendían el pecado, no les cabía en la cabeza la blasfemia viviente de don Juan, y, sin embargo, se les había metido dentro, se les colaba por los resquicios más delgados, ponía en movimiento sus conciencias hasta entonces apacibles, como si les hubiesen aguijado los monstruos más recónditos del subsconciente y empezaran a despertárseles. Ninguna de ellas soñaba pecaminosamente con don Juan, pero todas sentían deseos sin nombre, deseos que les hacían temblar la superficie del alma, que les ponían la carne de gallina, y les obligaban a lanzar suspiros aparatosos, aun estando dormidas. Confieso que el espectáculo de las monjas bernardas me produjo una súbita, aunque rápida, vergüenza profesional. Un diablo veterano hubiera necesitado años para causar aquel destrozo en las huestes femenina de dom Pietro; pero mi amo lo había logrado, sólo con su palabra, en un cuarto de hora. Siempre le había admirado, pero entonces le admiré más. Lo admiré con la sinceridad, con la franqueza de un maestro que juzga la obra de un competidor de talla.

«Había dejado para el final la visita a doña Ximena. Doña Ximena no dormía. Doña Ximena daba vueltas en el lecho, o paseaba por su celda, o se arrojaba ante un Cristo y le pedía ayuda. A Doña Ximena se le había encendido una llama en las entrañas, y su fuego le recorría las venas, le cegaba el cerebro, le quemaba el corazón. Doña Ximena sabía lo que era desear a un hombre, tenía un nombre para el deseo, y deseaba a don Juan con la furia saludable de sus treinta años solitarios. Peleaba contra el recuerdo, pretendía expulsar de su conciencia la imagen de mi amo; pero, al mismo tiempo, deseaba salvarlo. Los pecados de don Juan la habían espantado, si, pero, al mismo tiempo, habían suscitado su caridad y ahora se partía su alma entre el miedo y el amor. Difícilmente el ángel podría socorrerla, porque su deseo se enmascaraba de obligación, y al seguir el mandato de sus entrañas creía seguir a Cristo. Hacia la madrugada, tras una lucha frenética, doña Ximena se sosegó al aceptar como deber a su esfuerzo reservado la salvación de don Juan. Durmió después de que su corazón intrépido dejó planteada la lucha contra el demonio, la disputa del alma de mi amo.

«Apareció en nuestra casa al día siguiente, por la tarde. Se había protegido con rezos y agua bendita. Venía vestida de hombre, y se presentó a mi amo con las señales de su zozobra pintadas en el rostro. Estaba dramáticamente bella, estaba conmovedora, arrimada al quicio de la puerta con las manos tendidas, anhelantes. Don Juan se la quedó mirando, y ella le dijo: «No me mire usted así, que soy una mujer.» Don Juan le respondió: «Ya lo había advertido» y doña Ximena se rio. Mi amo la mandó sentar, y la cosa siguió como un juego de cortesías. Después, doña Ximena confesó que le había escuchado la tarde anterior, y que venía dispuesta a salvarle del demonio. «No puedo aceptar su ayuda en ese trance, si usted, a su vez, no acepta la mía.» «¿En qué puede ayudarme?» «En esa lucha que trae contra los españoles.» «Pero, ¿usted no es uno de ellos?» «Sí, aunque no tan agradecido al monarca que no pueda tomar las armas contra él.» «No pretendo obligarle a ser traidor.» «Ni yo distraerla a usted de sus conspiraciones.» «¿Piensa que, sin mi ayuda, se perderá su alma?» «Pienso también que, sin la mía, la vencerá el rey de España.» Después de una larga batalla dialéctica, quedaron, por fin de acuerdo. Mi amo se comprometió a una entrevista privada con dom Pietro, a la mañana siguiente.

«Yo no podía faltar, y tuve que valerme del cuerpo de una paloma que el fraile enjaulaba en su celda. El pobre animalito, buchona de color gris y una especie de moño rojo en la cabeza, cuando lo abandoné, cayó muerto, y no le valieron los rezos de aquel santo para volverlo a la vida. Comprendo que fue una crueldad, pero el cuerpo de una paloma, por muy buchona que sea, no está hecho para soportar por mucho tiempo el espíritu pujante de un demonio. ¡Y cuidado que son malas las palomas!

«Llegó mi amo, enlutado, y el fraile le recibió sonriendo. «Le escuché la otra tarde, y le confieso que su cuento me conmovió y llegó a preocuparme. He pasado dos noches dándole vueltas, y al fin creo tener unas palabras para usted.» Era un buen tipo aquel fraile, capaz de sonreir a la misma muerte y de hallar explicación optimista a los peores males de este mundo. «Porque lo que a usted le sucede, si no he entendido mal, es que le han decepcionado los placeres de la carne...» Se rio de sí mismo, y añadió: «Perdóneme si les llamo de esta manera, pero estoy acostumbrado al lengualeje clerical. A usted le pareció una vez que existía cierta desproporción entre las esperanzas puestas en la unión sexual, y sus resultados exactos.» «Así es, respondió mi amo. Me lo pareció la vez primera y me lo sigue pareciendo.» «¿Y encuentra, además, que esto es injusto?» «Desde luego.» «Por lo que pude oirle, no es usted ajeno a la teología.» «Por el contrario, padre, hubo una época en que estuve bien informado.» «Y, de poesía, ¿qué tal anda usted?» «Creo entender bastante.» «Entonces, amigo mío, me voy a permitir traducirle unos versos que hice en cierta ocasión y que vienen al caso.» «No tiene que traducirlos. También entiendo el latín.» El fraile fue al escritorio, revolvió en sus papeles, sacó unos pliegos, y se puso a recitar.»

Aquí volvió Leporello a detenerse. Le había caído el pelo encima de la frente, y en sus mejillas morenas brillaban algunas gotas de sudor. Le di un pitillo y una cerilla ardiendo. «Gracias. Me hacía falta.» También le pasé el vaso, casi vacío.

—Recuerdo de memoria los hexámetros latinos, pero sería inútil repetirlos, porque usted no los entendería. Y no me diga, por quedar bien, que sabe latín. El poco que aprendió en su bachillerato lo tiene olvidado. Es una pena. El poema es perfecto, y sus versos, mejores que los de Ovidio. ¿Recuerda quién fue Ovidio?

—¡Váyase al cuerno! ¿Es que pretende examinarme ahora de literatura?

—¡No se incomode, hombre! Después de todo, haber olvidado el latín no es ninguna deshonra. Pero, lo siento, de veras que lo siento. Son unos versos que no deberían perderse y que nadie conoce más que mi amo y yo. Y yo los publicaría si hallase alguna persona capaz de admitir como buena la historia de su origen. Pero a todo el mundo le sucede lo que a usted, que acaba por creerlos míos...

Le interrumpí.

—No he dicho que lo piense.

—Pero lo piensa. Y espera que sean una mamarrachada. No lo son, créame. ¡Lástima que no pueda recitárselos! Suenan a música celeste...

Cerró los ojos y quedó como transido. El cigarrillo se le escapó de las manos y empezó a quemar la alfombra. Tuve que recogerlo y echar un poco de agua en el agujerito humeante. El aire olía a chamusquina. Leporello no se había enterado. De pronto:

—Si hablo de música celeste, es con conocimiento de causa. Yo la he oído, y sé cómo suena. ¡Hace ya muchos siglos, hace un tiempo infinito! Pero a veces mis oídos la recuerdan y, entonces, la nostalgia me aniquila. Sucede con esas músicas lo que a usted y a la mayor parte de los hombres con las de su adolescencia. Usted, cuando asiste a los conciertos, finge entender de Procoffiew, y hasta de Honnegger, pero lo que de verdad le gusta, en materia de música, son los tangos aprendidos a los diecisiete años. Le llevo la ventaja de que las músicas de mi recuerdo son de mejor calidad.

Se puso a tararear, se arrancó a danzar, y dio unas vueltas por el salón bailando un baile extraño. Me pareció en un momento que sus pies no tocaban el suelo.

—Perdóneme, pero he olvidado cómo sigue.

Y añadió en seguida:

—Algo muy parecido a esto bailaba David ante el Arca... Parecido, pero no lo mismo. La tradición, entonces, ya había degenerado. Pero si logra usted salvar su alma, llegará incluso a danzar como acabo de hacerlo. No tan perfectamente, sino más bien como un eco lejano... Usted no sabe... La danza la dirigen los Serafines. Son, como si dijéramos, sus creadores. Nunca repiten el mismo movimiento, sino que incesantemente están creando combinaciones nuevas. Los querubines, que vienen inmediatamente, y que son enormemente intuitivos, adivinan la invención de los Serafines y la reproducen al mismo tiempo. Luego están las Dominaciones, los Tronos, y los restantes órdenes angélicos. Danzan al mismo impulso con igual movimiento. La diferencia entre su danza y la de las criaturas consiste en que no imitan, sino que reproducen. Lo más parecido a esto son las olas del mar. ¡Qué espectáculo, amigo mío, las miríadas de espíritus perfectos danzando al mismo ritmo, creando en los cristales del cielo mudanzas inagotables para una danza eternamente original! Lo mejor que hayan hechos los cineastas de Hollywood no es ni su caricatura. ¿Recuerda los bailes acuáticos de Esther Williams? Son una cursilería. Pero el secreto estriba en que la música procede del Señor...

Se sumió de nuevo en un silencio nostálgico. Después, sacudió la cabeza.

—La poesía conserva el eco de aquella música. También los poetas, como los serafines, quieren crear movimientos. Dom Pietro lo había conseguido. A mi amo le atraía el contenido del poema, pero a mí me sedujo en seguida su forma. Combinar hexámetros y pentámetros lo ha hecho todo el mundo. Se hace, incluso, en los

Liceos. Pero aquel fraile había logrado musicalizar todas y cada una de las sílabas. Tenían una significación en el conjunto y un valor independiente, como las notas de un arpa. ¡Qué lástima que usted no pueda escucharlo! Pero, en el fondo, no importa. A usted, como a mi amo, le interesa también el contenido. Y, ¡qué diablo!, tiene su importancia. Dom Pietro había adivinado un poco de lo mucho que aconteció en cierta ocasión memorable, el día aquél en que empezó la Historia.

Me miró de soslayo.

—Estoy aludiendo, como es obvio, al pecado de Adán y Eva. El poema de dom Pietro, en dísticos latinos, se refería a él. Voy a contárselo.

Abrió la tapa del piano y empezó a tocar. Sus dedos se movían por la zona de las graves.

—Retenga usted esta música, su ritmo, al menos, y procure acomodar a él mis pobres, mis opacas palabras...

De pie, arrimado al piano, vuelto hacia la luz de la ventana, alzó un brazo lentamente. Recordada la actitud de las recitadoras hispanoamericanas cuando empiezan: «¡Alegría del mar...!»

«...*Y la ola se rompe contra el límite* »

Dejó caer el brazo.

—*En el crepúsculo inmenso del Paraíso, aquella tarde de otoño, había dejado de llover. Las palmeras desperezaban sus abanicos, y los nardos sacudían las gotas de la lluvia en el césped brillante.*

Adán se había quedado dormido en su gruta de cuarzo cristalizado, y el Señor tuvo que llamarlo varias veces para que despertase.

—*¡Ya voy, Señor!, le respondió, restregándose los ojos; y salió a la puerta de la gruta.*

El Señor se había puesto aquella tarde un traje de arco-iris, y, una vez más, Adán quedó deslumbrado.

—*¡Buenas tardes, Señor!* —*dijo, inclinando la cabeza; y el Señor le sonrió.*

—*¡Vaya sueño!, ¿eh?*

—*Sí. La siesta de esta tarde ha sido larga. ¡Cómo no tengo qué hacer!*

El Señor se acercó y le puso en el hombro una mano transparente.

—¿Te aburres?

—No es eso —respondió Adán—. Aburrirme, precisamente, no. Pero me gustaría hacer algo. No estoy contento más que cuando estamos juntos; pero comprendo que Tú tienes cosas más importantes en que ocuparte.

—Ahora, ya no. Todo lo que tenía que hacer está hecho.

—¿Has acabado también los cielos?

—¡Míralos! —dijo el Señor; y la mirada de Adán traspasó las nubes de la tarde y se hundió en el infinito, hasta donde llegaban las últimas galaxias.

—Es hermoso. Pero te dará mucho trabajo ponerlo en marcha cada día.

—Está en marcha para siempre. Hasta el fin de los tiempos.

—¡Ah!

La mirada de Adán se enredaba en las constelaciones, perseguía las estrellas fugaces, inquiría en el seno confuso de la Vía Láctea.

—Es bonito, repitió. No sé cómo se te ha ocurrido hacerlo. Yo lo hubiese hecho más simple y más pequeño, pero sin solemnidad y probablemente sin elegancia y con mucho menos brillo. Desde luego, tienes más imaginación que yo.

—Ya ves...

—Y, todo eso, ¿sirve para algo? Quiero decir, si es como los frutos de los árboles o las aguas del río, para que yo me alimente; o como las flores y los insectos...

El Señor espió la mirada de Adán y el gesto de sus labios.

—Util, lo que se dice útil, no lo es; pero divertido y gracioso, me lo parece. Además...

Adán alzó un poco hacia El la cabeza, y una mirada interrogante.

—Todas las cosas que hay en el Universo —continuó el Señor—, me aman, cada cual a su manera. Las orugas lo mismo que los soles, las hierbas como las aves. Ese conjunto inmenso se mueve por amor hacia Mí; por amor viven los animales, y crecen las plantas en el campo, y

hasta esos cristales de tu gruta tienen su modo de amarme. ¿Entiendes?

Adán confesó que no muy bien.

—Me aman lo mismo que tú —aclaró el Señor—. Lo que sucede es que su amor no se dice en palabras, y, si me apuras, no está dicho todavía. Precisamente por eso estás tú en el mundo. Hasta ahora, te aburrías sin hacer nada, pero ahora que el Cosmos está completo, tienes que recorrerlo para traerme el mensaje de amor de cada cosa.

Adán inclinó la cabeza.

—No te entiendo, Señor.

—Vas a hacer un viaje, vas a recorrer el cielo hasta las últimas estrellas; vas a hurgar en los campos hasta dar con las hierbas escondidas; vas a hablar a todos los animales del aire, del mar y de la tierra; vas a interrogar al oro, y al diamante, y a todos los pedruscos subterráneos. Preguntarás si aman a su Señor, y cuando te hayan dado respuesta, me la traes.

—¡Eso me dará mucho trabajo!

—No creas... Si sabes hacerlo...

—Y, durante este tiempo, ¿estaré sin verte?

—Probablemente, pero no lo notarás.

Adán dijo que bueno y, a la mañana siguiente, partió para su viaje. Por el reloj de su pulso, tardó siglos enteros; por el reloj del Señor, sólo un instante.

Era también la tarde en el Paraíso, pero no había llovido. Adán venía cansado y un poco triste. Se dejó caer a la orilla del río, y bebió largamente. Después, quedó tumbado, con la vista en las nubes y el corazón perplejo. Y así estuvo, hasta que oyó la voz del Señor, que le llamaba.

—¿Dónde te has metido, Adán?

—¡Estoy aquí, Señor!, respondió el hombre; y saltó rápidamente. El Señor se acercaba sin prisa, y dio tiempo a que Adán se sacudiera el polvo y se alisara un poco el pelo. Cuando estuvo decente, fue al encuentro de Dios.

El Señor le tendía la mano, y, al estrecharla, Adán sintió desvanecerse la fatiga de su carne y la tristeza de su corazón.

—¡Cómo me alegra verte, Señor! ¡Qué bien me siento a tu lado!

Un impulso le llevó hasta los brazos del Señor, en cuyo pecho apoyó la cabeza.

—Estoy bastante avergonzado, y lo mejor será que te lo cuente todo.

El Señor acarició su frente.

—¿Te ha ido mal por esos mundos?

—Son muy bonitos, y el viaje fue entretenido. Realmente, desde aquí no se da uno cuenta de lo mucho que has hecho y de lo bien que está. Pero...

Se interrumpió, y buscó ánimos en la mirada del Señor. Dios volvió a sonreírle.

—Cuenta.

—¿Cómo te lo diré? —lo voz de Adán temblaba—. Cuando estoy junto a Ti, parece como si entre nosotros no existieran distancias. Te llamo y me respondes; te miro y me sonríes; te amo, y me devuelves amor. No me atrevo a decir que somos uno mismo, pero es como si lo fuésemos. En cambio...

La voz se le amargó, y una arruga profunda surgió en su frente. El Señor miraba a otra parte para ocultar su regocijo.

—Ni las cosas me entienden, ni las entiendo. Sean estrellas, ranas, cataratas de agua, leones o claveles, al preguntarles, enmudecen; al hablarlas de amor, me miran sin comprender. Somos distintos, no hablamos la misma lengua. Siento como si un abismo nos separase.

—Y, eso, ¿te ha entristecido?

—Sobre todo, Señor, porque no pude cumplir tu encargo, y también porque me gustaría entenderme con las cosas que me rodean, las próximas como las lejanas. Hasta ahora, viví entre ellas sin darme cuenta de que no las amaba y de que les era indiferente. Me parecía suficiente, Señor, nuestra recíproca amistad. Pero ellas te aman, y Tú las amas, y me duele quedar fuera de ese concierto y no poder traerte...

Le interrumpió un sollozo. Se echó a llorar en los brazos del Señor, y Dios le sonrió otra vez, aunque Adán, con el llanto, no se diera cuenta. La sonrisa divina fue para Adán como el jugo de las amapolas: allí mismo, en sus brazos, quedó dormido. El Señor lo cogió y lo acercó a la gruta de cuarzo. que aquella hora no resplandecía: y se quedó mirándole. De vez en cuando, reía. Después, trajo la noche sobre el cuerpo dormido y mandó al Universo entero que guardase silencio. Al escucharle, el Universo se sobrecogió, porque nunca el Señor se había metido en el horario de la luz y las sombras; y todo quedó callado, hasta la música de los astros.

Aquella noche, el Señor estuvo muy atareado. Iba y venía por el jardín del Paraíso. Sus manos hurgaban en la arena, sus dedos palpaban su finura; o las metía en las aguas y probaba su delgadez. Recorrió también los cielos, y el fondo de los mares, y estudió la color del firmamento y del coral, el resplandor de los soles y la transparencia de las aguas marinas. En las selvas, la piel más suave de las fieras, y, en las playas, la palpitación de la marea. Escuchó la voz de las caracolas, el susurro del aire nocturno y todo lo que en las cosas naturales era dulce, delicado y bello; cuando lo tuvo bien estudiado, se sentó en un rincón del Paraíso, y, con la mano en la mejilla, estuvo un rato pensando. Las cosas de este mundo, que le veían, no se atrevían a respirar: esperaban, suspensas, a que el Señor se moviese. Y cuando, al fin, oyeron su grito de triunfo, un movimiento de alegría recorrió el Universo, como un oleaje, hasta los límites.

El Señor se encerró en la espelunca de Adán hasta la madrugada. Salió, y fue a lavarse al río, porque traía las manos sucias de barro. Después, llamó a los ángeles, y ordenó que cantasen a toda orquesta el Himno del amor universal. Los ángeles le obedecieron. Cantaban en las alturas, y las cosas creadas hacían segundas y terceras voces todas a coro, si no es el viento, a quien siempre correspondieron las arias. El Señor se había sentado frente a la cueva de Adán, y, con su espalda, ocultaba la entrada. Desde los ángeles a las hormigas, todas sentían curiosidad por saber qué pasaba. Pero el Señor, con su mirada, los mantenía a raya. A una tortuga que disimuladamente quiso colarse, le dio un papirotazo y la envió lejos. «¡Es que yo vivo ahí, Señor!», clamaba la tortuga; pero el Señor le llamó cotilla y le dijo que se estuviera quieta, y que en castigo de su curiosidad, en lo sucesivo dormiría durante los inviernos. También desde entonces la tortuga se quedó sin voz.

Despertó Adán a la salida del sol, y al escuchar los cánticos, se preguntó si serían de fiesta, y si estaría fal-

tando al Señor en cortesía. Pegó un brinco, y, al desperezarse, vio a Eva en el suelo, dormida sobre el lado izquierdo. Quedó suspenso, abrió la boca, y el primer movimiento fue de terror, de modo que se escapó hasta el fondo de la gruta; pero al ver a Eva inmóvil, al resbalar su mirada por la curva de sus ancas morenas, por la superficie de los muslos, le pareció que algo tan hermoso no podía ser temible. Se acercó, sin embargo, poquito a poco; se atrevió a tocarla: le acarició el talón, que le quedaba más cerca que otra cosa, y Eva se movió. Adán apagó un grito de júbilo: Eva, al moverse, había descubierto la cara, y Adán se confesó que nunca había visto nada tan seductor.

—Tengo que decírselo a Dios —pensó—, para que venga también y vea...

Salió corriendo, y tropezó en las espaldas inmensas del Señor. El brazo divino le detuvo y le impidió caer.

—¿A dónde vas, Adán?

—¡Iba a buscarte, Señor! ¡Ven a mi gruta y verás...!

—¿En tu gruta? ¿Qué hay en tu gruta?

—Hay... una cosa nueva. Se parece a mí, pero no es enteramente igual. Tienes que verla. ¡Es tan bonita! —señaló el espacio azul—. Mira, algo así como esas estrellas que pusiste tan lejos y que hay que atravesar el cielo para verlas.

—¡Ah, ya! —dijo el Señor sin darle importancia—. Te refieres a Eva. Es lo que me faltaba por hacer, y esta noche lo hice. Es para ti.

—¿Para mí?

—Sí, para que no te aburras cuando estés solo.

—Entonces, ¿puedo tocarla?

—Claro. Debes hacerlo cuanto antes, y, al despertarse...

Adán había regresado ya a la gruta, sin esperar las instrucciones del Señor, y se hallaba arrodillado junto a Eva. Su mano acariciaba tímidamente los cabellos largos, oscuros, y los apartó para descubrir el cuerpo. Quedaron a la vista los pechos de Eva, y Adán, del estupor, se había paralizado y ponía ojos de bobo. Eva estiró los brazos, ocultó el rostro entre la maraña del cabello, y dijo algo. Después, abrió los ojos, descubrió a Adán, le sonrió y le dijo: «¡Ven!». Adán se acercó algo más, tem-

blando, y tomó la mano que Eva le tendía. «¡Ven, anda!», decía ella; y le apretaba la mano y le atraía. Adán volvió a tener miedo. La soltó, se levantó, retrocedió otra vez y salió de la gruta.

—¡Señor, se ha despertado!

—¿Y qué?

—Dice que vaya.

—¿Y tú?

—Yo, señor... Me da un poco de miedo. No es como Tú ni como yo, es...

El Señor le agarró de una oreja.

—Ven acá, tonto.

Le habló un rato al oído. Adán hacía visajes, se asombraba, se alegraba o ponía cara de susto.

—Está bien, Señor. Haré lo que me dices.

Entonces, el Señor apartó un poco sus hombros, y dejó que los rayos del sol entrasen en la espelunca. Adán se halló envuelto en la luz que reflejaba el cuarzo de las paredes; la luz de la mica, la luz verde de las esmeraldas, la roja de los rubíes, la azul de los zafiros, que de todo aquella, mezclado con el cuarzo, había en las paredes de la gruta. La boca de Eva le esperaba, abierta, y Adán siguió los consejos del Señor.

Fuera, en todo el ámbito del Universo, la música seguía, y el Señor, que había compuesto la partitura y la había ensayado para aquella ocasión, alzó el brazo derecho y marcó un compás de espera. Hasta que, de repente, sin orden de Dios, todas las criaturas de todos los mundos lanzaron unánimes un grito de alegría, un grito que retumbó más que los truenos, que hizo temblar los ejes de los astros y que llenó de música los confines remotos de la nada. El Señor cruzó las manos y bajó la cabeza.

—¡Bueno...!

Esperó. Las parejas de animales se escondían también. La música se apagaba. El sosiego volvía al Universo, pero distinto, más brillante, más sólido, como si hasta entonces todas las cosas hechas por el Señor, que eran muchísimas, fuesen provisionales, y en aquel instante recibiesen de Dios patente de eternidad.

El Señor les dirigió la palabra.

—Cuando Adán reaparezca, todo el mundo en silencio. Tiene que hablar, y espero que me diga palabras impor-

tantes. Después que él hable, podéis armar todo el jaleo que os apetezca.

Adán apareció. Primero, sólo; luego, de la mano de Eva. Venía un poco adelantado, como si ella no quisiera seguirle. Traía la cabeza erguida y la mirada satisfecha. Eva se hacía la remolona y pretendía ocultarse en el cabello.

—Anda, no tengas miedo. El Señor es muy bueno.

El Señor, puesto de pie, les esperaba. Era esbelto y gigante como los cedros.

—Señor...

Agarró a Eva por los hombros y la abrazó fuertemente.

—Señor, ahora ya puedo...

Eva no estaba quieta. Insistía en esconderse. Adán se puso serio.

—¡Vamos, mujer, que se me va a olvidar el discurso!

—Estate quieta, Eva. Adán tiene razón.

Hacían una hermosa pareja, y además se advertía en seguida que Adán era buena persona y que amaba a Eva. Porque dijo al Señor:

—Es bonita, ¿verdad?

El Señor asintió.

—¿Qué ibas a decirme?

—Sí. Quería decirte que ahora ya puedo traerte el mensaje que te debían las cosas, porque he sentido en mi corazón la corriente de amor venida de ellas hacia Ti, y también el amor caído desde Ti y derramado por todo el Universo. Resuena en mis entrañas la vida, y te la ofrezco como una oración de todas tus criaturas. Te estoy agradecido, Señor, por haber tendido sobre el abismo este puente... —señaló a Eva—, y por habernos hecho de tal manera que sienta en mi pecho la corriente de su sangre, y ella la mía, y los dos la Creación entera. Como si fuéramos uno...

La apretó más, como si pretendiera meterla dentro de sí.

El Señor abrió los brazos.

—Estoy contento.

Quizá fuese a hablar más; pero Adán se había vuelto a Eva y le decía en voz baja:

—Anda. Dile algo. Que te oiga.

—No me atrevo.

—Al menos dile: Gracias.

Entonces, Eva se separó de Adán, se llegó hasta el Señor, y, arrodillada, dijo:

—Gracias.

Y el Señor le acarició la cabeza. Y como Adán parecía tener prisa por reunirse con Eva, Dios dijo que se iba a pasear un poco, y se fue.

Las cosas hubieran marchado bien, porque todo estaba bien hecho. Y fueron bien durante cierto tiempo que no se puede calcular en días. El Universo funcionaba sin necesidad de reajustes ni piezas de recambio. Vivía en oleadas de ritmo regular: Eva las recogía en sus entrañas y las ofrecía a Dios por medio del corazón de Adán. Aquel flujo y reflujo de amor los hacía dichosos. Su comunicación era perfecta. Si una avispa se posaba en el hombro de Eva, Adán, dormido, sentía en su piel el cosquilleo.

Pero Satán había quedado fuera. Satán, con sus secuaces, se había refugiado más allá de la nada, y desde los confines contemplaba el Universo palpitante de amor como las tribus de la estepa miran, desde las altas montañas, las tierras fértiles; sólo que las alas rojas de Satán rodeaban el Cosmos y lo abrazaban, como si fuera a apretarlo y hacerlo suyo.

Satán tenía la tendencia a considerarlo todo como una ofensa personal. Y como Dios no le hacía caso, se desahogaba con los suyos. En aquel mismo instante en que Adán y Eva se juntaron, en que la savia de la vida, hecha amor, recorrió sus corazones en tumulto, Satán volvió las espaldas y se dirigió a su gente de confianza.

—Pues sí que el Otro ha inventado una bonita cosa.

Se rieron de Él. Pero en los ojos oscuros de Satán se había encendido una llamita. Durante algunos días —o siglos, ¡váyase a saber!— anduvo solo y preocupado, y salía por las noches. Los guardias de la frontera le veían arriesgarse por la nada y hundirse, allá lejos, en la luz del Universo. Satán iba derecho al Paraíso, entraba en la gruta de Adán, y estudiaba el acontecimiento con objetividad científica. Una noche y otra, sin que nadie lo advirtiese, porque el amor había hecho al Universo confiado. Satán entraba y salía, se hacía testigo de la vida *y del movimiento, y estudiaba su naturaleza; escuchaba a Adán y Eva y sacaba consecuencias. Por fin, se retiró a sus reductos y estuvo algún tiempo meditando. Un día reunió a su gente.*

—Creo que el Otro ha cometido un error. Ha hecho libres a Adán y Eva, como a nosotros.

Todos los secuaces de Satán rieron a carcajadas.

—Pero, ¿es posible? ¿Es que no ha escarmentado?

—A lo que se me alcanza, quiere correr el mismo riesgo que aquella vez...

—¿Lo correrá?

—Si en mis manos está, Adán y Eva tendrán también que elegir. Y lo que está en mis manos hará que nos elijan.

—Pero, ¡eso sería la derrota del Otro! Porque ha hecho a los hombres para consuelo de habernos perdido.

—El Otro no reconocería la derrota, y hasta sería capaz de hacer algo extraordinario para paliarla. Pero el remedio, si es el que sospecho, le habrá de costar sangre.

—¿Sangre? ¿Es que Dios tiene sangre?

A Satán, aún en rebeldía, le estaba prohibido contar ciertos secretos. Temía que, al descubrir las confidencias que Dios le había hecho en sus tiempos de intimidad, quedase aniquilado. No pudo responder a la pregunta de los suyos y la dejó en el aire.

—Es un decir, una metáfora...

Volvió a meterse en el Universo, y se escondió en la piel que una serpiente había abandonado en las lindes del bosque. Se hizo el encontradizo con Eva, y le echó un piropo. Eva se estremeció y se detuvo.

—¿De veras que estoy bonita?

—Ya lo creo. Y llevas la felicidad en los ojos.

—Eso es cierto. Soy feliz. Adán es muy bueno, y el Señor...

La serpiente se enroscó en el tronco plateado de un aliso.

—El Señor es también bueno, ya lo sé; pero no se porta lealmente con vosotros.

—¿Cómo puedes decir eso? —Eva parecía indignada, y había llegado a fruncir la frente, mientras miraba a la sierpe con un punto de ira—. Nadie hay mejor que Dios: me lo asegura Adán todos los días. Y, en cuanto

a su lealtad, ¿no nos ha comunicado el secreto del Universo? ¿No ha hecho de nosotros los reguladores del amor y el movimiento? No sé que es eso, te lo confieso, pero lo dice Adán y basta. Adán sabe muchas más cosas que yo. Es la sabiduría misma.

—Adán es bastante bobo. Sabe lo que Dios le permite saber, y ante lo que Dios guarda, Adán cierra los ojos.

La sierpe se estiró hasta que su lengua acarició la mejilla de Eva.

—El Señor tiene un secreto —susurró—. Los seres luminosos, como vosotros, lo ignoráis; pero nosotros, los subterráneos, lo sabemos hace tiempo. A nosotros, el Señor se presenta de muy distinta manera. Lo contemplamos cuando desciende al subsuelo, a vigilar sus tesoros entoñados, las venas de plata y oro que recorren las entrañas de la tierra. Por aquellos parajes, el Señor no sonríe. Allí da rienda suelta a sus temores, y habla en voz alta como si nadie le pudiera oir. Pero nosotros, los subterráneos, le oímos, porque las palabras de Dios vibran en los metales y llegan hasta nuestros agujeros. Así hemos llegado a saber el secreto de Dios.

—¿Me lo cuentas? —le pidió Eva, sin pensar lo que decía.

—No, porque se lo revelarás a tu marido.

—¡Cabalmente, lo que estoy deseando es tener algo que ocultarle! Eso lo haría mucho más manejable, y no sería tan orgulloso y tan serio. Sospecho que un secreto en mis manos me permitiría hacer de él mi real gana.

—Pero eso quizá no esté bien. Él es Adán. —La voz de la serpiente revelaba, por el tono, admiración.

—Y yo soy Eva, ¿no? Por haber venido al mundo algo después, no soy menos que él.

—Ya.

—Pero él lo duda. Si yo tuviera un secreto, ya no lo dudaría. ¡Y mucho más siendo secreto de Dios...! Poseer un secreto de Dios debe dar mucha importancia.

La sierpe simuló quedar pensando.

—Ya veré...

Y se escurrió por las frondas de la selva. Eva, corriendo, la siguió. Gritaba el nombre de la sierpe y alborotaba la siesta de los grillos y de los alacranes, que se pusieron a cantar desacordadamente.

Al otro día, a la misma hora, Eva esperaba en el lugar del encuentro. Se había colgado al cuello unas ramas de coral, y, en las orejas, unas piedras de esmeralda. Venía un poco irritada contra Adán, que prefería las flores como adorno. «Lo que a ti te sucede es que te molesta traerme corales y esmeraldas, y si te gustan las flores, porque están más a mano. Y yo me digo: ¿es que no valgo un esfuerzo de mi marido?».

La sierpe llegó en seguida, como de paso. Dijo: «Estás muy guapa, Eva», y siguió serpeando por la vereda. Pero Eva la detuvo. Traía leche vegetal en el cuenco de una calabaza, e invitó a la sierpe a merendar con ella. Primero, hablaron de sus cosas. La sierpe le preguntó qué tal lo pasaba con Adán, y Eva le fue contando, contando, hasta que llegaron a las intimidades. Como pensaba sacarle a la sierpe el secreto de Dios, Eva se fue deliberadamente de la lengua.

—Lo más bonito de todo —dijo— es que yo siento mi goce y el de Adán. Y él dice que le pasa lo mismo con el mío. Como si en vez de dos cuerpos fuese uno sólo.

—Lo mismo me sucede a mí con mi culebro.

—¡Ah! ¿Sí?

—Sí. Y a todas las que he preguntado, me dijeron lo mismo. Es que debe de ser así.

Aquí, la sierpe acercó otra vez su lengua a la mejilla de Eva y la susurró al oído:

—Pero podía ser mejor.

—¿De veras?

—Infinitamente mejor, si el Señor no nos robase una parte del goce.

—¿Cómo dices?

La sierpe simuló dar marcha atrás.

—Perdona. No he querido decir nada. Sin pretenderlo, he llegado al secreto de Dios.

Eva alargó la calabaza y le dio de beber. Después le preguntó si le gustaban sus corales o sus esmeraldas, y que, si las quería, podía regalárselas.

—Yo no diría nada a Adán —dejó caer, mientras se acariciaba el pelo—. El secreto podría quedar entre nosotras.

—Lo sabe ya mucha gente.

—Creí que eras tú sola.

—Lo saben todos los animales subterráneos.

—¡Uy! Entonces, me lo dirá la víbora. Hace días que me ronda con ganas de pegar la hebra. A lo mejor, es para eso.

—La víbora sólo lo sabe a medias. Yo soy la más enterada. En realidad, la única que conoce perfectamente el secreto del Señor, soy yo. Y es muy sencillo. Ya te dije que nos roba una parte del gusto. Lo hace porque lo necesita. Se nutre de nuestro amor, como tú de patatas y yo de nueces. Si le faltara...

—Si le faltara, ¿qué...?

—No sé. Probablemente acabaría por suplicarnos...

—¿El Señor? ¿Suplicarnos a nosotras?

La sierpe habló con energía.

—Suplicarnos, sí. Y entonces ya se vería si le dábamos o no...

—Pero, ¿qué saldríamos ganando?

Satán estuvo a punto de equivocarse. Dijo «El poder», pero se mordió el labio y rectificó en voz alta:

—Más placer. Un placer incalculable, como el que Dios recibe. Bastaría con que tú y Adán os negaseis a recibir el amor que asciende de nosotros; bastaría que os cerraseis en vosotros mismos y gozaseis de vuestro propio placer, sin pensar en los demás. Interrumpida la corriente, cada pareja se quedaría con lo que es suyo, y todas las hembras seríamos más bellas. Porque lo que nos embellece es el placer. ¿No has advertido que, si una noche tu macho está cansado y se duerme, a la mañana siguiente estás menos favorecida?

—Adán, hasta ahora, no se ha olvidado nunca.

—Se olvidará. Los machos, cuando están cansados, prefieren dormir. Pero si el placer fuese para nosotros solos, los machos no se fatigarían, porque, así como a nosotras nos embellece, a ellos les da vigor.

—Es curioso...

A Eva, de repente, le entró prisa. Recordó que Adán la estaba esperando, y regaló a la sierpe la calabaza con el resto de la leche. La sierpe le dio las gracias, y cada cual se fue por su camino.

Aquella noche, Eva cerró la puerta de la gruta con un montón de ramas secas.

—¿Por qué haces eso?

—Se me ocurrió. Así estaremos más solos.

—¿Solos? ¿Qué quieres decir?

—Solos, tú y yo. Sin que la luna nos alumbre, sin...

Adán se sentó en el suelo.

—Sabes perfectamente que, a esta hora, todo el Universo se pone a amar, y nosotros, aquí, recibimos ese caudal maravilloso y lo ofrecemos a Dios... Antes, sabía lo que quería decir solo. Ahora, desde que tú has venido, me siento, a través de tu cuerpo, hermano de la Creación. La soledad es imposible, y, además, inmoral.

Eva hizo un mohín de disgusto.

—No me quieres por mí. Te importa más el latido lejano de una estrella que la sangre de mis pulsos. Te unes a mí por obediencia, no porque yo te guste. Lo haces como si fuera una obligación.

—Lo hago porque el Señor me enseñó que así debo amarte, y porque en el amor que te tengo se encierra todo el amor de la tierra y del cielo.

—No me importan los cielos ni la tierra. Me importas tú.

Adán se puso serio.

—¿Qué es lo que dices? ¡Que no te vuelva a oírlo!

En la penumbra de la gruta, Eva empezaba a sollozar. Huyó a un rincón, se acostó, y cuando Adán se acercó a acariciarla, rechazó las caricias.

—No. Esta noche, no.

—Pero, ¡mujer!

—No podría, Adán. Me duele la cabeza.

—Pero, ¿qué dirían mañana...?

—¿Es eso lo que te importa? ¿Lo que diría mañana tu Señor? ¿Lo que dirían las oropéndolas de enfrente, las ardillas de ahí al lado, las truchas del estanque? Y yo, ¿no te importo más?

Eva estaba imposible. Adán, desesperado, marchó al otro rincón, y, desde allí, oía el llanto de Eva y se le partían las entrañas. Salió a la puerta de la gruta, a tomar un poco el fresco. La oropéndola de enfrente, las ardillas de al lado, las truchas del estanque, le preguntaron:

—¿Qué pasa esta noche, Adán?

—Nada. Que a Eva le duele un poco la cabeza.

Detrás de la oscuridad nocturna, millones de ojos enamorados le hacían la misma pregunta. Adán sintió vergüenza, y volvió junto a Eva. Intentó convencerla; pero Eva, o se hacía la dormida, o repetía la negativa.

—...a no ser que...

—¿Qué?

—Que lo hagas como yo te lo pido. Olvidándolo todo y pensando sólo en nosotros. Cerrando la puerta de nuestros corazones al amor de los demás, que no nos importan nada.

—Pero, ¡eso es monstruoso, Eva! ¡No puede ser!

En la oscuridad de la espelunca, el cuerpo de Eva, acariciado, temblaba de deseo, y su olor excitaba a Adán. Entre sollozos, entre caricias pedidas y negadas, Eva decía:

—¡Nada más que una vez, nada más que un instante! ¡Quiero ser para ti tu dios y tu universo, como lo eres para mí...!

—¿Una vez nada más? ¿Me lo prometes?

Eva sonrió en la penumbra. Abrió los labios, los acercó a la boca de Adán.

—Te lo juro.

Adán, frenético, la abrazó. Y, unos momentos después, un enorme gemido, un gemido tremendo salió de todas las criaturas, animales, vegetales y minerales; de los cuerpos terrestres y celestes, de los acuáticos y de los aéreos, como si al corazón del universo se le hubieran roto las cuerdas. En la selva, el león, de repente, saltó sobre una vaca pacífica, y la devoró; en el aire, el cóndor se abatió sobre una paloma y oscureció sus alas blancas con la sangre; en la mar, por vez primera, el pez grande comió al chico. Las estrellas más remotas empezaron a apagarse, y todos los seres vivos sintieron que la vida era amarga y miraron con odio alrededor...

Nació la ponzoña en la lengua de las sierpes y en el aguijón de los insectos. Un rayo cayó del cielo y partió en dos el tronco de una encina; su fuego se comunicó al bosque, las plantas empezaron a arder, y los pobres animales pequeños se abrasaron. Fuera del Paraíso, tembló la tierra, se abrieron grietas en el suelo, y el aire se ensució de gases malolientes.

Un perro se ahogó en una charca, y la nuez recién

comida dañó al estómago del antropoide. Mordió el gorgojo en el trigo, y el verme en el carozo de la manzana. Los dientes de la carcoma entraron en la madera...

Y así, y así...

En la caverna oscura, Eva se abrazó a Adán.

—Adán, ¿qué te sucede, que no te siento? ¿Por qué mi goce no sale de mi cuerpo, Adán? ¿Por qué el tuyo no me llega?

Adán estaba llorando. Le venían, además, ganas de pegar a su mujer.

—Hemos pecado, Eva, contra el amor del Universo, que era el amor de Dios.

Se oyó una voz poderosa, que llamaba a Adán por su nombre. Adán sintió que las carnes se le estremecían. Abandonó a Eva, y huyó al fondo de la caverna. Un alacrán cebollero le mordió los dedos de los pies.

Fuera, en el aire entristecido, la voz de Dios seguía llamando.

—Adán, Adán, ¿adónde te escondiste?

2. Leporello se dejó caer en un sofá. Le resbalaba el sudor por las sienes, se había puesto un poco pálido. Un mechón oscuro le partía la frente, un mechón enroscado, como el de un niño.

Durante media hora, había recitado, había declamado, había representado. Sus ojos relucían, sus manos se clavaban en el aire, su rostro gesticulaba, su cuerpo entero bailaba. Una vez había echado mano del hongo, y, por virtud de sus palabras, lo había convertido en imagen del Universo. Al mentar a Satán, se había ensombrecido, y su voz se había hecho amarga, quizá rencorosa.

—¿No me da de beber?

Le llené el vaso, añadí hielo a la bebida. Leporello no se movió. Cogí el vaso y se lo llevé.

—Gracias. ¿Qué hora es?

—Poco más de las cinco...

—Tenemos tiempo...

En el salón de don Juan empezaba a oscurecer. Encendí la lámpara del piano. Lleporello suspiró.

—Mi amo había escuchado al fraile con atención quieta. A veces, sonreía. Otras, miraba a la paloma donde yo me había encerrado, y no porque sospechase el gatuperio, sino porque era el único objeto de la celda donde la vista podía reposar. Al terminar el fraile su lectura, mi amo le aplaudió.

—Un hermoso poema, aunque no del gusto de este tiempo. Le felicito.

—¿Lo encuentra anticuado?

—No es eso... Más bien anticipado, o quizá las dos cosas a un tiempo.

—Y, ¿le ha servido de algo?

—Me ha venido a decir lo que ya sabía: que todo lo bonito de este mundo lo estropeó el Pecado original.

—Incluso lo que usted ha tomado como pretexto para su enemistad con Dios.

—Incluso eso.

—No es lícito, pues, echar la culpa a Dios de lo que ha hecho el hombre...

—De lo que ha hecho Adán ...

—Aunque así sea. Por tanto, si usted obra con lógica...

—Tendría que reprochar a Dios el haber hecho a Adán, y no a otro sujeto más virtuoso. Yo no me hubiera dejado seducir por Eva.

—¿Usted ha amado alguna vez a Dios?

—¡Mi querido dom Pietro! Si hubiera amado a Dios, no habría tenido ocasión de escuchar su interesante poema. Tengo por El respeto, admiración. Pero, amor, lo que se dice amor, no lo he experimentado nunca. Tendría que haberle visto y haberme deslumbrado. Quizá entonces, si es tan resplandeciente como dicen, si es tan fascinante, hubiera olvidado mis objeciones, esas que usted conoce u otras que pudiera inventar, y me habría engolfado en su amor. Y no piense que soy el único en el mundo a quien sucede esto. Pocos hombres aman a Dios, y Dios lo sabe. Los que creen en El, le temen y procuran engañarle. Sólo yo soy franco y sincero, y le confieso mi desamor cara a cara...

Dom Pietro le miró, y su mirada reconocía que estaba perdiendo el tiempo. No obstante, respondió:

—Podríamos discutir el caso con más calma.

—Sí, pero otro día. Hoy es un poco tarde, y no puedo robar el tiempo a un santo.

—Dios me dio el tiempo para emplearlo en su servicio.

Y nada es más grato a Dios que correr tras la oveja perdida.

Don Juan se irguió orgullosamente.

—¿Cree de veras que yo soy una oveja? ¿No ha encontrado un símil más ajustado a la realidad? En cualquier caso, búsquelo fuera del Evangelio, porque en el Evangelio no contaban conmigo.

Salimos del monasterio. Mi amo se vio aquella tarde con doña Ximena, y, por la noche, partimos con ella de viaje para Nápoles. Ibamos a caballo, por vericuetos donde no eran fácil hallar a los soldados del rey de España. Doña Ximena, repentinamente muda, repentinamente locuaz, se detenía a veces y escuchaba. Un trote lejano, un grito en el silencio, nos obligaban a escondernos. A don Juan le hacían gracia las precauciones, y en sus respuestas a la dama bailaba siempre la ironía. Doña Ximena, en cambio, hablaba con voz caliente, y debajo de cualquier observación se adivinaba un «¡Te amo!»

Pasamos el día escondidos en una hostería del camino. Partimos al atardecer. Doña Ximena, al poco rato, detuvo su caballo y dijo:

—Estoy cansada. Me gustaría pasar la noche en mi casa, que está cerca.

Nos metió por un monte, y después de una hora de camino, llegamos a un castillo pequeño. Mi amo había cabalgado algo detrás, y ella algo delante, de modo que no habían cambiado una sola palabra. En el castillo, nos recibieron con sorpresa. Quizá también con miedo. El mayordomo dijo a su señora:

—Estamos desguarnecidos, y los soldados no andan muy lejos.

—No importa. Me creen en Roma...

Mandó apagar las luces y subir el rastrillo. Cenaron, ella y mi amo, en un salón interior. Doña Ximena mandó sacar la vajilla de plata, y se vistió de mujer, un bellísimo traje anticuado. Yo servía a la mesa, y gocé con aquella magnificencia. Hablaron poco, de política. Pero un coloquio subterráneo afloraba a las miradas, a las manos, al temblor de los labios. Doña Ximena cantó unas coplas a la guitarra. De pronto, se levantó.

—Mañana hay que madrugar. Retirémonos. Los criados, don Juan, le llevarán a su cuarto.

Yo me quedé a la puerta, en un largo corredor. Sentía a don Juan pasear por la habitación, de arriba abajo, de abajo arriba, con esa calma segura que tan conocida me era. A media noche, doña Ximena apareció en el corredor, envuelta en una capa y con un candelabro en la mano. Pasó delante de mí sin verme, como una centella. Abrió la puerta de mi amo sin llamar y la cerró tras sí.

Continué mi guardia, una hora, otra. Llegaban hasta mí los ecos ahogados del amor: voces, gemidos. De madrugada, sentí ruido fuera, y me asomé. Un regimiento de soldados españoles rodeaba el castillo. Habían arrimado escalas a las murallas y trepaban ya. Corrí a despertar a mi amo. Llamé a la puerta y entré sin esperar permiso. Don Juan se había levantado. Doña Ximena dormía aún. Expliqué a don Juan, en voz baja, el acontecimiento. Don Juan empezó a vestirse, cogió la espada. Estaba mudo, el rostro petrificado. Se acercó a la ventana y vio a los soldados, que entraban en el patio con sigilo. Amenecía ya.

—Es como si le hubiera hecho traición —dijo mi amo.

Regresó al lecho y despertó a doña Ximena. Ella le escuchó tranquilamente. Le pidió la capa en que había envuelto su cuerpo, y se la puso.

—¿Qué vas a hacer?

Ella no respondió. Se asomó a la ventana y contempló el ir y venir silencioso de los soldados. Unos se habían formado en escuadrón, las picas en el aire. Otros se desparramaban por el castillo. Doña Ximena apretó los dientes y dejó caer una lágrima. Luego, se volvió a don Juan, le dio un abrazo, le besó.

—Gracias, Juan.

Dejó caer la capa, y, de pronto, con un esfuerzo increíble, saltó al repecho, se arrojó al aire, y su cuerpo quedó clavado en las picas. Los soldados gritaron. Mi amo se agarró al ajimez y vio cómo la sangre manchaba la camisa de dormir. Los capitanes recogieron el cuerpo y lo depositaron en las losas del suelo, boca arriba. Conservaba clavadas siete lanzas.

Llamaron a la puerta. Don Juan estaba extrañamente quieto. Había en sus ojos una expresión desconocida, como de sorpresa y hastío.

—Abreles, Leporello.

Dejé paso a un oficial y a dos soldados, que desarmaron a mi amo y nos llevaron presos. Cuando llegamos al patio, habían arrancado las lanzas, y unos soldados cubrían el cuerpo de doña Ximena. Mi amo pasá ante ella con las manos atadas. Se detuvo, la miró con la misma expresión en los ojos, y siguió adelante. Nos metieron en una mazmorra húmeda y sin luz. Hice un chiste, y don Juan me mandó callar. Se había arrimado a la pared y permanecía de pie, la cabeza alta, los ojos cerrados.

No sé cuanto tiempo estuvimos allí. Un soldado nos traía de comer de vez en cuando. Dormíamos en el suelo y orinábamos en un rincón. Don Juan no había pronunciado una sola palabra y yo no me atrevía a chistar. Hasta que, un día, el soldado nos mandó salir y nos condujo al salón del castillo. Había unas cuantas personas. Reconocimos al Embajador de España y al Canciller del Vaticano.

El Embajador, al ver a mi amo, corrió hacia él.

—Le pido mil perdones, don Juan. Mis soldados ignoraban quien fuese usted. Le doy las gracias por su ayuda. Sin usted, esa mujer se nos hubiese escapado. Claro que no deseábamos su muerte, y menos aún de esa manera. Nosotros la hubiéramos mandado degollar por la garganta, como corresponde a su nobleza.

El Canciller se acercaba también sonriente. Traía en las manos un rollo de pergamino que tendió a mi amo.

—Tome. Por esta Bula se le perdonan sus pecados y se le levantan todas las excomuniones en que esté incurso, a condición de confesarse, claro, y de cumplir la penitencia.

—Y yo le traigo el perdón del Rey de España. Puede volver a su patria cuando quiera —dijo el Embajador.

Don Juan levantó las manos atadas, y el mismo Embajador le cortó con su puñal las ligaduras. Seguía pidiéndole mil perdones, explicando... El Canciller se había retirado, y, en voz alta, elogiaba a otro sujeto la conducta de mi amo.

—Quiero mis caballos —pidió don Juan. En seguida.

—Pero, ¿no se queda con nosotros? ¿No descansa de los días pasados en ese calabozo? Véngase a Nápoles. Allí puede pasar una temporada tranquila hasta que se embarque para España.

—Mis caballos.

Se los trajeron. Bajamos al patio sin despedirnos y montamos en silencio. Hasta llegar a Roma, don Juan no dijo nada. Y se pasó unos días encerrado y mudo. Recorría la habitación, arriba y abajo, arriba y abajo, muchas noches, sin dormir.

Por fin, una mañana me llamó.

—Dios me ha vuelto la espalda —dijo; y, como yo me riese, añadió—: Me ha abandonado, se ha olvidado de mí.

—Dicho de esta manera escueta, mi amo, no entiendo, de la misa, la media.

—Pues está claro. Esta vez me ha faltado su gracia. No me he arrepentido de la seducción de esa mujer, no he sentido dolor de su muerte. Ni siquiera dolor humano, vergüenza de haberla traicionado. Lo que me sorprendió al verla caer sobre las lanzas de los soldados, fue que mi corazón no saltase, que no se encogiese de contricción. ¿Me comprendes ahora? El Señor nunca me había fallado. Yo pecaba, y él me enviaba el arrepentimiento, señal de su presencia y de nuestra batalla. Entonces, yo peleaba en mi interior hasta ahogar la voz de Dios, hasta quedar victorioso. Pero esta vez, aunque la busqué en la prisión, aunque la busco en soledad, la voz de Dios no llega. Mi corazón permanece tranquilo, y es sólo mi cabeza la que da vueltas... Quiero entender y no entiendo. Tengo ante mí la evidencia, y la rechazo. Porque es evidente que el Señor abandona la pelea antes de que termine, que me desprecia o me olvida... Y a eso no hay derecho. Los tratos son los tratos, Leporello. La batalla no puede terminar hasta mi muerte, y hasta mi muerte el Señor no puede cantar victoria. ¿Está claro?

—Sí.

—¡Pues no lo acepto! —gritó. ¡Aunque tenga que llamar a las puertas del cielo, no lo acepto!

—Dejé en paz a los cielos, mi amo, y, sobre todo,

no los traiga a colación para explicar lo que se puede entender sin ellos. Sucede, simplemente, que está usted cansado.

Me miró con un punto de ira.

—Tú, ¿qué sabes? No estoy cansado, puesto que me siento capaz del mayor esfuerzo. El vigor levanta mi corazón, ¿comprendes? y me empuja...

Me agarró por la ropilla y me sacudió.

—Escúchame. Vamos a ir a Sevilla.

—¿A qué, mi amo?

—No lo sé, pero presiento que, allí, donde empezó todo, habrá ocasión de hacer algo que rompa el silencio del cielo.

—¡Ya será alguna barrabasada!

—No sé todavía lo que será, pero me siento humillado otra vez, como si, con su silencio, el cielo volviera a burlarse.

—¿Por qué no visita a dom Pietro? Quizá él, que es tan sabio...

—A dom Pietro supongo que lo habrán puesto en prisión. Y aunque estuviera libre... Es un santo, tiene respuesta para todas las cuestiones, pero, las mías, sólo el Señor puede responderlas. Y quizá sea eso lo que vaya a hacer en Sevilla: pedirle a Dios una respuesta.

—¿Cómo, señor?

—No lo sé. Pero mi corazón, que nunca me ha engañado, me está diciendo ahora que volvamos a Sevilla...

Me encogí de hombros e incliné la cabeza.

—Como quiera, señor.»

3. Leporello me llevó en su coche hasta la puerta del teatro. Me dejó frente a una casa de aspecto sólido y burgués, en una de cuyas puertas un encerado negro escrito con tiza roja anunciada el nombre del teatro y el título de la comedia. Un poco más abajo, en una hoja pegada a la pared con tiras de papel de goma, constaban los precios de los localidades.

Leporello sacó del bolsillo mi boleto y me lo dio.

—Perdone que no le acompañe, pero tengo qué hacer. Entre por esa puerta, salga al patio, atraviéselo. Verá otro encerado como éste. Ahí es. Y no le asombre la modestia de la sala. Todo el teatro importante que se representa en París dispone sólo de locales como éste.

Saludó con el hongo y una sonrisa, y volvió al coche. Yo entré en el portal, atravesé el patio y me detuve ante el segundo encerado. Había una puertecilla, y, junto a ella, un señor de aspecto gris con un brazalete. Le enseñé mi entrada. La cogió, le cortó una esquina, y me la devolvió.

—¿Puedo entrar?

—Sí.

Otro pasillo bastante sombrío y destartalado. Al final, una muchacha vestida de azul, también con brazalete. Me pidió la entrada, me acompañó hasta la butaca y esperó la propina. Me senté. La sala era una de tantas donde se representan obras de Ionesco o de Becket. Entre el público apenas había mujeres. Miré las caras más próximas y, de momento, las encontré normales. A una segunda inspección, me resultaron anticuadas: como si hombres retratados por Rembrandt, por Boucher, por Delacroix y por Manet hubieran descendido de sus cuadros y se hubieran vestido a la moderna trajes en los que no se hallaban cómodos. Fue una sensación fugaz, pronto anulada por la evidencia de que aquellos señores fumaban cigarrilos y leían «France-Soir». De todos modos, no eran el público habitual de los teatros de vanguardia.

La señorita vestida de azul entraba y salía. A cada entrada, el público se incrementaba en un espectador, en dos a veces. La sala, mediada cuando entré, se iba llenando. No era mucha la luz, aunque bastante para que las manchas de humedad de las paredes destacasen de los restos de una antigua decoración surrealista. En el telón habían pintado la máscara de la tragedia, de cuya boca, bailando, salían los personajes de la comedia clásica. Pero debía de haber algún truco, porque, otra vez que miré, vi la máscara de la comedia, y los personajes que le salían de la boca calzaban coturno, amenazaban con puñales o mostraban vestiduras ensangrentadas. La tercera vez fue una calavera, y los bailarines, esqueletos. Me revolví un poco inquieto. Esta clase de trucos le hacen sentirse a uno provinciano.

Miré la hora. Faltaban sólo unos minutos. La luz de la sala disminuía, y, desde luego, cambiaba de color. Los asistentes parecían envueltos en luz verdosa, una luz salida de ellos como una emanación. Encendí un cigarrillo y me puse a mirar al techo, completamente oscuro, pero cruzado de vez en cuando por ráfagas amarillas, como estremecimientos. Pensé que Leporello debiera habérmelo advertido, aunque en seguida se me ocurrió que, ocultármelo, fuese una de sus bromas. Quizá desde algún rincón acechase los visajes de mi cara y se riese de mi intranquilidad.

Alguien se sentó a mi lado. Llegó hasta mí un perfume conocido. Me volví con precauciones, y encontró a Sonja. Estaba encendiendo un cigarrillo y no me miraba. La saludé. Volvió la cabeza, y, sin sonreirme, dijo:

—¿También usted?

—Debía usted esperárselo.

—Tiene razón. Pero aún así, nunca creyera que le sentasen a mi lado.

—¿Está enfadada conmigo?

—No. Pero no deseaba volver a verle.

Echó una bocanada de humo y se hundió en el asiento. Miraba hacia adelante. Yo me sentí desairado y fuera de lugar. Hubiera cambiado de sitio, pero la sala se había llenado.

—¿Tiene usted un programa de mano?

—No.

La sequedad de la respuesta me metió más en mí, me cohibió. No me atrevía a mirarla. El señor sentado a mi derecha leía un periódico: me volví hacia él, y pude enterarme de cómo iban las cosas en el Congo. Hasta que se oyeron los tres martillazos rituales. Se apagó la luz de la sala, y, con ella, desapareció el halo verdoso de los espectadores.

Se levantó el telón. El escenario estaba oscuro. Unos focos instalados en la sala empezaron a iluminarlo: poco a poco y con varios colores de luz, como si los ensayasen. A la luz roja, aquello parecía la entrada del infierno. A la verde, un cementerio. La blanca descubrió las cuatro paredes de una sala, con puertas y muebles barrocos y un gran espejo dorado en la mitad del foro. La luz blanca se estabilizó, y sonaron unos golpes en la puerta del lateral izquierdo. Por la otra parte entró un criado que atravesó la estancia. Vestía a la moda francesa del siglo XVII.

—¡Es Leporello! —le dije a Sonja, sin poderme contener.

—Sí. Ya lo había advertido.

Leporello, simulando apuro, decía:

—¡Va! ¡Un poco de calma, caray! ¡Va, digo!

Abrió el postigo de una ventana, y añadió:

—¡El diablo!

Salió por el lateral izquierdo. La escena quedó vacía, y temblaron las luces. Leporello regresó, seguido de una Vieja que se empeñaba en abrazarle.

—¡Hijo de mis entrañas! ¡Hijo, rehijo y cien veces hijo! ¡Qué alegría tengo de verte! Porque han sido lo menos quince años de ausencia de tu querida Sevilla. ¡Déjame que te vea!

Leporello logró apartarla.

—Bueno, vieja, ya está bien. Menos bulla y menos apretones. ¿Qué se le ofrece?

—¡Déjame que te tiente, picarón! ¡Chacho, que majo estás! ¡Lo bien que te habrá ido por esas tierras! ¡Con ese amo que tienes...! Me enteré de su regreso por verdadera casualidad. Pasaba, vi un balcón entreabierto, y me dije: ¿quién, sino el amo, puede atreverse a abrirlo? Y cátame aquí, a saludaros. Pero, ¡qué buen color tienes, condenado! ¡Y qué carnes más prietas! ¿Dónde está don Juan?

—No existe.

—También tengo ganas de verle y de pegarle un achuchón. ¡Qué susto esta mañana, cuando se supo en Sevilla!

—¿Cuando se supo?

—Como saberse... Corre un rumor, y la gente se huele que es verdadero. ¡Y qué rumor! Síncopes de casadas, patatuses de doncellas, preocupación de los maridos, y un reforzar los cerrojos que se ha quedado Sevilla sin uno que vender!

Leporello se había puesto en jarras, de espaldas al espectador: una luz rosa iluminaba su espalda y lanzaba su sombra, alargada, temblorosa, contra el telón de fondo.

—Bueno. Y, usted, ¿quién es y qué nos quiere? Porque nadie la ha mandado llamar, que yo sepa.

La Vieja adelantó unos pasitos y habló en tono confidencial. Parecía en exceso *maquillada*, un *maquillaje* a vetas, o por plazas, como pintaban antaño algunos pintores. Al pegarle la luz sobre la cara daba la impresión de una careta.

—Me doy por llamada en todas partes donde me necesitan. Y aquí haré mucha falta, a lo que colijo. Por lo tanto, esta mañana, antes de decidirme a venir, me di un garbeo por cierta casa principal donde adolece de amor una doncella... ¡Una perita en dulce, muchacho, una verdadera ganga!

—Aquí, de doncellas, ni hablar.

—Cuando describa a tu amo sus gracias y desventuras, arderá en deseos de conocerla.

—No tendrá usted ocasión de hablarle. Me lo tiene prohibido.

—Ya será menos.

—Don Juan viene de incógnito.

—No lo dirás en serio.

—Como lo oye.

—Pues, ¡menuda se va a armar! ¡Y qué desilusión para las sevillanas! La fama de tu amo...

—Puras calumnias. De modo que, ya sabe: coja el portante y váyase.

La empujaba hacia la puerta. La Vieja se hacía la remolona, se agarraba a Leporello. Resultaba un forcejeo convencional, sin violencia.

—¡Espera, hombre, no tengas tanta prisa! ¿O es que no sabes tratar a las señoras respetables? Porque has de saber que yo...

La Vieja adoptó aire de dama. Empuñaba el bastón como si fuera una espada, y, al blandirlo, una sombra delgada cruzaba las decoraciones como un latigazo. «Has de saber que yo...», repetía con voz falsamente digna.

Leporello se aproximó al oído de la Vieja y le habló en bajo. La Vieja pegó un salto.

—¿Quién te ha contado eso?

—Yo que lo sé.

—¡Es la maledicencia, que se ceba en las pobres mujeres desamparadas! Por la Cruz de San Andrés...

—Deje en paz a los santos, y escúcheme. Hay aquí una moneda de plata para usted si me da noticias de cierta dama... Me he descuidado un poco y no he averiguado lo que debía.

—De damas, lo sé todo. Suelta la pasta.

—Primero, el cuento.

—¿De quién se trata?

—Cuando mi amo se marchó de Sevilla, pasa bastante de los quince años, se había casado.

—¿Te refieres a la señora?

—¿Qué ha sido de ella?

La Vieja se llevó a la sien el dedo índice de la mano diestra.

—Como una chiva.

—¿La encerraron?

—No, porque es loca pacífica; pero hace cosa de unos diez años... No, de unos doce, hubo sus más y sus menos.

—Eso es lo que me importa averiguar. Los más y los menos.

—¿Me dejas que me siente?

—Ahí tiene sillas.

—¿Y un poco de agua? ¿No me harías la caridad de algún refresco? La primavera viene calurosa.

—En ese jarro hallará.

La Vieja se sentaba con grandes aspavientos. Leporello, frente a ella, oscilaba como un balancín.

—Anda, guapo, sírvemelo tú. Estoy desazonada. ¡Con este calor!

Mientras Leporello le servía, la Vieja continuó:

—Pues, verás. A aquella dama se le metió en la cabeza hacernos la contra a las de mi oficio. ¿Pues no se le ocurrió irse por las mancebías a rescatar muchachas del pecado? Como era rica, y en esta casa se vivía muy bien, las chicas se marchaban tras ella, y un día llegó en que los prostíbulos sevillanos, y los tapadillos, y las tabernas y todos los sitios de bureo se quedaron sin gente, si no eran unas cuantos putas viejas que ya ni en Dios creían. Mientras que aquí, en esta casa, como si fuera un convento, ¡venga de alabar a Dios y de hacer caridades! No quiero exagerarte, pero más de trescientas se juntaron. Las había en todos los rincones.

Leporello se había arrimado a la mesa y medio sentado en su esquina. Meneaba la pierna de arriba abajo y marcaba el compás a las palabras de la Vieja.

—Muy pocas me parecen para Sevilla.

—Te dije que no quería exagerar. Pero es el caso que no hallabas una de ellas ni para un remedio. Porque, además, la señora se iba en tribu con las arrepentidas a las puertas de la ciudad, y cuando llegaba del campo una mocita de buen ver, me la catequizaban y la traían aquí. Y, andaban, de noche, por las calles, recogiendo perdidas. Y acechaban a las entretenidas de los señorones y las convertían... ¡Mira, muchacho, con decirte que en Sevilla no había modo de pecar como no fuera a solas! ¡Y cómo andaban los señoritos! Daba miedo tropezárselos en la calle, porque dónde se veían faldas, allí caían como buitres... ¡Hasta yo tuve trabajo aquellos días!

—¿Es que ha estado alguna vez desempleada?

—Ya me entiendes. Trabajo de mozuela. Los hombres apencaban con lo que hubiese, y, para nosotras, fue un veranillo de San Martín. Y eso no fue lo malo, sino que empezaron los escándalos, y las muchachas de buena familia embarazadas, y los sodomitos... ¡qué se yo! Hubo asaltos de casas honorables, raptos de monjas, estupros, violaciones. Salías a la calle, y veías al mocerío acechando como manada de lobos. De modo que hasta los predicadores tomaron cartas en el asunto, y la señora fue llevada a declarar ante un Tribunal competente. Se defendió con la caridad, y con que lo hacía con su dinero, y con que su obra era cristiana y muy recomendada por los santos. Hasta que las madres de familia se reunieron en junta y acordaron ir a ver al señor Corregidor... Total, que un día surgió el tumulto, y asaltaron esta casa, lo destrozaron todo y sacaron de ella a las arrepentidas y las devolvieron a su lugar de origen... ¡Cómo se fornicó en Sevilla aquella noche!

—A la señora, ¿también se la llevaron?

—Con la señora no se atrevieron, porque dijo que su marido mataría al que le pusiera la mano encima. Y como don Juan ya tenía esa fama...

Leporello saltó de la mesa, alzó una mano por encima de la cabeza y la dejó caer, tajante.

—Mi amo hubiera puesto fuego a Sevilla.

—¡Dios nos valga!

—¿Qué fue de la señora?

—Por ahí anda. Se vistió de penitente, se dedica a la caridad, y tiene fama de santa. Si la quieres encontrar, en una finca que fue de su marido se refugia. Allí mandó hacer sepultura al Comendador de Ulloa, el que mató don Juan, y unos jardines, y allí mora. Por el día anda por Sevilla dando la lata a la gente con eso del amor al prójimo; pero, con el atardecer, regresa.

Leporello fue hasta el lateral izquierda. Abrió la puerta.

—Gracias por los informes.

—¿Y la moneda?

—Al salir.

La Vieja, renqueando, se acercó a la puerta. Tendió la mano.

—No te doy las gracias porque este no es dinero para mí.

—Devuélvamelo, entonces.

—Es que, moneda que entra en mi mano...

Salió la Vieja. Leporello cerró cuidadosamente. El escenario quedó algo más oscuro. Un caballero vestido de azul marino entró por el lateral derecha...

Me estremecí al verlo. Sin querer, agarré a Sonja por el brazo.

—¡Es don Juan!

Sonja se soltó bruscamente. Miraba la escena como hipnotizada.

—¡Es don Juan!, repetí.

No me hizo caso. Respiraba con agitación. Los pechos se le movían dentro de la blusa, arriba, abajo, arriba, abajo.

Don Juan traía en las manos un manojo de cartas. Leporello le hizo una reverencia y se quedó junto a la puerta.

—¿Leporello?

—¡Señor!

—¿Con quién hablabas?

—Con una vieja traficante en virtudes que acudió al olor de la buena reputación.

—Tienes que llevar estas cartas.

—¿Ahora mismo?

—En seguida. Esta noche doy una cena y un baile de disfraces, y ésas son las invitaciones.

Leporello tomó los sobres y empezó a leer.

—Señor Corregidor de Sevilla, Señor Justicia Mayor,

Señor Presidente de la Maestranza... ¿Todas gentes de viso?

—Hay también algunos sinvergüenzas, pero, con las caretas, no se les notará.

Don Juan hablaba con voz pastosa, altiva, viril. Se movía con garbo sosegado, como si se frenase.

—¿Usted cree que vendrán?

—¡Allá ellos! Si no acuden, abriré mi casa a los mendigos. Andando.

—Ya voy, señor.

—¡Ya vas, pero no te mueves!

—Es que me estoy preguntando... Veo aquí un sobre dirigido a doña Elvira de Ulloa. ¿Es que no ha muerto?

—No tenía motivos.

Leporello empezó a reir estrepitosamente. Don Juan atravesó la escena y le agarró de un brazo. Volvió a cambiar la luz.

—Perdón, señor. Me río porque... ¿sabe que todos están vivos, menos el Comendador?

—Todos, ¿quienes?

—Los de entonces. Porque esa vieja que acaba de marcharse me ha contado lo de Mariana...

—¿Mariana?

—Sí. Aquella prostituta con la que el señor tuvo la ocurrencia de casarse. Resulta que...

—Estoy enterado de todo, pero había olvidado el nombre de la protagonista. ¡Como en Sevilla le llaman la señora...!

—No deja de tener gracia, ¿verdad? ¡Una prostituta!

—Mujer de don Juan Tenorio, no lo olvides. No sólo la ennoblecí, sino que la hice santa. Porque también te lo habrán dicho.

—Sí, señor.

—Lleva esas cartas. Y cuando te refieras a Mariana, llámale la señora.

La voz de Leporello había temblado. Don Juan inició el mutis hacia la derecha. Se detuvo cerca de la puerta.

—¡Mariana...! ¿Cómo pude haber olvidado el nombre?

Salió. Leporello empezó a silbar y a mirar los sobres de las cartas. Fuera de escena, se oyó ruido como de una aldaba. Leporello seguía mirando las cartas.

—¡Va! Señor Corregidor de Sevilla, Señor Justicia Mayor...

Leyó el nombre de los destinatarios, y, conforme leía, arrojaba la carta al aire. Aquello parecía un juego de prestidigitación, y nunca me explicaré cómo lo habían resuelto escénicamente: porque las cartas no caían, sino que quedaban en el aire y daban vueltas, cada vez más de prisa, alrededor de la cabeza de Leporello. Fuera, seguían golpeando la aldaba. Y Leporello decía: «¡Va!»; entregaba al aire una nueva carta y leía el sobre siguiente. Cuando el último escapó de sus manos, la velocidad aumentó, se oyó un silbido como de hélice en el aire, y el tropel de las cartas salió por la ventana. Entonces, la gente empezó a aplaudir, y Leporello saludó desde el palco escénico. Se vería su cara morena reluciente de satisfacción y *maquillaje*.

Don Juan entró de nuevo.

—¿Ya estás de vuelta?

—Sí, señor.

—Repartiste las cartas?

—Una por una.

—¿No oyer que llaman?

—Sí, señor.

—¿Por qué no abres?

—Ya serán algún bromista: martes de Carnaval da licencia para todo.

—Mi casa está abierta para los bromistas.

—Y, ¿si es un pendenciero? Andan sueltos con eso del antifaz.

—Dame la espada y abre.

—¿Y si es... la justicia? No olvide el señor que el perdón real pudo no haber llegado a Sevilla.

—Yo no pedido perdón al rey. En cuanto a la justicia, tráeme dinero, y abre.

—¡Ganas de buscarse líos! Siempre será un estorbo lo que venga. ¿Cuándo empezará el señor a sentar esa cabeza?

Leporello había ido acercándose al lateral. Abrió la puerta y salió. La luz de escena cambió de nuevo, y el traje de don Juan parecía morado. Con Leporello, entró un nuevo personaje. Las caderas redondas revelaban a una mujer. Venía enmascarada, con espada y sombrero de gran lujo. Quedó de pie, junto a la puerta de entrada, muy derecha. No parecía, sin embargo, que el traje de varón le diese seguridades, porque se movía como buscando acomodo más cabal. O quizá fuera que a la actriz el traje le viniera estrecho.

—Que salga Leporello —dijo.

Don Juan se volvió al criado.

—Ya has oído.

—Total, ya sé de quien se trata, y, poco más o menos, lo que se va a decir...

Hizo una señal con la mano, y el sombrero de la recién llegada abandonó la cabeza en que reposaba y quedó colgado en un perchero. Al público le hizo mucha gracia. La actriz tenía unos hermosos cabellos oscuros con reflejos grises.

Don Juan se inclinó.

—Ya estamos sólos. ¿Escucho, o saco la espada?

Ella se adelantó un poco. El ademán y la voz le temblaban.

—¿Me tiene miedo?

—No me produce usted la menor inquietud, pero, o vendrá a vengarse, o a sermonearme. Si es venganza, lo siento por usted: la mataré, y mañana dirán que fue un asesinato. Pero esa muerte, ya ve, aumentará la admiración que me tienen. En líneas generales, es una admiración equivocada. Yo no soy un asesino.

—¿Y el Comendador?

—Se lo buscó, y lo merecía. Por eso lo maté sin el menor escrúpulo.

—Es usted un cínico.

—No lo crea. Mi maldad no es tan perfecta que pueda vanagloriarme de ella.

—¡Me espanta oirle!

—Abrevie, pues.

Parecía desfallecer la voz de la muchacha, e incluso ella misma. Distendió los músculos, dejó caer los brazos y habló quedamente.

—¿Y Elvira? ¿La ha olvidado?

—Ese nombre encabeza una lista secreta, la que pudiéramos llamar de mis fracasos. ¿Cómo podré olvidarla? El Comendador era un miserable, pero en las entrañas de su hija cantaban los más hermosos pájaros de la pasión. No pude, como hubiera sido mi deseo, seducirla. La gente no lo ha creído nunca, me cargan el mochuelo de su deshonra. ¡Mi palabra de honor que no le he tocado el pelo de la ropa!

La muchacha alzó la cabeza, entristecida.

—Me da usted lástima.

Y don Juan le replicó vivamente:

—¡Caramba! Estoy acostumbrado a que se me odie o a que se me desprecie, pero no a que se compadezca.

—Fue usted cobarde una vez en la vida, y, por no reconocerlo, prefiere admitir como fracaso lo que en la realidad fue una huída. Tuvo usted a Elvira en los brazos. Ella le hubiera dado el honor y la vida. ¿Por qué la abandonó?

—Aquella noche se jugaba una partida decisiva. Yo arriesgaba mi libertad.

—Tiene usted fama de disfrazar con las palabras más altas las intenciones del corazón.

—Y tú, Elvira...

La muchacha retrocedió, y don Juan le sujetó los brazos. Ella intentaba apartarse.

—...conservas tu hermosa voz conmovedora, esa voz a la que, hasta hoy, sólo había oído pronunciar mi nombre. ¡No, no te quites el antifaz! No te lo quites si estos años pasados han maltratado tu belleza; pero si todavía puedes mirarte tranquilamente al espejo, tíralo ya.

La muchacha se quitó el antifaz, y lo dejó caer al suelo. Vista de frente, con un foco de luz cruda encima de los ojos, no era bonita.

—Eres bella todavía —siguió don Juan—, mucho más bella que entonces. Hay en tu rostro una triste madurez muy atractiva. Y ese traje masculino te viene de perilla.

—Guárdate las lisonjas.

—¡Dios me aparte! Perdón, quise decir el diablo.

De pronto, Elvira se desmoronó. Cayó en un asiento, empezó a sollozar. Don Juan la miraba a distancia. Alargó la mano y le acarició la cabeza. Ella se revolvió en un último intento de arrogancia. «¡No me toques!» Pero volvió a desfallecer y se abrazó a la cintura de don Juan.

—¡Don Juan, es tiempo todavía...!

—Tiempo, ¿de qué?

—De salvarte. Eres malo y mendaz, pero tu corazón es gigantesco. Apártalo del pecado. El camino de Dios es suave y hermoso.

—Y, sobre todo, lleva directamente a tus brazos, ¿verdad?, que son el Paraíso recobrado. Es curioso. En el fondo, todas las mujeres estáis convencidas de que Dios sois vosotros. Y, ¿quién sabe?, a lo mejor estáis en lo cierto. A mí, al menos, Dios me ha esperado siempre agazapado en vuestro regazo. Pero tenemos, el Señor y yo, algunas diferencias... ¡Me quedan todavía tantas cosas que hacer de las que a El le desagradan! Una de ellas me ha traído a Sevilla, y he puesto tanto empeño en realizarla, que ni mi propia salvación servida en bandeja por tus hermosas manos me apartaría de mi propósito.

Elvira se levantó bruscamente, se acercó a don Juan, le ofreció la boca.

—¿Y yo misma? —preguntó con voz mucho más áspera, como si los pájaros apasionados de sus entrañas le cantasen ahora en la garganta.

—¿Qué quieres decir?

Ella agarró a don Juan con fuerza.

—Supón que no han pasado estos años, que no has matado aún a mi padre, o, al menos, que no lo sé. Olvida la madurez de mi rostro y la melancolía de mi voz. Has subido hasta mi ventana, y la esperanza tiembla en mis labios. Mírame. Acabo de ofrecerte todo el amor que mi alma y toda la felicidad de mi carne pueden darte. Tú... no me has rechazado todavía.

Don Juan se apartó calmosamente.

—Es muy extraño —respondió con voz fría—. Suelo ser rápido en mis decisiones fundamentales.

Ella volvió a sollozar. Se le quebró la voz y cubrió la cara con las manos.

—¡Cobarde! ¡Cobarde ahora, cobarde siempre! ¡No tienes arrogancia más que para las mozas de partido! Pero el amor te empavorece y te arrebata la color como el miedo a la muerte.

—Más, Elvira, mucho más. La muerte no me da frío ni calor. La llevo dentro desde aquel día en que saqué la espada contra tu padre. Viene conmigo, duerme en mi corazón y sé que en cualquier momento me llevará. Pero el amor lo desconozco. Si quieres escucharme, puedo darte una explicación satisfactoria.

—¿A mí, que me consumo desde hace tantos años? ¿A mí, que te espero todas las noches en el mismo lugar, olvidada del honor y del rencor, del escarnio que hiciste a mi juventud encendida? Sólo querré escucharte si me llevas contigo o si te quedas a mi lado para siempre.

—¿Lo ves? ¿Cómo no voy a rechazarte, si me pides que renuncie a mí mismo?

—A mi lado, hallarás felicidad y salvación.

—A ese precio, ni la felicidad ni la salvación me importan.

Elvira se colgó a su cuello, le habló mordiéndole los labios.

—Aunque me abandones luego, aunque no vuelvas a saber de mí, déjame al menos el recuerdo de un amor cumplido.

—¿Ya te olvidaste de Dios y del pecado?

—Aquella noche los había olvidado, y hoy me siento como aquella noche.

—Pues hay que pensar en ellos, hijita, hay que pensar constantemente. Yo no hago otra cosa... también desde aquella noche.

Don Juan había hablado como un maestro que amonesta al alumno. Elvira le pegó un empujón, lo apartó de ella.

—¡Te odio!

—Eso es ponerse ya en razón. Nos entenderemos mejor.

—¡Sublevaré a los sevillanos contra ti! ¡Te arrastrarán por las calles!

—No les hice ningún daño... y me tienen miedo.

—¡Te mataré yo misma!

—Puede que no haga falta, pero reconozco que estás en tu derecho.

Elvira se había ido acercando a la puerta. Don Juan recogió su sombrero y se lo ofreció.

—Póntelo. Te favorece. Y si quieres también el antifaz...

Se agachó a recogerlo. Mientras lo hacía, preguntó:

—Y aquella judía, doña Sol, ¿qué ha sido de ella?

Elvira extendió la mano para coger el antifaz.

—Murió de la muerte que tú mereces. Quemada.

—¡Qué mal gusto!

Se oyó el portazo de Elvira. Por la otra puerta apareció Leporello.

—A las mujeres no hay quien las entiendan.

—No digas estupideces.

—La máxima forma parte de mi filosofía personal. Creo que las mujeres son como las olas del mar. ¿Se sabe, por ventura, la causa de su movimiento? ¿Ha averiguado alguien por qué es inmensa la mar, y misteriosa? Sin embargo, nos bañamos en ella, y a veces conseguimos navegarla. A las mujeres les sucede lo mismo: son inmensas, misteriosas y movibles. Recuerde a doña Ximena. No hay modo de saber lo que les pasa por dentro, ni por dónde van a salir; pero, mientras, se dejan navegar tan ricamente. El secreto está en no preguntarles demasiado.

—¿Pretendes darme lecciones?

Leporello rio un poco y alzó las manos a la altura del pecho.

—Sé mucho de eso, mi amo.

—Pero no más que yo.

—*Chi lo sa?* Hasta ahora, nunca hemos medido nuestra ciencia. Yo me limitaba a llevarle el aire al señor y a responder como un criado más o menos listo. Pero hoy es una fecha capital... para los dos. Las consecuencias de lo que usted haga me alcanzarán también. Por tanto...

Don Juan se le acercó calmosamente.

—¿Pretendes insinuarme algo, o es, simplemente, que te he entendido mal?

—Lo primero más bien, mi amo. ¿Cómo no iba a entenderme?

—Entonces, habla claro.

—¡Así me gusta, don Juan! —respondió Leporello con entusiasmo. Las cartas, siempre a la vista, aunque haya de jugar una partida con el diablo. Voy a mostrar las mías. Hoy pueden pasar muchas cosas. Pensándolo bien, pueden pasar todas.

—¿Todas?

—Sí, mi amo. Incluso la definitiva. Y, en ese caso, he de cuidar de mi porvenir.

Don Juan le golpeó la espalda riendo.

—Te dejaré una manda suficiente... a causa de tu fidelidad.

—El señor no me ha entendido. Quiero decir que, si el señor muere, yo habré de seguirle al otro mundo.

—No exijo tanto. Morir es una cuestión privada, y en el otro mundo no hacen falta expoliques. En el infierno o en el cielo, la servidumbre está completa.

—El señor carece de experiencia del otro mundo.

—¿Y tú?

Leporello retrocedió.

—¿El señor quiere que le muestre todas mis cartas?

—Desde luego.

—Entonces, quizá baste con que me mire a los ojos.

Don Juan agarró a Leporello por los hombres y le miró fijamente. Luego le dio un empellón.

—En tu mirada hay un abismo, y en su fondo resplandece lo eterno. ¿Eres ángel o diablo?

—Diablo, señor, para servirle. El ángel debe también de andar por ahí, pero en casi veinte años que llevo con el señor, no he conseguido identificarlo.

—El infierno me hace un gran honor. ¿Cómo te llamas?

—¿Qué importa el nombre? A este cuerpo de que me valgo, le habéis llamado siempre Leporello.

—¿A qué has venido? ¿Habré de admitir ahora que lo que yo creía mi obra personal no ha sido más que obra tuya? ¿He escapado de Dios para caer en la trampa del diablo?

—No se preocupe el señor. Me he portado siempre correctamente. Todo lo más, le he ayudado alguna vez, pero, en general, me he limitado a actuar de testigo. Ean las órdenes. El infierno ha guardado al señor consideraciones excepcionales, aunque fuera por razones que ahora no vienen al caso, y yo he estado a su lado con el mayor respeto para su libertad. Hubiera mantenido el incógnito hasta el final, si el final se dilatase. Pero, esta noche, el señor no alcanzaría lo que se propone sin mi colaboración.

—Si yo mismo no sé lo que me propongo. ¿No lo has adivinado? He venido a Sevilla empujado por una esperanza ciega; pero, no sé por qué, voy perdiendo la esperanza.

—Salgamos a su encuentro. ¿No es eso lo que hemos hecho tantas veces?

—Salir... ¿A dónde?

—No es el adónde lo que importa, sino el por dónde. Y, para eso, para enseñarle el camino, estoy aquí.

Rápidamente, Leporello se acercó al gran espejo dorado y lo abrió. Quedó dentro del marco un vacío oscuro, y, fuera de escena, retumbó la caja de los truenos. Don Juan retrocedió, se detuvo de pronto, se irguió...

—¿Es la puerta del infierno?

—El infierno es tan sólo una parte del misterio, y esa puerta se abre a su totalidad. Sólo entrando por ella puede llegar a buen término nuestra aventura. Pero le advierto que es también puerta del cielo.

—Esa es mi puerta.

Don Juan se acercó al vacío. Los truenos se repitieron, esta vez acompañados de relámpagos verdosos. Leporello extendió una mano.

—¿Quiere de veras ir al cielo?

—Quiero transpasar ese umbral cualquiera que sea el riesgo. ¡Vamos, entra!

—Usted, primero, señor.

—Aunque seas el diablo, eres mi criado y yo soy quien manda. Es la condición para que sigamos juntos. Pasa delante.

Leporello se inclinó.

—Como guste el señor.

Atravesó el umbral. Don Juan le siguió. El espejo se cerró sobre ellos, y cayó, rápidamente, el telón.

4 La sala quedó en penumbra, y en su aire —quizá para entretener la espera— se reanudó el juego de los fuegos fátuos. Miré, de soslayo, a Sonja: tenía la cabeza inclinada sobre el pecho y las manos cruzadas. No me atreví a interrumpirla, ni tenía tampoco nada nuevo que decirle, porque, en aquel momento, en mi cabeza se apretujaban las objeciones críticas contra lo que acababa de ver. Me parecía demasiado primitivo en su estructura

— escenas de dos personajes, una tras otra, aunque razonablemente ligadas —, e ininteligible para quien no estuviera en los antecedentes de la historia; pueril en los trucos circenses de Leporello, y con el detalle escasamente original del espejo, que ya se había visto en alguna obra de Cocteau. El drama había dejado de tener, para mí, el menor aliciente estético, aunque, lo confieso, me interesaba aún su desarrollo, y, sobre todo, su desenlance, pero de ese modo grotesco con que interesa a las porteras el folletín que están leyendo.

La espera fue corta. Apareció un decorado de jardín, todo él en verdes, con una hilera de cipreses al fondo, y, en el medio, una gran estatua blanca. La estatua era, evidentemente, lo más importante del escenario. La habían puesto de espaldas al espectador, y parecía una llama marmórea, por lo agitada y retorcida: encima de un pedestal convulso se levantaba un cuerpo envuelto en una capa sobre la que parecía haber soplado el vendaval. Tenía el hombre el sombrero en una mano, y la otra la apoyaba en la espalda, como si fuera a sacarla. El cuerpo, contorsionado; las piernas, abiertas; las rodillas, medio dobladas, no sé si para saltar o para huir, y, encima, una enorme cabeza de cabellera arrebatada.

En la trasera del pedestal, es decir, en la que veíamos nosotros, se abría una puerta cuadrada, oscura. Lo único tranquilo en aquel terremoto.

No había nadie en escena. Detrás del decorado trinaba un violín. A la luz verde se sumó un foco blanco que iluminó la estatua, y la hizo más blanca todavía.

Pero no duró más que un instante. El foco se apagó, y el escenario quedó bañado en la luz verdosa del principio. Sombreaban al fondo los cipreses y diríase que se movían. Detrás de ellos, por la superficie azul del ciclorama, vagaban nubes blanquecinas.

Entró primero Leporello, como en avanzadilla. Espió el lugar. Después se volvió al lateral izquierdo y llamó:

—¡Don Juan! ¡Venga! ¡Aquí es!

Pasó al centro de la escena y esperó. Entró don Juan, miró alrededor.

—Aquí estaba mi casa, ¿verdad?

—Sí, mi amo. Recuérdelo. En lo alto de la colina.

Don Juan, vuelto hacia el público, extendió un brazo y señaló el fondo de la sala.

—Y aquello es el Guadalquivir.

—Muy hermoso, ¿verdad? Una cinta de plata...

—¡No seas cursi. La belleza del río no cabe en la metáfora de un diablo.

—Reconozco que mi formación literaria no es tan perfecta como la del señor. Sin embargo, me gustaría decir de alguna manera que el río es muy hermoso.

—Ya lo has dicho.

—¿Es bastante?

—Para mí, sobra. ¿No sabes que las palabras estorban? Me hubieran estorbado también aquella tarde en que, en este mismo lugar, empezó todo. Una palabra habría roto el hechizo y me hubiera devuelto al mundo; pero Dios y el Universo se habían callado. Supongamos que aquella tarde, cuando me desnudaba el brazo para hundirlo en las aguas, gritase el Comendador mi nombre para decirme que había hallado en el salón unos candelabros valorados en tánto... Roto el hechizo, mi alma sin su revelación, habría ingresado en la vulgaridad. ¿No crees que en aquel momento nació don Juan y murieron de mi mano infinitos hombres posibles?

—Exactamente todos los que no eran don Juan.

—¿Estás seguro?

—Vivir, mi amo, es dejar el camino sembrado de cadáveres. A veces, el cadáver de uno mismo. Las más, meras caricaturas, o acaso afortunadas aproximaciones. En general, en esa lucha sobrevive el fuerte, y no hay que llorar a los muertos. Piense que si el Comendador le hubiera llamado, quizá estuviera usted casado con Elvira, padre de siete hijos, y a lo mejor, sería usted un fantoche como su suegro, aunque no tan imbécil. Deje, pues, que los muertos entierren a los muertos.

—Pero, ¿y si no lo están del todo? En cualquier momento, uno de ellos puede ser resucitado. Aquella tarde y aquella noche, por ejemplo, cerré mi corazón al sentimiento. ¿Quién te dice que no volveré a amar?

—¿Siente nostalgia?

—Siento dudas de haberme equivocado.

—¿No me dijo, hace días, que el cielo le había dejado

sin arrepentimiento? ¿Es que ya vuelve el cielo a tenerle en cuenta?

—El cielo permanece mudo, y mi corazón, tranquilo. Las dudas son cosa intelectual: hay que contar con ellas por honradez dialéctica. Y, ya que dices haber sido testigo de mi vida, sabes que nunca descarté la posibilidad de haberme equivocado y de que un día llegase en que hubiera de resucitar uno de mis cadáveres, quizá el del santo. Hoy llegaré a saberlo.

—¿Espera que el cielo hable esta noche?

—Para eso me has traído aquí.

—Pero es usted quien ha de llamar a sus puertas. A mí no me las abren.

Se oyó ruido de voces lacrimosas detrás del telón, y entró una mujer del pueblo con un niño en los brazos.

—¡Que se muere mi niño! ¡Por caridad, sálvamelo! ¡Qué se me muere!

Se enredó en la capa de don Juan. Quedó quieta, mirándole.

—¿Es que no está?

—¿A quién buscas? —le preguntó Leporello.

—¡A la santa! ¡Que se muere mi niño! ¿Dónde está Mariana?

Leporello le señaló la puerta del pedestal.

—¡Ahí vive!

La mujer corrió hasta la verja que cerraba la estatua.

—¡Ave María Purísima! ¡Salva a mi niño, Mariana, por caridad! ¡Salva a mi niño!

Se abrió la puerta. Se vio una pared blanca con una tosca cruz. Temblaba, en el interior, el resplandor de una bujía. Contra la luz, la sombra de una persona vestida de hábito frailuno y capuchón. La mujer se arrodilló.

—¡Mariana, Sierva de Dios bendita! ¡Pon tus manos en mi hijo, que se me muere!

Mariana salió del cuchitril y se acercó a la verja. Tendió los brazos a la implorante.

—¿Por qué acudes a mí? ¡Sólo el Señor es dueño de la vida y de la muerte!

—¡Tú tienes la virtud del Señor! ¡No me niegues la vida de mi hijo!

—Escúcheme. Pidamos juntas a Dios. Dame a tu hijo. Y, ahora, di conmigo: «¡Señor, que salvaste a la hija de Jairo...

—»¡Señor, que salvaste a la hija de Jairo...

—»...ten piedad de esta criatura inocente...

—»...ten piedad de esta criatura inocente...

—»...y haz en ella tu voluntad...»

—»...y haz en ella tu voluntad...»

—»Por los siglos de los siglos...

—»Por los siglos de los siglos...

—»Amén

—»Amén.»

Mariana devolvió a la madre la criatura.

—Vuelve a tu casa, y espera la misericordia del Señor.

—¡Dios te bendiga!

—Sólo Dios ha de ser bendecido. Vete en paz.

La mujer salió gritando de júbilo, y Mariana quedó de pie junto a la verja. Luego, se arrodilló y empezó a cantar:

—«*Benedicite omnia Domini, Domino...*»

Leporello y don Juan habían permanecido en un extremo del escenario. Leporello volvió la espalda a Mariana.

—Estoy sufriendo, mi amo. El Poder y la Gloria del Otro, como puede usted suponer, me revuelven las tripas.

—A mí me llenan de orgullo. Es mi enemigo, y en su grandeza hallo la mía propia. ¡Qué todas las obras del Señor bendigan al Señor! Con música, es casi grandioso, como el Señor se merece. A mí manera, también yo soy una oración y bendigo al Señor. Déjame escuchar a Mariana.

—¿No le apetece hablarle?

—En cualquier caso, no debo interrumpirla.

—¿No le enorgullese también estar casado con una santa?

—Por lo general, no suelo envanecerme de mis propias obras.

—Sin embargo, nadie puede hablar hasta el final.

—Nadie, incluido el diablo.

—Allá abajo, señor, somos modestos y, sobre todo, cautos. No nos hacemos ilusiones jamás. Ya ve: en el caso que nos ocupa, no sé si mi cliente se salvará o se perderá. Quiero decir para el infierno.

—Comprendo. Yo tampoco lo sé.

—Es lo que más me fastidia del Otro: que lo conozca todo de antemano. Es un privilegio intolerable contra el cual el Infierno ha presentado sucesivas protestas.

—Cállate. Parece que ha terminado.

—¿Quiere que le hable?

—Yo lo haré.

Mariana se había levantado, y regresaba a su celda. Don Juan corrió a la verja.

—¡Mariana!

Ella se detuvo. Don Juan iba a saltar los hierros.

—¡Quieto! No entre. Le mataría mi marido. ¿Quién es usted?

—¿No me reconoces?

—Apenas hay luz.

Don Juan se volvió a Leporello.

—¿Has oído?

—¡Sí, mi amo! ¡También yo tengo mi poder, y me da satisfacción manifestarlo! Ya verá...

Un rayo de luna repentino alumbró el rostro de don Juan. Mariana se acercó a mirarle.

—Perdóneme, señor. No le recuerdo.

Leporello rio en la sombra.

—¿Apago, mi amo?

Don Juan había retrocedido. Mariana, apoyada las manos en la verja, le preguntó:

—¿Qué desea de mí?

—Quería ... —La voz de don Juan vacilaba; se acercó de nuevo—. ¿Recuerdas a tu marido?

—¡Don Juan! ¿Cómo no voy a recordarle? ¡Rezo por él desde hace tantos años! Una hora y otra, un día y otro, un año y otro. Se fue hace mucho tiempo, pero vendrá. Me lo prometió, ¿sabe? y no mentía. Vendrá una noche cualquiera.

—Pero, su rostro, ¿no lo recuerdas?

—¡Sí, claro! ¿Cómo no voy a recordarlo? Muy hermoso. Como unos ojos que brillasen en el fondo de una nube. Así le veo. De madrugada, cuando se mete la luna, yo miro al cielo, y allí está él.

—Yo conozco a tu marido.

—¿Va a volver pronto? ¡Dígamelo, se lo suplico! Tengo miedo de morir antes que venga. Ya debo de ser vieja.

—Quizá regrese.

—¿Es feliz lejos de mí?

—Nunca lo ha sido.

—Si vuelve a verle, señor, dígale que le quiero.

—No le veré, pero en Sevilla hay un hombre que le verá muy pronto. De su parte vengo. Trae un recado para ti.

—¿De mi marido? ¿Qué me dice? ¿Va a llevarme consigo?

—Quizá, pero no estoy seguro. Ese hombre quiere verte.

—¿Por qué no ha venido?

—Me mandó en su lugar para decirte que, esta noche, enviará a buscarte. Reunirá a todos los amigos de don Juan, y quiere que estés allí.

—Me da vergüenza, señor. No tengo más que esta ropa, y estoy descalza.

—Te enviará el traje más hermoso de Sevilla.

—No puede ser. El más hermoso es el que me regaló don Juan cuando se casó conmigo.

—Te enviará, entonces, ese mismo traje.

—¡Qué contenta estoy! Daré las gracias al Señor, que no defraudó mi esperanza. ¿Quiere usted rezar conmigo?

—No. Tu alegría te pertenece. Mis palabras impedirían que las tuyas llegasen hasta el cielo. Vuelve a tu celda, y espera otra vez. Dentro de una hora...

—Rezaré hasta entonces. Que Dios le guarde.

—Falta me hace.

Mariana corrió a la celda y cerró la puerta. El rayo de luna improvisado por Leporello se apagó. Don Juan quedó junto a la verja. Leporello se fue acercando...

—Reconozco, señor, que es un duro golpe, pero tiene su explicación: Han pasado años, y eso se nota en el rostro. Y no es que quiera insinuarle que ha envejecido; pero que algo ha cambiado, no lo dude.

—Aunque mi rostro hubiera sido el mismo, no me reconocería. Ella tiene su Don Juan en el alma, y a fuerza de pensar en él, lo ha transformado mucho.

—¿La llevará a la fiesta de esta noche?

—Es natural que reciba a mis invitados en compañía de mi esposa.

—¿Sólo por eso?

—Puede también ser mi testigo de descargo.

—¿Está seguro de que hoy le juzgarán?

—Tú lo has dado a entender.

—¿Y se resigna?

—Acepto las cosas como vienen si no está en mi mano variarlas.

—Usted no vino a morir.

—Vine a clamar al cielo, y no encuentro la manera. Tu puerta mágica, hasta ahora, me ha defraudado. Para llegar aquí, nos hubiera servido una puerta normal. Vamos a casa.

—¿No quiere ver antes a un viejo amigo?

—Los amigos me aburren.

—A éste lo tenemos tan cerca que sería descortés no saludarle. Mire.

La luz del foco blanco cayó sobre el monumento, al tiempo que la estatua, sin moverse, giraba sobre su pedestal al modo de la arcilla en el torno del alfarero. Don Juan, sorprendido primero, se echó a reir en seguida con grandes carcajadas.

—¡Don Gonzalo! ¡Mi querido don Gonzalo! ¡El escultor que te hizo la estatua era un genio! ¿Te has fijado bien en ella, Leporello?

—La estoy mirando, y de verdad que me asombra. Es el vivo retrato del Comendador.

—¡Es el retrato de su alma! ¡Colosal, retorcida, vacua! ¡No es más que gesto y movimiento! ¡Buenos noches, amigo!

—Mi amo, no bromee, que puede responderle.

—¡Qué más quisiera yo...! Tendría, al menos, por quien enviar un mensaje al otro mundo.

—¿Es eso lo que le trae aquí?

—Pudiera ser, aunque la falta de mensajero idóneo me lo impida. Porque tú...

—Yo, mi amo, hasta que el caso se resuelva, tengo prohibido el regreso. Pero el Comendador, si pudiera, se encargaría del recado, estoy seguro. Todo lo que sea darse importancia...

—Fíjate bien en él. Tiene aire de Embajador ofendido por un error de protocolo. Como si al entrar en el Infierno, hubiera pasado antes un comerciante de tejidos.

—¿Y qué mensaje enviaría, señor?

Don Juan quedó perplejo.

—¿Pues sabes que, de momento, no se me ocurre? Porque los que en su corazón interrogan al otro mundo, se contentan con preguntar si Dios existe o si somos inmortales. Pero yo no lo he dudado nunca.

—Entonces, mi amo, toda pregunta huelga.

—Pudiera, sin embargo, preguntar al Señor por qué mi corazón no le ama. La respuesta valdría para la mayor parte de los hombres, que tampoco le aman.

—A eso, usted mismo se puede responder.

—Y a casi todo, Leporello, a casi todo. Los secretos de Dios son tan secretos, que los hombres ignoramos hasta su misma existencia y no pueden inquietarnos. Y a lo que Dios no esconde para sí, poco a poco iremos hallándole respuesta.

—Total, que don Gonzalo no nos sirve de nada.

Don Juan quedó un momento pensativo.

—Según. Porque lo que realmente da grandeza a la pregunta hecha a Dios, no es lo que se pregunta, sino el hecho mismo de preguntar. De por sí es una blasfemia, sobre todo cuando no está angustiado el corazón que interroga, sino que, como yo, pregunta por puro lujo.

—Ahí tiene una manera de llamar a las puertas del cielo.

—Sí. Pero, ¿qué preguntar? Porque una cosa es la impertinencia, a la que siempre estoy dispuesto, y otra la estupidez, que me horroriza. Aunque la embajada que el Comendador llevase fuese mera formalidad, por quedar bien habría que hacer una pregunta oportuna. Por ejemplo: ¿cuándo voy a morir?

—¿Y usted piensa que el cielo va a responderle?

—Ni lo pretendo tampoco. Ya te dije que es mera formalidad. Un poco aprovechar la ocasión.

—Pues, aprovéchela.

—¿Qué quieres decir.

—Llame al Comendador.

Don Juan se volvió a Leporello y lo agarró por los brazos.

—¿Te estás burlando de mí?

—¡Ni pensarlo, mi amo! Llame al Comendador. ¿O le da miedo?

Don Juan se le quedó mirando; luego, se apartó de él con aire despectivo.

—¿No hay que hacer ningún conjuro? ¿No tienes que trazar círculos ni invocar a diablos?

—Me invoco a mí mismo, y basta.

—Es verdad.

—Decídase...

Don Juan se sacó el sombrero e hizo una reverencia a la estatua.

—Buenas noches, don Gonzalo.

Entonces, el mármol se revolvió, y de su seno salió un vozarrón tonante. Los cipreses se agitaron en el fondo de la escena, y las nubes blanquecinas se oscurecieron.

—¿Quién es el insensato que se atreve...? ¿Quién es el impío que llama a las puertas del otro mundo?

—Don Juan Tenorio?

La estatua quedó paralizada. De haber podido, hubiera retrocedido, temerosa. Soltó la espada, y dejó caer el sombrero, que chocó contra el suelo con ruido de piedra que se quiebra.

—Soy don Juan. ¿Me recuerda? El hijo de don Pedro. El chico rico a quien usted quería desplumar.

—¡El que me asesinó alevosamente!

—No exageremos, Comendador. Tenía usted una espada en la mano, como ahora. Si no supo valerse de ella...

—¡Mi espada era invencible! ¡Tuviste que matarme por la espalda!

—Le consta que no fue así, de modo que olvide el incidente. Y, se lo ruego, use un tono de voz más comedido. En la paz de esta noche, su voz parece un rebuzno.

—¡Hablo como me da la gana! Y si el mismo Dios no me lo prohibió, ¿quién eres tú para hacerlo? Mi voz se estima en el cielo como una de las mejores, y cuando hay que cantar un solo, acuden a mí.

—No mienta Comendador. Usted no está en el cielo.

—¿Cómo que no? ¿A dónde piensas tú que pueda ir don Gonzalo de Ulloa? ¡A los cielos más altos, y cerquita de Dios, como corresponde a mi calidad y mis títulos!

Don Juan hizo un nuevo saludo.

—Lo siento, entonces. Porque me gustaría hablar con usted un rato largo. En el infierno debo de tener amigos, y le preguntaría por ellos. Y hasta es posible que le pidiera consejo, pues el infierno es una de mis posibilidades. Pero, si está en el cielo...

Se volvió a Leporello.

—Hemos perdido el tiempo —dijo con resignación irónica—. El Comendador se ha salvado.

—Pregúntele por qué está ahí arriba.

Don Juan se dirigió, una vez más, a la estatua.

—Este amigo, que es perito en materias ultraterrenas, me sugiere que le pregunte por qué está ahí subido.

—Por privilegio. En el cielo me permiten venir de vez en cuando para que pueda escuchar los elogios que hacen los vivos a mi memoria.

—Y eso, ¿le gusta?

—Forma parte de mi felicidad.

Leporello murmuró al oído de don Juan:

—La muerte no le ha cambiado, mi amo. Está dispuesto a mentir hasta el día del Juicio.

—Quizá forme parte del castigo, y, en ese caso...

—Habrá que resignarse.

La estatua se agitaba, allá arriba.

—Bueno, ¿para qué se me ha llamado? ¿Sólo para decirme que mi voz no es bonita?

—Siempre gusta saludar a los viejos amigos, y más en lugares llenos de recuerdos comunes. Sin embargo, éste no fue el motivo. Venía a pedirle que cenásemos juntos. Pero, si insiste en mentir, marcharé sin hacerlo.

—¡Yo soy la verdad misma!

—Pero no está en el cielo.

—El cielo, para mí, es esta estatua solemne en que me siento perfectamente retratado.

—Pero pertenece a la jurisdicción de los infiernos.

—Admitido, pero con trato excepcional. Y la razón de por qué estoy aquí no está muy clara. Hubo un error. Cuando quise entrar en el cielo, me lo impidieron porque, según ellos, llegaba disfrazado. ¡Ya ves! ¡Yo, que nunca me he vestido más que de mí mismo!

—¿Y lo pasa bien ahí arriba?

—Me aburro mucho. Me han destinado a este sitio

desde que lo construyeron, y aquí no hay ningún esparcimiento. Además, las golondrinas me ensucian las narices y los niños se ríen de mi postura. Luego, ¡es tan frío este mármol! Tengo reuma articular aguda.

—¿Le gustaría una breve licencia?

—¡Aunque no fuese más que un estirón de piernas...!

—Entonces, vaya a mi casa esta noche. Doy una cena a los amigos, y usted ha sido uno de ellos. Y, si el permiso le da tiempo, podemos organizar una partida de siete y media, que es lo que a usted le gusta.

—¡Una partida de siete y media...! ¿Y qué nos jugaríamos? Porque yo no tengo nada...

—Yo, en cambio, tengo la vida. ¡Imagínese que llega al infierno con mi alma en el bolsillo! ¿No cree que se lo agradecerían?

—Quizá, pero no estoy seguro. De la gente del infierno no puede uno fiarse...

—Entonces, está en el lugar que le corresponde. Quedamos en que a las diez. Pero con una condición. Pregunte al cielo, de mi parte, cuándo voy a morir.

El Comendador se estremeció.

—¿Sabes lo que me propones, muchacho? ¡Es una ofensa a Dios!

—Ya no soy un muchacho, y sé perfectamente que es una ofensa. Pero no creo que le asuste, a usted, que se ha pasado la vida ofendiéndole.

—Lo hacía de otra manera, con disimulo. Yo guardaba las formas.

—Pues sígalas guardando, y revístase de toda su solemnidad para interrogar de mi parte al Señor de la vida y de la muerte.

El Comendador se inclinó hacia don Juan.

—Pero, ¿te importa tanto saberlo? ¿No te das cuenta de que el resto de tu vida lo pasarás muy mal? ¡La vida es soportable porque no sabemos cuándo vamos a morir y porque llegamos a olvidar que moriremos!

—No lo he olvidado nunca.

—Supón que el cielo me niega la respuesta.

—Cuento con ello, pero no importa.

La estatua llevó una mano a la cabeza, y se la rascó.

—¿Sabes que no te entiendo?

—Si me hubiera entendido a tiempo, no estaría usted

ahora donde estás. Ande. Vaya a arreglar los trámites y no olvide el encargo. Y, ya sabe: en mi casa a las diez.

Poco a poco, la estatua recobró la postura violenta y quieta. De pronto, dijo:

—Estoy como si me faltase algo.

Leporello le respondió:

—El sombrero. No se preocupe. Se lo echaré.

—Pero, ¿no se rompió al caer?

Leporello envió el sombrero por el aire. El Comendador lo recogió.

—Así, ya es otra cosa. Un caballero, sin su chambergo, parece menos caballero.

Quedó definitivamente quieto. Don Juan y Leporello reían. El telón cayó sobre sus risas.

5. Y yo estaba irritado. Mi devoción por el buen teatro me impedía aprobar aquella payasada. De buena gana hubiera subido al escenario y hubiera gritado a los espectadores que no era tolerable tal falta de respeto a uno de los momentos más sublimes de la escena universal. Les hubiera recitado el cuadro quinto de Zorrilla, que, desde el principio, se me recordaba en todas sus palabras, y del que parecía parodia lo que acababa de ver.

> «¡Hermosa noche...! ¡Ay de mí!
> ¡Cuántas como ésta tan puras
> en infames aventuras
> desatinado perdí!
> ¡Cuántas al mismo fulgor
> de esta luna transparente
> arranqué a algún inocente
> la existencia o el honor...!»

Lo hubiera hecho, quizá, de no tener miedo de Leporello. Pero le temía; temía que, por alguna acción impulsiva o escasamente meditada, pudiera hacerme objeto de una burla en público. Y, así, mientras el teatro permanecía a oscuras, me estuve quietecito en mi butaca. No me atrevía siquiera a mirar a Sonja. Quizá ni haya recordado su proximidad. Nuevas y más graves objeciones críticas bullían en mi cabeza. Hacía de ellas pedestal para sentirme superior al dramaturgo que había escrito aquéllo, Leporello acaso, acaso el mismo don Juan.

Repareció el escenario del primer cuadro. Luz de bujías. La escena, sola. Fuera, sonaron las nueve en un reloj de torre, y, casi en seguida, la música de una charanga de violines llenó los ámbitos del teatro. Al mismo tiempo, se oyeron golpes en la puerta. Atravesó la escena un criado desconocido, y abrió. Entraron, uno a uno, los músicos. Llevaban puestos antifaces y seguían tocando. Eran hasta cinco: primer violín, segundo, violoncello, viola y contrabajo. Detrás de ellos entró un sexto personaje, también enmascarado, con papeles de música y atriles.

A una señal del primer violín, que gobernada el cotarro, dejaron de tocar.

—¿Vive aquí don Juan Tenorio? —preguntó con voz metálica, de tono alto.

—Sí.

—Somos los músicos.

—Ya lo veo, pero no hace falta que grite tanto. Oigo bien.

—Es que yo soy sordo. ¿Vive aquí don Juan Tenorio?

—¡¡Sí!! —chilló el criado.

—Pues dígale que han llegado los músicos.

—Les estaba esperando. Pueden pasar, y cenen mientras no vienen los invitados.

—¿Dice que pasemos a cenar?

—¡Sí, eso dije!

—¡Ah, bueno!

Se volvió a sus compañeros.

—¡Ya habéis oído, muchachos! Primero, a cenar bien, que es lo importante. Después, el arte. Dejar por ahí los instrumentos. En un rincón, y todos juntos, para que nadie los manosee.

—Yo me quedaré a cuidarlos —dijo el que traía los atriles; y por la voz y el ritmo de las caderas se reconoció a Elvira.

Fueron saliendo, uno a uno, hacia el interior de la casa, y el criado, detrás. Al quedar sola, Elvira se acercó a los laterales, como espiando. Luego, en mitad de la escena, cantó su aria, que parecía un fado.

—¿Por qué me arrastra el Destino? ¿Qué demonio empujó mi corazón hasta la casa de mi enemigo? Y ahora que estoy en ella, ¿por qué me tiemblan las piernas, por qué el miedo me encoge el ánimo resuelto? Quiero vengarme, y mi alma se estremece; quiero morir, y mi espíritu se aterra. Todas las contradicciones de la pasión se revuelven en mi interior y me desgarran. ¿Amo? ¿Odio? ¡Amo y odio a la vez! Deseo besar su boca, morder sus labios, pero también recoger con mis besos su último suspiro. Y morir luego, abrazada a él: que sea mío muerto. Muertos los dos, mía su alma. Y que nos entierren juntos para que mi carne descompuesta se una a la suya en la misma cochambre. ¡Oh, Señor! ¡Desde el horror de mi pecado te pido que me ayudes! Pero, ¿cómo vas a ayudarme, Tú, si lo que pienso es pecado? Llamarte es otra contradicción. Es al infierno a quien debe apelar mi corazón apasionado. ¡Ayúdame Satán! ¡Toma mi alma y déjame vengarme! Pero, antes, dame ocasión de amarle, aunque sólo sea una vez...

Quedó con los brazos en alto, como una Ménade, y la luz del escenario enrojeció un poco. Se abrió violentamente la puerta del espejo, y en el hueco vacío apareció la Estatua del Comendador. La luz ponía reflejos rosados en el blanco marmóreo. Elvira retrocedió unos pasos, llevó las manos a las mejillas, y exclamó:

—¡Dios mío!

El Comendador bajó a la escena. La puerta del espejo se cerró lentamente. Don Gonzalo dio unas zancadas aparatosas; hizo visera de la mano y miró al público. Después, descubrió a Elvira, se acercó a ella y le dijo en voz baja:

—¡Que nadie mente a Dios en mi presencia! No estamos en buenos términos. ¿Vive aquí don Juan Tenorio?

—Esta es su casa, Comendador.

—¿Me reconoces? ¡Cuanto te lo agradezco! No lo esperaba, después de una ausencia tan larga. Dieciséis años, lo menos, o quizá diecisiete. Es mucho tiempo para que el mundo olvidadizo recuerdo a un hombre como yo. ¿Eres criado de don Juan? ¿Estabas aquí para esperarme?

Elvira adelantó unos pasos.

—Soy Elvira de Ulloa, tu hija.

La capa blanca de don Gonzalo trazó en el aire un pesado remolino. Echó atrás una pierna y alzó los brazos.

—¿Cómo? ¿Mi hija Elvira? ¡El infierno te pone en mi camino! No tengo más remedio que matarte, no puedo aplazar tu muerte un día más. Has pisoteado mi honor, has manchado de fango mi nombre inmaculado. ¡Prepárate a morir!

—¿Por qué, señor? Tu honor, por lo que a mí se refiere, está como lo dejaste.

—¡No mientas! Estoy oyendo todavía las palabras de aquel desvergonzado. «¡Está noche me acostaré con tu hija»!, me gritó, o algo parecido. Y, de la misma manera que me mató a mí, se habrá acostado contigo. Es un hombre que hace lo que dice.

—Estás equivocado, padre —le respondió Elvira con voz triste—. Te mató, pero no durmió conmigo.

El Comendador rectificó la postura y contempló a Elvira con respeto.

—¿Fuiste capaz de resistirte? ¿Demostraste al botarate aquel hasta que punto una Ulloa sabe guardar veneración al nombre de su padre? ¡En ese caso, ven, que te abrace!

—No. Yo le estaba esperando. Llegó a mis brazos, me besó, y huyó luego.

—¿Dices que te besó?

—Sí, en los labios.

—¿Con tu consentimiento?

—Con mi alma puesta en ellos.

—Entonces, no ha sido más que un beso. Pero un beso consentido, aunque no sea caso de muerte, lo es indiscutiblemente de reclusión. Tendrás que encerrarte en un convento lo que te queda de vida.

—¿Para qué, padre? Nadie lo sabe más que nosotros tres. Y, además, ¡ha pasado tanto tiempo!

—¿Qué importa el tiempo? Yo ya no sé qué es eso. Pero hay que guardar las formas. El honor, ya lo sabes, es una cuestión de formas. Según cómo se haga una cosa, deshonra o enaltece.

—Entonces, padre, dime cómo debo matar a don Juan para no ser deshonrada.

—¿Matarle, dices?

—Para eso he venido a esta casa. Debo matarle si quiero seguir viviendo, y después de matarle, querré morir.

—Eso es un galimatías. Si no te ha deshonrado, ¿por qué quieres matarle? Un solo beso, bien mirado, no constituye deshonra. Con una buena bofetada...

—Le amo y me desprecia.

—Eso puede ser una causa, pero nunca una razón. El honor pide razones, se alimenta de razones, y sin ellas perece. El honor es un sentimiento eminentemente racional y silogístico, que experimentan sólo los que tienen la cabeza en su lugar. Vamos, pues, a examinar tu caso a la luz de la razón: si te hubiera abandonado después de violarte —supongamos—, al carecer de padre o hermano que te vengase, podías, y aún debías, matarlo tú. Después, te mataría yo, puesto que la muerte de don Juan lavaba tu marcha, más no la mía. Pero como ése no es tu caso...

—Mi caso es el de una mujer abandonada con la miel en los labios, el de la burla más cruel de un burlador sin alma. ¿No te parece razón para matarle? Pues, entonces, reniego de tus razones y me quedo con mis causas. Mataré porque el crimen ha crecido en mi corazón y estoy a punto de parirlo. Mataré porque dentro de unos instante toda yo seré crimen: mis palabras y el aire de mis pulmones. Mataré porque, si no le mato, reviento.

Don Gonzalo la había escuchado con estupor y balanceo de cabeza. Al terminar Elvira, se adelantó al proscenio, a cantar también su aria.

—Mi corazón de padre, aún en el mármol frío, se enternece; pero mi condición de caballero sin tacha... ¡Eso es, sin tacha, aunque sea un ripio!, se ve en el duro trance de ahogar en su cuna la ternura. Sin embargo, no puedo menos de admirar el heroísmo de mi hija, y dar gracias al cielo de que nuestras virtudes de casta las haya recibido en la masa de la sangre. ¡Es una Ulloa! No hay más que verle la cara. Ahora bien: pasado el desahogo sentimental, hay que juzgar fríamente la situación. Elvira mata, o no mata. Si mata, la llevarán presa, porque los jueces no han perdonado jamás el crimen pasional, y aunque quizá la mala reputación de su víctima le sirva de atenuante, nadie le quitará de encima unos años de encierro. ¿Y si no mata? Si no mata, quedará su figura bastante descompuesta, porque un crimen engrandece, pero un amago de crimen le deja a uno en ridículo. Luego, una mujer en sus condiciones debe matar o hace el ridículo. Las cosas, además, tal como van, parecen exigir la muerte de alguien... No se le saca a uno del infierno sólo para asistir a una cena de amigos. Mi presencia en esta casa garantiza el desenlace trágico, que es al mismo tiempo el desenlace lógico, porque un tipo como don Juan no puede acabar sus días tranquilamente en la cama. ¡Él que a hierro mata, a hierro muere! Y por ojo, diente por diente, podría yo decir, que soy su primera víctima en el orden cronológico. De modo que aceptemos el hecho inevitable de la muerte, pero saquémosle el mayor partido posible.

Dio unos pasos, con aire meditabundo, y se detuvo en el otro extremo de la escena. Elvira le seguía con la vista, escuchaba sus palabras.

—Don Juan me hizo un encargo, y no pude cumplirlo. Hace media hora que recorro los espacios siderales llamando al cielo, y el cielo no responde. Tendré que confesar que no me han hecho caso, que mis voces se perdieron en los desiertos etéreos, con lo cual mi buena fama quedará malparada. Porque un hombre como yo, que viene del otro mundo, debe traer palabras terribles en los labios, palabras como rayos encendidos. Por ejemplo: «El cielo me encarga de decirte que morirás mañana, don Juan, inexorablemente». O algo parecido, pero tremendo.

Se llevó de pronto, las manos a la frente.

—¡Tengo una idea!

Y su dedo de mármol señaló a Elvira.

—¿Estás dispuesta a matarlo?

—¿Cómo lo dudas?

—¿Esta misma noche?

—¡En este mismo instante!

—¡Pues ya está! Le anunciaré su muerte, de parte de los cielos, para esta misma noche, y quedaré como quien soy. ¡Oh! Quedaré, ante don Juan como hombre a quien el cielo confía los secretos futuros, como quien está al corriente de las estadísticas celestes. ¡Oye, Elvira! ¿Me das palabra de que tu mano no temblará?

—No lo sé, padre. Quizá, al clavar el puñal, me tiemble un poco.

—¿Me das palabra, al menos, de que, trémula o segura, le clavarás el puñal de todas maneras?

—A no ser que don Juan cambie de idea...

El Comendador se retorció las manos.

—¡Sois desesperantes, las mujeres! ¿Una sonrisa de don Juan lo deja todo en el aire? ¡Necesitaba una respuesta concreta en que confiar!

—Lo es la mía, padre. Si don Juan no se acuesta conmigo, lo mataré.

—Confiemos en que don Juan sea hombre de decisiones firmes. Bien. En ese caso, no le clavarás el puñal hasta después de que yo le haya anunciado solemnemente su muerte.

—Bueno.

—Considera que un abogado hábil podría entonces defenderte ante cualquier tribunal, señalándote como instrumento de la venganza divina.

—Confío en mi disfraz para escapar. En Carnaval, un antifaz permite asesinar con menos riesgo.

—¡Asesinar...! No digas esa palabra. La muerte que des a don Juan Tenorio no será un asesinato, sino un acto de justicia. Vengas con ella la muerte de tu padre.

Elvira negó con la cabeza.

—Tu muerte la he olvidado, y no me produjo gran dolor. ¿No recuerdas, padre, que yo no te quería? El modo que tuviste siempre de acariciar mis brazos me repugnaba.

Don Gonzalo bramó, y sus bramidos hicieron temblar los decorados. Pero se calmó pronto, y como quien no quiere la cosa, preguntó:

—¿Te dabas cuenta?

—Se daba cuenta todo el mundo. Y yo pensaba que si otro hombre me acariciase así, me gustaría.

El Comendador habló a su hija al oído:

—Estaba enamorado de ti, y por eso me mandaron al infierno. No se lo digas a nadie, pero esa fue la verdadera causa. Lo demás me lo hubieran perdonado. ¡Y no sabes, hija mía, cuántos viejos como yo se han condenado por lo mismo! Eso del incesto es más frecuente de lo que se piensa. Hay viejecitos que están en el infierno por el beso que daban a sus hijas detrás de las orejas; y, otros, por mirarlas cómo se vestían por el agujero de la cerradura; y por los pellizcos inocentes que les deban en las nalgas. Pero, sobre todo, están en el infierno los que mataron a los amantes de sus hijas bajo pretexto de honor, cuando la verdad es que los mataron por celos. ¡En el infierno, hija mía, se ven las cosas tan claras!

Echó el brazo por encima del hombro de Elvira y la atrajo al mármol de su pecho.

—¡Me gustaba acariciarte el escote...!

—¡Quieto!

—¡No te asustes ahora! Mis manos son de piedra y ya no sienten... Y tu escote está cubierto... ¡Pero tu rostro es hermoso todavía! En el infierno, cuando mueras, podré amarte impunemente. Allí hay indulgencia para todos los pecados.

—En el infierno, seguiré amando a don Juan.

—Bien. Eso les pasa a todas, pero se entretienen con quien pueden. Claro que si don Juan va también al Infierno... ¿Tendré que aguantar como un tormento más el espectáculo de vuestro amor? ¡Confío en que tu Don Juan tampoco te ame en el Infierno! Y, ahora, vayámonos de aquí. Falta aún media hora para la cena.

—Me esconderé en cualquier parte.

—¿Por qué no con tu padre? Durante esa media hora podremos dar un paseo por las estrellas. Es muy distraído. ¿Vienes?

Abrió el espejo y mostró a Elvira el camino del vacío. Elvira vaciló.

—Prefiero enterarme de lo que pasa.

—Este es el mejor escondite —continuó el Comendador—. Podemos ver sin que nos vean.

Elvira se encogió de hombros, y, con pasos lentos, cruzó el umbral del espejo. Don Gonzalo la siguió, y cerró tras sí.

Hubo una pausa. En el reloj de la torre sonó el cuarto.

El escenario recobró la luz natural.

Se abrió la puerta de la izquierda y entró Leporello.

Esperó con ella abierta y profundamente inclinado.

Entró también Mariana. Venía envuelta en una capa negra, con el capuchón puesto.

—Hemos llegado.

Mariana miró a su alrededor.

—¡Esta es la casa de don Juan!

—Esta es la casa que usted abandonó para hacer penitencia, pero que sigue siendo suya.

—Me echaron de aquí aquellos demonios... ¿Sabe usted?

—Sí.

—¿Por qué me trae aquí? No me siento tranquila. Juré no volver a esta casa hasta que mi marido estuviese en ella. La veo invadida por la furia de las señoras honradas, que venían a robarme las pobres prostitutas que yo había salvado para el Señor. Si mi marido no está, no habrá quien me defienda.

—Está el mejor amigo de su marido, el que le trae noticias, que la defenderá también. ¿Quiere quitarse la capa? En el espejo podrá ver cómo le sienta el traje.

—No me importa. Sólo desearé estar hermosa cuando venga mi marido. Pero, si se retrasa mucho, me encontrará vieja, ¿verdad?

Leporello le retiró suavemente la capa. Mariana venía vestida con un espléndido traje dorado, y el cabello le caía por los hombros.

—Véase al espejo. ¿No recuerda este traje- Es el mismo con que se casó.

Mariana se tapó los ojos con las manos.

—¡Me da miedo!

—No tema. Está usted más hermosa todavía. Espere aquí. Voy a decir que ha llegado.

Mariana quedó sola, y se acercó también al proscenio, izquierda, para cantar su aria.

—¡Dios mío! —exclamó—. ¿Por qué se me despiertan en el alma los temores antiguos? ¿Por qué me canta la canción desgarrada de la angustia?

Pero el aria se redujo a estas palabras: don Juan acababa de entrar. Mariana oyó sus pasos. Cruzó los brazos y bajó la cabeza.

—¡Señora!

Don Juan le tendía la mano. Tímidamente, Mariana alargó la suya, y don Juan la besó.

—¿Dónde está mi marido? ¿Qué recado trae para mí?

Don Juan retenía la mano de Mariana y la miraba a los ojos.

—Su marido está lejos y la ama.

—¿Por qué no viene?

—Porque el mar se lo impide. Se puebla de monstruos horripilantes cada vez que va a embarcarse.

—¿El mar? ¡Dios mío! —Mariana sollozó—. Si el mar se lo impide, no vendrá nunca. Los monstruos son implacables y no mueren. ¡Necesito que venga!

—Me entregó para usted un mechón de su cabello.

Con la mano libre, don Juan ofrecía a Mariana un guardapelo. Ella no se atrevía a cogerlo.

—¿Un mechón de su cabello? ¡Un mechón rubio! ¿Era rubio don Juan? ¡No puedo recordarlo ya! ¡Ha pasado tanto tiempo...!

Repentinamente, Mariana se soltó de don Juan y cogió el guardapalo.

—¡Su cabello! ¡Me envía su cabello! ¡Como si me enviase su corazón!

—Sí. Pero, ¿por qué suelta usted mi mano? ¿Por qué deja de mirarme a los ojos? ¡O es que no encuentra en ellos los ojos de don Juan?

Mariana ofreció otra vez la mano, y dejó de mirar al guardapelo.

—No. Tome mi mano, si lo desea. Y sus ojos... ¿Por qué me mira así? No me recuerdan los de don Juan. No me recuerdan nada. Pero... ¿por qué me mira así?

—La miro, simplemente.

—Me gusta que lo haga. Sus ojos son como estrellas. Dos estrellas que he visto alguna vez... Sí, sí... Alguna vez, esas estrellas me han mirado como ahora. ¿Recuerda cuándo?

—No.

—Yo tampoco... A lo mejor es una ilusión. ¡No deje de mirarme! ¡Se está tan bien, mirada por las estrellas...! Es como si me naciera una luz dentro.

—¿Y mis brazos? ¿Le gusta también que la rodeen?

—¿Sus brazos?

Don Juan la abrazó y la apretó contra sí.

—¡Sus brazos...! Sí, también me gusta que me abrace... ¿Por qué?

—Acérquese más. Su boca...

—¡Mi boca...!

Don Juan la besó. Mariana, desfallecida, quedó colgada de sus hombros, sin apartar la boca del beso. Por el espejo entreabierto asomaba la cara enharinada de don Gonzalo.

El telón cayó rápidamente.

6.—Apenas tardó un minuto en levantarse de nuevo. Estaba en escena un grupo colorista y abigarrado de personajes: el Arzobispo, el Corregidor, el Maestrante, el Capitán de los Tercios, el Prior de la Cartuja y el Presidente de la Audiencia. Vestían trajes de gran gala, pero llevaban puestas caretas.

Frente a ellos, de espaldas al público, el Comendador se explicaba. Y, a un lado, con el antifaz puesto, esperaba Elvira.

Las seis máscaras formaban de tres en tres a cada lado del espejo.

—¡Yo le vi entrar —vociferaba el Comendador—, y, después, le seguí! La llevó en brazos hasta la alcoba, la desnudó enteramente y se metió en cama con ella. Mariana es su mujer, pero ignora que su marido es el hombre que tiene entre los brazos. ¡De modo que don Juan se está poniendo los cuernos a sí mismo!

—En cierto modo, se está haciendo justicia —dijo el Corregidor.

—Pero, yo me pregunto: ¿es decente que nos sentemos a la mesa de un cornudo?

—Según —respondió el Arzobispo—. Psicológicamente, don Juan se está encasquetando a sí mismo sus propios cuernos; pero, moralmente considerado, no hace más que entregar a su esposa el débito conyugal. El momento y el lugar no son muy apropiados, pero hay que tener en cuenta los años que hace que no se han visto.

—Discrepo —intervino el Presidente de la Audiencia—. Si el caso llegase ante mi tribunal, condenaría a la esposa por adulterio.

—No me refería a ella, sino a él. El caso de la esposa es claro: se ha dejado seducir por un desconocido.

—Pues yo —dijo el Capitán de los Tercios—, le arrojaré mi guante a este don Juan en cuanto le eche la vista encima. Si lo que nos ha contado el Comendador es cierto, la esposa es irresponsable, porque don Juan la hipnotizó.

—La fascinó —corrigió Elvira desde su rincón.

—¿Hay alguna diferencia? —preguntó, arrogante, el Capitán.

—No lo sé. Pero conozco los efectos de esa mirada. Los llevo en el corazón hace casi veinte años...

El Capitán, de un salto, salió del grupo y se plantó ante Elvira.

—¡Explíquese, caballero! Porque si es verdad lo que pienso, uno de los dos sobra en esta casa. Soy de los que vierten en vaso idóneo —añadió con orgullo.

Elvira se quitó el antifaz con ademán cansado.

—Soy una mujer.

Y el Capitán barrió el suelo con la pluma del sombrero.

—Señora... Le pido mil perdones. El traje de varón me había confundido.

Y, vuelto hacia los demás, añadió:

—¿Qué hacemos, pues?

El Maestrante señaló al Comendador:

—Podíamos formar un tribunal que estudiase la causa y la juzgase. Estamos los necesarios. Y el cartujo tomaría a su cargo la defensa.

—¿Usted no dice nada, padre?

El Cartujo se llevó un dedo a la boca, y el Arzobispo, al quite. aclaró:

—Es Cartujo y no puede hablar. En caso necesario, lo haré por él.

—¿Dónde está el presunto reo? Porque no vamos a juzgarle en rebeldía estando en la habitación de al lado.

—Habrá que llamarle.

Puesto en medio de la escena, con la capa colgándole de un hombro y el espadón a rastras, don Gonzalo alzó los brazos.

—¡Un momento, señores, un momento! Porque, antes de constituirnos en Tribunal, hay que resolver una importante cuestión previa. ¿Quién nos va a presidir?

El Arzobispo y el Presidente de la Audiencia respondieron a un tiempo:

—¡Yo! ¿Quién lo duda?

Se miraron, y en aquella mirada pretendían cifrar la rivalidad eterna de la Iglesia y el Estado.

—Señor Arzobispo, soy el Presidente de la Audiencia y me corresponde por la naturaleza de mi cargo.

—Señor Presidente, yo soy el Arzobispo, y donde quiera que me siente, presido.

El Comendador, riendo, se metió en medio.

—¿Lo ven? ¡Ya lo sabía yo! Nos enredaremos ahora en una discusión interminable. ¡Y, entretanto, don Juan campando por sus respetos!

—No cederé —dijo con energía el Magistrado—, la Audiencia es intransigente en cuestión de protocolo.

—¿Cómo voy a ceder yo, si cuando muera seguiré siendo Arzobispo? Podría condenarme por eso.

—No ceda ninguno de los dos —zanjó don Gonzalo—. Cada cual, en su puesto, y yo en el medio. Soy el único muerto de los presentes; muerto, además, a manos de don Juan, y esto da cierta categoría y algún derecho. Pero, además, mi condición de Estatua, es decir, de ser inerte y al mismo tiempo significativo, me permitirá ocupar ese sillón del centro sin ofensa para la dignidad de nadie: al fin y al cabo, en todas partes hay una estatua que preside. Por último, esta blancura de mi mármol, colocada en el centro, equilibra colores tan faltos de armonía como los que visten vuestras mercedes. No creo que nadie discrepe de mi opinión. Por razones estéticas, físicas y metafísicas, yo debo sentarme ahí.

—Pero yo, a la derecha —sentó, tajante, el Arzobispo.

—No va mal en ese sitio la púrpura de su manteo, a condición de que la toga negra del Presidente se coloque a mi izquierda. Los demás, que se sienten como quieran.

Quedaron instalados en menos que canta un gallo.

—¿Y yo qué pito toco delante de este Tribunal? —preguntó Elvira—. ¿O es que entiende también en delitos de amor?

—Testigo de la acusación —le respondió su padre—. Y, a falta de otra persona, puedes también servirnos de bedel. ¡Que comparezca el acusado!

Elvira corrió a la puerta de la derecha.

—¡Don Juan! —llamó, con voz quebrada.

Y apareció Leporello.

—Mi amo les suplica unos instantes de paciencia. Un invitado a quien esperaba con especial interés le retiene todavía, pero en seguida estará con ustedes. Si lo desean, mando pasar a los músicos, y los señores pueden ir tomando el aperitivo.

—¡Qué música, ni aperitivo ni qué ocho cuartos! No somos los invitados de don Juan: somos sus jueces.

Leporello hizo una reverencia.

—En ese caso, mi amo comparecerá en un periquete. Ha sido siempre respetuoso con la justicia.

—¡Que venga, aunque sea en camisa!

—Eso, no, Comendador. Mi amo es muy mirado. Vendrá como corresponde a su persona: de punta en blanco.

—¡A un tribunal de justicia no se le hace esperar!

—Mi amo es capaz de todo, Comendador. Ya le conoce usted.

Salió Leporello, después de hacer reverencia, y el Comendador, que se había levantado para hablarle, quedó de pie.

—Caballeros, podríamos aprovechar esta pequeña pausa para ponernos de acuerdo.

—¡Ya lo estamos! —gritó el Capitán de los Tercios de Flandes—. Para usted y para mí, don Juan es un hombre sin honor: para el señor Magistrado, un delincuente; para los eclesiásticos, un pecador.

—Y para el Muy Ilustre Concejo de Sevilla, un sujeto que altera el orden público —añadió, picado, el Corregidor.

—Entonces, no hay más que hablar.

—Hablar es justamente lo que hay que hacer mientras no llegue. Porque no vamos a estarnos callados como estatuas.

—Las estatuas, a juzgar por la muestra, hablan por siete —intervino, inesperadamente, el padre cartujo; y en aquel mismo instante entró don Juan.

Se había puesto un traje negro, y Leporello, detrás de él, le traía la capa y el sombrero.

—Caballeros...

—Jueces, querrá decir —corrigió el Comendador.

—Como amigos les acepto en mi casa, y les saludo; como jueces, les recuso. Porque, ¿quiénes son ustedes para juzgarme?

—Somos las potencias de este mundo; somos la autoridad y la fuerza.

Don Juan volvió la espalda al Arzobispo.

—No creo en entidades abstractas...

El Capitán se levantó de un salto.

—¿Cómo se atreve...?

—¿Cómo no voy a atreverme, si atreverme es mi oficio?

—Mi espada le reducirá a la obediencia.

—Pregunte al Comendador de qué me sirven los espadachines.

—A la Justicia del Rey tendrá respeto al menos —dijo, solemne, el Magistrado.

—El Rey me perdonó, y, en ese caso, ¿qué pueden contra mí sus alguaciles?

—¿Y la Iglesia? ¿Tampoco acata nuestra jurisdicción?

Don Juan se volvió a Leporello.

—Presenta al señor Arzobispo la Bula de Su Santidad. Verá por ella Vuestra Eminencia que estoy ampliamente perdonado, y que tengo indulgencias para dar y tomar.

—¡Aquí tiene que haber trampa! —chilló el Comendador—. ¡Don Juan me asesinó, y esa muerte está impune!

—El delito ha prescrito.

—Entonces, ¿para qué nos hemos reunido en Tribunal?

—Para jugar un rato mientras llegaba la hora de la cena.

—¡Ese hombre nos está tomando el pelo!

—Nada más lejos de mi intención. Reconozco el ingenio de la broma, y les felicito por lo bien que pensaban hacerlo. Pero, ya se ha hecho tarde, y les ruego que pasen al comedor. La cena está servida. Leporello, ¿quieres llamar a la señora?

Leporello salió, y Elvira se plantó en el centro de la escena.

—¡No se dejen engañar! ¡Don Juan tiene el demonio en la lengua! ¡Júzguenle antes de que se escape!

Don Juan le tendió los brazos.

—¡Elvira! ¿Estabas ahí? Perdóname si no te he saludado la primera. Ya contaba contigo, y en la mesa tienes un sitio reservado a mi derecha. Espero que tu padre no se oponga: pienso ser respetuoso con tus piernas.

Don Gonzalo brincó en el asiento.

—¡Miserable!

—No se incomode, Comendador. Elvira y yo tenemos nuestras relaciones particulares. Por cierto que... ¿no trae ningún recado para mí? ¿O es que el cielo no le ha tomado en serio?

El Comendador golpeó la mesa con el puño de piedra.

—¡El cielo me ha escuchado! ¿Cómo no iba a escucharme? Y traigo su última palabra.

—Dígala.

—¿Así? ¿Sin la debida solemnidad? ¿Piensas que la palabra del cielo puede decirse mientras se va del salón al comedor? ¡En otros tiempos, los judíos la escuchaban acompañada de truenos!

—No me opongo a que ahora se acompañe de las trompetas de Jericó.

El Comendador abandonó la presidencia del tribunal y salió a los medios. Los demás jueces se pusieron de pie. Leporello asomó la jeta por una puerta.

—Señores, imaginen un cuadrilátero descomunal, el cielo, atravesado en diagonal por una nube sublime. Por este espacio sin medida, vaga mi alma clamante, perdida en el azul. De cuando en cuando, hago bocina con las manos y pregunto al Misterio: «¿Cuándo morirá don Juan?» Y el misterio permanece en silencio. El silencio del cielo, señores, es pavoroso. No se parece a ningún otro silencio. Es el silencio por antonomasia. ¿Qué es mi voz en esa inmensidad desnuda? Nada, menos que nada. Llego a temer que no existo, y que mis voces son el sueño de un fantasma que se sueña a sí mismo. «¿Cuándo morirá don Juan Tenorio?», repito a los cuatro vientos de la rosa, sin la menor esperanza. Y los vientos se callan. Insiste mi clamor, insiste sin convicción alguna, y ya estoy desesperado cuando los cielos se abren, cuando la cabeza de la nube se alumbra con una luz celeste. Rayos y truenos potentísimos brotan de aquella cima, y el orbe de los astros se conmueve de un espantoso terremoto. ¡Brrrummm! Yo caigo de rodillas y oculto el rostro.

«¡Santo, Santo, Santo!», exclama mi corazón. Y una voz como mil aguas me responde allá arriba. «¡Don Juan morirá esta misma noche!».

Había acompañado su narración de gestos violentos, de manotazos rápidos y decisivos, de contorsiones de cuerpo, y flexiones de piernas, puñetazos al aire y patadas rotundas. Le había caído la capa —recogida inmediatamente por Leporello—, y el cuello encañonado se le le había descompuesto. (El actor declamaba muy bien. El público aplaudió el parlamento, que estaba escrito en un francés impecable. Don Gonzalo agradeció los aplausos.)

—¿Esta noche? —preguntó, con voz de terciopelo, don Juan Tenorio.

—¡Lo dijo el cielo, y el cielo nunca miente! ¡Será esta noche, don Juan!

—Entonces, caballeros, tenemos que darnos prisa, no sea que me llegue la muerte antes del brindis. Leporello, ¿avisaste a la señora?

—Está esperando. Como el Comendador peroraba, no me atreví a interrumpirle.

Abrió la puerta. Todos miraron. Leporello hizo una reverencia. Apareció Mariana.

Venía descalza y en camisa, desmelenada. Quedó arrimada al marco, con la cabeza baja y los brazos cruzados sobre el pecho.

El Arzobispo perdió la compostura.

—¿Es otra broma, don Juan? ¿Quién es esa mujer?

Apuntaba a Mariana con el guante de púrpura en que brillaba la piedra arzobispal. Mariana levantó la cabeza.

—Soy una prostituta.

Sacudió el cabello, y quedó al descubierto la cara pálida, sombría.

—Lo fui hace muchos años, ya no sé cuántos, pero un día encontré a mi marido y él, con su amor, me levantó hasta Dios. Después, mi marido marchó, y yo hice penitencia. Todos me habréis visto, seguramente, pedir limosna para los pobres por las calles de Sevilla. Pero, hace una hora, me vistieron de oro y me trajeron a esta casa. Y un hombre me besó y yo le entregué mi cuerpo. ¿Por qué lo hice? No podría decirlo, pero salí de sus brazos devuelta a mi condición antigua. Ahora, todos los hombres de Sevilla volverán a gozarme, y me hundiré cada vez más en el pecado.

Movió la cabeza a un lado y a otro.

—No me miréis así. ¿Es que no habéis visto nunca una prostituta de cerca? Es una triste cosa, y a mí ni siquiera me queda el triunfo de la juventud. En una hora he envejecido veinte años. Soy una puta vieja.

Se irguió y empezó a atravesar la escena. Le iban abriendo paso.

—No lo digan a nadie, por amor de Dios. Que no lo sepa mi marido. Tengo la esperanza de que Dios me lleve antes de que regrese. —Se detuvo—. Porque él volverá, ¿saben? Volverá cuando en la mar no haya monstruos. Y el día que vuelva, matará a los hombres que me han gozado...

Se volvió rápidamente a don Juan.

—A ti, el primero, porque deshiciste lo que él había hecho. —Dio unos pasos inseguros; por fin, se acercó a su marido—. A ti, el primero, pero debes huir a esconderte... ¿Me lo prometes? No quiero que mueras. —Respiró profundamente—. También fui feliz en tus brazos, muy feliz, tanto como en brazos de don Juan. Por eso no podrá perdonarnos.

Se agarró a su cuello y le dio un beso. Después, salió corriendo. Todos le dirigieron la mirada, todos quedaron con las cabezas vueltas hacia la puerta por donde Mariana había huido. En el silencio, el violoncello, tras los decorados, tremolaba por los graves más patéticos. La luz cruda del foco iluminaba las máscaras, sacaba toda su fuerza a los chafarrinones de bermellón y albayalde. El Comendador, los invitados, habían quedado inmóviles, se habían detenido a la mitad de un movimiento. Brazos que señalaban la puerta o apuntaban a don Juan; manos tendidas al aire, imprecantes, o amenazadoras; y también piernas, alzadas o a punto de levantarse. Desde el patio de butacas, un fotógrafo hizo una instantánea, e inmediatamente los movimientos suspendidos se completaron. Don Juan salió a los medios.

—Y, ahora, ¿sigue callado el cielo? —gritó don Juan—.

¿No hay una gota de gracia que les sobre a los ángeles para que don Juan se arrepienta?

—Pero, ¿qué dice este hombre? —preguntó el Comendador—. ¿De qué está hablando? ¿A qué viene eso ahora?

—Parece que desvaría —susurró el Corregidor.

—Esto forma parte de la farsa. —El Capitán metió mano a la espada.

Elvira había permanecido al margen. Don Juan, en medio de la escena, mantenía los brazos contra el cielo y empezaba a cerrar los puños. Elvira llegó hasta él.

—Juan, todavía quedo yo... Si necesitas consuelo, búscalo en mis labios. Y si quieres olvido, yo cerraré tus ojos al recuerdo. Vente conmigo. El juicio de Dios está muy lejos: hasta que llegue la muerte, gocemos juntos de la vida. ¡Vente conmigo, Juan! ¡Las flores de mi jardín están llenando el aire con su aroma! ¡Vamos a respirarlo juntos y emborracharnos de amor!

—¿Amor? ¿Qué es eso?

—¡Lo que mi cuerpo puede darte! ¡Lo que el tuyo apetece!

—El amor no me importa, Elvira. Lo que me importa es que Dios me responda de algún modo; que me muestre su ira o su misericordia, que me colme el corazón de dolor, pero me grite: «¡Estás delante de mí, Juan! ¡No te he olvidado!». Lo que tú me propones es la embriaguez y la ceguera, y yo quiero estar despierto.

Elvira sacó el puñal.

—¿Y si yo fuera la respuesta de Dios?

Don Juan llevó las manos a la espalda y las cruzó.

—Responde, entonces, sobre mi pecho. Eso no me da miedo. Incluso lo encuentro justo. El seductor de Mariana, el que ha destruido su santidad, debe morir. Y también, ¿cómo no?, el que me ha puesto los cuernos.

—¡Que muera! —chilló el Comendador.

—¡Que muera! —gritaron los invitados.

Puestos en pie, los espectadores clamaron también:

—¡Que muera! —y se sentaron en seguida.

—¡Ya lo oyes, Elvira! —dijo don Juan, tranquilamente—. Todos piden mi muerte.

El brazo de Elvira vacilaba. Se abrió su mano y dejó caer el puñal. Don Juan se agachó a recogerlo, se lo ofreció a Elvira al mismo tiempo que su pecho. Elvira miró el arma. «¡No! —sollozó. Entonces, el Comendador se acercó a ella.

—Si vas a acabar matándole, ahórranos una escena.

—No le mataré —dijo Elvira.— No podría. —Y, de pronto, dio un grito enorme y se clavó el puñal en el pecho.

—Esto es un error —gritaba don Gonzalo—. La escena no es así. Es don Juan el que tiene que morir, y no mi hija.

Arrancó el puñal del cuerpo delicado. El pecho de don Juan se ofrecía aún. Don Gonzalo miró el puñal, se dirigió al público. «¡Alguien tiene que hacerlo!» —gritó; y, sin ningún miramiento, clavó el arma. Vacilaron las piernas de don Juan y su cuerpo cayó al suelo, a los pies del Comendador.

—¡Ni el cielo ni la tierra se atreverán —profirió don Gonzalo— a discutir mis derechos!

Y, muy solemne, pasó a segundo término. Quedó como esperando que la escena continuase, pero el drama parecía haberse suspendido.

Cambió otra vez la luz de la escena. Y los seis invitados, sin decir una sola palabra, como la cosa más natural del mundo, se quitaron los trajes y las caretas, y los fueron colgando, uno a uno y una a una, en clavos de la pared: cada máscara encima de su traje. Quedaron vestidos tres de negro y tres de rojo, y se sentaron en las sillas del tribunal, vacía la del Presidente.

Leporello se había arrodillado junto a su amo. El Comendador miraba al muerto y a los otros, hasta que, al verlos sentados, exclamó:

—¡Hombre! ¡Eso, se avisa! ¡He estado haciendo el ridículo creyendoos verdaderos invitados... Sois demonios, ¿verdad? Se os nota en seguida.

—Si quieres presidirnos, puedes sentarte ahí —dijo uno de los de negro.

—A nosotros nos da igual, y puesto que te gusta...

—Me sentaré, a condición de que juzguemos a don Juan por mi asesinato.

—De momento, otra cosa interesa poner en claro. Después, si te apetece, le juzgaremos.

Leporello se irguió.

—¿A qué viene todo esto?

—Eres el menos indicado para preguntarlo.

—Lo encuentro inútil. Es evidente que don Juan se ha condenado. Juzgarle ahora es hacer el paripé.

—Pero, ¿era libre o no era libre? Eso es lo que nos corresponde dilucidar.

—¡Era libre! —gritaron los de negro.

—¡No lo era! —gritaron los de rojo.

Leporello se aproximó a la mesa y apoyó en ellas las manos. Miraba al tribunal con sorna.

—¿Por qué no se lo preguntáis a él? Al fin y al cabo, es el interesado.

—No basta preguntar. Hay que examinarle con escrupulosidad. Que él se haya creído libre no significa necesariamente que lo sea. Por lo pronto, al final quería arrepentirse y no pudo. ¿Por qué? ¿Se lo hemos impedido, acaso? ¡Está claro que en ningún momento hemos colaborado en su condenación! Si el Otro le ha negado su Gracia...

—No entiendo lo que pasa, y todo lo que habláis se me antoja un galimatías —decía don Gonzalo—. Pero si puede despertarse a Don Juan, que lo despierten. Cabalmente, tengo algo que decirle.

Leporello, con pasos mesurados, se llegó hasta el lugar en que don Juan yacía.

—Levántese, mi amo.

—Pero, ¿le sigues llamando amo? —preguntó, entre contorsiones de risa, el Comendador—. Porque, si no me equivoco, tú eres también uno de éstos.

Leporello se puso en jarras.

—Le llamo como le he llamado siempre, como le llamaré eternamente. ¡Don Juan, levántese! ¿Quiere que le eche una mano?

Ayudó a don Juan a incorporarse. Don Juan pasó la mano por los ojos, miró a un lado y a otro, vio al nuevo tribunal, lo señaló con el dedo...

—¿Qué es esto? ¿Otro juicio?

—Así parece, mi amo.

—Diles que se vayan. Ya sé el camino del infierno, y, para condenarme, basto yo mismo.

Uno de los de rojo se levantó.

—Es que, si se demuestra que eres un predestinado, te cerraremos las puertas, y allá el cielo contigo.

Don Juan se había puesto en pie. El puñal permanecía clavado en su pecho. Se lo arrancó, lo contempló y lo entregó a Leporello.

—Toma. Consérvalo como recuerdo. En cuanto a ustedes —hablaba a los demonios de medio lado, sin concederles importancia—, no necesito que me juzguen. He muerto como don Juan, y lo seré eternamente. El lugar donde lo sea, ¿qué más da? El infierno soy yo mismo.

El de rojo insistió:

—De todos modos, tenemos que interrogarte. Has sido, ¿cómo te diría?, el conejillo de Indias de una experiencia trascendental. La disputa entre éstos y nosotros no quedará zanjada hasta haber puesto en claro el resultado de la experiencia.

—¿Puedo negarme? —le preguntó don Juan.

—No habíamos contado con eso, pero supongo que sí.

—Me niego, entonces.

Leporello intervino: «¿Demuestra esto algo?»

El de rojo se dejó caer en el asiento.

—Demostraría que es endemoniadamente libre.

—No sólo me niego, sino que rechazo al mismo tiempo la idea de quedarme en vuestro infierno. ¿No sabéis que los Tenorios disponemos de un infierno privado? ¡Dios nos ha concedido ese privilegio, asombrado de nuestra altivez y de nuestro orgullo! «¡A gente como ésta, hay que mantenerla aparte, no sea que me subleve los infiernos!».

—¡Un privilegio injusto! —chilló el Comendador—. ¡La nobleza de los Ulloa es más antigua que la vuestra! Si yo tuviera mi infierno particular, me sentiría muy honrado de permanecer en él, y no en esta estatua.

Don Juan recogió de manos de Leporello el sombrero y la capa.

—Los míos están a punto de reclamarme. Y para permanecer entre ellos dignamente, mi espada y la pluma de mi sombrero resultan indispensables. Los Tenorios son muy protocolarios. Perdonan más fácilmente un pecado mortal que una falta contra la etiqueta.

En aquel momento, un hábil juego de luces, y un movimiento de telones, transformó el escenario. En primer término, don Juan, con la espada ceñida y el sombrero en la mano: una luz blanca aislaba su figura. En el segundo término, envueltos en luz roja, los seis demonios del Tribunal, un tanto estupefactos, pero aguantando el tipo. Don Gonzalo se había sentado ya entre ellos. Y, al fondo, por encima del espejo, el espacio oscuro y al parecer infinito, donde un truco de luz negra y falsas perspectivas permitía ver, a una distancia enorme, una muchedumbre de sombras en semicírculo. Leporello, excluido del truco, se arrinconó en la oscuridad de un lateral.

—¡Ahí los tenéis! —dijo don Juan, jubiloso. Son los Tenorios, la casta que me dio la sangre y la moral. ¿Qué me importa que el cielo y el infierno me rechacen, si ellos me acogen? ¡Aquí estoy, antepasados!

Del círculo de sombras se destacó una, y avanzó hacia nosotros. Parecía venir de muy lejos, y sus pasos eran lentos. Vestía de negro, naturalmente, y el guante de la mano diestra colgaba de la siniestra, como al desgaire. Don Juan agitó el sombrero.

—¡Buenas noches, don Pedro!

Don Pedro dio unos pasos más. Rebasó, al parecer, el borde superior de la pared, y quedó como en el aire, encima del escenario.

—Buenas noches, don Juan.

—Por fin, volvemos a vernos, y esta vez para siempre.

—Estás equivocado —le respondió don Pedro con voz solemne y un poco hueca. No volveremos a vernos. El clan de los Tenorios me comisiona para ponerlo en tu conocimiento.

Don Juan retrocedió.

—¿Cómo? —le preguntó. ¿No estoy muerto? ¿No eres mi padre? ¿No hay a tu lado un sitio para mí?

—Lo hay efectivamente; pero quedará vacío eternamente. Hemos decidido por unanimidad excluirte de nuestra compañía.

—¡Muy bien, muy bien! —interrumpió don Gonzalo. Así se portan las familias verdaderamente nobles.

—He cumplido vuestra ley, no me he apartado de ella un sólo instante. Por haber dado muerte a don Gonzalo me encuentro aquí.

—Lo reconozco, y te aseguro que por ello hemos recibido una gran satisfacción.

—Entonces, ¿cuál es la causa...?

—No causa, sino causas, pequeñas causas. Sobre todo, el qué dirán. Que no guardases a Dios el respeto debido, podía perdonársete y de hecho te lo hemos perdonado. Muchos de entre nosotros tampoco se lo han guardado, y ahí están, junto a mí, tan satisfechos. Pero faltaste al respeto al mundo, y eso es imperdonable. ¿Piensas en el escándalo que se armaría si nosotros, los Tenorios, la gente más respetable de Sevilla, acogiésemos benévolos, para toda la eternidad, a quien se burló de toda conveniencia? Sería interpretado como un acto de solidaridad, y nosotros no podemos solidarizarnos con lo que hay en ti de zascandil. ¡Sí, no te sorprendas, de zascandil, aunque sea un zascandil grandioso! ¿Quién no ha seducido doncellas? ¿Quién no ha engañado maridos? ¡Ah! Pero siempre respetando los principios. Y los principios, en este caso, ya se sabe cuáles son: el seductor apasionado reconoce al padre y al marido derecho a castigar a la hija y a la esposa, respectivamente. Pero tú, como seductor, jamás fuiste apasionado, sino frío; y al meter a Dios en tus conquistas, las hiciste tan sublimes, que los derechos del padre y el marido resultaban faltos de la debida proporción. ¡No fue a ellos a quienes disputaste las mujeres, sino al Señor! ¡No era la ofensa de ellos lo que buscabas, sino la de Dios! Y, entonces, dime: ¿qué papel les quedaba a los padres y maridos? ¿Con qué cara iban a castigar a la seducida, si no iba nada contra ellos? ¡Juan, hijo mío, no tengo más remedio que hacerme cargo de esos derechos maltratados! Los personajes trágicos resultáis peligrosos para el orden público, y hay que desacreditaros. En nombre de los padres y maridos que dejaste en ridículo, te rechazo. Vete.

Había hablado con toda la gravedad posible, y, mientras lo hacía, el clan de los Tenorios se había ido acercando, de modo que al terminar el viejo, le rodeaban, y al señalar don Pedro con la mano extendida el fondo del teatro, multitud de manos pálidas salieron de la sombra y lo señalaron también.

Don Juan parecía perplejo. No respondía. Permanecía

inmóvil, con la cabeza alzada y el rostro iluminado por un foco de luz.

De pronto, se encogió, llevó las manos a los ijares, y rompió a reir. Una especie de oleaje conmovió el clan de los Tenorios.

—¿Y por respeto a estos imbéciles me he enemistado para siempre con Dios? —clamó don Juan.

Sacó la espada y acuchilló las sombras.

—¡Fuera! ¡Iros a vuestro infierno y dejarme con el mío, que me basta. ¡Reniego de vosotros! ¡No me llamo Tenorio, me llamo solamente Juan!

Las sombras se atropellaron. Del tumulto salían gritos de asombro y condenación. Volvieron las espaldas y corrieron hasta el fondo del oscuro. Los tres demonios rojos y los tres demonios negros se apelotonaron ante la puerta del espejo, cubriéndola con sus cuerpos. Don Gonzalo solo en la presidencia, no sabía qué hacer: buscaba la campanilla para imponer el orden en la sala.

Don Juan les increpó:

—No os molestéis. A mi infierno no se va por esa puerta. ¡Dame la capa, Leporello!

Leporello surgió de su rincón con la capa en la mano.

—Aquí está mi amo.

Don Juan la recogió en el brazo. Se puso el sombrero. Miró a un lado y a otro. Don Gonzalo, de pie, parecía dispuesto a dictar la sentencia.

—Y, ahora, Comendador, a ser yo mismo para siempre.

Dio un brinco y cayó al pasillo del patio de butacas, que, de repente, se iluminó. Con paso recio adelantó por él, hacia la puerta del fondo, también iluminada.

Leporello, en mitad de la escena, gritaba:

—¡Espere, mi amo! ¡No me abandone! ¡Lléveme consigo! ¡Si usted es su propio infierno, un demonio inconformista puede hacerle compañía por toda la eternidad!

Saltó también, y corrió por el pasillo. Al pasar cerca de mí, vi su rostro maquillado, sudoroso; los ojos brillantes de colirio; el traje ajado, de guardarropía, y la peluca que se le había torcido. Y en aquel instante, sólo en aquel instante, comprendí que don Juan y él no eran más que unos actores.

Me volví a Sonja, para comunicárselo, y hallé el asiento

vacío. Al mirar a la puerta, vi su figura correr detrás de don Juan.

—¡Bueno! Ella será también actriz, supongo.

En el escenario, reaparecían algunos de los intérpretes: Mariana en camisa, Elvira vestida de hombre. El Comendador se las compuso y para quedar en el centro, y saludar más ostensiblemente que los otros.

7. Aquella noche no me atreví a volver a casa. Cené en cualquier figón, vagué por las callejas de la Rive Gauche, y, de madrugada, me metí en un hotel donde me hicieron pagar por anticipado. Tardé en dormirme, y me dormí con miedo a las pesadillas. No recuerdo, sin embargo, haber soñado. Cuando me desperté, el sol llegaba hasta los flecos de la colcha, y, en la calle, una algarabía de bocinas protestaba contra un embotellamiento. Tuve que afeitarme en una peluquería.

Después, fui a la Embajada, donde alguien me prestó dinero para el billete de vuelta. Lo pedí con vergüenza de pedirlo y de explicar con mentiras las causas de mi pobreza: el amigo que lo prestó me habrá supuesto desplumado por alguna mujer. «¡No expliques más, hombre! En París, eso le pasa a cualquiera. ¿Cuánto dinero quieres?»

Con los francos en el bolsillo, corrí a buscar el billete. Era ya tarde, y me quedé a comer en un restaurante barato, próximo a L'Etoile. Todavía gasté una hora en hacer pequeñas compras.

Regresé a casa con el tiempo justo. Mientras hacía la maleta, temía la aparición de Leporello, y el corazón me saltaba en el pecho. No entré en el salón ni en la cocina: unos pañuelos puestos a secar en el cuarto de baño, allí quedaron, y, debajo de la almohada, mi pijama, que no quise coger por si me habían dejado en él algún papel de despedida.

Sólo estuve tranquilo cuando, después de haber entregado la llave a la portera, me encontré dentro de un taxi, con la maleta al lado y camino de la estación de Austerlitz. Corríamos por la orilla del Sena. Un sol dorado y tibio iluminaba las copas de los árboles, y de las aguas del río se levantaba una neblina azul. Faltaban pocos minutos para salir. Acomodé las maletas y me asomé a la ventanilla. No viajaba mucha gente, y el andén estaba casi vacío.

El tren empezó a andar. No sé por qué, me sentía triste. Me hubiera gustado que alguien —quizá una muchacha del Norte, corta de pestañas y algo más alta que yo—, corriese en aquel momento junto al tren, agarrada a mi mano. Y que aquel carretillo que chirriaba estuviese silencioso.

Mi vagón era el penúltimo. El tren no había cogido aún velocidad. Pudiera, de quererlo, apearme sin riesgo y quedar en París. Lo pensé, lo deseé y me avergoncé de haberlo deseado.

Hacia la mitad del andén, la gente era más numerosa, y por encima de las cabezas blanqueaban algunos pañuelos. Una cosa negra, redonda, se agitaba también. Al pronto no supe lo que era. Al estar frente a ella, la identifiqué como el hongo de Leporello, movido con frenesí; la otra mano del italiano se agitaba también.

—¡Adiós, adiós! —me gritaba en español—. ¡A ver si vuelve pronto!

Entonces, vi a su lado a don Juan. Tenía el sombrero puesto, y, como siempre, ocultaba los ojos con las gafas oscuras. Nos miramos. Don Juan alzó hasta el borde del sombrero la mano enguantada, y me sonrió.

Entonces, mis ojos buscaron en el grupo. Sonja no estaba.

Madrid, primavera-verano de 1962.

ESTE LIBRO FUE IMPRESO EN LOS TALLERES DE «GRAFESA»,
CALLE TORRES AMAT, 9, BARCELONA, EN ABRIL DE 1963